Arbitragem Voluntária: Uma Introdução

Arbitragem Voluntária: Uma Introdução

2020

Elsa Dias Oliveira

ALMEDINA

ARBITRAGEM VOLUNTÁRIA: UMA INTRODUÇÃO

AUTORA
Elsa Dias Oliveira

EDITOR
EDIÇÕES ALMEDINA, S.A.
Rua Fernandes Tomás, n.ºs 76, 78 e 80
3000-167 Coimbra
Tel.: 239 851 904 · Fax: 239 851 901
www.almedina.net · editora@almedina.net

DESIGN DE CAPA
FBA.

EDITOR
EDIÇÕES ALMEDINA, S.A.

IMPRESSÃO E ACABAMENTO
ARTIPOL - www.artipol.net
Fevereiro, 2020

DEPÓSITO LEGAL
466779/20

ALMEDINA | GRUPOALMEDINA

BIBLIOTECA NACIONAL DE PORTUGAL – CATALOGAÇÃO NA PUBLICAÇÃO

OLIVEIRA, Elsa Dias

Arbitragem voluntária: uma introdução.
– (Manuais universitários)
ISBN 978-972-40-8273-8

CDU 347

Ao Matteo, à Sara e à Laetitia

NOTA PRÉVIA

O texto que ora se publica corresponde, essencialmente, embora com algumas alterações formais, atualizações legislativas, jurisprudenciais e bibliográficas, ao "conteúdo programático desenvolvido" do "Projeto científico e pedagógico sobre os conteúdos, os métodos de ensino e a bibliografia de unidade curricular" apresentado pela autora em fevereiro de 2018 no concurso para Professor Associado, na área disciplinar de Ciências Jurídicas da Faculdade de Direito da Universidade de Lisboa.

Foi para o efeito escolhida a unidade curricular de Direito da Arbitragem e da Mediação I, regida pela autora, aqui tratada como unidade curricular semestral do Mestrado em Direito e Prática Jurídica, e adotado como tema do programa apresentado a "Arbitragem Voluntária".

As "considerações introdutórias e enquadramento da unidade curricular" bem como o "método de ensino" e outras indicações que constavam do *supra* referido projeto então apresentado não foram incluídos no texto que ora se publica, atenta a sua natureza especificamente académica e o menor interesse que podem suscitar no público em geral.

Importa ainda sublinhar que não se tem qualquer pretensão de exaustividade no tratamento das diversas questões que são aqui suscitadas, visando-se, essencialmente, contribuir para a discussão doutrinal acerca das respostas a dar às mesmas.

Lisboa, setembro de 2019

ELSA DIAS OLIVEIRA

PLANO DA OBRA

Capítulo I
Introdução

1. Enquadramento geral da arbitragem
1.1. Noção geral de arbitragem voluntária

As partes de um litígio, ou de outra situação jurídica, atual ou eventual, relativamente à qual não cheguem a acordo, podem, mediante convenção de arbitragem e nos termos previstos na lei, submeter a resolução dessa situação a terceiros, que compõem o tribunal arbitral. A decisão que vier a ser tomada por estes terceiros é vinculativa para as partes[1].

[1] As noções de arbitragem voluntária facultadas pelos autores são inúmeras. Luís de Lima Pinheiro, *Arbitragem Transnacional. A determinação do estatuto da arbitragem*, Almedina, Coimbra, 2005, pág. 26, entende "(...) por *arbitragem voluntária* um modo de resolução jurisdicional de controvérsias em que, com base na vontade das partes, a decisão é confiada a um terceiro. Para este efeito considera-se terceiro um *particular* distinto de qualquer das partes e que não actua como seu representante" (sublinhado do autor); Luís de Lima Pinheiro, *Direito Comercial Internacional*, Almedina, Coimbra, 2005, pág. 343. Segundo Dário Moura Vicente, *Da Arbitragem Comercial Internacional*, Coimbra Editora, Coimbra, 1990, págs. 27 ss., a nota característica da arbitragem reside no facto de se tratar de uma forma de administração da justiça por particulares. *Vide* também, em sentido essencialmente semelhante, *v.g.*, Manuel Pereira Barrocas, *Manual de Arbitragem*, 2.ª edição, Almedina, Coimbra, 2013, págs. 33 ss.; Mariana França Gouveia, *Curso de resolução alternativa de litígios*, 3.ª edição, Almedina, Coimbra, 2014, pág. 119; António Menezes Cordeiro, *Tratado da Arbitragem*, Almedina, Coimbra, 2015, pág. 16; António Pedro Pinto Monteiro/ Artur Flamínio da Silva/ Daniela Mirante, *Manual de Arbitragem*, Almedina, Coimbra, 2019, págs. 11 ss. Na doutrina estrangeira, referindo-se à noção de arbitragem em geral, *v.g.*, René David,

Esta é uma noção que, consoante o contexto, ou o ordenamento jurídico[2], em que seja apreciada, poderá ser considerada demasiado ampla ou demasiado restrita. Visa-se aqui apenas assentar, essencialmente, nos seus fundamentos, finalidades e efeitos. Na verdade, as especificidades que se encontram na arbitragem voluntária conduzem a que dificilmente se encontre uma noção inteiramente satisfatória. Apenas a análise do regime

L'arbitrage dans le commerce international, Economica, Paris, 1981, pág. 9: "L'arbitrage est une technique visant à faire donner la solution d'une question, intéressant les rapports entre deux ou plusiers personnes, par une ou plusiers autres personnes – l'arbitre ou les arbitres – lesquelles tiennent leus pouvoirs d'une convention privée et statutent sur la base de cette convention, sans être investis de cette mission par l'État"; CHARLES JARROSSON, *La notion d'arbitrage*, L.G.D.J., Paris, 1987, pág. 372: "(...) l'arbitrage est l'instituition par laquelle un tiers, régle le différend qui oppose deux ou plusiers parties, en exerçant la mission jurisdictionnelle qui lui a été confiée par celles-ci". Veja-se ainda, *v.g.*, BRUNO OPPETIT, "Sur le concept d'arbitrage", *Le droit des relations économiques internationales, Études ofertes à Berhold Goldman*, Litec, Paris, 1987, págs. 229-239; *Fouchard Gaillard Goldman on International Commercial Arbitration*, ed. Emmanuel Gaillard and John Savage, Kluwer Law International, 1999 (disponível em http://www.kluwerarbitration.com), págs. 9 ss.; segundo JAN PAULSSON, *The Idea of Arbitration*, Oxford University Press, 2013, pág. 1, "[t]he idea of arbitration is that of binding resolution of disputes accepted with serenity by those who bear its consequences because of their special trust in chosen decision-makers"; W. MICHAEL REISMAN/W.LAWRENCE CRAIG/WILLIAM W. PARK/JAN PAULSSON, *International Commercial Arbitration. Cases, materials, and notes on the resolution of international business disputes*, 2.ª edição, Foundation Press, St. Paul, MN, 2015, pág. 1; ÉRIC LOQUIN, *L'arbitrage du commerce international*, Joly éditions, lextenso éditions, Issy-les-Moulineaux, 2015, págs. 1 ss.; JEAN-BAPTISTE RACINE, *Droit de l'arbitrage*, puf, Paris, 2016, págs. 3 ss.; *International Commercial Arbitration*, "§ 1 Best practice in international arbitration: comparative reflections on the UNCITRAL Model Law", STEPHAN BALTHASAR, editor Stephan Balthasar, C.H.Beck/Hart/Nomos, München, 2016, págs. 1-43, pág. 5; PRÜTTING/GEHRLEIN, *Zivilprozessordnung Kommentar*, PRÜTTING, § 1025, 11.ª edição, Luchterhand Verlag, 2019, anot. 1, pág. 2465. Segundo RICHARD KREINDLER/REINMAR WOLFF/MARKUS S. RIEDER, *Commercial Arbitration in Germany*, Oxford University Press, Oxford, 2016, págs. 1 ss., atento o Direito alemão, "[a]rbitration is the final and binding resolution of a dispute by a neutral decisionmaker appointed pursuant to an agreement of the parties and to the exclusion of the state courts".

[2] Conforme esclarece ÉRIC LOQUIN, *L'arbitrage du commerce international*, cit., pág. 1, "[l]e droit comparé révèle que le concept d'arbitrage ne renvoie pas nécessairement à la même réalité dans tous les systèmes juridiques". Segundo este autor, o mínimo denominador comum à noção de arbitragem dos vários sistemas jurídicos é que esta é um modo de resolução de litígios alternativo à justiça estatal.

que nos propomos fazer nesta unidade curricular permitirá uma perspetiva mais global do tema.

1.2. Panorâmica das fontes

i) Fontes legais da arbitragem

I. A arbitragem voluntária obedece a regimes jurídicos específicos dependendo, designadamente, do ordenamento em que se enquadre. Assim, importa começar por fazer o enquadramento legal da arbitragem voluntária à luz do ordenamento jurídico português.

Desde logo, verifica-se que, nos termos do art. 209.º, n.º 2, CRP, de entre as categorias dos tribunais, se encontra a dos tribunais arbitrais.

A previsão dos tribunais arbitrais, na CRP, como categoria de tribunal afasta quaisquer dúvidas acerca da sua constitucionalidade[3] e permite concluir que, tal como os demais tribunais – estaduais –, também os arbitrais têm o poder de apreciar as questões que lhes são colocadas e de tomar as respetivas decisões, constituindo estas caso julgado [cfr. art. 42.º, n.º 7, da Lei n.º 63/2011, de 14 de dezembro (doravante LAV)][4]. A questão de saber se daqui se pode concluir que os tribunais arbitrais exercem a função jurisdicional tem suscitado controvérsia na doutrina[5], embora em acórdão do próprio Tribunal Constitucional se admita que os tribunais arbitrais exercem a função jurisdicional[6]. Independentemente desta questão, é

[3] *Vide*, acerca das dúvidas levantadas no que respeita à constitucionalidade das normas do CPC português de 1961, a propósito dos tribunais arbitrais, JORGE MIRANDA/RUI MEDEIROS, *Constituição Portuguesa anotada*, tomo III, Coimbra Editora, Coimbra, 2007, pág. 115.

[4] MANUEL PEREIRA BARROCAS, *Manual de Arbitragem*, cit., págs. 34 ss.

[5] JOSÉ LEBRE DE FREITAS, "Algumas implicações da natureza da convenção de arbitragem", *Estudos em Homenagem à Professora Doutora Isabel de Magalhães Collaço*, vol. II, Almedina, Coimbra, 2002, págs. 625-641, pág. 626.

[6] Cfr. Acórdão 230/86, de 8 de julho de 1986, do TC, em que se considera que "[m]ais, o tribunal arbitral voluntário é um órgão que, embora formado caso a caso, se constitui precisamente para exercer a função jurisdicional, para em suma praticar os actos jurisdicionais para que tiver sido solicitado dentro dos quadros da convenção de arbitragem". JORGE MIRANDA/RUI MEDEIROS, *Constituição Portuguesa anotada*, tomo III, cit., págs. 31 ss., acerca da orientação seguida pelo TC, esclarecem que "(...) resulta de numerosos arestos que a função jurisdicional se caracteriza pela *(i)* resolução de um conflito de interesses no caso concreto; *(ii)* segundo bitola jurídica; *(iii)* sem fim outro senão o de prover solução jurídica ao conflito", *vide* também a este respeito, págs. 17, 34. Sustentando que o tribunal arbitral desempenha a função jurisdicional, cfr. PAULA COSTA E SILVA, *A nova face da justiça. Os meios extrajudiciais de resolução de controvérsias*, Coimbra Editora,

inegável que existem diferenças entre os tribunais arbitrais e os estaduais, designadamente, aqueles não têm poder coercivo, e os tribunais estaduais têm-no; os tribunais arbitrais não têm, em regra, caráter permanente, ao contrário dos tribunais estaduais; os juízes estão integrados na carreira da magistratura e os árbitros do tribunal arbitral são indicados para desempenhar essa função em processos em concreto[7].

II. Para além da consagração constitucional dos tribunais arbitrais, identificamos, no ordenamento jurídico português, outras fontes legais relevantes na regulação da arbitragem voluntária. Tome-se como exemplo, desde logo, a Lei n.º 63/2011, de 14 de dezembro, que regula a arbitragem voluntária, e que servirá de base principal, embora não exclusiva, na lecionação desta unidade curricular.

A LAV de 2011, como já referido, veio revogar a anterior lei da arbitragem voluntária, a Lei n.º 31/86, de 29 de agosto. Em momento anterior, havia sido aprovado o Dec.-Lei n.º 243/84, de 17 de julho, que fixava o enquadramento legal da arbitragem e que foi declarado inconstitucional pelo TC, pelo acórdão n.º 230/86, de 8 de julho de 1986, no Processo n.º 178/84[8].

Esta lei, para além da sua relevância *per se*, assume especial importância atendendo a que consagra o regime de arbitragem de referência subsidiariamente aplicável em processos de arbitragem especificamente regulados. Tome-se como exemplo a Lei n.º 74/2013, de 6 de setembro[9], que criou o tribunal arbitral do desporto e aprovou a respetiva lei. No seu art.

Lisboa, 2009, pág. 104; MANUEL PEREIRA BARROCAS, *Manual de Arbitragem*, cit., págs. 34 ss.; também CARLOS FERREIRA DE ALMEIDA, *Contratos IV*, Almedina, Coimbra, 2014, pág. 17, considera que a arbitragem tem natureza jurisdicional, pois esta é "(...) desempenhada através de poder de decisão de litígios exercido por uma instância neutral"; MARIANA FRANÇA GOUVEIA, *Curso de resolução alternativa de litígios*, cit., pág. 119. LUÍS DE LIMA PINHEIRO, *Direito Comercial Internacional*, cit., págs. 438 ss., especifica que "[a] arbitragem é uma *actividade jurisdicional*". Veja-se também, *Fouchard Gaillard Goldman on International Commercial Arbitration*, cit., págs. 12 ss.

[7] CHARLES JARROSSON, *La notion d'arbitrage*, cit., págs. 103 ss. Acerca das diferenças entre os tribunais estaduais e tribunais arbitrais, LUÍS DE LIMA PINHEIRO, *Direito Comercial Internacional*, cit., págs. 439 ss.; MANUEL PEREIRA BARROCAS, *Manual de Arbitragem*, cit., págs. 35 ss.; ANTÓNIO PEDRO PINTO MONTEIRO/ ARTUR FLAMÍNIO DA SILVA/ DANIELA MIRANTE, *Manual de Arbitragem*, cit., págs. 65 ss.

[8] Publicado no D.R. de 12 de setembro de 1986.

[9] Alterado pela Lei n.º 33/2014, de 16 de junho.

61.º determina-se a aplicação subsidiária, com as necessárias adaptações, das "(...) regras previstas no Código de Processo dos Tribunais Administrativos, nos processos de jurisdição arbitral necessária, e a LAV, nos processos de jurisdição arbitral voluntária". Também no art. 1085.º CPC – incluído no Livro VI em que são reguladas questões respeitantes ao tribunal arbitral necessário – se determina que, "[e]m tudo o que não vai especialmente regulado observa-se, na parte aplicável, o disposto na Lei da Arbitragem Voluntária".

Em âmbitos determinados, *v.g.*, os previstos nos arts. 180.º ss. do CPTA[10], também se identificam regras especificamente aplicáveis à arbitragem. Já no âmbito da arbitragem tributária, identifica-se também legislação especial que regula o regime jurídico da arbitragem em matéria tributária[11]. Todavia, atenta a delimitação feita, esta matéria não ficará abrangida pelos conteúdos programáticos desta unidade curricular.

No desenvolvimento dos conteúdos do programa, e sempre que tal se justifique, será feita referência às disposições legais relevantes no contexto analisado.

III. Tendo a arbitragem impacto muito significativo no plano internacional, não surpreende que tenham vindo a ser celebradas convenções internacionais que regulam aspetos relativos à arbitragem e que constituem fontes importantes e muito divulgadas.

De entre os exemplos de convenções relevantes nesta matéria contam-se a Convenção de Nova Iorque de 1958 sobre o reconhecimento e a execução de sentenças arbitrais estrangeiras[12] (doravante designada de Convenção de Nova Iorque), a Convenção para a Resolução de diferendos relativos a

[10] Lei n.º 15/2002, de 22 de fevereiro, retificada pela Retificação n.º 17/2002, de 6 de abril, alterada pela Lei n.º 4-A/2003, de 19 de fevereiro, pela Lei n.º 59/2008, de 11 de setembro, pela Lei n.º 63/2011, de 14 de dezembro, pelo Dec.-Lei n.º 214-G/2015, de 2 de outubro e pela Lei n.º 118/2019, de 17 de setembro.

[11] Decreto-Lei n.º 10/2011, de 20 de janeiro, alterado pelas Leis n.º 64-B/2011, de 30 de dezembro, n.º 20/2012, de 14 de maio, n.º 66-B/2012, de 31 de dezembro, 24/2019, de 13 de março, Lei n.º 118/2019, de 17 de setembro e Lei n.º 119/2019, de 18 de setembro. Portaria n.º 112-A/2011 de 22 de março.

[12] Ratificada pelo Decreto do Presidente da República n.º 52/94, de 8 de julho de 1994, data em que foi também publicada no Diário da República. Está em vigor em Portugal desde 16 de janeiro de 1995.

investimentos entre Estados e nacionais de outros Estados e nacionais de outros Estados[13] (doravante designada de Convenção de Washington), a Convenção Interamericana sobre a arbitragem comercial internacional que foi ratificada por Decreto do Presidente da República[14], mas ainda não entrou em vigor no ordenamento jurídico português[15]. Foram ainda celebrados diversos acordos bilaterais entre o Estado português e outros Estados, conforme se terá oportunidade de verificar mais detalhadamente, em especial, nos pontos 12 a 20 deste programa, para onde se remete.

ii) Outras fontes relevantes na arbitragem

Neste contexto assume-se a noção de fonte em sentido muito amplo[16], abarcando uma multiplicidade de realidades normativas que, de modo mais ou menos significativo, influenciam, ou podem influenciar, a arbitragem voluntária.

Assim, tendo ainda presente a relevância internacional da arbitragem, têm vindo a ser adotados por organizações internacionais, associações e outras entidades, textos que, não tendo caráter vinculativo, são relevantes nesta área da arbitragem. Tome-se como exemplo a Lei-Modelo da CNUDCI sobre a Arbitragem Comercial Internacional de 1985, com alterações em 2006[17]

[13] Concluída em 18 de março de 1965, entrou em vigor na ordem internacional em 14 de outubro de 1966, foi aprovada para ratificação pelo Decreto do Governo n.º 15/84, publicado no DR I, n.º 79, de 3 de abril de 1984, assinada em 4 de agosto de 1983, e entrou em vigor em Portugal em 1 de agosto de 1984.

[14] Ratificada pelo Decreto do Presidente da República n.º 21/2002, de 4 de abril de 2002, data em que foi também publicada no Diário da República.

[15] Acerca das convenções internacionais em matéria de arbitragem, *vide* DÁRIO MOURA VICENTE, "Portugal e as convenções internacionais em matéria de arbitragem", *I Congresso do Centro de Arbitragem da Câmara de Comércio e Indústria*, Almedina, Coimbra, 2008, págs. 71-80.

[16] Segundo MIGUEL TEIXEIRA DE SOUSA, *Introdução do Direito*, Almedina, Coimbra, 2016, pág. 127, que reflete a orientação dominante na doutrina, fontes de direito são "(...) modos de revelação de regras jurídicas".

[17] Documentos das Nações Unidas n.ºs A/40/17, anexo I e A/61/17, anexo I. A Lei-Modelo foi adotada pela Comissão das Nações Unidas para o Direito Comercial Internacional a 21 de junho de 1985 e alterada pela mesma Comissão a 7 de julho de 2006. Com desenvolvimentos, acerca da primeira versão, de 1985, *vide* MARIA ÂNGELA BENTO SOARES/RUI MANUEL MOURA RAMOS, *Contratos Internacionais*, Livraria Almedina, Coimbra, (reimpressão) 1995, págs. 319 ss. Estes autores, ob. cit., pág. 325, sublinham, justificando a adoção deste texto, que "[f]azia-se, pois, sentir no domínio internacional a falta de um instrumento jurídico

(doravante Lei-Modelo da CNUDCI), e que influenciou significativamente a redação da própria LAV, de outras leis em vigor noutros ordenamentos jurídicos, bem como de regulamentos de centros de arbitragem[18]. Atenta a inegável influência que a Lei-Modelo teve na redação da LAV, o diálogo com aquele texto será frequente, aproveitando-se os contributos que a doutrina e a jurisprudência têm para oferecer a este respeito.

Saliente-se, aliás, que a Lei-Modelo, por ter vindo a servir de parâmetro em diversos ordenamentos jurídicos, tem contribuído significativamente para uma harmonização global na regulação da arbitragem[19]. Na verdade, apesar de a Lei-Modelo respeitar à arbitragem comercial internacional, tem sido adotada em diversos Estados para regular também a arbitragem interna ou, pelo menos, servido de inspiração para legislação nacional[20]. Neste sentido, o conhecimento da Lei-Modelo é também relevante para uma apreensão mais fácil de outras realidades jurídicas estrangeiras no âmbito da arbitragem.

Também as Regras de Arbitragem da CNUDCI[21] se têm mostrado relevantes, influenciando a redação de regulamentos de centros de arbitragem e as próprias arbitragens *ad hoc*, em que se pode decidir seguir estas regras.

Relevantes são também as regras adotadas por associações diversas. Tomem-se como exemplos as regras da IBA (*International Bar Association*) sobre a prova em arbitragem internacional, sobre os conflitos de interesses em arbitragem internacional, sobre a representação das partes em

de vocação universal que abrangesse toda a gama de questões implicadas pela arbitragem comercial internacional".

[18] Luís de Lima Pinheiro, *Arbitragem Transnacional*, cit., págs. 69 ss.

[19] Cfr. *Zivilprozessordnung, Handkommentar*, Vorbemerkung zu §§ 1025-1066, anot. 3, ed. Ingo Saenger, 8.ª edição, Nomos, 2019, disponível em https://beck-online.beck.de.

[20] *Vide*, a este respeito, Peter Binder, *International Commercial Arbitration and Mediation in UNCITRAL Model Law Jurisdictions*, 4.ª edição, Kluwer Law International, 2019 (disponível em http://www.kluwerarbitration.com), págs. 36 ss.

[21] Originalmente designadas de *UNCITRAL Arbitration Rules*, aprovadas em 2010 e revistas em 2013, disponíveis em http://www.uncitral.org/pdf/english/texts/arbitration/arb-rules-2013/UNCITRAL-Arbitration-Rules-2013-e.pdf. Note-se que há ainda uma versão anterior destas regras, aprovada em 1976 (disponível em http://www.uncitral.org/pdf/english/texts/arbitration/arb-rules/arb-rules.pdf). *Vide*, a este respeito, Maria Ângela Bento Soares/Rui Manuel Moura Ramos, *Contratos Internacionais*, cit., págs. 319 ss.

arbitragem internacional[22], o código deontológico do árbitro adotado pela APA (Associação Portuguesa de Arbitragem)[23], o código de boas práticas arbitrais do clube espanhol de arbitragem[24], etc. Outras regras relativas à arbitragem têm vindo a ser desenvolvidas por grupos de trabalho reunidos para o efeito[25].

Os regulamentos adotados pelos diversos centros de arbitragens assumem também relevância para lá do âmbito da atividade desenvolvida pelos mesmos, uma vez que servem de orientação para outros regulamentos e para a sedimentação de usos desenvolvidos na prática arbitral, sendo frequentemente citados pela doutrina e pela jurisprudência. Atente-se, por exemplo, com respeito a centros de arbitragem com sede no estrangeiro, nos Regulamentos do Centro de Arbitragem Internacional de Singapura (*Singapore International Arbitration Center*)[26], do Tribunal de Arbitragem Internacional de Londres (*London Court of International Arbitration*)[27], da Câmara Arbitral Internacional de Paris (*Chambre arbitrale internationale de Paris*)[28], da AAA (*American Arbitration Association*)[29]. Já com sede em Portugal, atente-se, por exemplo, no Regulamento do Centro Arbitrare[30], do Centro de Arbitragem da Câmara de Comércio e Indústria Portuguesa[31], etc.

[22] Estes textos da IBA estão disponíveis em https://www.ibanet.org.

[23] Disponível em http://www.arbitragem.pt/projetos/cda/2014-04-11-cda.pdf.

[24] Disponível em https://www.clubarbitraje.com/wp-content/uploads/2019/06/cbbpp-cea.pdf.

[25] *V.g.*, as *Rules on the Efficient Conduct of Proceedings in International Arbitration (Prague Rules)*, disponíveis em https://praguerules.com. Sobre estas regras, *vide* António Menezes Cordeiro, "As regras de Praga nas arbitragens internas", *Arbitragem Comercial, Estudos comemorativos dos 30 anos do Centro de Arbitragem Comercial da Câmara de Comércio e Indústria Portuguesa*, coord. António Menezes Cordeiro, Almedina, Coimbra, 2019, págs. 47-65; Bernardo Reis, "As regras de Praga em perspetiva: comparação e relevância no universo dos instrumentos de *soft law* em arbitragem", *Arbitragem Comercial, Estudos comemorativos dos 30 anos do Centro de Arbitragem Comercial da Câmara de Comércio e Indústria Portuguesa*, coord. António Menezes Cordeiro, Almedina, Coimbra, 2019, págs. 143-171.

[26] Disponível em http://www.siac.org.

[27] Disponível em http://www.lcia.org.

[28] Disponível em http://www.arbitrage.org.

[29] Disponível em https://www.adr.org.

[30] Disponível em https://www.arbitrare.pt/sub_regulamentos.php?id=47.

[31] Disponível em http://www.centrodearbitragem.pt.

Os elementos apresentados neste ponto são meramente indicativos. Ao longo do texto, far-se-á referência a estes e outros documentos não vinculativos considerados relevantes atento o tema em análise.

A jurisprudência, quer seja proferida por tribunais arbitrais, quer por tribunais estaduais, assume também relevância significativa. Na verdade, para além da influência nas próprias decisões dos tribunais em casos subsequentes, as orientações jurisprudenciais têm contribuído significativamente para a interpretação das disposições legais e a integração das suas lacunas, e mesmo para redação de leis novas, em que se pretende aproveitar a experiência já obtida. *V.g.*, na LAV de 2011 foram incluídas disposições que regulam as providências cautelares e ordens preliminares, estando estas matérias omissas na regulação da Lei n.º 31/86.

Também a doutrina se tem revelado importante, quer na redação de novas leis, quer na sua interpretação e integração, quer ainda no âmbito da própria jurisprudência, sendo frequentes, quer nas decisões de tribunais estaduais, quer de tribunais arbitrais, referências a orientações doutrinárias[32].

1.3. Vantagens e desvantagens da arbitragem

I. A arbitragem voluntária apresenta vantagens que facilmente justificam que as partes recorram a este modo de resolução de litígios. A celeridade é uma dessas vantagens[33]. Na verdade, quer pela disponibilidade dos árbitros, quer pelas próprias regras que regulam a arbitragem, o litígio será, por regra,

[32] Veja-se, *v.g.*, acórdão do STJ, de 4 de desembro de 2018, Processo 598/17.4YRLSB. S1; acórdão do STJ, de 27 de novembro de 2018, Processo 1030/12.5TVLSB.L1.S1.S2; acórdão do STJ, de 20 de março de 2018, Processo 1149/14.8T8LRS.L1.S1; acórdão do STJ, de 3 de março de 2005, Processo 05A2222, todos disponíveis em www.dgsi.pt.

[33] René David, *L'arbitrage dans le commerce international*, cit., págs. 15 ss.; Maria Ângela Bento Soares/Rui Manuel Moura Ramos, *Contratos Internacionais*, cit., pág. 321; Luís de Lima Pinheiro, *Direito Comercial Internacional*, cit., pág. 345; Pedro Romano Martinez, "Soluções alternativas de resolução de conflitos, em especial a arbitragem", *Estudos em Memória do Prof. Doutor J. L. Saldanha Sanches*, Coimbra Editora, 2011, págs. 859-897, págs. 869 ss.; Manuel Pereira Barrocas, *Manual de Arbitragem*, cit., pág. 141. *MünchKomm-ZPO*, Münch, Vorbemerkung zu den §§ 1025 ff., anot. 89, 5.ª edição, Verlag C.H.Beck, München, 2017 (disponível em https://beck-online.beck.de); *Zivilprozessordnung, Handkommentar*, Vorbemerkung zu §§ 1025-1066, anot. 2, ed. Ingo Saenger, cit.; Éric Loquin, *L'arbitrage du commerce international*, cit., págs. 26 ss.; António Menezes Cordeiro, *Tratado da Arbitragem*, cit., pág. 63; Jean-Baptiste Racine, *Droit de l'arbitrage*, cit., págs. 83 ss.;

solucionado com maior rapidez do que se for apreciado por tribunal estadual. As regras que regulam a arbitragem e que podem prever, *v.g.*, prazos mais curtos e definidos para os atos processuais, limitações à possibilidade de recursos das decisões adotadas, resultam em decisões mais céleres. Para esta celeridade contribui igualmente a flexibilidade das regras que regem a arbitragem. Referimo-nos aqui não apenas às regras previstas na lei e nos regulamentos dos centros de arbitragem, mas também à possibilidade de as partes poderem, por acordo e dentro de determinados limites, fixar as regras que processualmente regularão a situação[34]. Sendo as regras processuais aplicáveis adaptadas ao caso em concreto, a sua eficiência aumentará e, consequentemente, com grande probabilidade, tal facto refletir-se-á na celeridade da resolução do caso.

A especialização dos árbitros é também um elemento de atração à arbitragem[35], garantindo-se a apreciação dos litígios por pessoas com conhecimento aprofundado na matéria em apreço, uma vez que, por regra, os árbitros são escolhidos em função das suas competências em determinadas áreas. Esta especialidade pode estar diretamente relacionada com o próprio centro de arbitragem. Na verdade, ao lado de centros de arbitragem que podem decidir acerca de qualquer litígio – *v.g.*, os Centros da Câmara de Comércio Internacional –, identificam-se centros de arbitragem especializados, com regras especificamente ajustadas a determinadas categorias de litígios. Assim, tome-se como exemplo a GAFTA (*Grain and Feed Trade Association*), que disponibiliza aos seus associados um centro de

George A. Bermann, *International Arbitration and Private International Law*, The Hague Academy of International Law, Brill/Nijhoff, 2017, pág. 50.

[34] René David, *L'arbitrage dans le commerce international*, cit., págs. 17 ss.; Luís de Lima Pinheiro, *Direito Comercial Internacional*, cit., pág. 345; *MünchKomm-ZPO*, Münch, Vorbemerkung zu den §§ 1025 ff., anot. 97, cit.; Éric Loquin, *L'arbitrage du commerce international*, cit., págs. 30 ss.; José Carlos Fernández Rozas/Sixto A. Sánchez Lorenzo/Gonzalo Stampa, *Principios Generales del Arbitraje*, tirant lo blanch, CIMA, Valencia, 2018, págs. 63, 314 ss.

[35] René David, *L'arbitrage dans le commerce international*, cit., págs. 19 ss; Maria Ângela Bento Soares/Rui Manuel Moura Ramos, *Contratos Internacionais*, cit., pág. 321; Luís de Lima Pinheiro, *Direito Comercial Internacional*, cit., pág. 346; Manuel Pereira Barrocas, *Manual de Arbitragem*, cit., pág. 141; António Menezes Cordeiro, *Tratado da Arbitragem*, cit., pág. 63; Éric Loquin, *L'arbitrage du commerce international*, cit., págs. 29 ss.; Jean-Baptiste Racine, *Droit de l'arbitrage*, cit., págs. 81 ss.; George A. Bermann, *International Arbitration and Private International Law*, cit., pág. 50.

arbitragem ("*commodity arbitrations*") que visa solucionar litígios relacionados com o comércio de cereais e produtos alimentares[36-37].

A confidencialidade é também um argumento clássico a favor da arbitragem[38]. A não ser que as partes expressamente o admitam, os processos arbitrais não são públicos, não tendo outras pessoas que não as que lidam diretamente com o processo acesso aos articulados, documentos, audiências, sentenças, etc. Atento o leque limitado de pessoas com acesso ao processo, qualquer quebra no sigilo será mais facilmente identificada.

A neutralidade dos tribunais arbitrais, em especial estando envolvidos interesses internacionais, é outro argumento relevante a favor da arbitragem[39]. Na verdade, a apreciação da situação pelos tribunais de um Estado de uma das partes pode suscitar reservas à outra parte, receando parcialidade na tomada da decisão. A submissão do litígio a tribunais arbitrais, fora da alçada dos Estados soberanos, assegura às partes uma maior neutralidade na tomada da decisão. Acresce ainda que, por vezes, não chegando as partes a acordo quanto ao tribunal internacionalmente competente, *i.e.*, quanto à escolha do foro no âmbito de uma cláusula de jurisdição, a opção pelo tribunal arbitral poderá ser a única admitida pelas partes[40]. Caso as partes

[36] *Vide* http://www.gafta.com/arbitration.

[37] Iryna Polovets/Matthew Smith/Bradley Terry, "GAFTA Arbitration as The Most Appropriate Forum for Disputes Resolution in Grain Trade", *Arizona Journal of International & Comparative Law*, vol. 30, n. 3, 2013, págs. 559-603, págs. 560 ss.; Luís de Lima Pinheiro, *Arbitragem Transnacional*, cit., pág. 52.

[38] René David, *L'arbitrage dans le commerce international*, cit., págs. 18 ss.; Luís de Lima Pinheiro, *Direito Comercial Internacional*, cit., pág. 346; Pedro Romano Martinez, "Soluções alternativas de resolução de conflitos...", cit., pág. 870; Manuel Pereira Barrocas, *Manual de Arbitragem*, cit., pág. 141; *MünchKomm-ZPO*, Münch, Vorbemerkung zu den §§ 1025 ff., anot. 95, cit.; Mário Raposo, "Os árbitros", *Estudos em Homenagem ao Prof. Doutor José Lebre de Freitas*, vol. II, Coimbra Editora, 2013, págs. 893-917, págs. 910 ss.; António Menezes Cordeiro, *Tratado da Arbitragem*, cit., pág. 63; Éric Loquin, *L'arbitrage du commerce international*, cit., págs. 28 ss.; Jean-Baptiste Racine, *Droit de l'arbitrage*, cit., págs. 81 ss.; George A. Bermann, *International Arbitration and Private International Law*, cit., pág. 50; José Carlos Fernández Rozas/Sixto A. Sánchez Lorenzo/Gonzalo Stampa, *Principios Generales del Arbitraje*, cit., págs. 321 ss.

[39] Jean-Baptiste Racine, *Droit de l'arbitrage*, cit., pág. 82; George A. Bermann, *International Arbitration and Private International Law*, cit., pág 50.

[40] *Zivilprozessordnung, Handkommentar*, Vorbemerkung zu §§ 1025-1066, anot. 2, ed. Ingo Saenger, cit.; *International Commercial Arbitration*, "§ 1 Best practice in international arbitration...", Stephan Balthasar, cit., págs. 9 ss.

não cheguem a acordo quanto ao foro internacionalmente competente, a aplicação das regras de determinação da competência internacional dos tribunais estaduais pode não ser satisfatória, na medida em que imprevisível, por não garantir a determinação de um único foro competente, mas antes de vários. Neste caso, a arbitragem soluciona problemas que se prendem com os conflitos de jurisdição[41].

A flexibilidade no processo e a possibilidade de o litígio ser regulado por regras que, na maioria dos casos, não são as que se aplicariam nos tribunais estaduais – *v.g.*, a possibilidade de se aplicar a *lex mercatoria* ou de se atender à equidade – permite encontrar soluções que respondem efetivamente à essência do litígio em apreço e que são mais adequadas, assim contribuindo para uma melhor solução material e para uma melhor aceitação da decisão pelas partes[42].

A adaptabilidade da arbitragem permite que esta se adeque às específicas necessidades das partes, que podem designar ou não advogados, podem optar por ter ou não diligências para audiência de testemunhas, podem escolher ou não a aplicação da lei e podem optar pela arbitragem *ad hoc* ou institucional[43].

Estas e outras razões justificam a adesão e a divulgação da arbitragem quer no plano interno, quer no internacional.

II. A arbitragem, todavia, também pode apresentar desvantagens. A onerosidade que lhe está associada, que se prende com os honorários dos árbitros, bem como as custas do processo, é uma delas[44]. Todavia,

[41] Luís de Lima Pinheiro, *Direito Comercial Internacional*, cit., pág. 346; Éric Loquin, *L'arbitrage du commerce international*, cit., págs. 31 ss.

[42] René David, *L'arbitrage dans le commerce international*, cit., págs. 27 ss.; António Menezes Cordeiro, *Tratado da Arbitragem*, cit., pág. 63; Éric Loquin, *L'arbitrage du commerce international*, cit., págs. 31 ss.; Jean-Baptiste Racine, *Droit de l'arbitrage*, cit., págs. 82 ss. Também acerca das vantagens da arbitragem, cfr. Dário Moura Vicente, *Da Arbitragem Comercial Internacional*, cit., págs. 18 ss.; Manuel Pereira Barrocas, *Manual de Arbitragem*, cit., pág. 141; António Menezes Cordeiro, *Tratado da Arbitragem*, cit., págs. 62 ss.

[43] W. Michael Reisman/W.Lawrence Craig/William W. Park/Jan Paulsson, *International Commercial Arbitration*, cit., pág. 1. Ainda sobre as vantagens, *melius*, justificações da arbitragem internacional, Won L. Kidane, *The Culture of International Arbitration*, Oxford University Press, New York, 2017, págs. 91 ss.

[44] Éric Loquin, *L'arbitrage du commerce international*, cit., págs. 36 ss.; António Menezes Cordeiro, *Tratado da Arbitragem*, cit., pág. 63; Jean-Baptiste Racine, *Droit de l'arbitrage*, cit., págs. 85 ss.; Dário Moura Vicente, *Da Arbitragem Comercial Internacional*, cit., pág. 19.

atendendo aos valores que poderão estar em causa no litígio em apreço, os custos são, frequentemente, compensados pela rapidez da resolução. Cabe aqui às partes ponderar a decisão de recurso à arbitragem; a importância de uma decisão célere, em função de elevados valores em causa, é, usualmente, uma razão decisiva.

Sublinhe-se, em todo o caso, que a adesão à arbitragem no âmbito da resolução de litígios que respeitam a baixos valores económicos, *v.g.*, situações que envolvem consumidores, tem sido significativa. Naturalmente, trata-se de uma arbitragem adaptada às especificidades da situação, que assegura custos comportáveis.

A falta de poder coercivo dos tribunais arbitrais, que os impede de impor pela força as suas determinações às partes ou a terceiros, faz com que exista uma maior dependência da boa fé processual das partes, bem como uma maior necessidade de recorrer aos tribunais estaduais para auxiliar na tomada de tais medidas[45].

As *anti-suit injunctions*, que podem consistir em medidas cautelares decretadas por tribunais estaduais (especialmente em países da *Common Law*) que visam impedir a constituição e o funcionamento de tribunais arbitrais, são também comuns, em especial no âmbito da arbitragem internacional, e podem constituir um obstáculo à arbitragem[46].

[45] ÉRIC LOQUIN, *L'arbitrage du commerce international*, cit., págs. 38 ss.; ANTÓNIO MENEZES CORDEIRO, *Tratado da Arbitragem*, cit., pág. 63 ss.; MANUEL PEREIRA BARROCAS, *Manual de Arbitragem*, cit., pág. 141; JEAN-BAPTISTE RACINE, *Droit de l'arbitrage*, cit., pág. 87.

[46] MANUEL PEREIRA BARROCAS, *Manual de Arbitragem*, cit., pág. 141. *Vide* EMMANUEL GAILLARD, "Anti-suit Injunctions Issued by Arbitrators", *International Arbitration 2006: Back to Basics?*, ed. Albert Jan Van den Berg, Kluwer Law International, 2007, págs. 235-266, pág. 235; PAULA COSTA E SILVA, *A nova face da justiça...*, cit., págs. 120 ss.; EMMANUEL GAILLARD, *Legal Theory of International Arbitration*, Martinus Nijhoff Publishers, Leiden, Boston, 2010, págs. 70 ss. Com interesse também, *vide* acórdão do TJUE, de 10 de fevereiro de 2009, Proc. C-185/07, *Allianz SpA* e *Generali Assicurazioni Generali SpA* contra *West Tankers Inc.*, disponível em http://curia.europa.eu/. Ainda acerca deste acórdão, MARIANA FRANÇA GOUVEIA, "A competência cautelar do tribunal arbitral, em especial as providências executivas e as *anti-suit injunctions*", *Estudos em Homenagem ao Prof. Doutor José Lebre de Freitas*, vol. II, Coimbra Editora, 2013, págs. 861-892, págs. 886 ss.; KYRIAKI NOUSSIA, "Antisuit Injunctions and Arbitration Proceedings: What Does the Future Hold?", *Journal of International Arbitration*, vol. 26, n.º 3, 2009, págs. 311-336 (disponível em http://www.kluwerarbitration.com); ALEXANDER J. BELOHLÁVEK, "West Tankers as a Trojan Horse with Respect to the Autonomy of Arbitration Proceedings and the New York Convention 1958", *ASA Bulletin*, vol. 27, 4/2009, págs. 646-670

1.4. A arbitragem voluntária e a arbitragem necessária

Uma das tradicionais classificações na arbitragem, a que já nos referimos, é a que distingue a arbitragem voluntária da necessária.

Na arbitragem voluntária, as partes podem, querendo, submeter o litígio a tribunal arbitral. Já na arbitragem necessária, esta opção não existe e as partes, se pretenderem solucionar o seu litígio têm de, necessariamente, submetê-lo a arbitragem[47].

No ordenamento jurídico português são identificadas diversas questões que apenas podem ser apreciadas por tribunais arbitrais. É o caso, *v.g.*, da arbitragem necessária no âmbito do desporto, que conduziu à criação do Tribunal Arbitral do Desporto, regulado pela Lei n.º 74/2013, de 6 de setembro[48]. Destaca-se ainda que, nos termos do art. 15.º, n.º 1, da Lei dos Serviços Públicos, Lei n.º 23/96, de 26 de julho[49], sob a epígrafe "[r]esolução de litígios e arbitragem necessária", se determina a sujeição a arbitragem necessária dos litígios de consumo no âmbito dos serviços públicos essenciais[50], quando, por opção expressa dos utentes que sejam pessoas singulares, sejam submetidos à apreciação do tribunal arbitral dos

(disponível em http://www.kluwerarbitration.com); *International Commercial Arbitration*, "§ 1 Best practice in international arbitration...", STEPHAN BALTHASAR, cit., págs. 21 ss.; GEORGE A. BERMANN, *International Arbitration and Private International Law*, cit., págs. 287 ss.; MANUEL PEREIRA BARROCAS, *Estudos de Direito e Prática Arbitral*, Almedina, Coimbra, 2017, pág. 167.

[47] ANTÓNIO MENEZES CORDEIRO, *Tratado da Arbitragem*, cit., págs. 16, 19. Segundo MANUEL PEREIRA BARROCAS, *Manual de Arbitragem*, cit., págs. 90 ss., não se está, no caso da arbitragem necessária, perante uma verdadeira arbitragem, por entender que esta tem, por natureza, uma base convencional; e a convenção de arbitragem, neste caso, não existe. ANTÓNIO PEDRO PINTO MONTEIRO/ ARTUR FLAMÍNIO DA SILVA/ DANIELA MIRANTE, *Manual de Arbitragem*, cit., pág. 15.

[48] Acerca deste tribunal e da constitucionalidade da lei que o criou, cfr. RUI MEDEIROS, "Arbitragem necessária e Constituição", *Estudos em Memória do Conselheiro Artur Maurício*, Coimbra Editora, Coimbra, 2016, págs. 1301-1330. O acórdão do Tribunal Constitucional n.º 781/2013, de 16 de dezembro, declarou a inconstitucionalidade, com força obrigatória geral, das normas constantes no n.º 1 e do n.º 2 do art. 8.º, conjugadas com as normas dos arts. 4.º e 5.º, todas da Lei do Tribunal Arbitral do Desporto. Cfr., já antes, o acórdão do Tribunal Constitucional n.º 230/2013, de 24 de abril.

[49] Alterada pela Lei n.º 12/2008, de 26 de fevereiro, Lei n.º 24/2008, de 2 de junho, Lei n.º 6/2011, de 10 de março, Lei n.º 44/2011, de 22 de junho, Lei n.º 10/2013, de 28 de janeiro.

[50] Nos termos do art. 1.º, n.º 2, da Lei n.º 23/96, ficam abrangidos os seguintes serviços públicos: a) Serviço de fornecimento de água; b) Serviço de fornecimento de energia eléctrica; c) Serviço de fornecimento de gás natural e gases de petróleo liquefeitos canalizados; d) Serviço de

centros de arbitragem de conflitos legalmente autorizados[51]. À semelhança desta lei, mais recentemente, a alteração ao art. 14.º Lei de Defesa do Consumidor[52] feita pela Lei n.º 63/2019, de 16 de agostos, veio determinar que os conflitos de consumo cujo valor não exceda a alçada dos tribunais de 1.ª instância ficam "(...) sujeitos a arbitragem necessária ou mediação quando, por opção expressa dos consumidores, sejam submetidos à apreciação de tribunal arbitral adstrito aos centros de arbitragem de conflitos de consumo legalmente autorizados".

Atente-se também que a fixação do valor da indemnização da expropriação em caso de litígio é solucionada com recurso à arbitragem, cfr. arts. 6.º, n.º 2, 38.º, 42.º do Código das Expropriações[53]. A fixação dos serviços mínimos nos casos de greve (cfr. arts. 24.º ss. do Dec.-Lei n.º 259/2009, de 25 de setembro) também é feita, em alguns casos, por via da arbitragem obrigatória (cfr. arts. 513.º e 538.º, n.º 4, al. b), do Código do Trabalho)[54]. Veja-se ainda, a respeito da arbitragem em conflito resultante de celebração de convenção coletiva de trabalho, os arts. 508.º ss. do Código do Trabalho e Dec.-Lei n.º 259/2009, de 25 de setembro[55]. Sublinhe-se que, no âmbito do Direito Laboral, prevê-se expressamente a distinção entre arbitragem voluntária, obrigatória e ainda necessária, esta última expressamente prevista nos arts. 510.º e 511.º do Código do Trabalho[56].

comunicações electrónicas; e) Serviços postais; f) Serviço de recolha e tratamento de águas residuais; g) Serviços de gestão de resíduos sólidos urbanos.

[51] Acerca da arbitragem nos serviços públicos essenciais, *vide* JORGE MORAIS DE CARVALHO/JOÃO PEDRO PINTO-FERREIRA/JOANA CAMPOS CARVALHO, *Manual de resolução alternativa de litígios de consumo*, Almedina, Coimbra, 2017, págs. 183 ss.

[52] Lei n.º 24/96, de 31 de julho, alterada pela Lei n.º 85/98, de 16 de dezembro, pelo Decreto-Lei n.º 67/2003, de 8 de abril, pela Lei n.º 10/2013, de 28 de janeiro, pela Lei n.º 47/2014, de 28 de julho e, mais recentemente, pela Lei n.º 63/2019, de 16 de agosto.

[53] Lei n.º 168/99, de 18 de setembro, alterada pela Lei n.º 13/2002, de 19 de fevereiro, retificada pela Rect. n.º 18/2002, de 12 de abril, alterada ainda pelas Leis n.ºs 4-A/2003, de 19 de fevereiro, 67-A/2007, de 31 de dezembro e 56/2008, de 4 de setembro.

[54] PEDRO ROMANO MARTINEZ, "Soluções alternativas de resolução de conflitos...", cit., pág. 892.

[55] Sobre mediação e arbitragem em Direito Laboral, cfr. PEDRO ROMANO MARTINEZ, "Mediação e Arbitragem em Direito Laboral", *RDES*, 4/2015, págs. 7-28, em especial, acerca da arbitragem no âmbito dos conflitos coletivos, págs. 12 ss.

[56] Veja-se, a este respeito, PEDRO ROMANO MARTINEZ, "Mediação e Arbitragem em Direito Laboral", cit., págs. 13 ss., que sublinha também as semelhanças de regime entre a arbitragem voluntária e a necessária e a obrigatória.

Os litígios emergentes da invocação de direitos de propriedade industrial quando estivessem em causa medicamentos de referência e medicamentos genéricos eram também, nos termos do art. 2.º da Lei n.º 62/2011, de 12 de dezembro, na sua versão original, submetidos a arbitragem necessária[57]. Todavia, esta lei foi alterada pelo DL n.º 110/2018, de 10 de dezembro, e atualmente esta já não é matéria sujeita a arbitragem necessária, embora possa ser decidida por arbitragem voluntária (art. 2.º na nova versão).

A arbitragem necessária tem, conforme foi referido, suscitado dúvidas quanto à constitucionalidade das leis que a preveem. O Tribunal Constitucional tem decidido no que respeita a diversos aspetos no âmbito da arbitragem necessária. Identifica-se, nas diversas decisões, uma orientação jurisprudencial comum, no sentido de que a arbitragem necessária não é inconstitucional desde que se admita a possibilidade de recurso das decisões arbitrais para tribunal estadual[58].

O regime legal da arbitragem voluntária assume, usualmente, relevância no âmbito da arbitragem necessária, já que, como acima se referiu, é frequente remeter-se, supletivamente, nos diplomas que regulam esta, para aquele regime. Acresce ainda que o regime da arbitragem voluntária previsto na Lei n.º 61/2011 é também relevante no âmbito de outros regimes de arbitragem voluntária especiais, para além da sua relevância como regime

[57] *Vide*, a este respeito, Rui de Moura Ramos, "Arbitrage nécessaire, «juridiction nationale» au titre de l'art. 267 du TFUE et durée maximale de l'exclusivité accordée dans l'Union Européenne à la suite de l'autorisation de mise sur le marché d'un médicament", *Arbitraje*, vol. VII, n.º 2, 2014, págs. 499-508, págs. 500 ss. Sobre esta alteração à Lei n.º 62/2011, Dário Moura Vicente, "O novo regime da arbitragem em matéria de patentes", *Arbitragem Comercial, Estudos comemorativos dos 30 anos do Centro de Arbitragem Comercial da Câmara de Comércio e Indústria Portuguesa*, coord. António Menezes Cordeiro, Almedina, Coimbra, 2019, págs. 273-284, págs. 275 ss.

[58] Note-se que esta foi a razão principal pela qual a Lei dos Tribunais Arbitrais de Desporto foi considerada inconstitucional, cfr. nota 48. Já na Lei n.º 62/2011 (cfr. art. 3.º, n.º 7), a possibilidade de recurso da decisão arbitral para tribunal estadual foi expressamente prevista, *vide* a este respeito, o acórdão do Tribunal Constitucional n.º 123/2015, de 12 de fevereiro. *Vide*, também a este respeito, José Luís Bonifácio Ramos, "Descoberta de prova na arbitragem: em especial, a prova testemunhal, pericial e documental", *RDES*, 4/2015, págs. 29-67, págs. 30 ss. Veja-se também, a propósito da constitucionalidade da arbitragem necessária, António Pedro Pinto Monteiro/ Artur Flamínio da Silva/ Daniela Mirante, *Manual de Arbitragem*, cit., págs. 105 ss.

supletivo na arbitragem necessária e obrigatória; atente-se, a este respeito, no disposto no art. 505.º, n.º 4, do Código do Trabalho[59].

1.5. A arbitragem institucionalizada e a arbitragem *ad hoc*

A arbitragem pode também ser distinguida entre arbitragem institucionalizada e arbitragem *ad hoc*, consoante seja confiada a um centro de arbitragem, no que respeita à constituição do tribunal, ao apoio logístico, a gestão do processo, ou não decorra em centro de arbitragem, respetivamente[60].

Sublinhe-se que na arbitragem institucionalizada o centro de arbitragem não tem competência para decidir o litígio; esta competência cabe aos árbitros. O centro de arbitragem terá, todavia, um regulamento de arbitragem, onde estão previstas regras relevantes no procedimento arbitral e que se podem prender com a constituição do tribunal, prazos para apresentação de documentos e peças processuais, prazos para tomar decisões, etc.[61]. Algumas decisões relevantes no âmbito da condução do processo cabem, nos termos do regulamento de cada centro de arbitragem, ao Presidente deste.

A arbitragem *ad hoc* não tem subjacente o suporte de um centro de arbitragem. Assim, a atividade que se prende com a gestão e organização do processo é desenvolvida pelo próprio tribunal arbitral ou por entidade indicada pelas partes. Pode, todavia, a arbitragem *ad hoc* ficar sedeada num centro de arbitragem, que facultará o apoio administrativo de secretaria, bem como as instalações[62]. Não deixa, por este facto, de ser uma arbitragem *ad hoc*.

Conforme se terá oportunidade de desenvolver, não é irrelevante, para o próprio regime a aplicar, tratar-se de uma arbitragem *ad hoc* ou institucionalizada (veja-se, *v.g.*, o art. 36.º, n.ºs 6 e 7, LAV).

[59] Pedro Romano Martinez, "Mediação e Arbitragem em Direito Laboral", cit., págs. 14 ss.

[60] Luís de Lima Pinheiro, *Direito Comercial Internacional*, cit., págs. 347 ss.; Mariana França Gouveia, *Curso de resolução alternativa de litígios*, cit., págs. 123 ss.; António Menezes Cordeiro, *Tratado da Arbitragem*, cit., pág. 20; Manuel Pereira Barrocas, *Manual de Arbitragem*, cit., págs. 93 ss.; António Pedro Pinto Monteiro/ Artur Flamínio da Silva/ Daniela Mirante, *Manual de Arbitragem*, cit., pág. 19.

[61] *International Commercial Arbitration*, "§ 1 Best practice in international arbitration...", Stephan Balthasar, cit., págs. 8 ss.

[62] António Menezes Cordeiro, *Tratado da Arbitragem*, cit., pág. 20.

1.6. Distinção da arbitragem relativamente a outros meios alternativos de resolução de litígios

I. A arbitragem, a mediação e a conciliação estão incluídas nos denominados "meios de resolução alternativa de litígios". A expressão inglesa mais divulgada para esta realidade é *alternative dispute resolution* (ADR).

Os meios de resolução alternativa de litígios compreendem os procedimentos não judiciais para a resolução de litígios. A "alternativa" é, pois, relativamente aos meios judiciais, não existindo uma enumeração taxativa de quais sejam estes procedimentos[63].

Todavia, a arbitragem não se confunde com outros meios alternativos de resolução de litígios, como, *v.g.*, a mediação, a conciliação.

Na mediação, as partes desenvolvem atividades no sentido de tentar chegar a um acordo, sendo, para o efeito, assistidas por um mediador. Este mediador não tem, porém, o poder de decidir o litígio se as partes não chegarem a acordo[64].

No ordenamento jurídico português, a mediação tem assumido especial relevância, quer em áreas em que é tradicional a disponibilidade das partes relativamente aos litígios em causa, como é o caso das obrigações contratuais, quer em áreas em que esta liberdade é mais limitada, como no âmbito do Direito da Família[65] ou mesmo do Direito Penal[66]. Também no Direito do

[63] Mariana França Gouveia, *Curso de resolução alternativa de litígios*, cit., pág. 17. Acerca da evolução histórica da mediação em diversas tradições, Cyril Chern, *The Commercial Mediator's Handbook*, Informa law from Routledge, 2015, págs. 15 ss. Para um enquadramento geral da mediação numa perspetiva comparatista, *vide* Carlos Esplugues, "General Report: New Developments in Civil and Commercial Mediation – Global Comparative Perspectives", *New Developments in Civil and Commercial Mediation, Global Comparative Perspectives*, ed. Carlos Esplugues/Louis Marquis, Academie Internationale de Droit Compare, Springer, 2015, págs. 1-88. Fazendo um enquadramento geral no Direito português, cfr. Maria José Capelo, "La Médiation, une Autre Voie de Justice au Portugal?", *New Developments in Civil and Commercial Mediation, Global Comparative Perspectives*, ed. Carlos Esplugues/Louis Marquis, Academie Internationale de Droit Compare, Springer, 2015, págs. 547-556.

[64] Pedro Romano Martinez, "Soluções alternativas de resolução de conflitos...", cit., pág. 866; Manuel Pereira Barrocas, *Manual de Arbitragem*, cit., págs. 73 ss.; Mariana França Gouveia, *Curso de resolução alternativa de litígios*, cit., pág. 47; António Menezes Cordeiro, *Tratado da Arbitragem*, cit., pág. 17.

[65] Despacho 18778/2007, de 22 de agosto, que regula a atividade do sistema de mediação familiar.

[66] Lei n.º 21/2007, de 12 de junho.

Trabalho a mediação tem assumido crescente relevância; atente-se, *v.g.*, nos arts. 526.º a 528.º do Código do Trabalho[67].

Na Lei n.º 29/2013, de 19 de abril, estabeleceram-se os princípios gerais aplicáveis à mediação realizada em Portugal, bem como os regimes jurídicos da mediação civil e comercial, dos mediadores e da mediação pública[68]. Com relevo, e refletindo os elementos definidores da mediação, atente-se, em especial, no seu art. 2.º, al. a), em que é definida "mediação" como "a forma de resolução alternativa de litígios, realizada por entidades públicas ou privadas, através do qual duas ou mais partes em litígio procuram voluntariamente alcançar um acordo com assistência de um mediador de conflitos". Por sua vez, o "mediador de conflitos" é definido como "um terceiro, imparcial e independente, desprovido de poderes de imposição aos mediados, que os auxilia na tentativa de construção de um acordo final sobre o objeto do litígio".

[67] Pedro Romano Martinez, "Soluções alternativas de resolução de conflitos...", cit., págs. 864 ss.; Pedro Romano Martinez, "Mediação e Arbitragem em Direito Laboral", cit., págs. 10 ss., sublinha que a mediação, no âmbito laboral, constitui uma forma de resolução de litígios que se encontra entre a conciliação e a arbitragem, uma vez que, na mediação, cabe ao mediador apresentar propostas de solução que possam vir a ser aceites pelas partes. Sublinha ainda este autor a possível dualidade de situações relativamente à mediação laboral. Assim, por um lado, está consagrada na lei a mediação relativa às relações coletivas de trabalho, em especial, à regulamentação coletiva e, por outro lado, encontra-se a mediação *ad hoc*, que é estabelecida no âmbito da autonomia da vontade.

[68] Esta lei revogou a Lei n.º 29/2009, de 29 de junho (com exceção do disposto nos arts. 79.º, 82.º, 85.º e 87.º, n.ºs 2 e 3), que aprovou o Regime Jurídico do Processo de Inventário e alterou o Código Civil, o Código de Processo Civil, o Código do Registo Predial e o Código do Registo Civil, no cumprimento das medidas de descongestionamento dos tribunais previstas na Resolução do Conselho de Ministros n.º 172/2007, de 6 de novembro, o Regime do Registo Nacional de Pessoas Colectivas, procedeu à transposição da Directiva 2008/52/CE, do Parlamento e do Conselho, de 21 de março e alterou o Decreto-Lei n.º 594/74, de 7 de novembro. Acerca da Directiva 2008/52/CE, *vide* Paula Costa e Silva, *A nova face da justiça...*, cit., pág. 81; Jorge Morais de Carvalho, "O critério da disponibilidade na arbitragem, na mediação e noutros negócios jurídicos processuais", *Estudos em Homenagem ao Prof. Doutor José Lebre de Freitas*, vol. II, Coimbra Editora, Coimbra, 2013, págs. 831-860, págs. 845 ss.; Miguel Cancella de Abreu/Clara Moreira Campos, "LAV e os novos desafios à mediação", *Estudos de Direito da Arbitragem em Homenagem a Mário Raposo*, Universidade Católica Editora, Lisboa, 2015, págs. 161-171, págs. 162 ss.

II. Na conciliação não são desenvolvidas atividades de negociação pelas partes que, todavia, aceitam a possibilidade de se conciliar mediante a intervenção de um terceiro, que as coloca em contacto e acompanha o seu diálogo, com vista à obtenção de uma solução aceite por ambas[69].

Ao contrário da arbitragem, e tal como se referiu acerca da mediação, também na conciliação privada não é atribuído aos conciliadores o poder de resolver o litígio que está em causa. A eventual solução proposta pelo conciliador ou mediador não é obrigatória para as partes[70], não é, pois, exercida uma atividade jurisdicional. Como a própria denominação indica, é apenas conferido poder para, com as partes, tentar chegar a um acordo relativamente ao litígio que está em causa. Trata-se aqui de "harmonizar interesses"[71], tentando chegar a consensos entre as partes.

Todavia, nos casos em que se está perante conciliação judicial, é o juiz o conciliador e também aquele que, caso as partes não se conciliem, decidirá o caso. No CPC, a conciliação judicial está expressamente prevista nos arts. 594.º e 604.º, n.º 2[72]. Também nos casos em que se consagra a conciliação arbitral, prevista em regulamentos de centros de arbitragem ou clausulada em convenções de arbitragem, pode ser o mesmo tribunal arbitral que faz a conciliação e que tem também poderes de decisão[73].

[69] Manuel Pereira Barrocas, *Manual de Arbitragem*, cit., págs. 78 ss.; Mariana França Gouveia, *Curso de resolução alternativa de litígios*, cit., págs. 103 ss.; António Menezes Cordeiro, *Tratado da Arbitragem*, cit., págs. 16 ss. *Vide*, também, quanto ao conceito de conciliação, Jorge Morais de Carvalho/João Pedro Pinto-Ferreira/Joana Campos Carvalho, *Manual de resolução alternativa de litígios de consumo*, cit., págs. 163 ss. Segundo Pedro Romano Martinez, "Soluções alternativas de resolução de conflitos...", cit., pág. 861, "[a] conciliação corresponde a uma forma particular de negociação. No entanto, tem uma especialidade que consiste em a negociação ser incrementada e encaminhada por um terceiro; há uma terceira entidade, diferente das partes em conflito, que incentiva e conduz a negociação. (...) O conciliador tem uma intervenção activa na negociação, na medida em que pode apresentar eventuais soluções para aquele conflito".

[70] René David, *L'arbitrage dans le commerce international*, cit., págs. 11 ss.; Charles Jarrosson, *La notion d'arbitrage*, cit., pág. 187; Manuel Pereira Barrocas, *Manual de Arbitragem*, cit., págs. 35 ss.; Mariana França Gouveia, *Curso de resolução alternativa de litígios*, cit., págs. 103 ss.; António Menezes Cordeiro, *Tratado da Arbitragem*, cit., pág. 16.

[71] Manuel Pereira Barrocas, *Manual de Arbitragem*, cit., pág. 71.

[72] Mariana França Gouveia, *Curso de resolução alternativa de litígios*, cit., pág. 101; António Menezes Cordeiro, *Tratado da Arbitragem*, págs. 16 ss.

[73] António Menezes Cordeiro, *Tratado da Arbitragem*, cit., pág. 17.

É discutível se se inclui entre as funções do árbitro a de conciliar[74]. Segundo alguns autores, não é exigível, ou sequer recomendável, que o árbitro desenvolva o papel de conciliador. Poderá uma tal intervenção assumir uma relevância negativa no processo arbitral, eventualmente influenciando, ainda que de forma inconsciente, a sua imparcialidade. Estas considerações não invalidam, naturalmente, que, no âmbito da arbitragem, as partes possam chegar a acordo[75], tal como não se afasta a possibilidade de, como vimos, as partes incluírem, na convenção de arbitragem, uma cláusula de conciliação prévia à decisão por tribunal arbitral.

III. Para além da mediação e da conciliação, outros meios alternativos de resolução de litígios têm vindo a ser identificados e desenvolvidos pela doutrina, sendo a sua autonomização mais ou menos discutível. Entre estes inclui-se a negociação[76], os mini-julgamentos, a arbitragem não vinculativa, o laudo pericial não vinculativo ou vinculativo, a avaliação pericial[77].

IV. O Direito da União Europeia tem também refletido o cuidado na regulação alternativa de litígios em matéria de Direito do Consumo, abrangendo arbitragem, mediação e conciliação. É neste contexto que foi adotada, *v.g.*, a Diretiva 2013/11/UE do Parlamento Europeu e do Conselho de 21 de maio de 2013 sobre a resolução alternativa de litígios de consumo, que altera o Regulamento (CE) n.º 2006/2004 e a Diretiva 2009/22/CE (Diretiva RAL)[78]. Esta Diretiva foi transposta para o Direito interno pela Lei n.º 144/2015, de 8 de setembro[79], que, para além da transposição, também estabeleceu o enquadramento jurídico dos mecanismos de resolução extrajudicial de litígios de consumo, e revogou os Decretos-Leis n.ºs 146/99, de 4 de maio, e 60/2011, de 6 de maio. Especialmente relevante ainda neste âmbito é o Regulamento (UE) n.º 524/2013 do Parlamento Europeu e do Conselho de 21 de maio de 2013 sobre a resolução de litígios de consumo em

[74] Mariana França Gouveia, *Curso de resolução alternativa de litígios*, cit., págs. 101 ss., 106 ss.

[75] Mariana França Gouveia, *Curso de resolução alternativa de litígios*, cit., pág. 110.

[76] Mariana França Gouveia, *Curso de resolução alternativa de litígios*, cit., págs. 41 ss.; António Pedro Pinto Monteiro/ Artur Flamínio da Silva/ Daniela Mirante, *Manual de Arbitragem*, cit., pág. 53.

[77] Manuel Pereira Barrocas, *Manual de Arbitragem*, cit., págs. 79 ss.

[78] Publicada no JOUE L165 de 18/06/2013, págs. 63 ss.

[79] Alterada pelo Dec.-Lei n.º 102/2017, de 23 de agosto e pela Lei n.º 14/2019, de 12 de fevereiro.

linha, que altera o Regulamento (CE) n.º 2006/2004 e a Diretiva 2009/22/CE (Regulamento RLL)[80-81].

V. Sublinhe-se ainda que, em alguns casos, as partes acordam que, antes de se dar início ao processo arbitral, há um dever de, num determinado período de tempo, tentar chegar a acordo, seja por via da mediação, da conciliação ou outro meio acordado pelas partes. Se esta via não tiver sido observada pelas partes e estiver suficientemente especificada no acordo celebrado, a decisão do tribunal arbitral poderá ser impugnada e eventualmente anulada[82]. Noutros casos, é o próprio tribunal arbitral que decidirá pela sua incompetência para apreciar o litígio[83].

[80] Publicada no JOUE L165 de 18/06/2013, págs. 165 ss.

[81] Já em momento anterior, acerca da "arbitragem em linha", *vide* Dário Moura Vicente, "Meios extrajudiciais de composição de litígios emergentes do comércio electrónico", *Direito da Sociedade da Informação*, vol. V, Coimbra Editora, 2004, págs. 145-183, págs. 161 ss.

[82] *Vide*, a este respeito, Lino Diamvutu, "O Princípio da Competência-Competência na Arbitragem Voluntária", *RIAC*, 2010, págs. 63-103, págs. 81 ss.; António Menezes Cordeiro, *Tratado da Arbitragem*, cit., pág. 281; Nigel Blackaby/J. Martin Hunter//Constantine Partasides/Alan Redfern, *Redfern and Hunter on International Arbitration*, 6.ª edição, Kluwer Law International, Oxford University Press, 2015 (disponível em http://www.kluwerarbitration.com), págs. 100 ss.; José Carlos Soares Machado, "Cláusulas arbitrais *escalonadas*. Reflexões sobre a sua redação", *Estudos de Direito da Arbitragem em Homenagem a Mário Raposo*, Universidade Católica Editora, Lisboa, 2015, págs. 89-108, pág. 99; *International Commercial Arbitration*, "§ 1 Best practice in international arbitration...", Stephan Balthasar, cit., pág. 19, que trata, a este propósito de "multi-tier clauses".

[83] Ezequiel H. Vetulli/Emmanuel E. Kaufman, "The Arbitration Agreement and Arbitrability, Deciding who decides: Issues arising out of the Failure to fulfil Pre-Arbitration Requirements", *Austrian Yearbook on International Arbitration*, ed. Christian Klausegger, Peter Klein, Christian Klausegger, Peter Klein, Florian Kremslehner, Alexandre Petsche, Nikolaus Pitkowitz, Jenny Power, Irene Welser, Gerold Zeiler, vol. 2017, Manz'sche Verlags- und Universitätsbuchhandlung, págs. 59-74 (disponível em http://www.kluwerarbitration.com), pág. 59.

Capítulo II
Teoria geral da arbitragem

2. A convenção de arbitragem
2.1. Noção de convenção de arbitragem

A convenção de arbitragem é o negócio jurídico mediante o qual as partes acordam que um litígio, atual ou futuro, determinado ou determinável, será decidido por um tribunal arbitral[84]. A convenção de arbitragem está, desde logo, referida no art. 1.º, n.º 1, LAV, encontrando-se alguns dos seus elementos essenciais, embora não esteja aí definida.

Pela sua simplicidade, mas também pelo seu rigor e influência na lei portuguesa, recordamos a noção de convenção de arbitragem que consta do art. 7.º, n.º 1, da Lei-Modelo da CNUDCI: "a convenção de arbitragem é o acordo mediante o qual as partes submetem à arbitragem todos ou alguns

[84] Cfr. Maria Helena Brito, "Arbitragem Internacional. A propósito da Nova Lei da Arbitragem Voluntária", *Themis*, ano XII, n.ºs 22/23, 2012, págs. 103-143, pág. 116; Manuel Pereira Barrocas, *Manual de Arbitragem*, cit., págs. 143 ss.; Gary B. Born, *International Commercial Arbitration*, 2.ª edição, Kluwer Law International, 2014 (disponível em http://www.kluwerarbitration.com), pág. 226; Mariana França Gouveia, *Curso de resolução alternativa de litígios*, cit., págs. 125 ss.; António Menezes Cordeiro, *Tratado da Arbitragem*, cit., págs. 86 ss.; Nigel Blackaby/J. Martin Hunter/Constantine Partasides//Alan Redfern, *Redfern and Hunter on International Arbitration*, cit., pág. 72; Dário Moura Vicente, "Convenção de arbitragem: problemas atuais", *O Direito*, 147, II/2015, págs. 303-320, pág. 303. Com referência à Lei-Modelo, Maria Ângela Bento Soares/Rui Manuel Moura Ramos, *Contratos Internacionais*, cit., págs. 350 ss.

litígios presentes ou futuros que ocorram relativamente a uma determinada relação jurídica, seja ela contratual ou não"[85].

Em sentido semelhante, é indicado, nos termos do art. II da Convenção de Nova Iorque de 1958, no n.º 1, que "[c]ada Estado contratante reconhece a convenção escrita pela qual as Partes se comprometem a submeter a uma arbitragem todos os litígios ou alguns deles que surjam ou possam surgir entre elas relativamente a uma determinada relação de direito, contratual ou não contratual, respeitante a uma questão suscetível de ser resolvida por via arbitral".

Subjacente à convenção de arbitragem está, pois, a autonomia da vontade[86], que se manifesta, desde logo, no facto de as partes acordarem que um litígio determinado será decidido por tribunal arbitral. A convenção de arbitragem tem por objeto a resolução de um litígio, atual ou eventual, cometendo a sua solução a terceiros a quem são atribuídos poderes jurisdicionais[87].

Tratando-se de um negócio jurídico, embora com as especificidades que lhe estão associadas, fica sujeito às regras que regulam os negócios jurídicos[88].

2.2. Modalidades da convenção de arbitragem

A convenção de arbitragem pode ter por objeto um litígio atual, que poderá estar ou não já submetido a tribunal estadual. Neste caso, estaremos perante um compromisso arbitral (art. 1.º, n.º 3, primeira parte, LAV)[89].

[85] No original: "Arbitration agreement" is an agreement by the parties to submit to arbitration all or certain disputes which have arisen or which may arise between them in respect of a defined legal relationship, whether contractual or not. (...)".

[86] Manuel Pereira Barrocas, *Manual de Arbitragem*, cit., pág. 144; George A. Bermann, *International Arbitration and Private International Law*, cit., págs. 25 ss.

[87] Carlos Ferreira de Almeida, *Contratos IV*, cit., págs. 19, 20.

[88] *V.g.*, as regras relativas à interpretação dos negócios jurídicos, aos vícios da vontade, à validade dos negócios jurídicos. Veja-se, a título ilustrativo, a este respeito, o acórdão do TRL, de 17 de dezembro de 2013, Proc. 659/13.0YRLSB-2, em que se sustenta ser consensual a aplicação das regras gerais de interpretação do negócio jurídico previstas nos art. 236.º e 238.º CC à convenção de arbitragem. No mesmo sentido, veja-se o acórdão de 22 de setembro de 2015, do mesmo tribunal, Proc. 1212/14.5T8LSB.L1-7. Ambos os acórdãos estão disponíveis em www.dgsi.pt.

[89] Tradicionalmente designada, em inglês, por *submission agreement* ou *special agreement:* W. Michael Reisman/W.Lawrence Craig/William W. Park/Jan Paulsson, *International Commercial Arbitration*, cit., pág. 2.

Já se a convenção de arbitragem tiver por objeto um litígio eventual e futuro, estar-se-á perante uma cláusula compromissória (art. 1.º, n.º 3, segunda parte, LAV). Frequentemente, os contratos incluem convenções de arbitragem em que se determina que quaisquer litígios resultantes do contrato serão resolvidos por tribunal arbitral. Trata-se, nessa hipótese, de clara cláusula compromissória[90].

Os contratos que incluem cláusulas compromissórias podem ser de variados tipos. São frequentes em contratos de venda de mercadorias, em contratos de transporte, em contratos de prestações continuadas, mas também são já usuais em contratos de sociedades[91].

2.3. Conteúdo da convenção de arbitragem

a) Critérios de arbitrabilidade

I. Apesar de a autonomia da vontade definir os termos da convenção de arbitragem, esta também encontra limites previstos na lei. Nos diversos ordenamentos jurídicos são estabelecidos os critérios de arbitrabilidade que, por regra, se prendem com as matérias que são entendidas como tão relevantes para a ordem jurídica de um Estado que as decisões a estas respeitantes ficam reservadas para os tribunais estaduais[92].

Desde logo, no ordenamento jurídico português, determina-se, nos termos do art. 1.º, n.º 1, da LAV, que poderá ser cometido, pelas partes, mediante convenção de arbitragem, à decisão dos árbitros, os litígios que sejam respeitantes a interesses de natureza patrimonial e que não estejam por lei submetidos exclusivamente aos tribunais estaduais (como é, *v.g.*, o

[90] Tradicionalmente designada, em inglês, por *arbitration clause, jurisdictional clause* ou *future dispute clause:* W. Michael Reisman/W.Lawrence Craig/William W. Park/Jan Paulsson, *International Commercial Arbitration*, cit., pág. 2.

[91] Carlos Ferreira de Almeida, *Contratos IV*, cit., pág. 17. Acerca do tema, incluindo uma proposta de redação de cláusula compromissória neste âmbito, *vide* António Sampaio Caramelo, "Arbitragem de litígios societários", *Temas de Direito da Arbitragem*, Coimbra Editora, Coimbra, 2013, págs. 339-398, estando a cláusula nas págs. 399-401.

[92] W. Michael Reisman/W.Lawrence Craig/William W. Park/Jan Paulsson, *International Commercial Arbitration*, cit., págs. 157 ss. Naturalmente, os critérios de arbitrabilidade dos litígios variam significativamente nos vários ordenamentos jurídicos, cfr. Éric Loquin, *L'arbitrage du commerce international*, cit., págs. 67 ss.; Nigel Blackaby/J. Martin Hunter/ /Constantine Partasides/Alan Redfern, *Redfern and Hunter on International Arbitration*, cit., pág. 80; Dário Moura Vicente, "Convenção de arbitragem: problemas atuais", cit., págs. 304 ss.

caso da insolvência[93]) ou a arbitragem necessária. Nos termos do art. 1.º, n.º 2, da LAV, admite-se ainda a convenção de arbitragem relativamente a litígios e situações que, embora não envolvam interesses de natureza patrimonial, sejam passíveis de celebração de transação pelas partes[94].

Assim, no art. 1.º, n.ºs 1 e 2, LAV, estão previstos os critérios gerais de arbitrabilidade, referindo-se a doutrina, a este propósito, a arbitrabilidade objetiva[95]: o litígio terá de respeitar a interesses de natureza patrimonial ou, mesmo que não envolvam estes interesses, as partes terão de poder celebrar transação sobre o direito controvertido. Identificam-se, pois, dois critérios: o da patrimonialidade e o da transigibilidade[96]-[97].

[93] Carlos Ferreira de Almeida, *Contratos IV*, cit., pág. 19.

[94] Também apelando a critérios identicos, atente-se no § 1030 *ZPO* alemã. *Vide*, a este respeito, Prütting/Gehrlein, *Zivilprozessordnung Kommentar*, Prütting, § 1030, cit., anots. 1 ss., págs. 2477 ss.

[95] Maria Helena Brito, "Arbitragem Internacional...", cit., pág. 124; Manuel Pereira Barrocas, *Manual de Arbitragem*, cit., págs. 100 ss.; Mariana França Gouveia, *Curso de resolução alternativa de litígios*, cit., pág. 136; António Menezes Cordeiro, *Tratado da Arbitragem*, cit., págs. 94; Richard Kreindler/Reinmar Wolff/Markus S. Rieder, *Commercial Arbitration in Germany*, cit., pág. 44; José Carlos Fernández Rozas/Sixto A. Sánchez Lorenzo/Gonzalo Stampa, *Principios Generales del Arbitraje*, cit., págs. 92 ss.

[96] Manuel Pereira Barrocas, *Manual de Arbitragem*, cit., págs. 215 ss.; Mariana França Gouveia, *Curso de resolução alternativa de litígios*, cit., págs. 135 ss.; Mário Esteves de Oliveira et al., *Lei da Arbitragem Voluntária. Comentada.* coord. Mário Esteves de Oliveira, Almedina, Coimbra, 2014, págs. 39 ss.; Rui Moura Ramos, "The new portuguese arbitration act (Law No. 63/2011 of 14 December on voluntary arbitration)", *Yearbook of Private International Law*, vol. 16, 2014/2015, págs. 25-56, págs. 29 ss.; António Menezes Cordeiro, *Tratado da Arbitragem*, cit., págs. 93 ss.; Manuel Pereira Barrocas, *Lei de Arbitragem Comentada*, 2.ª edição, Almedina, Coimbra, 2018, págs. 26 ss.; Dário Moura Vicente et al., *Lei da Arbitragem Voluntária Anotada*, art. 1.º, Dário Moura Vicente, 4.ª edição, coord. Dário Moura Vicente, com a colaboração de António Júdice Moreira e Carla Gonçalves Borges, APA, Almedina, 2019, pág. 34; António Pedro Pinto Monteiro/ Artur Flamínio da Silva/ Daniela Mirante, *Manual de Arbitragem*, cit., págs. 169 ss. António Sampaio Caramelo, "Critérios de arbitrabilidade dos litígios. Revisitando o tema", *IV Congresso do Centro de Arbitragem da Câmara de Comércio e Indústria*, 2011, Almedina, Coimbra, págs. 13-44, págs. 35 ss., louva em especial os critérios de arbitrabilidade que conjugam a patrimonialidade do direito controvertido com a sua transigibilidade.

[97] De modo distinto, no Direito francês, importa atender aos arts. 2059 e 2060 do *Code civile*, e daí resulta que serão arbitráveis os litígios que respeitem a direitos disponíveis, ficando expressamente excluídos os relativos ao estado e capacidade das pessoas, divórcio e separação de pessoas, bem como todos aqueles que interessem à ordem pública. A este respeito, *vide*

Na anterior lei da arbitragem voluntária portuguesa – Lei n.º 36/86 de 29 de agosto, revogada pela atual LAV – o critério de arbitrabilidade era o da disponibilidade dos direitos[98].

II. A densificação dos conceitos que definem a arbitrabilidade dos litígios merece especial atenção. Assim, por patrimonialidade tende a entender-se a característica que se traduz em os interesses em jogo serem suscetíveis de ser avaliados em dinheiro[99].

Na concretização do critério da transigibilidade, por interpretação sistemática, temos a auxiliar-nos a definição e regime do contrato de transação, previsto nos arts. 1248.º ss. CC[100]. Nos termos do art. 1248.º, n.º 1, CC, o contrato de transação é definido como aquele pelo qual as partes previnem ou terminam um litígio mediante recíprocas concessões, não podendo, todavia, as partes transigir sobre direitos de que não podem dispor (art. 1249.º CC). Em sentido semelhante, atente-se no disposto no art. 289.º, n.º 1, CPC, que não admite a transação "(...) que importe a afirmação da vontade das partes relativamente a direitos indisponíveis".

Jean-Baptiste Racine, *Droit de l'arbitrage*, cit., págs. 164 ss., que esclarece, ilustrando com referências jurisprudenciais, que a interpretação de "ordem pública" que tem vindo a ser feita pelos tribunais franceses tem sido generosa no sentido de admitir a arbitrabilidade dos litígios.

98 A propósito da arbitragem em geral, Luís de Lima Pinheiro, *Arbitragem transnacional*, cit., pág. 105, considera que "[o] critério da disponibilidade do Direito é justificado, porquanto é nas relações que dependem da vontade das partes, e só nestas, que se deve admitir o exercício de uma actividade jurisdicional por particulares. A sujeição a arbitragem de relações indisponíveis permitiria facilmente às partes tornear a indisponibilidade legal através da designação de árbitros que actuassem de acordo com a sua vontade".

99 Mário Esteves de Oliveira et al., *Lei da Arbitragem Voluntária*, cit., págs. 46 ss.; Mariana França Gouveia, *Curso de resolução alternativa de litígios*, cit., págs. 142 ss.; António Menezes Cordeiro, *Tratado da Arbitragem*, cit., pág. 94; Dário Moura Vicente et al., *Lei da Arbitragem Voluntária Anotada*, art. 1.º, Dário Moura Vicente, cit., pág. 34.

100 Manuel Pereira Barrocas, *Manual de Arbitragem*, cit., pág. 102; António Pedro Pinto Monteiro, "Da ordem pública no processo arbitral", *Estudos em Homenagem ao Prof. Doutor José Lebre de Freitas*, vol. II, Coimbra Editora, 2013, págs. 589-673, págs. 623 ss.; Dário Moura Vicente et al., *Lei da Arbitragem Voluntária Anotada*, art. 1.º, Dário Moura Vicente, cit., pág. 34, considera que "[s]ão insuscetíveis de transação, nos termos do art. 1249.º do Código Civil, os direitos de que os respetivos titulares não podem dispor e as questões respeitantes a negócios ilícitos".

O que nos remete, novamente, ao critério da disponibilidade dos direitos, previsto na Lei n.º 36/86.

Atentos estes critérios, não restarão dúvidas relativamente a alguns litígios que ficarão fora do âmbito da arbitragem voluntária, como os relativos a direitos de cariz familiar, *v.g.*, os emergentes da filiação, da adoção, do divórcio, etc.[101]. Relativamente a outros litígios como os respeitantes a direitos de personalidade, poderá ter de ser feita uma distinção consoante a situação que, especificamente, estiver em causa. Assim, se o litígio respeitar ao aproveitamento económico dos direitos de personalidade ou a uma indemnização decorrente da sua violação, estaremos perante direitos relativamente aos quais é possível celebrar transações. Nesse sentido, estaremos perante direitos que podem ser apreciados em tribunal arbitral. Já se estiver em causa o exercício de um direito de personalidade indisponível, não será possível submeter o litígio a arbitragem[102].

Conforme resulta também do art. 1249.º CC, não podem ser celebradas transações respeitantes a negócios jurídicos ilícitos. As partes não podem submeter a arbitragem litígios que têm objetos que resultam também eles próprios de negócios ilícitos. *V.g.*, não pode ser submetido a arbitragem um litígio respeitante ao incumprimento de um contrato em que se transacionavam ilicitamente produtos estupefacientes. Aliás, esta limitação resulta, desde logo, das regras gerais aplicáveis aos negócios jurídicos, como é o caso dos arts. 280.º ss. CC, e, consequentemente, também à convenção de arbitragem.

Sublinhe-se que os critérios da patrimonialidade e da transigibilidade não são cumulativos. Poderemos estar perante direitos que são patrimoniais, mas indisponíveis, e ainda passíveis de ser apreciados em sede de arbitragem voluntária: é o caso do direito de sequência previsto no art. 54.º do Código do

[101] Veja-se, a este respeito, MANUEL PEREIRA BARROCAS, *Manual de Arbitragem*, cit., págs. 100 ss.

[102] Também referindo-se à indisponibilidade relativa dos direitos de personalidade, *vide* JORGE MORAIS DE CARVALHO, "O critério da disponibilidade na arbitragem...", cit., págs. 838 ss.; ANTÓNIO PEDRO PINTO MONTEIRO, "Da ordem pública no processo arbitral", cit., págs. 616 ss. Acerca da caracterização dos direitos de personalidade como patrimoniais ou não patrimoniais, cfr. ELSA DIAS OLIVEIRA, *Da responsabilidade civil extracontratual por violação dos direitos de personalidade em Direito Internacional Privado*, Almedina, Coimbra, 2012, págs. 104 ss., e, em especial no Direito português, págs. 119 ss.

Direito de Autor e Direitos Conexos[103]. Assim, a conclusão vai no sentido de uma maior generosidade da lei no que respeita aos critérios de arbitrabilidade dos litígios.

III. Para além da apreciação de litígios *stricto sensu*, a convenção de arbitragem pode ainda versar sobre outras questões que "(...) requeiram a intervenção de um decisor imparcial, designadamente as relacionadas com a necessidade de precisar, completar e adaptar contratos de prestações duradouras a novas circunstâncias" (cfr. art. 1.º, n.º 4, LAV). Neste caso, pode, como a disposição refere, estar em causa a atualização de uma cláusula relativa a preços, prazos de entrega, formas de transporte de mercadorias, etc. Dificilmente um contrato de duração continuada se manterá adequado às circunstâncias com o decorrer do tempo. A sua atualização, pela modificação das suas cláusulas, resulta, frequentemente do próprio contrato[104].

Noutros casos, poderá estar em causa a interpretação de uma cláusula contratual ou a integração de uma lacuna no contrato, a revisão de um contrato, a avaliação do estado de bens, o cálculo de um determinado dano[105]. Na verdade, podendo estar perante questões que, a não ser solucionadas, têm o potencial de conduzir a verdadeiros litígios, visa-se, neste enquadramento, evitar tal contencioso.

b) Teor da convenção de arbitragem

A convenção de arbitragem, sendo um negócio jurídico, para ser válida, tem ainda de observar os critérios gerais previstos na lei, designadamente,

[103] DÁRIO MOURA VICENTE ET AL., *Lei da Arbitragem Voluntária Anotada*, art. 1.º, DÁRIO MOURA VICENTE, cit., pág. 34. Para uma perspetiva geral e comparada acerca da arbitrabilidade dos litígios no âmbito da propriedade intelectual, *vide* DÁRIO MOURA VICENTE, "Arbitrability of intelectual property disputes: a comparative survey", *Arbitration International*, vol. 31, 2015, págs. 151-162.

[104] EDUARDO DOS SANTOS JÚNIOR, *Especialização e mobilidade temática do Direito Comercial Internacional como disciplina de mestrado. Uma aplicação: Os contratos internacionais de engenharia global*, Almedina, Coimbra, 2009, págs. 122 ss.

[105] RENÉ DAVID, *L'arbitrage dans le commerce international*, cit., págs. 33 ss., 86 ss.; CHARLES JARROSSON, *La notion d'arbitrage*, cit., pág. 304 ss.; CARLOS FERREIRA DE ALMEIDA, *Contratos IV*, cit., pág. 19; MÁRIO ESTEVES DE OLIVEIRA ET AL., *Lei da Arbitragem Voluntária*, cit., págs. 57 ss.; ANTÓNIO MENEZES CORDEIRO, *Tratado da Arbitragem*, cit., pág. 95 ss.; DÁRIO MOURA VICENTE ET AL., *Lei da Arbitragem Voluntária Anotada*, art. 1.º, DÁRIO MOURA VICENTE, cit., pág. 36.

deverá determinar claramente o seu objeto. Isto é, o litígio ou a questão objeto da convenção de arbitragem, ainda que seja indicada de modo mais ou menos genérico, tem de ser definida (cfr. art. 2.º, n.º 6, LAV) e deve poder ser determinável[106], sob pena de nulidade da convenção (art. 280.º, n.º 1, CC). A convenção deve ainda ter um objeto física e legalmente possível, que não seja contrário à lei nem à ordem pública nem ofensivo dos bons costumes (art. 280.º, n.ºs 1 e 2, CC). Deve resultar claramente da convenção de arbitragem a vontade de submeter o litígio à decisão do tribunal arbitral, afastando-o da competência do tribunal estadual[107].

Tratando-se de um negócio jurídico bilateral, a vontade de ambas as partes, devidamente identificadas, deve ser inequívoca quanto à sua celebração e conteúdo.

Estes são os elementos essenciais da convenção de arbitragem, sem os quais dificilmente se pode estar perante este negócio jurídico.

Todavia, para além dos elementos essenciais, a convenção de arbitragem pode ainda incluir elementos eventuais – cuja ausência não coloca em causa a existência do negócio – , que evitarão a ocorrência de litígios com respeito à própria constituição do tribunal arbitral e seu funcionamento. Assim, entre estes elementos eventuais incluem-se o local da arbitragem, a lei aplicável à convenção de arbitragem, a língua utilizada no processo, os árbitros que constituirão o tribunal arbitral, a submissão a arbitragem institucionalizada ou *ad hoc* (e, no primeiro caso, a indicação do centro de arbitragem), as regras processuais adotadas, etc.[108]. A vantagem de convenções de arbitragem pormenorizadas prende-se com a previsibilidade

[106] Em termos gerais, René David, *L'arbitrage dans le commerce international*, cit., págs. 252 ss.

[107] George A. Bermann, *International Arbitration and Private International Law*, cit., pág. 169, informa que a prática internacional tem revelado que quer os tribunais estaduais, quer os arbitrais, têm-se manifestado relutantes em recusar a eficácia das convenções de arbitragem com fundamento no facto de se apresentarem vagas ou confusas, sendo, todavia, essencial a clara intenção de submeter o litígio a arbitragem. Com referência ao art. II da Convenção de Nova Iorque, António Sampaio Caramelo, *O reconhecimento e a execução de sentenças arbitrais estrangeiras*, Almedina, Coimbra, 2016, págs. 34 ss., refere que a convenção de arbitragem deve referir-se a litígios presentes ou futuros, deve respeitar a uma relação jurídica contratual ou extracontratual suficientemente determinada, bem como devem as partes acordar em que seja um tribunal arbitral e não um estadual a decidir o litígio.

[108] Manuel Pereira Barrocas, *Manual de Arbitragem*, cit., págs. 156 ss.; Mário Esteves de Oliveira et al., *Lei da Arbitragem Voluntária*, cit., págs. 69 ss.; Mariana França Gouveia, *Curso de resolução alternativa de litígios*, cit., págs. 150 ss.; António Menezes

dos seus efeitos e a prevenção de discussões futuras entre as partes na definição de elementos relevantes para a arbitragem.

Se as partes acordarem previamente na arbitragem institucionalizada e se concordarem no centro de arbitragem onde a questão deverá ser apreciada, poderá ser incluída no respetivo contrato ou outro negócio jurídico uma cláusula compromissória cuja redação é sugerida pelo próprio centro. Por regra, nessas cláusulas há uma remissão para as regras previstas no regulamento do centro de arbitragem, deixando-se maior ou menor amplitude para alguns elementos como o lugar da arbitragem, o número de árbitros, a língua utilizada, a possibilidade de recurso para tribunal estadual[109].

2.4. Forma da convenção de arbitragem

De acordo com o disposto no art. 2.º, n.º 1, LAV, a convenção de arbitragem deve adotar a forma escrita, sob pena de, nos termos do art. 3.º LAV, ser considerada nula. Todavia, a LAV revela-se relativamente flexível na observância deste pressuposto. Assim, nos termos do art. 2.º, n.º 2, LAV, esclarece-se que se considera observada a forma escrita se a convenção constar "(...) de documento escrito assinado por ambas as partes, troca de cartas, telegramas, telefaxes ou outros meios de telecomunicação (...)" desde que fique prova escrita, incluindo-se também meios eletrónicos de comunicação[110].

Cordeiro, *Tratado da Arbitragem*, cit., págs. 105 ss.; António Pedro Pinto Monteiro/ Artur Flamínio da Silva/ Daniela Mirante, *Manual de Arbitragem*, cit., págs. 155 ss.

[109] *Vide*, *v.g.*, as propostas de cláusulas compromissórias sugeridas pelo Centro de Arbitragem Internacional de Singapura http://www.siac.org.sg/model-clauses/siac-model-clause, pelo Tribunal Arbitral Internacional de Londres (*London Court of International Arbitration*) http://www.lcia.org/Dispute_Resolution_Services/LCIA_Recommended_Clauses.aspx; pela Câmara de Comércio Internacional, http://www.iccwbo.org; pelo Instituto de Arbitragem da Câmara de Comércio de Estocolmo (*Arbitration Institute of the Stockholm Chamber of Commerce*) http://www.sccinstitute.com/dispute-resolution/model-clauses/english/.

[110] No art. 2.º, n.º 3, LAV, concretiza-se ainda que se considera que "(...) a exigência de forma escrita da convenção de arbitragem está satisfeita quando esta conste de suporte electrónico, magnético, óptico, ou de outro tipo, que ofereça as mesmas garantias de fidedignidade, inteligibilidade e conservação". Atente-se, a este respeito no art. 3.º do Dec.-Lei n.º 290-D/99, de 2 de agosto (alterado pelos Decretos-Lei n.ºs 62/2003, de 3 de abril, 165/2004, de 7 de junho, 116 -A/2006, de 16 de junho e 88/2009, de 9 de abril), que no seu n.º 1 determina que "[o] documento electrónico satisfaz o requisito legal de forma escrita quando o seu conteúdo

A exigência de forma escrita resulta de uma orientação genericamente admitida. Atente-se, *v.g.*, no art. 7.º (opção I), n.º 2, 3 e 4 da Lei-Modelo da CNUDCI, no art. II da Convenção de Nova Iorque de 1958[111]. Este requisito de forma facilmente se compreende tendo presente que a submissão de um litígio a arbitragem significa que o mesmo não será apreciado por um tribunal estadual, o que se traduz numa decisão significativa, que não apenas deve ser ponderada pelas partes, mas da qual deve ficar registo facilmente acessível e cuja prova não suscite dificuldades[112].

Apesar desta regra geral, na LAV admite-se que seja conferida relevância a convenções de arbitragem tácitas. Com efeito, nos termos do art. 2.º, n.º 5, LAV, prevê-se que se considera observado o requisito da forma escrita nos casos em que o demandante alega, na petição, a existência de uma convenção de arbitragem e o demandado, na contestação, não a nega[113].

2.5. Partes da convenção de arbitragem

As partes da convenção de arbitragem podem ser pessoas particulares (singulares ou coletivas). Importa, na celebração da convenção de arbitragem, apreciar se as partes têm ou não capacidade jurídica para o fazer e, no caso de atuarem em representação de outra pessoa, verificar se têm os poderes necessários para tal.

Admite-se ainda, nos termos do art. 1.º, n.º 5, LAV, que o Estado e outras pessoas coletivas de Direito Público possam celebrar convenções

seja susceptível de representação como declaração escrita". Definindo-se ainda, no art. 2.º, al. a), do mesmo diploma, que se entende por documento eletrónico aquele que é elaborado mediante processamento eletrónico de dados.

[111] Também em ordenamentos jurídicos internos assim se determina. *Vide, v.g.*, no Direito francês, o art. 1443 do *Code de procédure civile*; atente-se, a este respeito em Thomas Clay, *Code de l'arbitrage commenté*, LexisNexis, Paris, 2015, págs. 40 ss. *Vide* também assim, § 1031 *ZPO* alemã; a este respeito, cfr. *MünchKomm-ZPO*, Münch, § 1031, anots. 30 ss., cit. Ver também, art. 807 do CPC italiano.

[112] René David, *L'arbitrage dans le commerce international*, cit., págs. 271 ss.; Mário Esteves de Oliveira et al., *Lei da Arbitragem Voluntária*, cit., págs. 68 ss.; Mariana França Gouveia, *Curso de resolução alternativa de litígios*, cit., págs. 131 ss.; Nigel Blackaby/J. Martin Hunter/Constantine Partasides/Alan Redfern, *Redfern and Hunter on International Arbitration*, cit., pág. 75; António Menezes Cordeiro, *Tratado da Arbitragem*, cit., págs. 104 ss.; José Carlos Fernández Rozas/Sixto A. Sánchez Lorenzo/Gonzalo Stampa, *Principios Generales del Arbitraje*, cit., pág. 151; Dário Moura Vicente et al., *Lei da Arbitragem Voluntária Anotada*, art. 2.º, Dário Moura Vicente, cit., págs. 37 ss.

[113] No mesmo sentido, cfr. art. 7.º (opção I), n.º 5, da Lei-Modelo da CNUDCI.

de arbitragem, desde que para tal estejam autorizados por lei ou se tais convenções tiverem por objeto litígios de Direito Privado. Especialmente relevante neste âmbito é o art. 180.º CPTA, nos termos do qual se determina, em geral – *i.e.*, independentemente de lei especial –, quais as questões que podem ser julgadas por tribunal arbitral[114]. Prevê-se nas disposições seguintes o regime específico a seguir e, em concreto, no art. 184.º CPTA, define-se quais as entidades competentes para outorgar o compromisso arbitral.

Já no âmbito do Código da Propriedade Industrial[115], no art. 48.º, n.º 3, determina-se que a outorga de compromisso arbitral por parte do INPI é objeto de despacho do presidente do conselho diretivo[116].

A realização de arbitragens no âmbito da Convenção de Washington de 1965 pressupõe também que uma das partes da convenção de arbitragem é um Estado[117].

Trata-se, neste âmbito, de acordo com alguma doutrina, de arbitrabilidade subjetiva, ou seja, de saber quais as categorias de pessoas que podem ser partes em processo arbitral[118].

[114] Dário Moura Vicente, "Convenção de arbitragem: problemas atuais", cit., págs. 311 ss.; Ana Perestrelo de Oliveira, *Arbitragem de litígios com entes públicos*, 2.ª edição, Almedina. 2015, págs. 55 ss.; António Pedro Pinto Monteiro/ Artur Flamínio da Silva/ Daniela Mirante, *Manual de Arbitragem*, cit., págs. 178 ss.

[115] Aprovado pelo Dec.-Lei n.º 110/2018, de 10 de dezembro.

[116] Prevê-se, todavia, no n.º 4 desta mesma disposição que "[p]ode ser determinada a vinculação genérica do INPI, I. P., a centros de arbitragem voluntária institucionalizada com competência para dirimir os conflitos referidos no n.º 1 do artigo anterior, por meio de portaria do membro do Governo de que dependa este Instituto, a qual estabelece o tipo e o valor máximo dos litígios abrangidos, conferindo aos interessados o poder de se dirigirem a esses centros para a resolução de tais litígios".

[117] Acerca da vinculação dos Estados no âmbito da Convenção de Washington, *vide infra* pontos 12 ss.

[118] Maria Helena Brito, "Arbitragem Internacional...", cit., págs. 123 ss.; Manuel Pereira Barrocas, *Manual de Arbitragem*, cit., págs. 99, 200 ss.; Mariana França Gouveia, *Curso de resolução alternativa de litígios*, cit., pág. 136; António Menezes Cordeiro, *Tratado da Arbitragem*, cit., pág. 94; Richard Kreindler/Reinmar Wolff/Markus S. Rieder, *Commercial Arbitration in Germany*, cit., pág. 50; José Carlos Fernández Rozas/Sixto A. Sánchez Lorenzo/Gonzalo Stampa, *Principios Generales del Arbitraje*, cit., págs. 93 ss. Acerca da natureza das partes da convenção de arbitragem, *vide* Carlos Ferreira de Almeida, *Contratos* IV, cit., pág. 18.

2.6. Efeitos da convenção de arbitragem

I. Usualmente, é dito que a convenção de arbitragem faz nascer na esfera jurídica das partes um direito potestativo – de, em caso de litígio, dar início ao processo arbitral – e, correspetivamente, uma sujeição – na medida em que a parte fica vinculada a que esse mesmo litígio seja apreciado por tribunal arbitral[119]-[120].

Esta situação jurídica, que tem como resultado a verificação de um efeito positivo e de um efeito negativo, tem ainda outras consequências. Assim, o efeito positivo consiste em atribuir ao interessado o poder de provocar a constituição do tribunal arbitral que terá competência para decidir o caso em apreço[121].

Do efeito negativo resulta a correspondente retirada de competência aos tribunais estaduais para apreciar esse mesmo litígio[122]. É assim que,

[119] RAÚL VENTURA, "Convenção de arbitragem", *ROA*, II, 1986, págs. 289-413, págs. 301 ss.; JOÃO LUÍS LOPES DOS REIS, "A excepção da preterição do tribunal arbitral (voluntário)", *ROA*, III, 1998, págs. 1115-1132, págs. 1119 ss.; CARLOS FERREIRA DE ALMEIDA, "Convenção de arbitragem: conteúdo e efeitos", cit., pág. 93; PEDRO METELLO DE NÁPOLES/CARLA GÓIS COELHO, "A arbitragem e os tribunais estaduais – alguns aspetos práticos", *RIAC*, 5/2012, págs. 195-219, pág. 196; MANUEL PEREIRA BARROCAS, *Manual de Arbitragem*, cit., págs. 163 ss.; CARLOS FERREIRA DE ALMEIDA, *Contratos IV*, cit., pág. 22; MARIANA FRANÇA GOUVEIA, *Curso de resolução alternativa de litígios*, cit., pág. 181; ANTÓNIO PEDRO PINTO MONTEIRO/ ARTUR FLAMÍNIO DA SILVA/ DANIELA MIRANTE, *Manual de Arbitragem*, cit., págs. 184 ss.

[120] JOSÉ LEBRE DE FREITAS, "Algumas implicações da natureza da convenção de arbitragem", cit., págs. 640 ss., sustenta que é um ónus o que resulta para as partes da convenção de arbitragem. Considera que as partes poderão ou não sujeitar-se à convenção e, se o não fizerem, não poderão, no âmbito daquele litígio, socorrer-se da convenção de arbitragem para decisão do litígio em causa.

[121] RENÉ DAVID, *L'arbitrage dans le commerce international*, cit., pág. 290; *Fouchard Gaillard Goldman on International Commercial Arbitration*, cit., págs. 381 ss.; LINO DIAMVUTU, "O Princípio da Competência-Competência...", cit., págs. 75 ss.; MARIANA FRANÇA GOUVEIA, *Curso de resolução alternativa de litígios*, cit., pág. 181; ANTÓNIO MENEZES CORDEIRO, *Tratado da Arbitragem*, cit., pág. 121; DÁRIO MOURA VICENTE, "Convenção de arbitragem: problemas atuais", cit., págs. 315 ss. CARLOS FERREIRA DE ALMEIDA, *Contratos IV*, cit., pág. 21, sublinha ainda um outro efeito lateral: o de interromper o prazo da prescrição.

[122] RENÉ DAVID, *L'arbitrage dans le commerce international*, cit., págs. 290 ss.; MARIANA FRANÇA GOUVEIA, *Curso de resolução alternativa de litígios*, cit., pág. 181; ANTÓNIO MENEZES CORDEIRO, *Tratado da Arbitragem*, cit., págs. 120 ss.; DÁRIO MOURA VICENTE, "Convenção de arbitragem: problemas atuais", cit., págs. 315 ss.; ANTÓNIO SAMPAIO CARAMELO, *O reconhecimento e a execução...*, cit., pág. 50; JOSÉ CARLOS FERNÁNDEZ ROZAS/SIXTO A. SÁNCHEZ LORENZO/

nos termos do art. 5.º, n.º 1, LAV, se determina que, se um litígio cujo objeto esteja abrangido por uma convenção de arbitragem for submetido a tribunal estadual, e se o réu deduzir este facto até ao momento em que apresentar o seu primeiro articulado, o juiz do tribunal estadual deve absolver o réu da instância, exceto se verificar que, manifestamente, a convenção de arbitragem é nula, é ou se tornou ineficaz ou é inexequível[123-124].

Esta disposição deve ser articulada com as regras previstas no CPC que regulam esta matéria. Assim, nos termos do art. 96.º, al. b), CPC, prevê-se que a preterição do tribunal arbitral determina a incompetência absoluta

GONZALO STAMPA, *Principios Generales del Arbitraje*, cit., págs. 104, 175 ss.; ANTÓNIO PEDRO PINTO MONTEIRO/ ARTUR FLAMÍNIO DA SILVA/ DANIELA MIRANTE, *Manual de Arbitragem*, cit., pág. 145.

123 Acerca da vinculação do tribunal arbitral à decisão do tribunal judicial relativamente ao valor da convenção de arbitragem, *vide* LUÍS DE LIMA PINHEIRO, *Arbitragem Transnacional*, cit., págs. 135 ss. Sublinhe-se ainda que nesta disposição se identifica a influência da Lei-Modelo, desta feita no art. 8.º, n.º 1, bem como a sua articulação com o art. II, n.º 3, da Convenção de Nova Iorque. Cfr. ANTÓNIO SAMPAIO CARAMELO, *O reconhecimento e a execução...*, cit., págs. 50 ss.

124 A título ilustrativo, a este respeito, refere-se a decisão do STJ de 16 de outubro de 2018, Proc. 2258/16.4T8CBR, em que se decidiu que: "I. O efeito negativo da convenção de arbitragem, previsto no art. 5º da LAV, só não determina a absolvição do réu da instância, por incompetência absoluta do tribunal, se o juiz puder concluir que a convenção de arbitragem é manifestamente nula, ineficaz ou inexequível. II. A existência de uma comunicação escrita, que a Autora enviou à Ré, pela qual pretendia "revogar" ou "resolver" a convenção de arbitragem, alegando "justa causa" e "alteração superveniente das circunstâncias", não é elemento probatório suficiente para habilitar o juiz a concluir que, inequivocamente, a convenção de arbitragem deixou de produzir os seus efeitos". Refere-se ainda a decisão do STJ de 21 de junho de 2016, Proc. 301/14.0TVLSB.L1.S1, em que se sentenciou que: "I – Ao apreciar a exceção dilatória de preterição de tribunal arbitral, devem os tribunais judiciais actuar com reserva e contenção, de modo a reconhecer ao tribunal arbitral *prioridade na apreciação da sua própria competência*, apenas lhes cumprindo fixar, de imediato e em primeira linha, a competência dos tribunais estaduais para a composição do litígio que o A. lhes pretende submeter quando, mediante juízo perfunctório, for *patente, manifesta e insuscetível de controvérsia séria* a nulidade, ineficácia ou inaplicabilidade da convenção de arbitragem invocada. II – *Manifesta* inexistência (nulidade, ineficácia ou inexequibilidade) é aquela que não necessita de mais prova para ser apreciada, afastando, à partida, qualquer alegação de vícios da vontade na celebração do contrato e deixando ao tribunal judicial apenas a consideração dos requisitos externos da convenção, como a forma ou a arbitrabilidade".

do tribunal estadual[125]. Esta incompetência não é, todavia, de conhecimento oficioso – como, aliás, já resulta do disposto no art. 5.º, n.º 1, LAV – , e tal como determinam os arts. 97.º, n.º 1 e 578.º CPC[126].

Nos termos do art. 99.º, n.º 1, CPC, a verificação da incompetência absoluta implica a absolvição do réu da instância ou o indeferimento liminar quando o processo assim o comportar. Naturalmente, neste caso os articulados não podem ser aproveitados pelo tribunal arbitral que, na maioria dos casos, não estará ainda sequer constituído.

Também nos termos do art. 577.º, al. a), CPC, se determina que a preterição de tribunal arbitral, por constituir uma incompetência absoluta, é uma exceção dilatória, que, nos termos do art. 576.º, n.º 2, CPC, obsta a que o tribunal conheça do mérito da causa e absolva o réu da instância. No mesmo sentido o determina o art. 278.º, n.º 1, al. a), CPC.

Se a convenção de arbitragem for celebrada após a ação ter sido intentada em tribunal estadual, os efeitos positivo e negativo continuam a verificar-se, *i.e.*, é conferida competência ao tribunal arbitral e retirada, na mesma medida, ao tribunal estadual. Assim, nos termos do art. 280.º, n.º 1, CPC, determina-se que, em qualquer estado da causa, as partes podem acordar em que a decisão de toda ou parte da causa, seja submetida a um ou mais árbitros. As partes podem lavrar no processo a convenção de arbitragem ou, alternativamente, juntar o respetivo documento (art. 280.º, n.º 2, CPC). O juiz apreciará se o compromisso é válido atento o seu objeto e a qualidade das partes e, se concluir em sentido afirmativo, a instância finda, sendo cada uma das partes condenada, salvo acordo em contrário, em metade das custas. O juiz deverá, nesse caso, nos termos do art. 277.º, al. b), CPC, extinguir a instância.

A apreciação que, nos termos do art. 280.º, n.º 2, CPC, o juiz deve fazer ao compromisso arbitral deverá ter em atenção que a competência para apreciar a convenção de arbitragem cabe em primeira linha ao tribunal

[125] A respeito deste regime, *vide* Carlos Ferreira de Almeida, *Contratos* IV, cit., pág. 22; Isabel Alexandre, "O tribunal estadual competente, segundo a Lei da Arbitragem Voluntária", *RDC*, n.º 1, 2016, págs. 117-139, pág. 124.

[126] Já a preterição do tribunal arbitral necessário é de conhecimento oficioso. Neste caso, estaremos perante uma incompetência absoluta (art. 96.º, al. a), CPC), que segue o regime acima previsto, com exceção, como se referiu, do conhecimento oficioso. *Vide*, embora ainda a propósito da anterior Lei n.º 31/86, João Luís Lopes dos Reis, "A excepção da preterição do tribunal arbitral (voluntário)", cit., pág. 1119.

arbitral. Assim, atendendo ao elemento sistemático da interpretação, apenas nos casos em que a convenção de arbitragem seja manifestamente inválida (tal como previsto no art. 5.º, n.º 1, LAV) é que o juiz deve manter a instância e não a extinguir. De outro modo, estar-se-ia a colocar em causa a regra da *Kompetenz-Kompetenz,* basilar da arbitragem[127].

II. Conforme se referiu, a preterição de tribunal arbitral, apesar de determinar a incompetência absoluta do tribunal estadual, não é uma exceção dilatória de conhecimento oficioso (cfr. art. 5.º, n.º 1, LAV, arts. 97.º, n.º 1 e 578.º CPC). Significa isto que as partes podem, tacitamente, revogar a convenção de arbitragem. Basta para tal que, tendo as partes celebrado uma convenção de arbitragem, o demandante intente a ação em tribunal estadual e que o demandado não invoque a existência dessa convenção.

Na verdade, fazendo nascer a convenção de arbitragem um direito potestativo de ver a ação julgada em tribunal arbitral, não se justificaria que as partes não pudessem afastar este negócio que, aliás, está dentro do âmbito da autonomia da vontade, sendo, pois, livremente revogável por vontade de ambas as partes.

III. O facto de estar em discussão em tribunal estadual a competência do tribunal arbitral, *maxime* acerca da própria convenção de arbitragem, não impede que o processo arbitral que já se tenha iniciado ou que, entretanto, se inicie, prossiga. Todavia, caso seja proferida sentença judicial transitada em julgado em que se decida pela incompetência do tribunal arbitral, o processo arbitral cessa se ainda decorrer ou, se já houver decisão, esta deixa de produzir efeitos (cfr. art. 5.º, n.ºs 2 e 3, LAV).

IV. Ainda como manifestação da regra da *Kompetenz-Kompetenz,* nos termos do art. 5.º, n.º 4, LAV, determina-se que as questões que se prendem com a convenção de arbitragem não podem ser discutidas

[127] *Vide infra* ponto 4 do programa. Também no sentido indicado no texto, embora sem referência ao Direito português, *vide* EMMANUEL GAILARD, "Actualité de l'effet négatif de la compétence-compétence", *Le droit à l'épreuve des siécles et des fronteires, Mélanges en l'honneur du Professor Bertrand Ancel,* LGDJ, Ipr lex, Paris, Madrid, 2018, págs. 679-707, págs. 679 ss. Com referências de Direito Comparado a respeito desta questão, *vide* GEORGE A. BERMANN, *International Arbitration and Private International Law,* cit., págs. 99 ss.

autonomamente em tribunal estadual, quer o seja em ação de simples apreciação, quer em procedimento cautelar. Esta disposição, como salienta Dário Moura Vicente, também responde a uma outra questão: a de que não são admissíveis na LAV portuguesa as denominadas *anti-arbitration injunctions*[128].

2.7. Autonomia da cláusula compromissória

A convenção de arbitragem tem sido entendida como um contrato autónomo daquele em que se insere. Mesmo quando assume a forma de cláusula compromissória, esta tem autonomia relativamente às demais cláusulas do contrato[129]: assim o determina expressamente o art. 18.º, n.º 2, LAV[130]. Assim, mesmo que o contrato em que está incluída a cláusula de arbitragem seja inválido, a cláusula compromissória não é necessariamente considerada inválida (art. 18.º, n.º 3, LAV)[131]. Para além de consagrada

[128] Dário Moura Vicente, "Convenção de arbitragem: problemas atuais", cit., pág. 318; Dário Moura Vicente et al., *Lei da Arbitragem Voluntária Anotada,* art. 5.º, Dário Moura Vicente, cit., pág. 45; António Pedro Pinto Monteiro/Artur Flamínio da Silva/Daniela Mirante, *Manual de Arbitragem*, cit., pág. 348. *Vide* também acerca desta questão, Mariana França Gouveia, *Curso de resolução alternativa de litígios*, cit., pág. 228.

[129] René David, *L'arbitrage dans le commerce international*, cit., págs. 265 ss.; Luís de Lima Pinheiro, *Arbitragem Transnacional*, cit., págs. 119 ss.; António Sampaio Caramelo, "A «autonomia» da cláusula compromissória e a competência da competência do tribunal arbitral", *Temas de Direito da Arbitragem*, Coimbra Editora, Coimbra, 2013, págs. 105-131, págs. 105 ss.; Nigel Blackaby/J. Martin Hunter/Constantine Partasides/Alan Redfern, *Redfern and Hunter on International Arbitration*, cit., pág. 105; *International Commercial Arbitration*, "§ 1 Best practice in international arbitration...", Stephan Balthasar, cit., pág. 12; José Carlos Fernández Rozas/Sixto A. Sánchez Lorenzo/Gonzalo Stampa, *Principios Generales del Arbitraje*, cit., págs. 137 ss.

[130] *Vide*, a este respeito, Manuel Pereira Barrocas, *Manual de Arbitragem*, cit., pág. 149; Carlos Ferreira de Almeida, *Contratos* IV, cit., pág. 18; Mariana França Gouveia, *Curso de resolução alternativa de litígios*, cit., pág. 184; Mário Esteves de Oliveira et al., *Lei da Arbitragem Voluntária*, cit., págs. 260 ss.; António Menezes Cordeiro, *Tratado da Arbitragem*, cit., págs. 205 ss.; Dário Moura Vicente et al., *Lei da Arbitragem Voluntária Anotada*, art. 18.º, Pedro Siza Vieira/Nuno Ferreira Lousa, cit., págs. 81 ss.; António Pedro Pinto Monteiro/Artur Flamínio da Silva/Daniela Mirante, *Manual de Arbitragem*, cit., págs. 161 ss.

[131] Maria Helena Brito, "Arbitragem Internacional...", cit., págs. 116 ss., com referências de Direito Comparado. *Vide* referências bibliográficas da nota anterior.

expressamente na LAV, a autonomia da convenção de arbitragem tende a ser aceite em outros ordenamentos e no âmbito da arbitragem internacional[132].

A autonomia da cláusula compromissória é relevante independentemente da vicissitude de que o contrato venha a padecer: invalidade *ab initio*, resolução do contrato, caducidade, etc.[133].

2.8. Natureza jurídica da convenção de arbitragem

A natureza jurídica da convenção de arbitragem tem suscitado discussão na doutrina ao longo do tempo.

Apesar de haver consenso quanto à natureza contratual da convenção de arbitragem – por se tratar de um negócio jurídico bilateral[134] – , segundo uma orientação doutrinária, a convenção de arbitragem é um negócio jurídico processual[135]. Já outros autores consideram que estamos perante um negócio jurídico substantivo, sublinhando os elementos substantivos que estão presentes neste negócio e que se prendem, *v.g.*, com as obrigações das partes, incluindo o dever de agir de modo a permitir o procedimento

[132] Expressiva é, neste âmbito, a afirmação de GARY B. BORN, *International Commercial Arbitration*, cit., págs. 349 ss.: "An international arbitration agreement is almost invariably treated as presumptively "separable" or "autonomous" from the commercial or other contract within which it is found". *Vide* também GEORGE A. BERMANN, *International Arbitration and Private International Law*, cit., págs. 119 ss. Veja-se ainda, a título meramente exemplificativo, o § 1040 (1) *ZPO* alemã (a este respeito, *vide* PRÜTTING/GEHRLEIN, *Zivilprozessordnung Kommentar*, PRÜTTING, § 1040, cit., anot. 3, pág. 2496), o art. 357, n.º 2, da *ZPO* suíça (*Basler Kommentar, Schweizerische Zivilprozessordnung*, Daniel Girsberger, art. 357, 3.ª edição, org. Karl Spühler/Luca Tenchio/Dominik Infanger, Helbing Lichtenhahn Verlag, Basel, 2017, anot. 46, pág. 2161), o art. 178, n.º 3, da Lei de Direito Internacional Privado suíça (*Basler Kommentar, Internationales Privatrecht*, Dieter Gränicher, art. 178, 3ª edição, org. Heinrich Honsell/Nedim Peter Vogt/Anton K, Schnyder/Stephen V. Berti, Helbing Lichtenhahn Verlag, Basel, 2013, anots. 89 ss., págs. 1782 ss.), o art. 1447 do *Code de procédure civile* francês (veja-se, a este respeito, *v.g.*, JEAN-BAPTISTE RACINE, *Droit de l'arbitrage*, cit., págs. 98 ss.).

[133] MANUEL PEREIRA BARROCAS, *Manual de Arbitragem*, cit., págs. 148 ss.

[134] CARLOS FERREIRA DE ALMEIDA, "Convenção de arbitragem: conteúdo e efeitos", cit., pág. 83. *Vide* também, MARIANA FRANÇA GOUVEIA, *Curso de resolução alternativa de litígios*, cit., pág. 125; ANTÓNIO PEDRO PINTO MONTEIRO/ ARTUR FLAMÍNIO DA SILVA/ DANIELA MIRANTE, *Manual de Arbitragem*, cit., pág. 132.

[135] JOSÉ LEBRE DE FREITAS, "Algumas implicações da natureza da convenção de arbitragem", cit., págs. 627 ss.; LUÍS DE LIMA PINHEIRO, *Arbitragem Transnacional*, cit., pág. 86; LUÍS DE LIMA PINHEIRO, *Direito Comercial Internacional*, cit., pág. 346.

arbitral e a sua conclusão. De acordo com uma terceira tese, trata-se de um negócio com natureza mista (civil e processual)[136].

Adere-se à primeira orientação, perfilhada por José Lebre de Freitas[137]. Apesar de se tratar de um ato praticado fora da sequência processual[138], a convenção constitui um ato de natureza processual[139], podendo conduzir a uma exceção de direito processual – como acima se referiu –, que, todavia, fica na exclusiva disponibilidade da parte que visa impedir a apreciação do litígio em tribunal estadual. A convenção de arbitragem é, com efeito, um negócio jurídico processual que produz efeitos jurídicos constitutivos e extintivos[140].

Todavia, acompanhamos António Menezes Cordeiro[141], quando considera tratar-se de um negócio processual com relevo substantivo. Trata-se de um negócio "(...) com efeitos complexos: os de colocar os direitos e demais posições jurídico-subjetivas em *modo arbitrationis*".

[136] Acerca das orientações dominantes a este respeito, *vide* RAÚL VENTURA, "Convenção de arbitragem", cit., págs. 296 ss.; MANUEL PEREIRA BARROCAS, *Manual de Arbitragem*, cit., pág. 144; ANTÓNIO MENEZES CORDEIRO, *Tratado da Arbitragem*, cit., págs. 86 ss. Quanto a esta discussão na doutrina alemã, cfr. RICHARD KREINDLER/REINMAR WOLFF/MARKUS S. RIEDER, *Commercial Arbitration in Germany*, cit., págs. 32 ss.; *MünchKomm-ZPO*, MÜNCH, § 1029, anot. 12, cit., dando conta de que os tribunais alemães seguiram uma solução de compromisso, qualificando as convenções de arbitragem como acordos substantivos acerca de relações processuais (*materiell-rechtlicher Vertrag über prozessrechtliche Beziehungen*). *Vide* ainda, acerca desta discussão, PRÜTTING/GEHRLEIN, *Zivilprozessordnung Kommentar*, PRÜTTING, § 1029, cit., anot. 7, pág. 2474.

[137] JOSÉ LEBRE DE FREITAS, "Algumas implicações da natureza da convenção de arbitragem", cit., págs. 627 ss.

[138] Acerca do critério da integração ou da inclusão do ato na sequência processual para que seja ou não entendido como ato processual, cfr. JOSÉ LEBRE DE FREITAS, "Algumas implicações da natureza da convenção de arbitragem", cit., págs. 627 ss.; PAULA COSTA E SILVA, *Acto e processo*, Coimbra Editora, Coimbra, 2003, págs. 171 ss.

[139] No mesmo sentido, MIGUEL TEIXEIRA DE SOUSA, *Estudos sobre o novo Processo Civil*, 2.ª edição, Lex, Lisboa, 1997, pág. 193; LUÍS DE LIMA PINHEIRO, *Arbitragem Transnacional*, cit., pág. 86, entende tratar-se de um negócio jurídico-processual; PAULA COSTA E SILVA, *A nova face da justiça...*, cit., págs. 87 ss. *Vide* também, acerca desta discussão, RAUL VENTURA, "Convenção de arbitragem", cit., págs. 298 ss.

[140] MIGUEL TEIXEIRA DE SOUSA, *Estudos sobre o novo Processo Civil*, cit., págs. 193 ss.

[141] ANTÓNIO MENEZES CORDEIRO, *Tratado da Arbitragem*, cit., pág. 88.

3. Os árbitros e o tribunal arbitral

3.1. Constituição do tribunal arbitral. Considerações gerais

A autonomia privada, na arbitragem voluntária, manifesta-se também na própria constituição do tribunal. É às partes que cabe definir, dentro dos termos da lei, como é que o tribunal é constituído e quem serão os árbitros. Aliás, como acima se referiu, uma das vantagens da arbitragem consiste na possibilidade de indicar como árbitros especialistas em áreas determinadas.

As partes podem acordar, na própria convenção de arbitragem ou em convenção posterior, soluções no que respeita aos árbitros e ao tribunal, *v.g.*, ao número de árbitros que constituirá o tribunal arbitral, a sua identificação, o prazo para a designação dos árbitros. Este acordo não é, todavia, obrigatório. Caso as partes nada determinem a este respeito, são seguidas as regras supletivas previstas na lei e que serão objeto de apreciação.

3.2. Requisitos dos árbitros

I. Os árbitros decidem a situação em litígio, fazendo esta decisão caso julgado e constituindo título executivo. Assim, atenta a relevância da atuação dos árbitros, não surpreende que o seu perfil assuma especial significado e se encontre especificamente regulado[142].

No ordenamento jurídico português, de acordo com o art. 9.º, n.º 1, da LAV, os árbitros devem ser pessoas singulares[143], afastando-se, pois, a possibilidade de serem indicadas pessoas coletivas que, depois, teriam de indicar pessoas singulares[144]. Os árbitros devem ainda ser pessoas plenamente capazes, havendo que interpretar este requisito à luz do disposto nos arts. 66.º ss. CC. Todavia, se o árbitro for um cidadão estrangeiro, a lei aplicável para se aferir da sua capacidade será determinada nos termos do art. 25.º CC.

[142] Conforme sublinham José Carlos Fernández Rozas/Sixto A. Sánchez Lorenzo/Gonzalo Stampa, *Principios Generales del Arbitraje*, cit., pág. 193, a nomeação dos árbitros é feita *intuitu personae*.

[143] *Vide*, no mesmo sentido, art. 1450 do *Code de procédure civile* francês, admitindo, todavia, que, se for designada, na convenção de arbitragem, como árbitro, uma pessoa coletiva, esta apenas terá o poder de organizar o processo.

[144] Mário Esteves de Oliveira et al., *Lei da Arbitragem Voluntária*, cit., págs. 123 ss.; António Menezes Cordeiro, *Tratado da Arbitragem*, cit., pág. 134; Manuel Pereira Barrocas, *Lei de Arbitragem Comentada*, cit., pág. 57; Dário Moura Vicente et al., *Lei da Arbitragem Voluntária Anotada*, art. 9.º, José Miguel Júdice, cit., pág. 49.

Os árbitros podem ainda ser ou não juristas, cabendo às partes escolher quem consideram desempenhar melhor as funções de árbitro atento litígio em causa[145].

II. A discriminação dos árbitros em função da sua nacionalidade está também afastada pela LAV, nos termos do seu art. 9.º, n.º 2[146]. Todavia, esta regra deve ser articulada com a autonomia das partes quanto à indicação dos árbitros, salvaguardada desde logo nos termos do art. 9.º, n.º 2, *in fine*. Neste sentido, deve entender-se que esta regra, destina-se, pois, em primeira linha, às entidades com poderes para nomear árbitros[147].

Todavia, cabe sublinhar que, mesmo nesta hipótese, a nacionalidade dos "candidatos a árbitros" pode ser relevante para garantir uma composição equilibrada do tribunal. Na verdade, de acordo com o próprio art. 9.º, n.º 2, LAV, salvaguarda-se o disposto no art. 10.º, n.º 6, LAV, nos termos do qual, o tribunal estadual, tendo de nomear um árbitro e tratando-se de arbitragem internacional, deve apreciar a conveniência em nomear um árbitro com uma nacionalidade diferente da das partes. Há aqui que articular a não discriminação dos árbitros em função da nacionalidade, com a importância de garantir a imparcialidade e a independência dos árbitros que compõem

[145] Nigel Blackaby/J. Martin Hunter/Constantine Partasides/Alan Redfern, *Redfern and Hunter on International Arbitration*, cit., pág. 248, sustentam que não há razão para que todos os árbitros sejam advogados, exceto se o litígio envolver questões jurídicas complexas. Consideram, todavia, que é conveniente que, num tribunal com três árbitros, pelo menos um árbitro, preferencialmente o presidente, tenha formação jurídica ou pelo menos que tenha significativa experiência em arbitragem, para que saiba conduzir o processo. Segundo estes autores, por exemplo, num caso em que esteja em causa um litígio relacionado com contratos de empreitada para construção de obras, que envolvam questões técnicas, poderá ser muito aconselhável ter um engenheiro civil como árbitro, embora, nesta hipótese, deva atender-se ao necessário equilíbrio que importa ter na constituição do tribunal. Poderá, pois, ser preferível que as partes cheguem a acordo no sentido de que os árbitros indicados por estas não sejam juristas, sendo-o apenas o presidente do tribunal.

[146] A semelhança desta disposição com o art. 11.º, n.º 1, da Lei-Modelo da CNUDCI, é clara.

[147] Dário Moura Vicente et al., *Lei da Arbitragem Voluntária Anotada*, art. 9.º, José Miguel Júdice, cit., pág. 49. No âmbito do art. 11.º, n.º 1, da Lei-Modelo da CNUDCI, Peter Binder, *International Commercial Arbitration and Mediation in UNCITRAL Model Law Jurisdictions*, cit., pág. 200, esclarece que esta norma não é dirigida às partes, mas antes aos Estados que pretendem adotar a Lei-Modelo, uma vez que em alguns Estados apenas se permite a designação dos seus nacionais como árbitros.

o tribunal arbitral[148]. Acresce que, no âmbito da arbitragem internacional, importa ainda ter presente o princípio da neutralidade, de acordo com o qual o árbitro presidente não deve ter a mesma nacionalidade de uma das partes ou ser proveniente da sua jurisdição; esta orientação pode, todavia, ser afastada por vontade das partes.

III. Os árbitros, atenta a função que desempenham, devem ainda ser independentes e imparciais. No ordenamento jurídico português, tal exigência resulta expressamente do art. 9.º, n.º 3, LAV e, de modo indireto, dos arts. 11.º, n.º 5, 12.º, 13.º da LAV[149]. Tradicionalmente, a independência é uma característica objetiva e a imparcialidade subjetiva[150], embora a distinção nem sempre seja clara e ambas acabem por se influenciar reciprocamente[151].

[148] A inspiração desta disposição encontra-se no art. 11.º, n.º 5, *in fine*, da Lei-Modelo da CNUDCI. Em sentido semelhante, veja-se o § 1035 (5) *ZPO* alemã.

[149] A imparcialidade e independência dos árbitros são características comummente aceites, independentemente do ordenamento jurídico em causa. Veja-se, *v.g.*, o art. 12.º da Lei-Modelo, o art. 1456 do *Code de procédure civile* francês, o art. 363 do CPC suíço, § 1036 da *ZPO* alemã.

[150] Peter Binder, *International Commercial Arbitration and Mediation in UNCITRAL Model Law Jurisdictions*, cit., págs. 217 ss.; Jan Paulsson, *The Idea of Arbitration*, cit., pág. 149; Gary B. Born, *International Commercial Arbitration*, cit., págs. 1775 ss.; António Menezes Cordeiro, *Tratado da Arbitragem*, cit., págs. 135 ss.; Richard Kreindler/Reinmar Wolff/Markus S. Rieder, *Commercial Arbitration in Germany*, cit., pág. 136; José Carlos Fernández Rozas/Sixto A. Sánchez Lorenzo/Gonzalo Stampa, *Principios Generales del Arbitraje*, cit., págs. 217 ss.; Dário Moura Vicente et al., *Lei da Arbitragem Voluntária Anotada*, art. 9.º, José Miguel Júdice, cit., pág. 50; António Pedro Pinto Monteiro/ Artur Flamínio da Silva/ Daniela Mirante, *Manual de Arbitragem*, cit., págs. 264 ss. *Vide* acórdão de 29/09/2015 do TRL, Proc. 827/15.9YRLSB-1, disponível em www.dgsi.pt. Já segundo António Sampaio Caramelo, "O estatuto dos árbitros e a constituição do tribunal arbitral na Lei da Arbitragem voluntária", *Direito da Arbitragem. Ensaios*, Almedina, Coimbra, 2017, págs. 87-147, págs. 94 ss., "[o] entendimento prevalecente (...) tem sido o de reconduzir a *independência* à inexistência de relações de natureza pessoa, familiar, profissional ou económica entre o árbitro e uma parte ou alguém estritamente ligado a esta, e a *imparcialidade* à ausência de favorecimento de uma parte e de predisposições ou inclinação relativamente ao objeto do litígio".

[151] Miguel Galvão Teles, "A independência e imparcialidade dos árbitros como imposição constitucional", *Estudos em Homenagem ao Professor Doutor Carlos Ferreira de Almeida*, vol. III, Almedina, Coimbra, 2011, págs. 251-283, pág. 262; Daniela Vicente de Almeida, *O dever de revelação como problema de independência e imparcialidade dos árbitros*, Almedina, Coimbra, 2018, págs. 76 ss. *Vide* também, *Fouchard Gaillard Goldman on International Commercial Arbitration*, cit., págs. 604 ss.; Jan Paulsson, *The Idea of Arbitration*, cit., pág. 149; Jean-Baptiste Racine,

A independência e a imparcialidade do árbitro permitem que este "(...) profira a decisão que, por si e em consciência, considere correcta de direito"[152]. A imparcialidade e a independência são requisitos mínimos do processo equitativo[153]. Acresce ainda que a confiança das partes nos árbitros é vital para uma aceitação de facto da decisão e para a confiança na arbitragem em geral[154].

Sublinhe-se também que a imparcialidade e a independência são exigidas quer aos árbitros indicados pelas partes, quer àqueles que o não são, uma vez que todos constituem o tribunal[155].

O Código Deontológico da APA, aprovado em 11 de abril de 2014, é um dos elementos a que se recorre na concretização dos critérios da imparcialidade e da independência, em especial, os seus arts. 3.º e 4.º. No plano internacional, salienta-se a relevância das *IBA Guidelines on Conflicts of Interest in International Arbitration*, aprovadas pelo *IBA Council* em 23 de outubro de 2014. Em anexo às *IBA Guidelines* estão três listas: uma vermelha, uma laranja e uma verde, com indicação, exemplificativa, em cada uma

Droit de l'arbitrage, cit., págs. 335 ss.; Richard Kreindler/Reinmar Wolff/Markus S. Rieder, *Commercial Arbitration in Germany*, cit., pág. 136, esclarecem que, frequentemente, são vistas como os dois lados da mesma moeda que é a neutralidade do árbitro. *Vide* também Bernardo Reis, "Reflexões práticas sobre a ética na arbitragem: perspetiva de árbitro", *VI Congresso do Centro de Arbitragem Comercial*, ACL, Almedina, Coimbra, 2013, págs. 75-97, págs. 76 ss.

[152] Miguel Galvão Teles, "A independência e imparcialidade dos árbitros...", cit., pág. 260.

[153] Miguel Galvão Teles, "A independência e imparcialidade dos árbitros...", cit., pág. 258.

[154] Peter Binder, *International Commercial Arbitration and Mediation in UNCITRAL Model Law Jurisdictions*, cit., pág. 234, a propósito do art. 13.º da Lei-Modelo.

[155] Jennifer Kirby, "With Arbitrators, Less Can be More: Why the Conventional Wisdom on the Benefits of having Three Arbitrators may be Overrated", *Journal of International Arbitration*, vol. 26, n.º 3, 2009, págs. 337-355 (disponível em http://www.kluwerarbitration.com), págs. 343 ss., refere-se a árbitros que atuam no sentido de assegurar os interesses da parte que os indicou como "*arbitres terroristes*". São árbitros que adotam comportamentos como, por exemplo, manter comunicações com a parte que o indicou, alegar falsamente doença para adiar as audiências, protelar injustificadamente a assinatura da decisão, facultar secretamente à parte que o indicou informações acerca das deliberações que vão sendo tomadas e que ainda não foram dadas a conhecer às partes, ou mesmo do projeto de decisão, etc. Conforme sublinhava Mário Raposo, "Os árbitros", cit., pág. 895, a aceitação do encargo pelo árbitro designado por uma parte implica o estabelecimento de um nexo também com a outra parte. Este árbitro fica com o poder e o dever de decidir em sentido contrário à parte que o designou se for esse o caso.

delas, de situações que, no caso concreto poderão suscitar dúvidas acerca da imparcialidade e independência dos árbitros. Consoante a gravidade da situação, ou se entende que o árbitro não pode aceitar o encargo, ou que o pode aceitar se as partes, tendo conhecimento da situação, assim o decidirem, ou que pode aceitar o encargo. Significativo no que respeita a dúvidas que se suscitassem a propósito da imparcialidade e independência dos árbitros indicados pelas partes é o facto de estas regras da IBA não fazerem qualquer distinção no que respeita a quem designou os árbitros, aplicando-se, igualmente, a todos[156].

Apesar de se tratar de códigos deontológicos de associações, que não têm caráter vinculativo, a sua relevância é inegável, sendo, inclusive referidas pela jurisprudência dos tribunais estaduais portugueses[157]. Também o disposto nesta matéria é relevante nos regulamentos dos centros de arbitragem, estabelecendo orientações a este respeito que devem ser observadas[158].

Importa, em todo o caso, delimitar as situações em que pode estar em crise a imparcialidade ou a independência dos árbitros relativamente a outras em que tal não sucede. Assim, o facto de se considerar que a decisão é injusta ou mesmo que está ferida de erro grosseiro não é fundamento para colocar em causa a imparcialidade ou independência dos árbitros. Estaria subjacente, nessa invocação, uma questão de mérito da decisão, que não se confunde com a imparcialidade ou independência dos árbitros[159].

A falta de imparcialidade ou independência dos árbitros ou das suas qualificações acordadas pelas partes pode colocar em causa a validade da própria decisão arbitral, com a consequente anulação da decisão arbitral (art. 46.º, n.º 3, al. a), iv), LAV) ou procedimento da oposição à execução (art. 48.º, n.º 1 e art. 46.º, n.º 3, al. a), iv), LAV).

156 W. Michael Reisman/W.Lawrence Craig/William W. Park/Jan Paulsson, *International Commercial Arbitration*, cit., pág. 665.

157 Cfr., *v.g.*, acórdão de 29 de setembro de 2015 do TRL, Proc. 827/15.9YRLSB-1; acórdão de 24 de março de 2015 do TRL, Proc. 1361/14.0YRLSB.L1-1. Estes acórdãos estão acessíveis em www.dgsi.pt.

158 Veja-se, *v.g.*, art. 13.º, n.º 2, do Regulamento de Arbitragem do Centro Arbitrare, em que se determina que "[o]s árbitros devem, ainda, ser e permanecer independentes, imparciais e disponíveis, cumprindo o estatuído no presente Regulamento e no Código Deontológico a ele anexo".

159 Cfr. acórdão de 26 de fevereiro de 2015 do TRL, Proc. 575/14.7YRLSB.L1-8, disponível em www.dgsi.pt.

Atento o exposto, qualquer pessoa, quando for convidada para exercer as funções de árbitro, tem o dever de revelar a todas as partes as circunstâncias que possam ser consideradas relevantes para apreciar a sua imparcialidade e independência[160-161]. Deve ainda dar informações acerca das suas qualificações relativamente às quais as partes tenham acordado ser relevantes[162] (art. 13.º, n.º 3, LAV). Frequentemente, é solicitado aos árbitros que assinem uma declaração de independência[163].

Este dever de revelação dos árbitros não cessa com o início da arbitragem. Na verdade, se, durante o processo arbitral, ocorrer algum facto que seja suscetível de colocar em causa a independência ou a imparcialidade do árbitro, este deve ser imediatamente revelado quer às partes, quer aos outros árbitros (art. 13.º, n.º 2, LAV).

A falta de imparcialidade ou independência dos árbitros, se geradora de danos, pode ainda ser causa de dever de indemnizar os danos causados[164].

Sublinhe-se também que as partes podem aceitar a nomeação de um árbitro determinado, apesar de se verificar que integra uma das situações

[160] Gary B. Born, *International Commercial Arbitration*, cit., págs. 1991 ss.; W. Michael Reisman/W.Lawrence Craig/William W. Park/Jan Paulsson, *International Commercial Arbitration*, cit., pág. 561, referem-se, a este respeito, a "*duty of disclosure*"; *International Commercial Arbitration*, "§ 1 Best practice in international arbitration...", Stephan Balthasar, cit., pág. 25; José Carlos Fernández Rozas/Sixto A. Sánchez Lorenzo/Gonzalo Stampa, *Principios Generales del Arbitraje*, cit., págs. 209 ss. Fala-se, no âmbito do Direito francês, de "l'obligation de révélation", previsto no art. 1456 do *Code de procédure civile*, cfr. Thomas Clay, *Code de l'arbitrage commenté*, cit., págs. 68 ss.; Éric Loquin, *L'arbitrage du commerce international*, cit., págs. 191 ss.; Jean-Baptiste Racine, *Droit de l'arbitrage*, cit., págs. 337 ss. No Direito alemã, atente-se no § 1036 (1) da *ZPO* alemã. A este respeito, *vide MünchKomm-ZPO*, Münch, § 1036, anots. 14 ss., cit.

[161] Também neste sentido, cfr. art. 12.º, n.º 1, da Lei-Modelo e art. 11 das Regras de arbitragem da CNUDCI. *Vide*, a respeito desta regra, com detalhe, Jan Paulsson/Georgios Petrochilos, *UNCITRAL Arbitration*, Kluwer Law International, 2017 (disponível em http://www.kluwerarbitration.com), págs. 82 ss.

[162] Estes são os três fatores que, nos termos do art. 12.º, n.º 2, da Lei-Modelo, são fundamentos de recusa dos árbitros.

[163] Designado em inglês de *statement of independence*, identificam-se diversos centros de arbitragem que têm modelos destas declarações, cujo preenchimento é exigido. *Vide, v.g.*, CIRDI, LCIA, ICC: W. Michael Reisman/W.Lawrence Craig/William W. Park/Jan Paulsson, *International Commercial Arbitration*, cit., pág. 561.

[164] Dário Moura Vicente et al., *Lei da Arbitragem Voluntária Anotada*, art. 9.º, José Miguel Júdice, cit., págs. 50 ss.

que poderiam suscitar reservas quanto à independência ou imparcialidade[165]. Nesse caso, já não poderão recusar posteriormente esse árbitro com fundamento em dados que já possuíam à data da designação ou aceitação.

3.3. Natureza jurídica da relação jurídica dos árbitros com as partes

As partes celebram com os árbitros – ou o árbitro, em caso de tribunal singular – um acordo (que tem, pois, múltiplas partes), cuja natureza tem sido objeto de discussão na doutrina. Segundo uns, trata-se de um negócio de natureza substantiva, segundo outros, de um negócio de natureza processual (por ter o efeito de atribuir competência jurisdicional a um particular[166]) e, para uma terceira orientação, de um negócio de natureza híbrida[167]. Outros autores ainda colocam em dúvida a natureza contratual desta situação jurídica[168].

Os autores que defendem tratar-se de um negócio de natureza substantiva sobre a condução do processo arbitral[169], sustentam que as partes acordam com os árbitros os termos em que – dentro, naturalmente, das regras legais – o processo arbitral será conduzido. Todavia, a tipificação do negócio que então é celebrado tem suscitado dificuldades, verificando-se que nem a qualificação como contrato de prestação de serviço[170], nem de mandato, nem de agência, nem de trabalho se tem revelado satisfatória uma vez que

165 António Menezes Cordeiro, *Tratado da Arbitragem*, cit., pág. 163; Dário Moura Vicente et al., *Lei da Arbitragem Voluntária Anotada*, art. 13.º, José Miguel Júdice, cit., pág. 65.

166 Acerca desta teoria, cfr. Luís de Lima Pinheiro, *Direito Comercial Internacional*, cit., pág. 395.

167 Dando conta das várias orientações no Direito português, cfr. Mariana França Gouveia, *Curso de resolução alternativa de litígios*, cit., pág. 200; Frederico Gonçalves Pereira, "Natureza jurídica do vínculo entre as partes e os árbitros em arbitragem voluntária *ad hoc*", *Estudos de advocacia em homenagem a Vasco Vieira de Almeida*, Almedina, VdA, 2017, págs. 613-627, págs. 615 ss.; no Direito alemão, *vide* Richard Kreindler/Reinmar Wolff/Markus S. Rieder, *Commercial Arbitration in Germany*, cit., págs. 154 ss.

168 Pedro Romano Martinez, "Constituição do tribunal arbitral e estatuto do árbitro", *RIAC*, n.º 5, 2012, págs. 221-228, págs. 224 ss.

169 Richard Kreindler/Reinmar Wolff/Markus S. Rieder, *Commercial Arbitration in Germany*, cit., págs. 155 ss.

170 Sustentando tratar-se de um contrato de prestação de serviços à luz do Direito francês, na medida em que o árbitro se obriga a realizar uma obra, cfr. Éric Loquin, *L'arbitrage du commerce international*, cit., págs. 202 ss.

não capta o essencial deste acordo: conduzir o processo arbitral e proferir uma decisão ou, por outra forma, terminar o processo, mas sendo os árbitros completamente independentes no cumprimento das suas atividades e não estando, por isso, sujeitos a instruções das partes[171]-[172]. Ou seja, tratar-se-ia de um contrato que tem como objeto atribuir a uma pessoa a função de julgar[173]. Por esta razão, tal negócio tem sido entendido por parte significativa da doutrina, a que se adere, como um negócio *sui generis*[174] ou atípico, devendo ser interpretado, essencialmente, atendendo aos seus próprios termos.

Segundo uma outra orientação, a designação do árbitro não consubstancia um verdadeiro contrato[175]. Invoca-se, nesse sentido, em termos sintéticos, que tendo os árbitros de ser imparciais e independentes, não recebem das partes uma incumbência; os processos de recusa e de cessação de funções por incapacidade ou inação não são compatíveis com a estrutura contratual; em casos de tribunais constituídos por três árbitros, por regra, são os dois árbitros indicados pelas partes quem indica o árbitro presidente e não as partes. Conclui, assim, Pedro Romano Martinez[176] que "(...) a relação que se possa estabelecer com o árbitro (ou árbitros), apesar de poder assentar em declarações negociais que, aparentemente, correspondem a uma proposta e a uma aceitação, enferma de várias falhas para se poder qualificar como um contrato (autónomo) de árbitro".

[171] Com exceção das já referidas escolhas das partes relativamente às próprias regras processuais, aos critérios de decisão, mas que não bulem com a independência dos árbitros quanto ao mérito da decisão.

[172] Richard Kreindler/Reinmar Wolff/Markus S. Rieder, *Commercial Arbitration in Germany*, cit., págs. 155 ss.

[173] Jean-Baptiste Racine, *Droit de l'arbitrage*, cit., pág. 359.

[174] Neste sentido *Fouchard Gaillard Goldman on International Commercial Arbitration*, cit., págs. 604 ss.; Richard Kreindler/Reinmar Wolff/Markus S. Rieder, *Commercial Arbitration in Germany*, cit., págs. 155 ss.; Jean-Baptiste Racine, *Droit de l'arbitrage*, cit., pág. 360. Acerca desta discussão no ordenamento jurídico português, *vide* Luís de Lima Pinheiro, *Direito Comercial Internacional*, cit., págs. 395 ss. António Menezes Cordeiro, *Tratado da Arbitragem*, cit., pág. 167, sustenta tratar-se de um contrato de árbitro, a que é aplicado, supletivamente, o regime do mandato.

[175] Pedro Romano Martinez, "Constituição do tribunal arbitral e estatuto do árbitro", cit., págs. 224 ss.

[176] Pedro Romano Martinez, "Constituição do tribunal arbitral e estatuto do árbitro", cit., pág. 226. Já antes, Pedro Romano Martinez, "Soluções alternativas de resolução de conflitos...", cit., págs. 873 ss.

3.4. Deveres e direitos dos árbitros

I. Os deveres e os direitos dos árbitros dependem não apenas da autonomia da vontade das partes, mas também da lei que regular a arbitragem, uma vez que há comportamentos que devem ser assumidos pelos árbitros por força desta lei e que não podem ser afastados por vontade das partes. Neste assunto, o enfoque será dado ao regime previsto na LAV, não deixando, todavia, de se fazer referências de Direito Comparado, sempre que se considere pertinente e tendo presente que, nos ordenamentos analisados, se verificou que os deveres dos árbitros são tendencialmente similares.

Os árbitros têm como principal obrigação, que resulta claramente da convenção de arbitragem, a condução do processo arbitral e a prolação de uma decisão dentro do prazo acordado. Instrumentais destas obrigações são os deveres de estudar o processo, participar nas audiências e nas deliberações do tribunal, assinar a decisão, desenvolver esforços para que a decisão não seja anulada[177].

Os árbitros devem ainda respeitar as indicações que cabem dentro da autonomia da vontade das partes, *v.g.*, respeitar as regras processuais acordadas pelas partes, aplicar Direito constituído ou decidir conforme a equidade consoante tiver sido determinado, decretar ou não providências cautelares.

Os árbitros têm deveres de confidencialidade – expressamente previsto no art. 30.º, n.º 5, da LAV – , não podendo revelar informações de que tomem conhecimento durante o processo arbitral. Este dever de confidencialidade abrange, salvo indicação das partes em contrário, a própria sentença arbitral, bem como as deliberações que foram tomadas, os depoimentos de testemunhas, o conteúdo de documentos, etc.[178].

Este dever de confidencialidade relativamente às próprias deliberações subjacentes às decisões arbitrais pode ter como consequência que, em certos ordenamentos jurídicos, como é o caso do francês, alguns autores entendam que, na arbitragem doméstica, um árbitro que não concorde com

[177] Sobre as obrigações dos árbitros, *vide* Bernardo Reis, "Reflexões práticas sobre a ética na arbitragem...", cit., págs. 87 ss.; Mariana França Gouveia, *Curso de resolução alternativa de litígios*, cit., pág. 203; Éric Loquin, *L'arbitrage du commerce international*, cit., págs. 204 ss.; Richard Kreindler/Reinmar Wolff/Markus S. Rieder, *Commercial Arbitration in Germany*, cit., págs. 158 ss.; Jean-Baptiste Racine, *Droit de l'arbitrage*, cit., págs. 365 ss.

[178] W. Michael Reisman/W.Lawrence Craig/William W. Park/Jan Paulsson, *International Commercial Arbitration*, cit., pág. 844.

a orientação seguida pelos demais, e com os termos da qual foi proferida a decisão, não possa lavrar público voto de vencido[179].

II. Os árbitros têm também direitos. De entre estes, salienta-se o direito a receber honorários pela atividade desenvolvida, tal como o de serem ressarcidos pelas despesas que tiverem realizado no âmbito do processo arbitral[180].

Nas arbitragens institucionalizadas é, frequentemente, fixada numa tabela o valor dos honorários dos árbitros, que variam consoante se trate de tribunal singular ou coletivo e em função do valor da ação. Estas tabelas podem ser fixas ou passíveis de acordo diferente entre as partes e os árbitros.

Caso não se apliquem estas tabelas, seja por acordo em contrário, seja por se tratar de arbitragem *ad hoc*, e as partes não tenham estabelecido na convenção de arbitragem o valor dos honorários, o modo de reembolso das despesas e a forma de pagamento pelas partes dos preparos e despesas serão fixados por acordo escrito celebrado entre as partes e os árbitros e concluído antes da aceitação do último árbitro (art. 17.º, n.º 1, LAV).

[179] W. Michael Reisman/W.Lawrence Craig/William W. Park/Jan Paulsson, *International Commercial Arbitration*, cit., pág. 850. Atente-se a este respeito, no art. 1479 do *Code de procédure civile* francês, embora os seus limites sejam discutidos na doutrina e jurisprudência. *V.g.*, tem sido entendido que a indicação de que uma decisão foi tomada por unanimidade ou por maioria não viola a confidencialidade. Cfr. Thomas Clay, *Code de l'arbitrage commenté*, cit., pág. 114 ss.; Éric Loquin, *L'arbitrage du commerce international*, cit., págs. 326 ss.; Jean-Baptiste Racine, *Droit de l'arbitrage*, cit., pág. 526. Também no âmbito da discussão subjacente à redação do art. 31.º da Lei-Modelo, foi discutido se deveria ou não ficar expressa a unanimidade ou maioria na deliberação da decisão, bem como a inclusão ou não de voto de vencido. Não ficou expressamente consagrada qualquer orientação neste sentido. *Vide* a este propósito, Peter Binder, *International Commercial Arbitration and Mediation in UNCITRAL Model Law Jurisdictions*, cit., págs. 418 ss. Informam Richard Kreindler/Reinmar Wolff/Markus S. Rieder, *Commercial Arbitration in Germany*, cit., págs. 309 ss., que, no Direito alemão, que adotou, no essencial, a Lei-Modelo, são admitidos votos de vencido, sendo estes, todavia, de evitar. Em todo o caso, não devem ser divulgados elementos do processo nem o conteúdo das deliberações.

[180] Nos ordenamentos jurídicos alemão e francês, e como prática geral, também é assim entendido. Cfr. Richard Kreindler/Reinmar Wolff/Markus S. Rieder, *Commercial Arbitration in Germany*, cit., págs. 161 ss.; Éric Loquin, *L'arbitrage du commerce international*, cit., págs. 210 ss. Jean-Baptiste Racine, *Droit de l'arbitrage*, cit., págs. 361 ss. *Vide*, em termos gerais, Gary B. Born, *International Commercial Arbitration*, cit., págs. 2018 ss.

Se esta questão não tiver sido regulada pelas partes e pelos árbitros, cabe aos árbitros decidir o valor dos honorários e despesas, atendendo à complexidade da situação, ao valor da causa, ao tempo despendido (art. 17.º, n.º 2, LAV). Todavia, neste caso, qualquer das partes pode requerer ao tribunal estadual a redução dos honorários e das despesas (art. 17.º, n.º 3, LAV e art. 59.º, n.º 1, al. d), e n.º 2, LAV)[181].

Se, fixados os valores, faltarem os pagamentos de preparos para honorários e despesas, os árbitros podem suspender o processo ou dá-lo por concluído se, atribuído um prazo adicional razoável para as partes regularizarem a situação, não o fizerem. Todavia, antes de suspenderem ou pôr termo ao processo, os árbitros devem comunicar às partes não faltosas para que estas possam, querendo, suprir a falta de pagamento do preparo e assim obstar à suspensão ou conclusão do processo (art. 17.º, n.ºs 4 e 5, LAV).

3.5. Composição do tribunal

Por regra, o tribunal arbitral é constituído por um único árbitro ou por vários em número ímpar, o que facilmente se entende por razões pragmáticas de eficácia, pois assim se facilitam as condições para formar maioria[182-183].

[181] Veja-se, reduzindo o valor dos honorários e despesas, *v.g.*, acórdão do TRL de 15 de janeiro de 2015, Proc. 1362/14.8YRLSB.L1-8; acórdão do TRL de 1 de julho de 2014, Proc. 200/14.6YRLSB-7; acórdão do TRL de 6 de fevereiro de 2014, Proc. 1068/13.5YRLSB-6, invocando critérios de proporcionalidade na fixação do valor dos honorários e despesas. Já mantendo o valor dos honorários fixados, veja-se acórdão do TRL de 19 de fevereiro de 2015, Proc. 1422/14.5YRLSB.L1-8. Em acórdão do TRL de 10 de março de 2016, Proc. 640/15.3YRLSB.L1-2, decidiu-se que o disposto no art. 17.º, n.º 3, LAV, não era aplicável às remunerações de peritos intervenientes na prova pericial realizada no processo arbitral. Estes acórdãos estão disponíveis em www.dgsi.pt. Acerca da tramitação processual deste recurso relativo a honorários, *vide* Armindo Ribeiro Mendes, "A nova Lei da Arbitragem Voluntária e as formas de impugnação das decisões arbitrais", *Estudos em Homenagem ao Prof. Doutor José Lebre de Freitas*, vol. II, Coimbra Editora, 2013, págs. 703-757, págs. 734 ss. *Vide* também a este respeito, António Sampaio Caramelo, "O estatuto dos árbitros...", cit., pág. 130.

[182] Gary B. Born, *International Commercial Arbitration*, cit., pág. 1674; Mário Esteves de Oliveira et al., *Lei da Arbitragem Voluntária*, cit., pág. 118; Jean-Baptiste Racine, *Droit de l'arbitrage*, cit., págs. 296 ss.; Dário Moura Vicente et al., *Lei da Arbitragem Voluntária Anotada*, art. 8.º, José Miguel Júdice, cit., pág. 47. Sobre o princípio da imparidade, cfr. José Carlos Fernández Rozas/Sixto A. Sánchez Lorenzo/Gonzalo Stampa, *Principios Generales del Arbitraje*, cit., pág. 348.

[183] Esta regra resultava já também do art. 6.º, n.ºs 1 e 2, da Lei n.º 31/86. O art. 10.º da Lei-Modelo apresenta-se mais generoso para a autonomia da vontade, na medida em que determina que

No ordenamento jurídico português, determina-se que o tribunal pode ser constituído por um único ou por vários árbitros, desde que em número ímpar (art. 8.º, n.º 1, LAV) e, na falta de acordo em contrário, o tribunal será composto por três árbitros (art. 8.º, n.º 2, LAV)[184].

A assunção desta regra supletiva de composição apresenta vantagens significativas. Na verdade, entre outras vantagens, sublinha-se que, deste modo, se garante uma maior celeridade e qualidade da decisão, pois o trabalho pode ser dividido e as conclusões de cada árbitro são apreciadas e discutidas pelos demais; garante-se maior imparcialidade na decisão; permite uma composição do tribunal equilibrada e que respeita o princípio da igualdade das partes[185], pois cada uma indicará um árbitro; as partes terão maior confiança no tribunal[186]. Todavia, em comparação com o tribunal composto por árbitro singular, apresenta a desvantagem de ser mais dispendiosa e, por vezes, havendo dificuldades de articulação de agendas ou dissensos entre os árbitros, poder ser mais demorada[187].

as partes podem constituir o tribunal com o número de árbitros que entenderem. Todavia, na falta de indicação nesse sentido, o tribunal será constituído por três árbitros.

[184] Também prevendo, como regra supletiva, a constituição do tribunal por três árbitros, embora admita que as partes podem convencionar um número par de árbitros, *vide* § 1034 (1) *ZPO* alemã; atente-se, a este respeito, *MünchKomm-ZPO*, Münch, §§ 1034, anots. 3 ss., cit.; Prütting/Gehrlein, *Zivilprozessordnung Kommentar*, Prütting, § 1034, cit., anot. 2, pág. 2486. Já no art. 1451 do *Code de procédure civile* francês apenas se estabelece que o tribunal deve ter um número ímpar de árbitros, aplicando-se esta regra somente nas arbitragens domésticas e não nas internacionais, cfr. Jean-Baptiste Racine, *Droit de l'arbitrage*, cit., págs. 296 ss. No art. 360, n.º 1, da *ZPO* suíça, determina-se que as partes podem convencionar livremente o número de árbitros que comporá o tribunal (*Basler Kommentar, Schweizerische Zivilprozessordnung*, Philipp Habegger, art. 360, 3.ª edição, org. Karl Spühler/ Luca Tenchio/Dominik Infanger, Helbing Lichtenhahn Verlag, Basel, 2017, anots. 1 ss., pág. 2177).

[185] Acerca da importância do princípio da igualdade das partes no âmbito da constituição do tribunal arbitral, *vide* António Pedro Pinto Monteiro, *O princípio da igualdade e a pluralidade de partes na arbitragem*, Almedina, Coimbra, 2017, págs. 111 ss.

[186] Jennifer Kirby, "With Arbitrators, Less Can be More...", cit., págs. 340 ss.; Gary B. Born, *International Commercial Arbitration*, cit., págs. 1674 ss.; Richard Kreindler/ Reinmar Wolff/Markus S. Rieder, *Commercial Arbitration in Germany*, cit., págs. 100 ss.; António Sampaio Caramelo, "O estatuto dos árbitros...", cit., pág. 88.

[187] Gary B. Born, *International Commercial Arbitration*, cit., págs. 1674 ss.

O tribunal composto por três árbitros tem sido a composição mais popular[188].

3.6. Processo de designação dos árbitros

a) Designação pelas partes

Na falta de acordo em contrário, prevê-se na LAV que cada uma das partes deve indicar um árbitro e que os árbitros indicados pelas partes devem escolher um terceiro que atua como árbitro presidente (art. 10.º, n.º 3, LAV)[189]. Sendo o tribunal composto por três árbitros, fica assegurada a igualdade das partes na designação dos árbitros e a garantia da imparcialidade e independência dos árbitros melhor protegida.

As partes podem, naturalmente, convencionar coisa diferente e acordar ambas na designação de um árbitro único ou dos árbitros que devem constituir o tribunal ou indicar outro modo como os árbitros devem ser escolhidos (art. 10.º, n.º 1, LAV).

Se nada for convencionado em sentido distinto, a parte que enviar a notificação de arbitragem à outra deve indicar o árbitro que designa, tendo a parte contrária até 30 dias para indicar um outro árbitro. Designado este outro árbitro, têm os árbitros indicados pelas partes 30 dias para escolher o árbitro presidente.

Em caso de pluralidade de demandantes ou de demandados, os primeiros devem indicar um árbitro e os segundos indicar o outro árbitro, assumindo que o tribunal é composto por três árbitros (art. 11.º, n.º 1, LAV). O árbitro presidente continua a ser designado pelos dois árbitros indicados pelas partes.

b) Designação por outras entidades

I. Falhando a indicação dos árbitros pelas partes ou do árbitro presidente pelos árbitros por estas designados ou pelo terceiro que deveria fazer essa designação, e não tendo sido convencionado noutro sentido, caberá ao

[188] GARY B. BORN, *International Commercial Arbitration*, cit., págs. 1674 ss.

[189] Revelando ser esta a prática adotada na maioria das arbitragens, *vide* W. MICHAEL REISMAN/W.LAWRENCE CRAIG/WILLIAM W. PARK/JAN PAULSSON, *International Commercial Arbitration*, cit., pág. 545; *International Commercial Arbitration*, "§ 1 Best practice in international arbitration...", STEPHAN BALTHASAR, cit., pág. 25. Aliás, esta é também a regra supletiva prevista no art. 11.º, n.º 3, al. a), da Lei-Modelo.

Presidente do Tribunal da Relação ou do Tribunal Central Administrativo em cujo distrito se situe o lugar da arbitragem (art. 10.º, n.ºs 4 e 5 e art. 59.º, n.º 1, al. a) e n.º 3, LAV) nomear estes árbitros.

Os critérios de nomeação destes árbitros prendem-se com as qualificações dos árbitros que foram exigidas pelo acordo das partes e com todos os elementos que forem relevantes para a indicação de um árbitro imparcial e independente. Nos casos de arbitragem internacional, haverá ainda que ponderar da conveniência da nomeação de um árbitro que tenha uma nacionalidade diferente da das partes (art. 10.º, n.º 6, LAV). Da nomeação destes árbitros pelo tribunal estadual não cabe recurso (art. 10.º, n.º 7, LAV). No entanto, antes da nomeação, o Presidente do Tribunal da Relação deve ouvir as partes[190], em respeito pelo princípio do contraditório e conforme se encontra expressamente consagrado no art. 60.º, n.º 2, LAV[191].

Nos casos de pluralidade de demandantes ou de demandados, em que se exige o consenso entre os primeiros ou entre os segundos, respetivamente, a designação do árbitro pode ser mais difícil. Na verdade, entre os demandantes e entre os demandados poderão existir interesses conflituantes, o que fundamenta essa falta de consenso. Tais antagonismos poderão levar a que o tribunal estadual não apenas nomeie o árbitro em falta, mas também se substitua à outra parte, nomeando o outro árbitro (mesmo que este já tenha sido designado) e o árbitro presidente (art. 11.º, n.º 3, LAV)[192].

A propósito da solução a adotar em caso de designação de árbitro por demandados com interesses incompatíveis, importa ter presente o acórdão

[190] João Luís Lopes dos Reis, "Questões de arbitragem *ad hoc*", *ROA*, I, 1998, págs. 467-513, pág. 496. Também neste sentido nos parece seguir a orientação de Mário Raposo, "Os árbitros", cit., pág. 899.

[191] António Sampaio Caramelo, "O estatuto dos árbitros...", cit., pág. 142. *Vide* também, acerca desta discussão, Paula Costa e Silva/Nuno Trigo dos Reis, "A natureza do procedimento judicial de nomeação de árbitro", *Estudos em Homenagem ao Prof. Doutor José Lebre de Freitas*, vol. II, Coimbra Editora, 2013, págs. 951-1004, págs. 952 ss.

[192] Referindo-se ao princípio da igualdade das partes na designação de árbitros, no âmbito do art. 11.º LAV, *vide* Miguel Teixeira de Sousa, "A intervenção de terceiros no processo arbitral", *RIAC*, págs. 149-177, pág. 171; António Pedro Pinto Monteiro/ Artur Flamínio da Silva/ Daniela Mirante, *Manual de Arbitragem*, cit., págs. 202 ss. e, concretamente, acerca do art. 11.º, n.º 3, LAV, págs. 221 ss.

Ducto[193-194], em que dois dos demandados tiveram de, sob protesto e reserva, escolher um árbitro. No entanto, a demandante tinha indicado um árbitro. A *Cour de Cassation* francesa anulou a decisão arbitral com base no desigual tratamento dado às partes na constituição do tribunal, pois a demandante escolheu um árbitro e as demandadas tiveram de chegar a acordo para indicarem também um árbitro. Assim, a orientação dominante nestes casos tem sido a que veio a ser consagrada no Direito português: a de que cabe ao tribunal estadual ou ao centro de arbitragem (consoante a entidade com competência para indicar os árbitros) indicar os árbitros que deviam ser indicados pelas partes, de modo a não dar vantagem a nenhuma delas. E estes árbitros indicados escolhem o árbitro presidente.

II. Tende a ser admitida como prática aceite que as partes acordem ser uma outra entidade que não um tribunal estadual a indicar o árbitro presidente ou o árbitro que não é designado por uma parte. Frequentemente, nas arbitragens institucionalizadas, cabe ao centro de arbitragem a indicação do árbitro não indicado[195], *maxime*, ao seu Presidente[196].

Esta forma de designação dos árbitros é admitida na LAV. Atente-se, *v.g.*, no art. 10.º, n.º 1, da LAV, nos termos do qual se determina que as partes podem definir o modo pelo qual os árbitros são escolhidos, *v.g.* ser indicados pelo centro de arbitragem. As partes têm, a este respeito, nos regulamentos

[193] Ac. *Siemens AG/BKMI Industrienlagen GmBH v Dutco Construction Company*, proferido em 7 de janeiro de 1992, pela *Cour de Cassation, Chambre Civile* 1, disponível em https://www.legifrance.gouv.fr/affichJuriJudi.do?oldAction=rechJuriJudi&idTexte=JURITEXT000007028100&fastReqId=2124387742&fastPos=1.

[194] Acerca deste caso, cfr. Manuel Botelho da Silva, "Pluralidade de partes em arbitragem voluntária", *Estudos em Homenagem à Professora Doutora Isabel de Magalhães Collaço*, vol. II, Almedina, Coimbra, 2002, págs. 499-538, pág. 502; António Menezes Cordeiro, *Tratado da Arbitragem*, cit., pág. 145. Nuno Miguel Lourenço, "Anotação ao caso *Dutco Consortium Construction Company, Ltd. v. Siemens AG* e *BKMI Industrieanlagen GmbH*", *100 Anos de Arbitragem*, Coimbra Editora, Coimbra, 2016, págs. 139-152; *International Commercial Arbitration*, "§ 9 International Arbitration in France", Stephan Balthasar/Roland Ziadé, editor Stephan Balthasar, C.H.Beck/Hart/Nomos, 2016, págs. 353-376, págs. 370 ss.; António Sampaio Caramelo, "O estatuto dos árbitros...", cit., págs. 103 ss.; António Pedro Pinto Monteiro, *O princípio da igualdade e a pluralidade de partes na arbitragem*, cit., págs. 132 ss.

[195] W. Michael Reisman/W.Lawrence Craig/William W. Park/Jan Paulsson, *International Commercial Arbitration*, cit., pág. 537.

[196] Veja-se, a título exemplificativo, o art. 14 do Regulamento de arbitragem da Arbitrare.

dos centros de arbitragem, um amplo leque de fontes de inspiração acerca do modo como o tribunal será constituído[197].

III. Este mecanismo de nomeação dos árbitros pelo tribunal estadual ou por terceiros, conforme seja acordado, previne situações de impasse, bem como manobras dilatórias que visem impedir ou atrasar a constituição do tribunal. Assim, não será pela inação das partes ou dos árbitros que o tribunal arbitral deixará de se constituir e decidir o litígio conforme acordado nos termos da convenção de arbitragem.

3.7. Aceitação ou recusa do encargo

Nos termos do art. 12.º, n.º 1, LAV, ninguém pode ser obrigado a atuar como árbitro, sendo, pois, a aceitação do encargo livre, o que facilmente se compreende atentas as obrigações e responsabilidade que tal encargo acarreta.

Salvo convenção das partes ou regulamento de arbitragem em contrário, no prazo de 15 dias a contar da data da comunicação da sua designação, o árbitro deve declarar por escrito a aceitação do encargo por quem o designou. Se, durante este período, a pessoa designada não declarar a sua aceitação por escrito nem revelar a intenção de agir como árbitro, assume-se que não aceitou a designação (art. 12.º, n.º 1, LAV). Esta aceitação, não tem, pois, de assumir necessariamente a forma escrita, podendo-se esta aceitação ser tácita.

Caso aceite o encargo, a escusa pelo árbitro designado só será legítima se fundada em causa superveniente que o impossibilite de exercer a função. Consequentemente, o árbitro que, injustificadamente, recusar o exercício da sua função, responde pelos danos que causar (art. 12.º, n.º 3, LAV), quer às partes, quer aos outros árbitros[198]. Esta responsabilidade distingue-se da prevista no art. 9.º, nº.s 4 e 5 LAV, em que se prevê a responsabilidade dos árbitros por danos decorrentes das decisões proferidas, remetendo-se

[197] Ver, a este respeito, W. Michael Reisman/W.Lawrence Craig/William W. Park/Jan Paulsson, *International Commercial Arbitration*, cit., págs. 538 ss.

[198] Dário Moura Vicente et al., *Lei da Arbitragem Voluntária Anotada,* art. 12.º, José Miguel Júdice, cit., pág. 63. Ver também, Mário Esteves de Oliveira et al., *Lei da Arbitragem Voluntária,* cit., págs. 193 ss.; António Menezes Cordeiro, *Tratado da Arbitragem,* cit., pág. 150.

para o próprio regime da responsabilidade dos magistrados judiciais. Neste último caso, a responsabilidade apenas pode ter lugar perante as partes e não já perante os outros árbitros.

3.8. Recusa de árbitro

Caso, *ab initio* ou posteriormente, existam razões que justifiquem dúvidas fundadas acerca da imparcialidade ou independência de algum árbitro, ou se se verificar que este não é possuidor das qualificações que as partes haviam acordado, pode o árbitro ser recusado. A recusa só será admissível à parte que indicou o árbitro em causa se apenas tiver tomado conhecimento do facto que justifica a sua recusa após a designação (art. 13.º, n.º 3, LAV).

Esta disposição tem como uma das suas fontes de inspiração o art. 12.º, n.º 2, da Lei-Modelo e facilmente se compreende o seu regime. Na verdade, de nada valeria consagrar-se a independência e imparcialidade dos árbitros se, depois, não se regulasse o modo de reação contra a falta destas características.

As partes podem acordar na tramitação do processo de recusa do árbitro. Caso nada tenha sido estabelecido, nos termos do art. 14.º, n.º 2, LAV, determina-se que aquele que pretenda recusar o árbitro deve, no prazo de 15 dias a contar da data da constituição do árbitro ou da data em que teve conhecimento das circunstâncias que fundamentam esta recusa, expor por escrito os motivos da recusa do árbitro ao tribunal arbitral. Daqui resultando, por interpretação *a contrario*, que, ultrapassado este prazo, se a parte nada disser, não poderá, depois, invocar a falta de qualidades do árbitro que não invocou em tempo. E não a poderá invocar durante o processo nem, posteriormente, para efeitos de impugnação da decisão arbitral nem de oposição à execução[199].

Recebido o pedido de recusa pelo tribunal arbitral, o árbitro recusado pode ou não renunciar à função que aceitou. Esta renúncia pode ser especialmente complicada se o processo já tiver tido início, com consequências significativas para as partes, *maxime* atrasos, honorários já pagos, prova produzida perante o árbitro em causa, etc. Assim, a decisão de renunciar não deve ser tomada apenas porque uma parte coloca em causa a imparcialidade e independência de um árbitro. Devem existir e ser indicadas as razões que a justifiquem. Se

[199] Dário Moura Vicente et al., *Lei da Arbitragem Voluntária Anotada*, art. 14.º, José Miguel Júdice, cit., pág. 70.

o árbitro colocado em causa decidir não renunciar e a parte que o indicou insistir em mantê-lo, o tribunal arbitral, incluindo o árbitro visado, decidirá o pedido de renúncia (art. 14.º, n.º 2, LAV)[200].

Se o tribunal decidir pela recusa do árbitro visado, cessam as funções deste, não estando previsto recurso desta decisão e segue-se o processo de substituição de árbitro (art. 16.º, n.º 1 LAV).

Caso o árbitro visado não renuncie às suas funções e o tribunal arbitral decida manter o árbitro recusado, a parte que o recusou tem a possibilidade de, no prazo de 15 dias a contar da data em que lhe foi comunicada a decisão que rejeitou a recusa, pedir ao tribunal estadual competente que decida sobre a recusa (art. 14.º, n.º 3, LAV)[201]. A tramitação a seguir neste processo é a prevista no art. 60.º LAV[202].

Esta decisão – que, consoante o litígio esteja compreendido na esfera dos tribunais administrativos ou não, é da competência do Tribunal Central Administrativo ou do Tribunal da Relação em cujo distrito se situe o local da arbitragem (art. 59.º, n.º 1, al. b) e n.º 2, LAV) – não é passível de recurso. Atendendo a que estão em causa, neste pedido, não apenas os interesses das partes, mas também os do próprio árbitro cuja recusa é pedida, deve também este ser ouvido no processo[203].

A apreciação da recusa pelo tribunal estadual não tem efeito suspensivo do processo arbitral, podendo o tribunal arbitral, incluindo o árbitro visado, prosseguir o processo e proferir decisão. Esta solução evita que as partes iniciem um processo de recusa de árbitro com intenções puramente dilatórias.

[200] Em algumas arbitragens institucionalizadas, o regulamento do centro determina que o pedido de recusa do árbitro deve ser apreciado pelo Presidente do Centro ou pela Direção do Centro. Cfr. Dário Moura Vicente et al., *Lei da Arbitragem Voluntária Anotada,* art. 14.º, José Miguel Júdice, cit., pág. 70.

[201] Segundo Armindo Ribeiro Mendes, "A nova Lei da Arbitragem Voluntária e as formas de impugnação das decisões arbitrais", cit., pág. 731, este pedido deve ser apresentado diretamente no tribunal estadual competente, juntando-se a cópia do requerimento de recusa e da respetiva decisão.

[202] Armindo Ribeiro Mendes, "A nova Lei da Arbitragem Voluntária e as formas de impugnação das decisões arbitrais", cit., págs. 731 ss.

[203] António Menezes Cordeiro, *Tratado da Arbitragem,* cit., pág. 167; Dário Moura Vicente et al., *Lei da Arbitragem Voluntária Anotada,* art. 14.º, José Miguel Júdice, cit., pág. 71.

Também na tramitação do processo de recusa prevista na LAV se denota a influência da Lei-Modelo, no caso, dos arts. 13.º e 14.º.

A doutrina diverge nos casos em que as partes estejam de acordo quanto à recusa de um árbitro, quer este tenha sido designado por uma das partes, quer tenha sido designado pelos árbitros indicados pelas partes, quer tenha sido indicado por uma entidade terceira. De acordo com uma orientação, nada obsta ao seu afastamento, pois, tratando-se o processo arbitral de um processo de parte, a autonomia da vontade das partes impera[204]. Segundo outra orientação, o art. 14.º, n.º 1, LAV, apenas permite que as partes regulem o processo de recusa, mas não que recusem, por acordo, sem fundamento, um árbitro que já aceitou a designação[205].

3.9. Incapacitação, inação e renúncia do árbitro

I. Circunstâncias diversas podem levar a que um árbitro deixe de ter as condições necessárias para exercer as funções que assumiu.

Nos termos do art. 15.º LAV referem-se as situações de incapacidade de facto ou de direito de um árbitro, bem como de renúncia deste ou acordo das partes no seu afastamento. As situações de incapacidade previstas nesta disposição não têm de estar limitadas às que estão previstas no CC português, *v.g.*, perda de capacidades cognitivas. Para além destas, também o facto de um árbitro, por exemplo, emigrar e de se tornar excessivamente oneroso a continuação do exercício das funções pode fundamentar o seu afastamento. Tal como os casos em que, posteriormente à aceitação do encargo, se verificam situações que colocam em causa a imparcialidade ou a independência do árbitro poderão justificar o afastamento por renúncia, mesmo sem que qualquer das partes venha pedir a sua recusa[206].

Importa salientar que a renúncia do árbitro às suas funções, por entender que se verificam circunstâncias que podem fazer duvidar da sua

[204] Dário Moura Vicente et al., *Lei da Arbitragem Voluntária Anotada,* art. 14.º, José Miguel Júdice, cit., pág. 69.

[205] António Menezes Cordeiro, *Tratado da Arbitragem,* cit., pág. 167, sustenta que, uma vez que foi celebrado um contrato de árbitro, este não pode ser resolvido sem justa causa, aplicando aqui, analogicamente, o regime do mandato (art. 1170.º, n.º 2, CC).

[206] Mário Esteves de Oliveira et al., *Lei da Arbitragem Voluntária,* cit., págs. 221 ss.; António Menezes Cordeiro, *Tratado da Arbitragem,* cit., pág. 171; Dário Moura Vicente et al., *Lei da Arbitragem Voluntária Anotada,* art. 15.º, José Miguel Júdice, cit., pág. 72. Ver também, Manuel Pereira Barrocas, *Lei de Arbitragem Comentada,* cit., págs. 77 ss.

imparcialidade ou independência, não significa que estas estejam, de facto, abaladas. Atente-se, a este respeito, no art. 15.º, n.º 4, LAV, que determina que se "(...) um árbitro renunciar à sua função ou as partes aceitarem que cesse a função de um árbitro que alegadamente se encontre numa das situações aí previstas, tal não implica o reconhecimento da procedência dos motivos de destituição mencionados nas disposições acima referidas". A reputação do árbitro em causa pode, pois, ser salvaguardada[207].

A renúncia pelo árbitro poderá ter consequências em sede de responsabilidade se as situações que causam os fundamentos da recusa ou da incapacitação *lato sensu* tiverem sido dolosamente criadas pelo próprio árbitro.

II. Se o árbitro não se desincumbir das suas funções em tempo razoável, as partes poderão, por comum acordo, fazê-las cessar. Na falta de acordo entre as partes, caberá a qualquer das partes requerer, fundamentadamente, ao tribunal estadual competente (Tribunal Central Administrativo ou do Tribunal da Relação, em cujo distrito se situe o local da arbitragem, nos termos do art. 59.º, n.º 1, al. c), e n.º 2 da LAV) que destitua o árbitro em causa (art. 15.º, n.º 3, LAV).

3.10. Nomeação de árbitro substituto

I. Se, por alguma razão, um árbitro cessar as suas funções, há que garantir a nomeação de um outro que o substitua. Se as partes nada tiverem acordado em contrário, será nomeado um árbitro substituto de acordo com as regras aplicadas à designação do árbitro substituído (art. 16.º, n.º 1, LAV). Assim, se o árbitro afastado for o indicado pelo demandante, caberá a este indicar o árbitro substituto; já se o afastado for o árbitro presidente, caberá aos dois árbitros indicados por cada uma das partes designar o árbitro presidente.

Admite-se ainda a possibilidade de as partes prescindirem da substituição do árbitro que cessou as funções (art. 16.º, n.º 1, *in fine*, LAV). Esta possibilidade deve, todavia, ser conciliada com o disposto no art. 8.º, n.º 1, LAV, que determina que o tribunal é constituído por um único

[207] Dário Moura Vicente et al., *Lei da Arbitragem Voluntária Anotada*, art. 15.º, José Miguel Júdice, cit., pág. 73. *Vide* também, Mário Esteves de Oliveira et al., *Lei da Arbitragem Voluntária*, cit., págs. 229 ss.; António Menezes Cordeiro, *Tratado da Arbitragem*, cit., pág. 173.

árbitro ou por vários, mas sempre em número ímpar. Assim, e atendendo a que esta regra visa garantir o bom funcionamento do tribunal arbitral e a igualdade das partes, tendo-se por imperativa[208], apenas se poderia admitir a possibilidade de não substituição se mais do que um árbitro tiver cessado funções. Neste sentido, se se estiver perante um tribunal composto por três árbitros e dois deles tiverem cessado funções, as partes poderão acordar em não os substituir; ou se o tribunal for originalmente composto por cinco árbitros e dois deles forem afastados. Em qualquer destas hipóteses, o tribunal mantém a sua composição com um número ímpar de árbitros. Admitir-se a manutenção do tribunal composto por árbitros em número par faz colocar em causa a regra que a própria LAV consagra e aceitar a possibilidade de que esta seja contornada por vontade das partes que, após a constituição do tribunal arbitral, recusavam, por acordo, um dos árbitros, mantendo-se dois[209]. Todavia, a doutrina portuguesa tende a admitir a possibilidade de as partes prescindirem da substituição, embora em situações excecionais, *v.g.*, nos casos em que a falta do árbitro sucede depois das deliberações e já com a sentença ultimada[210], nos casos em que um dos árbitros que se mantém no tribunal seja o árbitro presidente[211]. Já

[208] Mário Esteves de Oliveira et al., *Lei da Arbitragem Voluntária*, cit., págs. 117 ss.; António Menezes Cordeiro, *Tratado da Arbitragem*, cit., pág. 132; Manuel Pereira Barrocas, *Lei de Arbitragem Comentada*, cit., pág. 56; António Pedro Pinto Monteiro/Artur Flamínio da Silva/Daniela Mirante, *Manual de Arbitragem*, cit., págs. 239 ss.

[209] No § 1039 (2) *ZPO* alemã identifica-se uma regra semelhante a esta, entendendo parte da doutrina que é possível continuar o processo arbitral sem o árbitro afastado ser substituído: *MünchKomm-ZPO*, Münch, § 1039, anot. 18, cit.; Richard Kreindler/Reinmar Wolff/Markus S. Rieder, *Commercial Arbitration in Germany*, cit., pág. 153; Prütting/Gehrlein, *Zivilprozessordnung Kommentar*, Prütting, § 1039, cit., anot. 2, pág. 2494 ss. Já outros autores, como *Arbitration in Germany: The Model Law in Practice*, "Part II: Commentary on the German Arbitration Law, Chapter III: Constitution of the Arbitral Tribunal, § 1039 – Appointment of Substitute Arbitrator", Patricia Nacimiento/Amelie Abt/Max Stein, ed. Karl-Heinz Böckstiegel/Stefan Michael Kröll/ Patricia Nacimiento, 2.ª edição, Kluwer Law International, 2015 (disponível em http://www.kluwerarbitration.com), pág. 210, veem sustentar que, atento o princípio da igualdade que está subjacente à arbitragem e que não pode ser afastado por vontade das partes, apenas se pode admitir que o tribunal mantenha a sua atividade sem substituição de árbitro se daí não resultar um desequilíbrio na composição do tribunal.

[210] Dário Moura Vicente et al., *Lei da Arbitragem Voluntária Anotada*, art. 16.º, José Miguel Júdice, cit., pág. 74.

[211] Mário Esteves de Oliveira et al., *Lei da Arbitragem Voluntária*, cit., pág. 234.

segundo outra orientação, não haverá restrições à liberdade de decidir não fazer a substituição[212].

Caso as partes decidam pela não substituição dos árbitros que cessaram as suas funções, o árbitro ou os árbitros que tiverem ficado deverão ser ouvidos e deverão ter a possibilidade de renunciar também às suas funções se assim o entenderem. Na verdade, um árbitro poderá ter aceitado o encargo por se tratar de um tribunal coletivo, mas já não estar disposto a manter as funções tratando-se de um tribunal singular.

II. A substituição de um árbitro quando o processo arbitral já decorre pode ser problemática, *maxime* quando já tiverem ocorrido diligências probatórias. Caberá ao próprio tribunal arbitral decidir se, atenta a sua nova composição, caberá repetir algum ato processual que já se tenha desenvolvido (art. 16.º, n.º 2, LAV). Apesar de a decisão caber ao tribunal, as partes deverão ser ouvidas[213].

3.11. Responsabilidade dos árbitros

O regime da responsabilidade dos árbitros é relevante, entre outras razões, no que respeita à própria independência dos árbitros. Na verdade, o receio de ser processado poderia conduzir a que o árbitro se sentisse pressionado a tomar uma decisão que evitasse posteriores litígios[214].

A equiparação do regime da responsabilidade dos árbitros à dos magistrados judiciais (art. 9.º, n.º 4, LAV), com as necessárias adaptações, contribui para a independência daqueles, tal como o regime vigente da responsabilidade civil extracontratual do Estado e pessoas coletivas de Direito Público[215], *maxime* os seus arts. 12.º a 14.º, contribuem para a independência destes magistrados. Daqui resulta, entendemos, que os árbitros apenas serão civilmente responsáveis pelos danos decorrentes de decisões manifestamente inconstitucionais ou ilegais ou

[212] Admitindo que o tribunal prossiga a sua atividade com uma composição par de árbitros, *vide* António Sampaio Caramelo, "O estatuto dos árbitros...", cit., págs. 127 ss. Veja-se também António Menezes Cordeiro, *Tratado da Arbitragem*, cit., pág. 174.

[213] Dário Moura Vicente et al., *Lei da Arbitragem Voluntária Anotada*, art. 16.º, José Miguel Júdice, cit., págs. 74 ss.

[214] António Menezes Cordeiro, *Tratado da Arbitragem*, cit., pág. 137; António Sampaio Caramelo, "O estatuto dos árbitros...", cit., pág. 95.

[215] Lei n.º 67/2007, de 31/12, alterada pela Lei n.º 31/2008, de 17/07.

injustificadas por erro grosseiro na apreciação dos respetivos pressupostos de facto[216].

Nos termos do art. 9.º, n.º 5, LAV, esta responsabilidade dos árbitros está, todavia, limitada às partes. Ou seja, se se tratar de um terceiro que alegue ter sofrido danos por atuação do árbitro, já não se estará perante uma situação abrangida pelo referido regime. Subjacente a esta orientação encontra-se o facto de as decisões arbitrais, por natureza, vincularem apenas as partes[217]. Esta orientação tem, contudo, merecido a crítica de alguma doutrina[218], que sublinha a possibilidade de terceiros, e não apenas as partes, poderem sofrer danos resultantes da atuação de árbitros. E acrescentamos, mesmo os outros árbitros poderão ser atingidos pela atuação de um dos árbitros.

Assim, apesar de se assumir que, por regra, apenas as partes serão, em abstrato, lesadas pela atuação dos árbitros, terá de se admitir a possibilidade de, havendo outros lesados, estes possam reclamar os danos sofridos.

4. A competência do tribunal arbitral

4.1. A convenção de arbitragem e a competência dos tribunais arbitrais

Na arbitragem voluntária, a extensão da competência do tribunal arbitral é, no essencial, definida pela convenção de arbitragem[219].

Na verdade, estabelecendo-se que, na falta de convenção em contrário e dentro dos termos previstos na lei, os litígios podem ser resolvidos nos tribunais estaduais, só será retirada a competência a estes e atribuída aos tribunais arbitrais na medida em que a convenção de arbitragem assim o determinar (art. 1.º, n.º 1, LAV).

[216] *Vide* a este respeito, António Pedro Pinto Monteiro/ Artur Flamínio da Silva/ Daniela Mirante, *Manual de Arbitragem*, cit., págs. 439 ss.

[217] Dário Moura Vicente et al., *Lei da Arbitragem Voluntária Anotada,* art. 9.º, José Miguel Júdice, cit., pág. 52.

[218] António Menezes Cordeiro, *Tratado da Arbitragem*, cit., pág. 138. Entendendo que a controvérsia não se justifica: Dário Moura Vicente et al., *Lei da Arbitragem Voluntária Anotada,* art. 9.º, José Miguel Júdice, cit., pág. 52.

[219] Como bem sintetiza Jean-Baptiste Racine, *Droit de l'arbitrage*, cit., pág. 93, "[c]'est l'accord de volonté des parties qui fonde le recours à l'arbitrage et qui attribue compétence aux arbitres pour trancher le litige".

É por esta razão que a convenção de arbitragem é assumidamente o pilar central em que assenta a arbitragem voluntária e que a sua redação e celebração é acompanhada de especiais cautelas.

4.2. A regra da *Kompetenz-Kompetenz*

I. Sendo a convenção de arbitragem o acordo que define a competência do tribunal arbitral, importa, desde logo, determinar quem pode ou deve apreciar a validade deste acordo.

Nos termos do art. 18.º, n.º 1, LAV, determina-se que é o tribunal arbitral quem pode decidir da sua própria competência, mesmo que, para tal, haja que apreciar da existência, validade ou eficácia da convenção de arbitragem[220]. Esta regra surge reforçada quando conjugada com o disposto no art. 5.º, n.º 1, LAV, nos termos do qual, se a ação tiver sido intentada em tribunal estadual, tendo sido celebrada previamente uma convenção de arbitragem, o tribunal estadual apenas não absolverá o réu da instância caso a convenção de arbitragem seja *manifestamente* nula, ineficaz ou inexequível[221]. Na verdade, o recurso ao advérbio "manifestamente" faz exigir que a invalidade da convenção de arbitragem seja evidente a um primeiro exame sumário, um controlo *prima facie*[222]. Assim, se for necessário entrar em questões

[220] Acerca da origem e evolução da *Kompetenz-Kompetenz*, *vide* António Menezes Cordeiro, "Da competência-competência em arbitragem", *RDC*, n.º 0, 2015, págs. 23-60, págs. 26 ss.

[221] Segundo António Menezes Cordeiro, *Tratado da Arbitragem*, cit., pág. 204, "manifestamente" tem, nesta disposição, "(...) o sentido de dispensar a produção de prova (...)".

[222] Veja-se, a este respeito, a jurisprudência dos tribunais portugueses: o STJ, em decisão de 21 de junho de 2016, Proc. 301/14.0TVLSB.L1.S1, de forma muito clara, veio considerar que "[a]o apreciar a exceção dilatória de preterição de tribunal arbitral, devem os tribunais judiciais actuar com reserva e contenção, de modo a reconhecer ao tribunal arbitral *prioridade na apreciação da sua própria competência*, apenas lhes cumprindo fixar, de imediato e em primeira linha, a competência dos tribunais estaduais para a composição do litígio que o A. lhes pretende submeter quando, mediante juízo perfunctório, for *patente, manifesta e insuscetível de controvérsia séria* a nulidade, ineficácia ou inaplicabilidade da convenção de arbitragem invocada". Sustentando, na mesma decisão que, "[m]*anifesta* inexistência (nulidade, ineficácia ou inexequibilidade) é aquela que não necessita de mais prova para ser apreciada, afastando, à partida, qualquer alegação de vícios da vontade na celebração do contrato e deixando ao tribunal judicial apenas a consideração dos requisitos externos da convenção, como a forma ou a arbitrabilidade". *Vide* também, acórdão de 30 de janeiro de 2014, do TRG, Proc. 1257/13.2TBVCT.G1, decidindo que "[a] nulidade manifesta é a invalidade que não necessita de mais prova para ser apreciada, recaindo apenas na consideração dos requisitos externos da

materiais, *v.g.*, interpretação da vontade das partes, já não se estará perante uma convenção manifestamente nula[223]. Atentas estas exigências, conclui-se que apenas dificilmente se estará perante uma convenção de arbitragem "manifestamente" nula, logo, não caberá ao tribunal estadual, mas sim ao tribunal arbitral apreciar a validade da convenção de arbitragem.

Fala-se, a este respeito, da regra da *Kompetenz-Kompetenz*, ou competência da competência, de acordo com a qual os tribunais arbitrais têm competência para apreciar a sua própria competência, incluindo a própria validade da convenção de arbitragem[224]. Uma das vantagens associadas a este efeito

convenção como a forma ou a arbitrabilidade. E mesmo nestes casos, quando existam dúvidas sobre a validade da convenção, o tribunal judicial deve optar pela procedência da exceção de preterição de tribunal arbitral voluntário" (acórdãos disponíveis em www.dgsi.pt).

223 Neste sentido, embora a propósito do art. 1448 do *Code de procédure civile* francês, em que se determina que, havendo convenção de arbitragem, se uma ação for proposta perante um tribunal estadual, este declarar-se-á incompetente, exceto se o tribunal arbitral ainda não estiver constituído e a convenção de arbitragem for "manifestamente" nula ou inaplicável, Jean-Baptiste Racine, *Droit de l'arbitrage*, cit., págs. 271 ss. *Vide* ainda Thomas Clay, *Code de l'arbitrage commenté*, cit., págs. 48 ss.

224 Lino Diamvutu, "O Princípio da Competência-Competência...", cit., pág. 64; Manuel Pereira Barrocas, *Manual de Arbitragem*, cit., págs. 255 ss.; Rui de Moura Ramos, "O novo Direito português da arbitragem", *Boletim da Faculdade de Direito*, tomo II, 2014, págs. 567-612, págs. 583 ss.; Rui Moura Ramos, "The new portuguese arbitration act (Law No. 63/2011 of 14 December on voluntary arbitration)", cit., pág. 36; Mário Esteves de Oliveira et al., *Lei da Arbitragem Voluntária*, cit., págs. 254 ss.; Mariana França Gouveia, *Curso de resolução alternativa de litígios*, cit., págs. 183 ss.; António Menezes Cordeiro, *Tratado da Arbitragem*, cit., págs. 203 ss.; George A. Bermann, *International Arbitration and Private International Law*, cit., págs. 91 ss.; António Sampaio Caramelo, "A competência da competência e a autonomia do tribunal arbitral", *Direito da Arbitragem. Ensaios*, Almedina, Coimbra, 2017, págs. 45-85, págs. 45, 52 ss.; Manuel Pereira Barrocas, *Lei de Arbitragem Comentada*, cit., págs. 89 ss.; Emmanuel Gailard, "Actualité de l'effet négatif de la compétence-compétence", cit., pág. 679; Dário Moura Vicente et al., *Lei da Arbitragem Voluntária Anotada*, art. 18.º, Pedro Siza Vieira/Nuno Ferreira Lousa, cit., pág. 81; António Pedro Pinto Monteiro/Artur Flamínio da Silva/Daniela Mirante, *Manual de Arbitragem*, cit., págs. 187 ss. Veja-se, a este respeito, o art. 16.º, n.º 1, da Lei-Modelo, em que esta disposição se terá inspirado e que inspirou a redação das leis de outros ordenamentos como é o caso alemão – § 1040 *ZPO* (*vide* Peter F. Schlosser, "German Arbitration Law and the UNCITRAL Model Law", *RIAC*, 2010, págs. 117-136, págs. 119 ss.; *MünchKomm-ZPO*, Münch, § 1040, anots. 4 ss., cit.; Richard Kreindler/Reinmar Wolff/Markus S. Rieder, *Commercial Arbitration in Germany*, cit., págs. 203 ss.; Prütting/Gehrlein, *Zivilprozessordnung Kommentar*, Prütting, § 1040, cit., anot. 2, pág. 2496). Também no

prende-se com o facto de desincentivar uma parte de má fé de, com um pedido a um tribunal estadual relativo à convenção de arbitragem, obstar ao bom andamento da arbitragem[225]. De outro modo, a parte que legitimamente alega a validade da convenção de arbitragem poderia ter de dispender de muito tempo e dinheiro em procedimentos perante tribunais estaduais, para se chegar à conclusão, anos depois, de que tinha razão. Ora, é este tipo de procedimento demorado perante os tribunais estaduais que, por regra, as partes querem prevenir ao escolher a arbitragem como modo de resolução dos seus litígios[226].

Intrinsecamente relacionado com este poder, embora tratando-se de questões distintas[227], está a regra da autonomia da convenção de arbitragem, de acordo com a qual uma cláusula compromissória que se insere num contrato é entendida como um acordo independente daquele que integra relativamente às demais cláusulas. E assim, mesmo que o tribunal arbitral decida que o contrato em que está integrada a cláusula compromissória

art. 1465 do *Code de procédure civile* francês, este princípio é consagrado, cfr. THOMAS CLAY, *Code de l'arbitrage commenté*, cit., págs. 99 ss. No Direito suíço, *vide* art. 359 *ZPO* (*Basler Kommentar, Schweizerische Zivilprozessordnung*, Daniel Girsberger, art. 359, 3.ª edição, org. Karl Spühler/ Luca Tenchio/Dominik Infanger, Helbing Lichtenhahn Verlag, Basel, 2017, anots. 1 ss., págs. 2169 ss.) e art. 186 da Lei de Direito Internacional Privado suíça (BERNARD DUTOIT, *Droit international privé suisse, Commentaire de la loi fédérale du 18 décembre 1987*, 5ª edição, Helbing & Lichtenhahn, Bâle, 2016, anots. 1 ss., págs. 831 ss.).
Em concreto, no âmbito da arbitragem internacional, *vide*, por todos, GARY B. BORN, *International Commercial Arbitration*, cit., págs. 1047 ss.

225 Conforme esclarece claramente JAN PAULSSON, *The Idea of Arbitration*, cit., pág. 54: [a]rbitrators must have the authority to decide whether they have jurisdiction to deal with a particular case. Otherwise the most feeble challenge would abort the proceedings, and parties to entirely legitimate arbtration agréments would be thrown into the courts when that is exactly contrary to their bargain". Veja-se, também ANTÓNIO SAMPAIO CARAMELO, "A competência da competência...", cit., pág. 52.

226 JAN PAULSSON, *The Idea of Arbitration*, cit., pág. 55.

227 Sublinhando esta distinção, *Fouchard Gaillard Goldman on International Commercial Arbitration*, cit., págs. 213 ss.; LINO DIAMVUTU, "O Princípio da Competência-Competência...", cit., págs. 71 ss.; ANTÓNIO SAMPAIO CARAMELO, "A «autonomia» da cláusula compromissória e a competência da competência do tribunal arbitral", cit., págs. 120 ss.; W. MICHAEL REISMAN/W. LAWRENCE CRAIG/WILLIAM W. PARK/JAN PAULSSON, *International Commercial Arbitration*, cit., págs. 350 ss.; ANTÓNIO SAMPAIO CARAMELO, "A competência da competência...", cit., pág. 54.

é inválido[228], este facto não implica, *per se*, a invalidade da convenção de arbitragem[229] (art. 18.º, n.ºs 2 e 3, LAV). Naturalmente, o princípio da autonomia da cláusula compromissória não significa que esta nunca possa ser inválida; tal como qualquer outro negócio jurídico, poderá concluir-se pela sua invalidade[230].

Quer a regra *Kompetenz-Kompetenz*, quer a autonomia da convenção de arbitragem são entendidos como estruturantes na arbitragem[231]. Em termos práticos, podem atuar como um mecanismo "anti-sabotagem"[232], na medida em que evita que se paralise a arbitragem pelo simples facto de uma das partes alegar a incompetência do tribunal *lato sensu* ou, especificamente, a invalidade da cláusula compromissória.

II. Sendo a convenção de arbitragem a medida da competência do tribunal arbitral e sendo também a convenção passível de ser modificada ou revogada, não surpreende que, nos termos do art. 18.º, n.º 4, LAV, se determine que a incompetência do tribunal para conhecer a totalidade ou parte do litígio, caso a questão se coloque *ab initio*, apenas possa ser arguida até à apresentação da defesa quanto ao fundo da causa, ou juntamente com esta.

Se a questão da competência do tribunal arbitral se suscitar no decurso do processo arbitral, já após o momento da entrega da contestação, a arguição desta incompetência – *i.e.*, de que o tribunal está a conhecer matéria que vai para além do objeto abrangido pela convenção de arbitragem –, deve ser

[228] Apesar de o art. 18.º, nº 3, LAV, se referir expressamente a nulidade, tem sido entendido que estará abrangida também a anulação, cfr. António Menezes Cordeiro, *Tratado da Arbitragem*, cit., pág. 206.

[229] A influência do art. 16.º, n.º 1, da Lei-Modelo, é também aqui manifesta. Veja-se, acerca da autonomia da convenção de arbitragem, Luís de Lima Pinheiro, *Arbitragem Transnacional*, cit., págs. 119 ss., com referência a ordenamentos jurídicos em cujas leis está consagrada. Peter Binder, *International Commercial Arbitration and Mediation in UNCITRAL Model Law Jurisdictions*, cit., pág. 216, informa que o princípio da autonomia ou separabilidade foi seguido pela maioria dos Estados que adotaram a Lei-Modelo. Acerca do princípio da autonomia em geral, Jan Paulsson, *The Idea of Arbitration*, cit., págs. 60 ss.; George A. Bermann, *International Arbitration and Private International Law*, cit., págs. 115 ss.

[230] George A. Bermann, *International Arbitration and Private International Law*, cit., pág. 118.

[231] Emmanuel Gaillard, "Anti-suit Injunctions...", cit., pág. 238.

[232] W. Michael Reisman/W.Lawrence Craig/William W. Park/Jan Paulsson, *International Commercial Arbitration*, cit., pág. 351.

deduzida imediatamente[233] após se suscitar essa questão de competência (art. 18.º, n.º 6, LAV). Atenta a ideia de celeridade, bem como os princípios da boa fé, da cooperação[234] e da autonomia privada, que estão subjacentes à arbitragem voluntária, se as partes, perante uma situação que pode consubstanciar uma incompetência do tribunal arbitral, não reagirem, assume-se que aceitam a competência do tribunal arbitral para apreciar essa situação. Ou seja, aceita-se uma modificação tácita da convenção de arbitragem. Outra não pode ser a conclusão se atendermos ao previsto nas referidas disposições – art. 18.º, n.ºs 4 e 6, LAV – conjugado com o disposto no art. 46.º, n.º 4, LAV, que determina que a omissão de oposição ao desrespeito por disposições da LAV que as partes podem derrogar deve entender-se como renúncia ao direito de impugnar a decisão arbitral[235]-[236]. Na verdade,

[233] Segundo António Menezes Cordeiro, *Tratado da Arbitragem*, cit., pág. 209; "Da competência-competência em arbitragem", cit., pág. 52, "imediatamente" terá o sentido de ser feita no momento da seguinte intervenção processual. Apesar de esta regra ser, geralmente, adequada, já não pode ser aplicada se a questão se suscitar em momento em que não há lugar a outras intervenções; nessa hipótese, a arguição deverá ser feita no mais breve espaço de tempo. Mário Esteves de Oliveira et al., *Lei da Arbitragem Voluntária*, cit., pág. 267, sugere que, caso se trate de situação que justifique alguma ponderação, se atenda ao prazo supletivo previsto para a prática de atos processuais pelas partes previsto no regulamento de arbitragem.

[234] Manuel Pereira Barrocas, *Estudos de Direito e Prática Arbitral*, cit., págs. 169 ss.; José Carlos Fernández Rozas/Sixto A. Sánchez Lorenzo/Gonzalo Stampa, *Principios Generales del Arbitraje*, cit., págs. 315 ss.

[235] Refira-se, a este respeito, que, nos termos do art. 4.º da Lei-Modelo, se prevê que "(...) uma parte renunciou ao seu direito de oposição se, sabendo que a presente Lei contém disposições que permitem às partes derrogar e tendo conhecimento que uma das condições do acordo de arbitragem não foi cumprida, ainda assim prosseguir com a arbitragem sem deduzir oposição de imediato ou, caso haja um prazo estabelecido para esse efeito, o faça dentro desse prazo", sendo esta disposição, por seu turno, inspirada no art. 30 das Regras de Arbitragem da CNUDCI. A respeito do art. 4.º da Lei-Modelo, cfr. Peter Binder, *International Commercial Arbitration and Mediation in UNCITRAL Model Law Jurisdictions*, cit., págs. 70 ss., que sublinha a sua importante função no sentido de reduzir atrasos na arbitragem e de contribuir para a fluidez dos procedimentos. Todavia, sublinha também a significativa consequência de eventual perda da possibilidade de uma parte se opor. Também noutros ordenamentos se encontram manifestações desta orientação, *v.g.*, art. 1466 do *Code de procédure civil* francês, Thomas Clay, *Code de l'arbitrage commenté*, cit., págs. 100 ss.; § 1027 *ZPO* alemã, *vide*, a este respeito, Prütting/Gehrlein, *Zivilprozessordnung Kommentar*, Prütting, § 1027, cit., anots. 1 ss., pág. 2472.

[236] Esta conclusão é também coerente com o regime de invocação da incompetência do tribunal estadual, de conhecimento não oficioso, em caso de violação da convenção de arbitragem, previsto no art. 5.º LAV e no CPC, apreciado já no ponto 2 deste programa, para onde se remete.

embora, nos termos do art. 46.º, n.º 3, al. a), iii), LAV, se preveja como fundamento de anulação da decisão arbitral o facto de esta se pronunciar sobre um litígio não abrangido pela convenção, se essa incompetência não tiver sido imediatamente alegada, o vício fica sanado.

O prazo preclusivo que, no nosso entender, está previsto no art. 18.º, n.º 4, LAV[237], não pode, todavia, alcançar os fundamentos de incompetência do tribunal que possam estar abrangidos pela previsão do art. 46.º, n.º 3, al. b), subalíneas i) e ii), LAV. Sendo estes fundamentos de conhecimento oficioso, mesmo que não sejam alegados pelas partes, podem ser conhecidos pelos tribunais estaduais. Acresce que, pela sua relevância, não podem ser afastados pela vontade das partes, que podem, pois, vir a alegá-los mais tarde, em sede de impugnação da decisão arbitral[238].

O tribunal arbitral pode, contudo, nos termos do art. 18.º, n.º 7, LAV, admitir, excecionalmente, nas situações previstas nos n.ºs 4 e 6 do art. 18.º LAV, que a situação de incompetência do tribunal arbitral seja arguida após os limites temporais previstos na LAV, se, por alguma razão, considerar justificado o não cumprimento dos prazos. Esta disposição suscita dificuldades quanto à densificação do conceito de justificação para se considerar fundamentada a inobservância dos prazos, sendo claro que caberá ao tribunal arbitral apreciar se, no caso concreto, estão verificados os pressupostos que justifiquem a aplicação desta regra. Os fundamentos não estarão, de acordo com uma orientação doutrinária, limitados aos casos de justo impedimento previstos na lei processual[239], mas deverão, em todo o caso, ser restringidos a situações "verdadeiramente injustas"[240].

[237] Mariana França Gouveia, *Curso de resolução alternativa de litígios*, cit., pág. 301.

[238] Mário Esteves de Oliveira et al., *Lei da Arbitragem Voluntária*, cit., pág. 263. Em sentido semelhante, embora a propósito do art. 16.º, n.º 2, da Lei-Modelo, onde esta regra se terá inspirado, e na sua relação com os arts. 34.º e 36.º da Lei-Modelo, *vide* Peter Binder, *International Commercial Arbitration and Mediation in UNCITRAL Model Law Jurisdictions*, cit., págs. 256 ss. António Menezes Cordeiro, "Da competência-competência em arbitragem", cit., págs. 50 ss., sublinha que, se a incompetência não for em si sanável, mantém-se e o próprio tribunal arbitral deve declará-la quando dela se aperceba, tal como as partes a poderão invocar.

[239] *V.g.*, art. 140.º CPC.

[240] Dário Moura Vicente et al., *Lei da Arbitragem Voluntária Anotada*, art. 18.º, Pedro Siza Vieira/Nuno Ferreira Lousa, cit., págs. 83 ss.; no mesmo sentido, Mário Esteves de Oliveira et al., *Lei da Arbitragem Voluntária*, cit., pág. 268; António Menezes Cordeiro, *Tratado da Arbitragem*, cit., pág. 209, sustentando, com razão, a necessidade de densificar o

III. Ainda a este respeito, pode colocar-se a questão de saber se a incompetência do tribunal arbitral é de conhecimento oficioso ou se tem de ser invocado pelas partes. De acordo com a letra da lei, no art. 18.º, n.ºs 4 e 6, da LAV, refere-se que a incompetência deve ser arguida, o que depõe no sentido de que não será de conhecimento oficioso, cabendo à parte o ónus da sua arguição[241]. Neste sentido milita também o argumento de que cabe às partes o poder de modificar a convenção de arbitragem.

Todavia, atendendo a que, verificadas situações consideradas suficientemente ofensivas da ordem jurídica, cabe ao tribunal estadual competente, oficiosamente, anular a decisão arbitral (desde que, naturalmente, uma das partes tenha pedido a sua anulação) ou não admitir a execução da decisão arbitral[242], deverá o tribunal arbitral poder invocar oficiosamente a sua incompetência se estiverem verificadas tais situações[243]. Na verdade, não se trata, neste caso, de uma (in)competência que esteja dentro do âmbito da autonomia da vontade das partes; trata-se de uma situação em que a incompetência resulta, imperativamente, da própria lei, no sentido em que é esta que determina a anulação da decisão ainda que o específico fundamento em causa (previsto no art. 46.º, n.º 3, al. b), LAV) não seja invocado[244]. Atendendo às regras de pura racionalidade do processo, também não seria compreensível como iria um tribunal arbitral desenvolver a sua atividade, concluindo numa decisão, sabendo-se, *a priori*, que esta não iria produzir todos os efeitos, por ser contrária a regras imperativas, que não podem, pois, ser afastadas pela vontade das partes, como serve de exemplo a arbitrabilidade da convenção de arbitragem[245].

significado da "justificação", vem indicar que esta deve assentar num evento e não num estado de alma, que o evento seja objetivamente explicativo do atraso, que da justificação não resulte lesão para a igualdade das partes e que seja observado o contraditório.

[241] Descrevendo esta posição, *vide* DÁRIO MOURA VICENTE ET AL., *Lei da Arbitragem Voluntária Anotada*, art. 18.º, PEDRO SIZA VIEIRA/NUNO FERREIRA LOUSA, cit., pág. 84.

[242] Cfr. arts. 46.º, n.º 3, al. b) e 48.º LAV.

[243] DÁRIO MOURA VICENTE ET AL., *Lei da Arbitragem Voluntária Anotada*, art. 18.º, PEDRO SIZA VIEIRA/NUNO FERREIRA LOUSA, cit., pág. 84.

[244] Acerca desta discussão, considerando que são de conhecimento oficioso os casos de inarbitrabilidade em face do art. 1.º da LAV e de nulidade não-sanável da convenção de arbitragem, segundo a *lex contractus* e, nas arbitragens internas, segundo a *lex fori*, veja-se ANTÓNIO MENEZES CORDEIRO, *Tratado da Arbitragem*, cit., págs. 204 ss.

[245] MÁRIO ESTEVES DE OLIVEIRA ET AL., *Lei da Arbitragem Voluntária*, cit., págs. 254 ss., em especial, pág. 257, sustenta que, em situações em que as causas de incompetência estão

IV. O facto de uma parte indicar um árbitro ou de, por qualquer forma, participar na constituição do tribunal arbitral não a impede de, posteriormente, arguir a incompetência do tribunal (art. 18.º, n.º 5, LAV). Atendendo a que cabe ao tribunal arbitral apreciar da sua própria competência, e uma vez que tal só pode ocorrer se o tribunal estiver constituído, facilmente se compreende esta disposição[246]. Na verdade, ainda que a mesma não estivesse expressamente consagrada, outra não poderia ser a consequência.

Acresce ainda que o tribunal pode decidir no sentido de que tem competência, fazendo o processo prosseguir. Nessa eventualidade, ambas as partes têm todo o interesse em contribuir de forma equivalente para a constituição do tribunal arbitral[247], *maxime* pela designação de árbitro.

V. Alegada a incompetência do tribunal arbitral, este pode optar por decidir a questão em decisão interlocutória ou apenas no final, na sentença sobre o fundo da causa (art. 18.º, n.º 8, LAV). Na verdade, atento o litígio em causa, a apreciação da prova a produzir no processo *sub iudice* pode ser importante para a decisão do tribunal arbitral acerca da sua própria competência[248].

Se o tribunal arbitral declarar, em decisão interlocutória, que tem competência, qualquer das partes pode, no prazo de 30 dias após a sua notificação, impugnar esta decisão perante tribunal estadual, com

intimamente ligadas a importantes valores do ordenamento jurídico como as reservas de competência judicial, disposições imperativas sobre arbitragem necessária, inarbitrabilidade voluntária de litígios, que não estão sujeitas a um regime de arguição das partes e que não podem, pois, convalidar-se pela inação das partes, deve reconhecer-se aos tribunais arbitrais a possibilidade de conhecer oficiosamente, e a todo o tempo, da sua incompetência. António Menezes Cordeiro, "Da competência-competência em arbitragem", cit., págs. 46 ss., debatendo o tema, conclui que a resposta acerca da oficiosidade do conhecimento da competência do tribunal arbitral não será uniforme, mas dependente do tipo de vício em causa, aí especificando os casos de apreciação *ex officio* e os que o não são.

[246] Dário Moura Vicente et al., *Lei da Arbitragem Voluntária Anotada*, art. 18.º, Pedro Siza Vieira/Nuno Ferreira Lousa, cit., pág. 83.

[247] António Menezes Cordeiro, *Tratado da Arbitragem*, cit., pág. 208.

[248] Dário Moura Vicente et al., *Lei da Arbitragem Voluntária Anotada*, art. 18.º, Pedro Siza Vieira/Nuno Ferreira Lousa, cit., pág. 84.

fundamento no art. 46.º, n.º 3, al. a), subalíneas i) ou iii) (art. 18.º, n.º 9, LAV)[249].

Tem-se discutido na doutrina se a impugnação desta decisão perante um tribunal estadual no prazo de 30 dias tem ou não um efeito preclusivo. Segundo uma orientação doutrinária, que invoca o sistema de recursos português, do qual resulta que existe um momento único para recurso, e ainda a utilização do verbo "poder" que está também presente no art. 627.º, n.º 1, CPC, estaríamos perante um verdadeiro ónus processual e, como tal, se a parte não impugnasse a decisão no prazo de 30 dias, não mais o poderia fazer. Alega-se ainda, nesse sentido, que esta interpretação é aquela que permite uma maior estabilização da instância arbitral e invoca-se também o facto de estar previsto um prazo determinado de 30 dias para proceder a esta impugnação[250].

Segundo uma outra orientação possível, sustenta-se, ao invés, que se trata, neste caso, de uma faculdade e não de um ónus. *I.e.*, se aquele que alegou a incompetência não impugnar a decisão relativa à competência no prazo de 30 dias, poderá, a final, pedir a anulação da decisão com fundamento na incompetência do tribunal arbitral. Neste caso, tendo a questão já sido suscitada, e conhecendo-se a oposição assumida pela parte, a invocação da incompetência a final não constituirá surpresa para o tribunal nem para as partes.

É ainda, nesta segunda orientação, invocada a falta de clareza da letra da lei. A utilização do verbo "poder" no art. 18.º, n.º 9, LAV, não terá de ter o mesmo sentido do previsto no art. 627.º CPC: por um lado, não está em causa um recurso, mas uma impugnação da decisão; por outro lado, o recurso a regras do CPC para interpretar as regras da LAV não deve ser o parâmetro a adotar, atentas as diferenças que existem em ambos os processos. Estando em causa matéria tão sensível como a impugnação

[249] Acerca da tramitação deste processo, *vide* ARMINDO RIBEIRO MENDES, "A nova Lei da Arbitragem Voluntária e as formas de impugnação das decisões arbitrais", cit., págs. 736 ss.

[250] ARMINDO RIBEIRO MENDES, "A nova Lei da Arbitragem Voluntária e as formas de impugnação das decisões arbitrais", cit., págs. 738 ss.; JOSÉ ROBIN DE ANDRADE, "Balanço de um ano de vigência da nova lei da arbitragem voluntária", *VII Congresso do Centro de Arbitragem Comercial*, Coimbra, 2014, págs. 147-159, pág. 153; DÁRIO MOURA VICENTE ET AL., *Lei da Arbitragem Voluntária Anotada*, art. 18.º, PEDRO SIZA VIEIRA/NUNO FERREIRA LOUSA, cit., págs. 85 ss.; ANTÓNIO SAMPAIO CARAMELO, "A competência da competência...", cit., págs. 63 ss.

da decisão quanto à competência do tribunal arbitral e havendo dúvidas quanto à sua interpretação, esta deve seguir no sentido da garantia dos direitos das partes e não no sentido da restrição do exercício dos poderes processuais previstos na lei.

Alega-se também como argumento a militar a favor desta orientação que da própria sentença pode resultar a desnecessidade de se impugnar a decisão relativa à competência, *v.g.*, porque o pedido é improcedente. Sendo ainda sublinhado que pode ser no próprio decurso do processo que se vai tornando mais claro, pelos factos provados, se o tribunal arbitral tem ou não competência[251].

Atentas as duas posições, tendemos a aderir à primeira. Apesar de discordarmos do argumento relativo à interpretação da disposição da LAV em conformidade com o art. 627.º CPC, pelas razões indicadas na segunda posição, outras razões nos convencem no sentido da interpretação apresentada em primeiro lugar. Desde logo, o facto de estar estabelecido um prazo de 30 dias para impugnar, parece-nos que só se justificará se tiver um efeito preclusivo. Não se entenderia a razão de se fixar este prazo de 30 dias se depois se aceitasse a impugnação da decisão com o mesmo fundamento. Acresce ainda que, no art. 18.º, n.º 9, LAV, apenas se faz referência à impugnação com os fundamentos previstos no art. 46.º, n.º 3, al. a), subalínea i) e iii) LAV; ora, a incompetência do tribunal arbitral encontra fundamento não apenas nestas duas subalíneas, mas também na subalínea i), do art. 46.º, n.º 3, al. b), esta já de conhecimento oficioso. A razão que se encontra para a referência apenas às duas primeiras alíneas indicadas no art. 18.º, n.º 9, LAV, terá, no nosso entender, de residir no facto de caber às partes a invocação destes fundamentos. Logo, se estes forem invocados no prazo de 30 dias perante um tribunal estadual, em

[251] António Menezes Cordeiro, *Tratado da Arbitragem*, cit., pág. 211; "Da competência-competência em arbitragem", cit., pág. 56. Também Mário Esteves de Oliveira et al., *Lei da Arbitragem Voluntária*, cit., págs. 271 ss., sustenta que está prevista, no art. 18.º, n.º 9, LAV, uma faculdade e não um ónus. É aqui sublinhado, em especial, "(...) o facto de não poderem ser impostos aos interessados ónus preclusivos dessa mesma garantia, desta enorme e delicada relevância jurídica, sem que a lei seja muito clara quanto à preclusão dos respetivos direitos, se eles não actuarem tempestivamente na forma literalmente prevista na lei como uma faculdade". Mariana França Gouveia, *Curso de resolução alternativa de litígios*, cit., págs. 187 ss.; António Pedro Pinto Monteiro/ Artur Flamínio da Silva/ Daniela Mirante, *Manual de Arbitragem*, cit., págs. 188 ss.

ação de impugnação, serão apreciados nessa instância; se os não invocar em ação de impugnação no prazo dos 30 dias, não poderá invocá-los a final. Os fundamentos de incompetência que caibam no art. 46.º, n.º 3, al. b), subalínea i), LAV, por serem de conhecimento oficioso, poderão ser invocados a todo o tempo.

Sublinhe-se que o art. 18.º, n.º 9, LAV, não deverá ser interpretado de modo restritivo no sentido de que o facto de apenas se prever como fundamentos de impugnação os previstos no art. 46.º, n.º 3, al. a), subalíneas i) e iii), LAV, impede a invocação do fundamento previsto no art. 46.º, n.º 3, al. b), subalínea i), LAV[252]. O que esse facto significa é que a possibilidade de invocar aqueles fundamentos fica precludida no prazo de 30 dias, enquanto no que a este respeita, não se verifica a preclusão do direito.

Se o tribunal arbitral se declarar incompetente, por interpretação *a contrario* do disposto no art. 18.º, n.º 9, LAV, e também atenta a regra *Kompetenz-Kompetenz*, já não caberá recurso desta decisão para o tribunal estadual.

VI. Durante o período em que a impugnação da competência do tribunal arbitral estiver em apreciação no tribunal estadual, a instância processual não se suspende, podendo o tribunal arbitral prosseguir o processo e mesmo proferir sentença (art. 18.º, n.º 10, LAV). Esta orientação previne manobras dilatórias, que visem atrasar a prolação da decisão. Em todo o caso, um tribunal arbitral terá maiores dificuldades em prosseguir um processo tendo presente que toda a sua atividade, que está a ser paga pelas partes, pode ficar sem efeito. Assim, é comum as partes acordarem numa suspensão do processo até a questão estar decidida pelo tribunal estadual[253].

Caso a orientação assumida seja no sentido da prossecução do processo, se o tribunal estadual vier a concluir pela incompetência do tribunal arbitral, a decisão arbitral deixará de produzir efeitos.

4.3. Competência dos tribunais estaduais

I. Atenta a autonomia dos tribunais arbitrais, a regra é a de que cabe aos tribunais arbitrais apreciarem todas as questões relativas ao processo arbitral.

[252] Também neste sentido, Mário Esteves de Oliveira et al., *Lei da Arbitragem Voluntária*, cit., pág. 271.

[253] António Menezes Cordeiro, *Tratado da Arbitragem*, cit., pág. 212.

Não significa isto, todavia, que os tribunais estaduais não tenham intervenção neste processo. Contudo, a competência dos tribunais estaduais fica limitada aos casos expressamente previstos na lei, o que resulta, desde logo, do art. 19.º LAV[254]. Ou seja, identifica-se aqui uma ideia de supremacia da lei da arbitragem sobre as outras leis reguladoras de matéria de organização judicial ou mesmo de arbitragem[255]. A esta opção legislativa, pensa-se, não será estranha a ideia de estabelecer um regime favorável às arbitragens internacionais[256], assegurando que a intervenção dos tribunais estaduais, embora admissível, não será excessiva ao ponto de colocar em causa a previsibilidade do próprio processo arbitral.

Identificam-se na LAV diversas situações em que é conferida competência aos tribunais estaduais. Tome-se como exemplo a matéria respeitante a providências cautelares, determinando-se, nos termos do art. 7.º LAV, que a apresentação a um tribunal estadual de requerimento de providências cautelares ou o seu decretamento, antes ou durante o processo arbitral, não é incompatível com uma convenção de arbitragem. Esta opção legislativa é reforçada pelo disposto no art. 29.º LAV. Acresce ainda que, mesmo que as providências cautelares sejam decretadas pelo tribunal arbitral, se a parte a quem se destinam não as respeitar, poderá ser pedido ao tribunal estadual o seu reconhecimento ou a execução coerciva (art. 27.º LAV).

Noutras áreas, também a competência dos tribunais estaduais é expressamente admitida. Atente-se, *v.g.*, antes mesmo do processo arbitral se iniciar, que, se a ação for intentada num tribunal estadual e o demandado invocar a existência de uma convenção de arbitragem, cabe ao tribunal estadual apreciar, em primeira instância, se a mesma é manifestamente inválida (art. 5.º LAV) ou se, depois de iniciado o processo arbitral, as partes decidirem celebrar um compromisso arbitral, também cabe ao tribunal estadual apreciar a validade da convenção de arbitragem (art. 280.º CPC).

Os tribunais estaduais assumem também um papel significativo, designando os árbitros em falta, como já se referiu, nos casos em que as partes não designem, no prazo estabelecido por lei ou por convenção,

[254] Esta disposição encontra inspiração no art. 5.º da Lei-Modelo.

[255] Dário Moura Vicente et al., *Lei da Arbitragem Voluntária Anotada*, art. 19.º, Pedro Siza Vieira/Nuno Ferreira Lousa, cit., pág. 86.

[256] António Menezes Cordeiro, *Tratado da Arbitragem*, cit., pág. 215. Ver também, Mário Esteves de Oliveira et al., *Lei da Arbitragem Voluntária*, cit., pág. 274.

o árbitro que deviam ou ainda nos casos em que os árbitros designados pelas partes, ou terceiros, não indiquem o árbitro presidente (art. 10.º, n.ºs 2, 4, 5, 6, LAV). Também nas situações em que, havendo pluralidade de demandados ou de demandantes, estes não cheguem a acordo quanto ao árbitro a indicar, cabe ao tribunal estadual indicar o árbitro (art. 11.º LAV). Os tribunais estaduais também poderão ser chamados a decidir questões que se prendem com a recusa de árbitros (art. 14.º, n.º 3, LAV), incapacidade ou inação de árbitro (art. 15.º, n.º 3, LAV), fixação de honorários e despesas de árbitros (art. 17.º, n.º 3, LAV).

Como se viu no ponto anterior, também no que respeita à competência dos tribunais arbitrais, pode caber, em segunda instância, ao tribunal estadual apreciar da decisão relativa a esta competência (art. 18.º, n.º 9, LAV).

Sublinhe-se, ainda, a competência do tribunal estadual nos casos em que, face a uma recusa de colaboração da parte ou de um terceiro, o tribunal arbitral solicita a produção de prova perante aquele (art. 38.º LAV).

Já com uma função de controlo face às decisões dos tribunais arbitrais, refira-se a competência dos tribunais estaduais para apreciar o mérito da decisão em sede de recurso, nos casos em que as partes assim o tenham previsto (art. 39.º, n.º 4, LAV); bem como apreciar os fundamentos que podem justificar o pedido de anulação da decisão, previstos no art. 46.º LAV.

Com uma dupla função, de controlo[257], mas também de auxílio ou assistência, atenta a ausência do poder coercivo dos tribunais arbitrais, sublinhe-se a competência do tribunal estadual para a execução da decisão arbitral (arts. 47.º e 48.º LAV).

Refira-se ainda a competência do tribunal estadual para apreciar e decidir o reconhecimento e execução de sentenças arbitrais estrangeiras (art. 55.º ss. LAV). Uma vez mais, é uma função de controlo que está aqui subjacente; neste caso, com respeito às decisões estrangeiras[258].

[257] Na medida em que, como adiante se verificará, o tribunal pode, oficiosamente, opor-se à execução da decisão arbitral se estiverem preenchidos os pressupostos previstos no art. 46.º, n.º 3, al. b), LAV, ou ainda, a pedido de uma das partes, pode não admitir a execução se estiverem verificados os pressupostos previstos no art. 46.º, n.º 3, al. a), LAV ou ainda os previstos no CPC. Remete-se, nesta matéria, com mais desenvolvimento, para o ponto 10 do programa.

[258] Também sublinhando que, por regra, o controlo das decisões arbitrais é feito em sede de impugnação da decisão, de atribuição de força executiva ou de oposição à execução e de reconhecimento da decisão arbitral, cfr. Luís de Lima Pinheiro, *Arbitragem Transnacional*, cit., pág. 74.

II. O controlo que é desenvolvido pelos tribunais estaduais é a contrapartida da eficácia jurisdicional que as decisões arbitrais possuem[259]. Na verdade, apenas o controlo das decisões arbitrais, garantindo a sua conformidade com os princípios estruturantes do respetivo ordenamento, justifica que a decisão arbitral faça, no ordenamento português, caso julgado e constitua título executivo. Esclarece Luís de Lima Pinheiro que este controlo visa, essencialmente, "(...) assegurar que a competência dos árbitros se funda numa convenção de arbitragem válida, que são respeitados certos princípios fundamentais em matéria de processo e que a decisão é compatível com normas e princípios fundamentais da ordem jurídica do foro"[260].

5. Partes e terceiros

5.1. Noção de partes e de terceiros no processo arbitral

I. Terceiro no processo arbitral é, por delimitação negativa, aquele que não é parte. E parte, no processo arbitral, é aquela que é parte inicial, seja como demandante, seja como demandada[261]. Terceiro é aquele que não tem a mesma qualidade jurídica de qualquer das partes processuais, podendo ser apresentado como critério de delimitação o que se extrai dos limites subjetivos do caso julgado. Assim, terão a mesma qualidade jurídica de parte aqueles que ficam vinculados ao caso julgado do processo em apreço[262].

A intervenção de terceiros consiste na intervenção num processo em curso, de quem não é parte inicial, mas a quem "(...) é reconhecida legitimidade para intervir (...)", passando a tornar-se parte nesse processo[263].

Atendendo a que, subjacente à arbitragem voluntária, está a autonomia da vontade e que só se socorre deste modo alternativo de composição de litígios aqueles que assim o decidam, manifestando essa vontade pela celebração de uma convenção de arbitragem, teremos de concluir que só

[259] Luís de Lima Pinheiro, *Arbitragem Transnacional*, cit., pág. 73.

[260] Luís de Lima Pinheiro, *Arbitragem Transnacional*, cit., pág. 73.

[261] Miguel Teixeira de Sousa, "A intervenção de terceiros no processo arbitral", cit., pág. 157.

[262] Miguel Teixeira de Sousa, "A intervenção de terceiros no processo arbitral", cit., pág. 157.

[263] Miguel Teixeira de Sousa, "A intervenção de terceiros no processo arbitral", cit., pág. 149.

poderá ser parte numa arbitragem aquele que estiver vinculado à convenção de arbitragem[264].

Note-se que nem todas as partes de uma convenção de arbitragem são necessariamente partes no processo arbitral. Na verdade, a convenção de arbitragem pode vincular uma pluralidade de pessoas que não são depois partes no processo, pois não são demandantes nem demandadas.

Assim, as partes do processo arbitral serão as pessoas que, estando vinculadas pela convenção de arbitragem, assumem também no processo arbitral a posição de demandantes ou de demandadas.

Neste contexto, terceiros, no processo arbitral, serão, desde logo, todos aqueles que não são partes contratantes da convenção de arbitragem. Mas, para além destes, também serão terceiros aqueles que, tendo embora celebrado a convenção de arbitragem, não são partes iniciais no processo arbitral, *i.e.*, não são *ab initio* demandantes nem demandados[265].

II. Quando o processo decorre apenas com a participação daqueles que celebraram a convenção de arbitragem e que são, desde o início do processo, demandantes ou demandados, não se suscitam dificuldades quanto às partes. Estas dificuldades podem surgir quando, à semelhança do que sucede no Processo Civil, uma das partes requer a intervenção de alguém que não é demandante nem demandado e que nem, por vezes, celebrou a convenção de arbitragem. Só que, enquanto nos processos que correm termos nos tribunais estaduais, o juiz tem autoridade para, nos termos previstos na lei, fazer os terceiros participar no processo[266], no processo arbitral a situação é diferente.

[264] Sublinhando a relevância da vontade dos envolvidos na arbitragem, António Menezes Cordeiro, *Tratado da Arbitragem*, cit., pág. 337.

[265] Miguel Teixeira de Sousa, "A intervenção de terceiros no processo arbitral", cit., págs. 158 ss., refere-se aos primeiros como terceiros indiferentes ou absolutos e aos segundos como terceiros interessados ou relativos. Ver também, Mário Esteves de Oliveira et al., *Lei da Arbitragem Voluntária*, cit., pág. 428. De modo distinto daquele que é seguido neste texto, considerando serem terceiros aqueles que não sejam parte na convenção de arbitragem, *vide* Carla Gonçalves Borges/Ricardo Neto Galvão "A extensão da convenção de arbitragem a não signatários", *VI Congresso de Arbitragem da Câmara de Comércio e Indústria*, ACL, Almedina, Coimbra, 2013, págs. 119-135, pág. 121.

[266] Manuel Pereira Barrocas, *Estudos de Direito e Prática Arbitral*, cit., págs. 109 ss.

A intervenção de terceiros suscita, em arbitragem voluntária, questões específicas que se prendem, desde logo, com o facto de, estando a autonomia da vontade subjacente à arbitragem voluntária e, em especial, à convenção de arbitragem, a decisão arbitral não poder fazer caso julgado relativamente a quem não está vinculado à convenção de arbitragem. Por outro lado, implicando a arbitragem voluntária a constituição do próprio tribunal com a colaboração igualitária de todas as partes envolvidas, verifica-se que, se um terceiro intervier no processo como parte, mas apenas após o tribunal arbitral estar constituído, não terá participado na constituição do tribunal. E esta participação é tão significativa que o facto de o tribunal não ser composto conforme estava previsto em convenção arbitral, ou na falta de disposição em contrário, de acordo com as regras legais previstas, pode ser fundamento de anulação da decisão arbitral (cfr. art. 46.º, n.º 3, al. a), subalínea iv), LAV).

Não surpreende, pois, que a admissão da intervenção de terceiros em processo arbitral esteja submetida a regras específicas que adiante melhor analisaremos e que visam salvaguardar os princípios subjacentes à arbitragem voluntária e os interesses em presença.

As dificuldades que a intervenção de terceiros pode suscitar poderão ser justificadas pela conveniência, para uma decisão definitiva do caso, de ter em processo todas as pessoas efetivamente envolvidas na situação.

Face à dificuldade do tema e as controvérsias que convoca, não surpreende que não esteja regulada em alguns diplomas de relevo. Atente-se, *v.g.*, na sua ausência na Lei-Modelo da CNUDCI[267]-[268], embora esteja prevista, ainda de,

[267] *Vide* a este respeito, MIGUEL GALVÃO TELES, "Addition of Parties: a vacuum left by the Model Law in need of internationally approved Rules", *RIAC*, 2010, págs. 45-62, pág. 45.

[268] O que poderá justificar também a ausência da regulamentação específica desta matéria em leis de ordenamentos jurídicos que foram especialmente fiéis à Lei-Modelo na sua adoção, como é o caso alemão, PETER F. SCHLOSSER, "German Arbitration Law and the UNCITRAL Model Law", *RIAC*, 2010, págs. 117-136, págs. 132 ss.; RICHARD KREINDLER/REINMAR WOLFF/MARKUS S. RIEDER, *Commercial Arbitration in Germany*, cit., pág. 18. Os autores dão, todavia, conta, da possibilidade de resolução da situação, *maxime* pela celebração de convenção de arbitragem, ob. cit., pág. 235. No ordenamento jurídico francês, com desenvolvimentos, mas, no essencial, também se oferecendo como solução o acordo das partes, cfr. JEAN-BAPTISTE RACINE, *Droit de l'arbitrage*, cit., págs. 241 ss.

de modo sucinto, no art. 17, n.º 5, das Regras de Arbitragem da CNUDCI[269], bem como em diversos regulamentos de centros de arbitragem[270] e em algumas leis de arbitragem[271].

5.2. A intervenção de terceiros em processo arbitral

a) Pressupostos. Modalidades de intervenção (a intervenção espontânea e a intervenção provocada)

Atenta a breve introdução feita a respeito desta temática, facilmente se compreendem as dificuldades que este tema pode suscitar. Não surpreende, pois, o cuidado que o legislador português depositou na regulação da intervenção de terceiros.

Assim, desde logo se determina, nos termos do art. 36.º, n.º 1, LAV, que apenas podem ser admitidos a intervir num processo arbitral que já esteja a decorrer pessoas que estejam vinculadas pela convenção de arbitragem. Esta vinculação pode ter-se verificado *ab initio* – *i.e.*, aquando da celebração da convenção de arbitragem – ou *a posteriori* – estando o processo arbitral já a decorrer, caso em que alguém vem aderir a uma convenção já celebrada. Neste último caso, esta adesão carece do consentimento de todas as outras partes na convenção de arbitragem[272], o que facilmente se entende uma vez que os contratantes iniciais da convenção de arbitragem poderão não a querer celebrar com determinadas pessoas. Caso todas as partes estejam de acordo quanto à adesão do terceiro à convenção, esta apenas pode ser feita para os efeitos da arbitragem em causa. Com esta regra se garante a

[269] Aí se determina que: "The arbitral tribunal may, at the request of any party, allow one or more third persons to be joined in the arbitration as a party provided such person is a party to the arbitration agreement, unless the arbitral tribunal finds, after giving all parties, including the person or persons to be joined, the opportunity to be heard, that joinder should not be permitted because of prejudice to any of those parties. The arbitral tribunal may make a single award or several awards in respect of all parties so involved in the arbitration".

[270] Veja-se, *v.g.*, art. 7.º do Regulamento de Arbitragem da CCI, art. 7.º do Regulamento de Arbitragem do SIAC, art. 22.1.viii) do Regulamento de Arbitragem do LCIA, etc.

[271] Atente-se, *v.g.*, no art. 376 da *ZPO* suíça (a este respeito, *vide Basler Kommentar, Schweizerische Zivilprozessordnung*, Philipp Habegger, art. 376, 3.ª edição, org. Karl Spühler/Luca Tenchio/Dominik Infanger, Helbing Lichtenhahn Verlag, Basel, 2017, págs. 2380 ss.).

[272] António Sampaio Caramelo, "Da condução do processo arbitral. Comentário aos arts. 30.º a 38.º da Lei da Arbitragem Voluntária", *ROA*, II/III, 2013, págs. 669-742, págs. 718 ss.

autonomia da vontade das partes no que respeita à própria convenção de arbitragem.

Dificuldades acrescidas se identificarão se, aquando da intervenção de terceiros, o tribunal arbitral já se encontrar constituído. Na verdade, conforme se referiu *supra*, a intervenção igualitária das partes na composição do tribunal arbitral é essencial na instância arbitral e a sua inobservância pode conduzir, inclusive, à anulação da decisão arbitral[273]. É atendendo a este enquadramento que, nos termos do art. 36.º, n.º 2, LAV, se determina que, caso o tribunal arbitral já se encontre constituído, a intervenção do terceiro só será admitida ou provocada se o terceiro declarar aceitar a composição do tribunal. Subjacente a esta disposição está também a ideia da estabilidade do tribunal arbitral[274].

Assim, atentas estas duas disposições, verifica-se que podemos ter uma variedade significativa de situações. Nos casos em que o terceiro celebrou a convenção de arbitragem, mas não é parte inicial no processo, pode, posteriormente, intervir no processo como terceiro, quer se trate de intervenção espontânea, quer provocada. Nessa hipótese, não é necessário o consentimento do terceiro nem das outras partes vinculadas pela convenção, pois todas as partes envolvidas celebraram *ab initio* a convenção de arbitragem. Se o tribunal arbitral já estiver constituído à data em que for suscitada a intervenção do terceiro, tratando-se de intervenção espontânea, presume-se a sua aceitação da composição do tribunal (art. 36.º, n.º 2, *in fine*, LAV)[275]. Se se tratar de intervenção provocada, esta apenas será admitida se o terceiro aceitar a composição do tribunal (art. 36.º, n.º 2, primeira parte, LAV).

Se o terceiro cuja intervenção se suscita não tiver celebrado *ab initio* a convenção de arbitragem, só será admitido a intervir se aderir a esta, sendo

[273] António Sampaio Caramelo, "Da condução do processo arbitral...", cit., págs. 720 ss. Já antes, também sublinhando a importância da igualdade das partes na constituição do tribunal arbitral, *maxime*, na indicação dos árbitros, cfr. Miguel Galvão Teles, "Addition of Parties...", cit., págs. 61 ss.

[274] António Menezes Cordeiro, *Tratado da Arbitragem*, cit., pág. 338.

[275] Trata-se, neste caso, de uma presunção inilidível, António Menezes Cordeiro, *Tratado da Arbitragem*, cit., pág. 338. Na verdade, quem intervém espontaneamente não pode, depois, alegar que não concorda com a composição do tribunal. O terceiro que não concorda com a composição do tribunal não é aceite como interveniente, logo, admitir-se estar-se perante uma presunção ilidível seria redundante.

necessário o consentimento das outras partes. Também aqui, para que seja admitida a intervenção, o terceiro terá de aceitar a composição do tribunal.

b) Procedimento

I. Em qualquer caso, para além da vontade das partes e dos terceiros, a intervenção destes fica sempre dependente de decisão do tribunal arbitral. O princípio do contraditório é também aqui observado, sendo a decisão do tribunal antecedida de audiência das partes e do terceiro (art. 36.º, n.º 3, LAV).

O tribunal apenas aceitará a intervenção de terceiros se esta não perturbar o andamento do processo e se razões significativas o justificarem. Entre estas razões contam-se, desde logo, a inexistência de uma manifesta inviabilidade do pedido e, para além disso: a) o terceiro ter em relação ao objeto da causa um interesse igual ao do demandante ou do demandado, que permitisse inicialmente o litisconsórcio voluntário ou impusesse o necessário entre uma das partes e o terceiro; ou b) o terceiro queira formular, contra o demandado, um pedido com o mesmo objeto que o do demandante, mas incompatível com o deste; ou c) que o demandado pretenda que os demais possíveis credores solidários fiquem vinculados pela decisão final, nos casos em que seja invocado um crédito que possa ser caracterizado como solidário; ou d) que o demandado pretenda que sejam chamados terceiros contra os quais o demandado possa ter direito de regresso (art. 36.º, n.º 3)[276]-[277]. As razões indicadas nas alíneas do art. 36.º, n.º 3, LAV, são meramente indicativas, devendo, em todo o caso, ser sempre cumuladas com o pressuposto comum de não haver "(...) manifesta inviabilidade do pedido".

[276] Atenta a necessidade de vinculação do terceiro e das partes à convenção de arbitragem, de o terceiro ter de aceitar a composição do tribunal arbitral e de o tribunal arbitral admitir a intervenção de terceiro, diz-se ter o legislador, na LAV, optado por um *full agreement approach*. Cfr. Miguel Teixeira de Sousa, "A intervenção de terceiros no processo arbitral", cit., pág. 177; António Menezes Cordeiro, *Tratado da Arbitragem*, cit., pág. 343.

[277] Com desenvolvimentos acerca de cada uma destas razões, *vide* também Miguel Teixeira de Sousa, "A intervenção de terceiros no processo arbitral", cit., págs. 174 ss.; Mário Esteves de Oliveira et al., *Lei da Arbitragem Voluntária*, cit., págs. 433 ss.; António Menezes Cordeiro, *Tratado da Arbitragem*, cit., págs. 338 ss.; Manuel Pereira Barrocas, *Lei de Arbitragem Comentada*, cit., págs. 144 ss.; Dário Moura Vicente et al., *Lei da Arbitragem Voluntária Anotada*, art. 36.º, Armindo Ribeiro Mendes, cit., pág. 128.

A intervenção de terceiros pode justificar-se também nos casos em que é deduzido pedido reconvencional, em que valem as mesmas regras relativas à intervenção de terceiros já expostas (art. 36.º, n.º 4, LAV).

II. Sendo admitida a intervenção de terceiro, nos termos do art. 36.º, n.º 5, LAV, determina-se a aplicação, com as devidas adaptações, do disposto no art. 33.º LAV. Ou seja, o terceiro tem a possibilidade, querendo, de apresentar o seu articulado, em que expõe as suas razões relativas a objeto do litígio. Naturalmente, caberá aqui ao tribunal arbitral fixar o prazo em que o terceiro o pode fazer, tomando em consideração o normal andamento do processo, a celeridade processual, mas também o tratamento equitativo que deve ser dado às partes. Se o tribunal verificar que os inconvenientes que resultam para o processo da intervenção dos terceiros são proporcionalmente maiores do que as vantagens, *v.g.*, por tornar o processo mais demorado ou pesado, poderá não admitir a intervenção[278].

III. Caso a intervenção de terceiros ocorra em momento anterior à constituição do tribunal arbitral, de acordo com o art. 36.º, n.º 6, LAV, esta intervenção só deve poder ter lugar se se tratar de arbitragem institucional e se o regulamento do respetivo centro de arbitragem a admitir. As razões subjacentes a esta exigência prendem-se com o facto de esta intervenção implicar uma decisão do tribunal arbitral e, não estando este constituído, só o presidente do centro de arbitragem ou outra entidade organizadora poderá tomar as necessárias decisões[279]. Aliás, é também sempre necessário que, na intervenção de terceiros, seja observado o princípio da igualdade das partes, *maxime* na constituição do tribunal arbitral, cabendo, pois, ao centro de arbitragem, fazer esta fiscalização[280].

Sublinhe-se ainda que as regras relativas à intervenção de terceiros previstas no art. 36.º LAV são supletivas, podendo as partes, na convenção de arbitragem, regular a intervenção de terceiros de modo diferente do

[278] António Menezes Cordeiro, *Tratado da Arbitragem*, cit., pág. 340.

[279] António Sampaio Caramelo, "Da condução do processo arbitral...", cit., págs. 726 ss.; António Menezes Cordeiro, *Tratado da Arbitragem*, cit., págs. 340 ss.; António Pedro Pinto Monteiro/ Artur Flamínio da Silva/ Daniela Mirante, *Manual de Arbitragem*, cit., pág. 230.

[280] Acerca da manifestação do princípio da igualdade nesta disposição, *vide* Miguel Teixeira de Sousa, "A intervenção de terceiros no processo arbitral", cit., pág. 171.

previsto nesta disposição, desde que, conforme é aí expressamente referido, seja observado o princípio da igualdade de participação de todas as partes na escolha dos árbitros[281].

5.3. Vantagens e desvantagens da intervenção de terceiros

As vantagens da intervenção de terceiros são claras. Desde logo, a intervenção de terceiros permite obstar à prolação de decisões que, na verdade, não determinariam a resolução definitiva do caso, por não vincular todas as pessoas envolvidas, de facto, no litígio. Situação especialmente difícil nos casos em que estejam em causa situações de litisconsórcio necessário entre demandantes e, ou, demandados.

Evita-se também a multiplicação de processos arbitrais que, na verdade, estão interligados, obviando também ao proferimento de decisões incompatíveis entre si.

Para além disto, a intervenção de terceiros contribui também para a igualdade das partes, na medida em que estas não têm de ficar vinculadas à escolha das partes feita pelo demandante. Permite também a intervenção de pessoas que contribuem para uma decisão que reflete melhor a realidade material subjacente ao litígio em causa[282].

As desvantagens prendem-se, essencialmente, com o facto de, frequentemente, a intervenção de terceiros ocorrer num momento em que a instância arbitral já está a decorrer, o que pode conduzir, como se verificou, a atrasos no procedimento, uma vez que pode ser importante a prática de atos pelos intervenientes. Esta intervenção pode ainda atingir a confidencialidade do processo arbitral, aumentar a sua complexidade, bem como os custos do processo[283].

[281] ANTÓNIO MENEZES CORDEIRO, *Tratado da Arbitragem*, cit., pág. 341. Sublinhando que, de facto, se verificam exceções à natureza supletiva das normas previstas nos n.ºs 1 a 6 do art. 36.º LAV, designadamente no que respeita ao princípio da igualdade, cfr. MÁRIO ESTEVES DE OLIVEIRA ET AL., *Lei da Arbitragem Voluntária*, cit., pág. 426.

[282] Sublinhando as vantagens da intervenção de terceiros, cfr. MIGUEL TEIXEIRA DE SOUSA, "A intervenção de terceiros no processo arbitral", cit., págs. 151 ss.; MÁRIO ESTEVES DE OLIVEIRA ET AL., *Lei da Arbitragem Voluntária*, cit., pág. 427; ANTÓNIO PEDRO PINTO MONTEIRO/ ARTUR FLAMÍNIO DA SILVA/ DANIELA MIRANTE, *Manual de Arbitragem*, cit., págs. 314 ss.

[283] Acerca das desvantagens, *vide* MIGUEL TEIXEIRA DE SOUSA, "A intervenção de terceiros no processo arbitral", cit., pág. 152; ANTÓNIO MENEZES CORDEIRO, *Tratado da Arbitragem*, cit.,

5.4. Os terceiros no processo arbitral

a) A distinção entre os verdadeiros e os falsos terceiros

Terceiros, no processo arbitral, serão, pois, todos aqueles que não são partes iniciais no processo.

Há, todavia, situações em que, apesar de uma pessoa em concreto não ter celebrado a convenção de arbitragem, está a esta vinculada, e pode ser considerada parte no processo arbitral. Em consequência, a decisão fará, quanto a esta parte, caso julgado. Fala-se, a este respeito, de falsos terceiros. De entre estes, pode ainda fazer-se uma distinção entre aqueles a quem foi, por alguma razão, transmitida a convenção de arbitragem e que assumem a posição da parte que a assinou. Não são, pois, verdadeiros terceiros. Noutros casos, verifica-se uma extensão da convenção de arbitragem a pessoas que a não assinaram, mas que a esta estão *ab initio* vinculadas. Pensa-se, a este respeito, *v.g.*, das situações de sociedades em relação de grupo, de desconsideração da personalidade coletiva.

Ambos os grupos de situações serão, sucintamente, apreciadas. Em qualquer dos casos, cabe ao tribunal arbitral, no âmbito da regra *Kompetenz-Kompetenz*, decidir quais as partes que estão efetivamente vinculadas à convenção de arbitragem e, consequentemente, decidir da sua própria competência para apreciar o litígio.

b) Os falsos terceiros

i) Transmissão da convenção de arbitragem

A transmissão da convenção de arbitragem a outras pessoas que não a assinaram pode verificar-se, desde logo, nos casos em que uma das partes morre ou se extingue.

Na verdade, nos termos do art. 4.º, n.º 4, LAV, determina-se que, salvo convenção em contrário, a morte ou extinção das partes não faz caducar a convenção de arbitragem[284]. Assim, o processo prossegue com as entidades que lhe sucedam, assumindo estas a posição da pessoa que morreu ou se

pág. 341; ANTÓNIO PEDRO PINTO MONTEIRO/ ARTUR FLAMÍNIO DA SILVA/ DANIELA MIRANTE, *Manual de Arbitragem*, cit., págs. 315 ss.

[284] Segundo RAUL VENTURA, "Convenção de arbitragem", cit., pág. 395, está refletido nesta regra – embora o autor se refira ao art. 4.º, n.º 2, da Lei n.º 31/86 – o princípio da impessoalidade da convenção de arbitragem. Dando conta de orientação semelhante no Direito alemão, cfr. RICHARD KREINDLER/REINMAR WOLFF/MARKUS S. RIEDER, *Commercial Arbitration in Germany*, cit., págs. 69 ss.

extinguiu. Sublinhe-se, todavia, que, conforme resulta expressamente da lei, esta consequência apenas se verificará nos casos em que as partes não tenham convencionado em sentido contrário. Se a convenção de arbitragem for *intuitu personae*, a convenção, em princípio, caducará[285].

Neste sentido, tem-se entendido que a transmissão, para quem sucede ao falecido ou à entidade extinta, da relação jurídica a que respeita a convenção é acompanhada também desta[286]. Aquele que sucede não é, pois, um terceiro no processo[287].

Também não é considerado terceiro, apesar de não ter assinado a convenção de arbitragem, aquele a quem foi cedido um crédito litigioso, nem aquele que assumiu por cessão a posição contratual (art. 424.º CC) ou em caso de assunção de dívida (art. 595.º CC) ou nos casos de sub-rogação pessoal (art. 593.º, n.º 1, CC). Em todos estes casos, há uma transmissão da situação jurídica, que é acompanhada pela convenção de arbitragem. Aquele a quem é transmitida a situação assume a posição jurídica que era antes titulada pela parte originária[288].

[285] Jorge Morais de Carvalho/Mariana França Gouveia, "Arbitragens complexas: questões materiais e processuais", *RIAC*, 2011, págs. 111-161, págs. 114 ss.; Carla Gonçalves Borges/Ricardo Neto Galvão, "A extensão da convenção de arbitragem a não signatários", cit., págs. 122 ss.; Mariana França Gouveia, *Curso de resolução alternativa de litígios*, cit., pág. 153.

[286] Raul Ventura, "Convenção de arbitragem", cit., pág. 395; Mariana França Gouveia, *Curso de resolução alternativa de litígios*, cit., pág. 153. *Vide* ainda, a este respeito, *International Commercial Arbitration*, "§ 1 Best practice in international arbitration...", Stephan Balthasar, cit., págs. 18 ss.

[287] Miguel Teixeira de Sousa, "A intervenção de terceiros no processo arbitral", cit., pág. 157; António Sampaio Caramelo, "Da condução do processo arbitral...", cit., págs. 715 ss.

[288] A este respeito, recorrendo à distinção entre intervenção de terceiros e habilitação, previstas no CPC, para ilustrar a distinção, veja-se, Miguel Teixeira de Sousa, "A intervenção de terceiros no processo arbitral", cit., pág. 158. No mesmo sentido, acerca da cessão da posição contratual, António Menezes Cordeiro, *Tratado da Arbitragem*, cit., pág. 341. Veja-se também, Manuel Pereira Barrocas, *Manual de Arbitragem*, cit., págs. 185 ss.; Carla Gonçalves Borges/Ricardo Neto Galvão, "A extensão da convenção de arbitragem a não signatários", cit., págs. 123 ss.; Mariana França Gouveia, *Curso de resolução alternativa de litígios*, cit., págs. 154 ss.; Diogo Costa Gonçalves, "A vinculação de terceiros à convenção de arbitragem. Algumas reflexões", *Arbitragem Comercial, Estudos comemorativos dos 30 anos do Centro de Arbitragem Comercial da Câmara de Comércio e Indústria Portuguesa*, coord. António Menezes Cordeiro, Almedina, Coimbra, 2019, págs. 273-284, pág. 289; Paulo Mota Pinto, "Transmissão da convenção de arbitragem", *Arbitragem Comercial, Estudos comemorativos dos*

ii) Extensão da convenção de arbitragem

Noutras situações, não existe uma transmissão da posição jurídica, mas há razões para entender que alguém que não subscreveu a convenção de arbitragem está, apesar disso, a ela vinculado. Trata-se aqui de casos de "extensão da convenção arbitral a um não subscritor"[289].

Um dos exemplos tradicionalmente dados na doutrina é, no Direito português, o da extensão da convenção de arbitragem ao terceiro no contrato a favor de terceiro. Trata-se aqui de um contrato em que o promitente se obriga, perante o promissário, a efetuar uma prestação a favor de um terceiro, que é aqui o beneficiário, mas que é estranho ao negócio (*vide* art. 443.º, n.º 1, CC). Se, neste contrato, promitente e promissário acordarem em submeter qualquer litígio decorrente deste contrato à arbitragem, entende-se que o beneficiário também fica vinculado[290]. A convenção de arbitragem não pode ser, aqui, considerada autónoma face ao contrato em que ela se inclui e, por isso, o âmbito de vinculação subjetivo da convenção de arbitragem é definido em função do próprio contrato[291].

Outra situação que tem sido muito debatida neste âmbito, prende-se com a vinculação ou não de sociedades mãe, que não foram subscritoras de convenção de arbitragem, relativamente a convenções celebradas pelas sociedades filhas. Um dos casos paradigmáticos nesta matéria é o caso *Dow Chemical Group vs. Isover Saint-Gobain*[292], em que duas empresas subsidiárias

30 anos do Centro de Arbitragem Comercial da Câmara de Comércio e Indústria Portuguesa, coord. António Menezes Cordeiro, Almedina, Coimbra, 2019, págs. 865-895, págs. 868 ss.

[289] Miguel Teixeira de Sousa, "A intervenção de terceiros no processo arbitral", cit., págs. 159 ss.

[290] Jorge Morais de Carvalho/Mariana França Gouveia, "Arbitragens complexas: questões materiais e processuais", cit., págs. 122 ss.; Miguel Teixeira de Sousa, "A intervenção de terceiros no processo arbitral", cit., pág. 160; António Sampaio Caramelo, "Da condução do processo arbitral...", cit., págs. 716 ss.; Mariana França Gouveia, *Curso de resolução alternativa de litígios*, cit., págs. 160 ss. Revelando ser esta também a prática no âmbito internacional, Gary B. Born, *International Commercial Arbitration*, cit., pág. 1455. Ainda acerca desta questão, cfr. *International Commercial Arbitration*, "§ 1 Best practice in international arbitration...", Stephan Balthasar, cit., pág. 18.

[291] Miguel Teixeira de Sousa, "A intervenção de terceiros no processo arbitral", cit., pág. 161.

[292] Caso *Dow Chemical France, The Dow Chemical Company and others v ISOVER Saint Gobain, Interim Award,* Caso n.º 4131 da CCI, de 23 de setembro de 1982 (disponível em http://www.kluwerarbitration.com). Em comentário ao acórdão, cfr. Pedro Caetano Nunes,

do grupo *Dow Chemical* celebraram, cada uma delas e separadamente, com a empresa *Isover Saint Gobain* dois contratos de distribuição, contendo cada um deles uma cláusula compromissória. Na sequência de um litígio respeitante a esses contratos, as duas referidas subsidiárias da *Dow Chemical*, uma outra subsidiária e a própria empresa mãe *Dow Chemical* deram início a um processo arbitral contra a *Isover Saint Gobain*. Esta empresa veio contestar a competência do tribunal arbitral, alegando que a empresa subsidiária da *Dow Chemical*, que não havia celebrado o contrato, tal como a própria empresa mãe *Dow Chemical*, não podiam ser parte no processo arbitral, por não estarem vinculadas pela convenção de arbitragem. O tribunal arbitral, da CCI, decidiu que estas empresas estavam também vinculadas pela convenção de arbitragem por se tratar de um grupo de empresas que constitui a mesma realidade económica. Invocou-se ainda que uma das subsidiárias tinha feito entregas à demandada e a outra sociedade era a sociedade mãe.

Tem sido admitida, verificadas determinadas circunstâncias que reflitam a vinculação de facto de outras empresas do grupo, *maxime* da empresa mãe, à convenção de arbitragem, que esta se lhes aplique, apesar de a não terem subscrito[293]. Há, todavia, que ter cautelas quanto à extensão da convenção de

"Anotação ao caso Dow Chemical v. Isover Saint Gobain", *100 Anos de Arbitragem*, Coimbra Editora, Coimbra, 2016 págs. 113-121. Ver também *Fouchard Gaillard Goldman on International Commercial Arbitration*, cit., págs. 286 ss.; Bernard Hanotiau, *Complex Arbitrations: Multiparty, Multicontract, Multi-Issue and Class Actions*, Kluwer Law International, 2006 (disponível em http://www.kluwerarbitration.com), págs. 93 ss.; Pietro Ferrario, "The Group of Companies Doctrine in International Commercial Arbitration: Is there any reason for this doctrine to exist?", *Journal of International Arbitration*, vol. 26, n.º 5, 2009, págs. 647-673 (disponível em http://www.kluwerarbitration.com); Miguel Teixeira de Sousa, "A intervenção de terceiros no processo arbitral", cit., págs. 162 ss.; W. Michael Reisman/W.Lawrence Craig/William W. Park/Jan Paulsson, *International Commercial Arbitration*, cit., págs. 431 ss.; Gary B. Born, *International Arbitration: Cases and Materials*, 2.ª edição, Kluwer Law International, 2015 (disponível em http://www.kluwerarbitration.com), págs. 557 ss.; José Carlos Fernández Rozas/Sixto A. Sánchez Lorenzo/Gonzalo Stampa, *Principios Generales del Arbitraje*, cit., pág. 50.

[293] Miguel Teixeira de Sousa, "A intervenção de terceiros no processo arbitral", cit., págs. 162 ss., fala, a este respeito da *Group of Companies Doctrine*. Também a este respeito, Manuel Pereira Barrocas, *Manual de Arbitragem*, cit., págs. 192 ss.; Carla Gonçalves Borges/Ricardo Neto Galvão, "A extensão da convenção de arbitragem a não signatários", cit., págs. 129 ss.; *International Commercial Arbitration*, "§ 1 Best practice in international

arbitragem a não signatários. Na verdade, estando subjacente à arbitragem voluntária a autonomia da vontade, estranho seria limitar o exercício desta autonomia, impondo uma vinculação "surpresa"[294].

Também nos casos em que se verifiquem preenchidos os pressupostos do levantamento da personalidade coletiva de uma sociedade[295], pode justificar-se a extensão da convenção de arbitragem a sócios ou administradores ou Estados que possam ser responsabilizados[296].

Nestes casos, coloca-se ainda uma dificuldade acrescida que se prende com o caráter formal da convenção de arbitragem. Na verdade, nestes casos, não existe uma convenção de arbitragem escrita – conforme exigência prevista no art. 2.º, n.º 1, LAV – que expressamente vincule todas partes. Em todo o caso, segundo uma orientação doutrinária, com que se concorda,

arbitration...", STEPHAN BALTHASAR, cit., págs. 18 ss. Dando conta de que, no ordenamento jurídico alemão, não basta que uma sociedade esteja integrada num grupo de sociedades para se considerar que fiquem todas vinculadas pela convenção de arbitragem celebrada por uma, RICHARD KREINDLER/REINMAR WOLFF/MARKUS S. RIEDER, *Commercial Arbitration in Germany*, cit., págs. 71 ss.

[294] Veja-se, na jurisprudência portuguesa, o acórdão do STJ, de 8 de setembro de 2011, Proc. 3539/08.6TVLSB.LL.S1, disponível em www.dgsi.pt, em que se sustenta que, por princípio, a convenção de arbitragem vale apenas entre os outorgantes. Atente-se, a respeito desta decisão, DUARTE GORJÃO HENRIQUES, "A extensão da convenção de arbitragem no quadro dos grupos de empresas e da assunção de dívidas: um vislumbre de conectividade?", *ROA*, I, 2014, págs. 143-181, págs. 144 ss.; DÁRIO MOURA VICENTE ET AL., *Lei da Arbitragem Voluntária Anotada*, art. 36.º, ARMINDO RIBEIRO MENDES, cit., pág. 127.

[295] Acerca deste instituto, *vide* ANTÓNIO MENEZES CORDEIRO, *Direito das Sociedades I*, 3.ª edição, Almedina, Coimbra, 2011, págs. 419 ss. *Vide* também BERNARD HANOTIAU, *Complex Arbitrations...*, cit., págs. 43 ss.; ANTÓNIO SAMPAIO CARAMELO, "Da condução do processo arbitral...", cit., págs. 716 ss.; CARLA GONÇALVES BORGES/RICARDO NETO GALVÃO, "A extensão da convenção de arbitragem a não signatários", cit., págs. 131 ss.

[296] ANTÓNIO MENEZES CORDEIRO, *Tratado da Arbitragem*, cit., pág. 342; MARIANA FRANÇA GOUVEIA, *Curso de resolução alternativa de litígios*, cit., págs. 166 ss. a propósito do caso *Dallah Real Estate and Tourism Holding Company v The Ministry of Religious Affairs, Government of Pakistan* e da *veil-piercing theory* e *alter ego theory*. Ainda acerca deste caso, JORGE MORAIS DE CARVALHO/ MARIANA FRANÇA GOUVEIA, "Arbitragens complexas: questões materiais e processuais", cit., págs. 129 ss.; TELMA PIRES DE LIMA, "Anotação ao caso *Dallah Real Estate and Tourism Holding Company v The Ministry of Religious Affairs, Government of Pakistan*", *100 Anos de Arbitragem*, Coimbra Editora, Coimbra, 2016 págs. 291-315; JACOB GRIERSON/MIRREILLE TAOK, "Dallah: Conflicting Judgments from the U.K. Supreme Court and the Paris Cour d'Appel", *Journal of International Arbitration*, vol. 28, n.º 4, 2011, págs. 407-422 (disponível em http:// www.kluwerarbitration.com).

se a parte que invoca a inobservância da forma na convenção de arbitragem tiver contribuído para este vício, contrariando o princípio da boa fé, poderá ser invocado o abuso de direito na invocação da inobservância de forma. Por outro lado, há que atender a todos os elementos da interpretação do contrato, incluindo as negociações prévias à sua celebração e de onde se poderá retirar a sua vinculação à convenção[297].

6. Providências cautelares e ordens preliminares

6.1. As providências cautelares na arbitragem voluntária

a) Noção, características e modalidades

I. O decretamento de providências cautelares na arbitragem voluntária tem sido objeto de discussão doutrinária e, ao longo do tempo, as orientações legislativas seguidas a este respeito têm sido também variadas, tal como o teor dos regulamentos de arbitragem[298]. Assim, nem todos os ordenamentos jurídicos preveem expressamente a possibilidade de serem decretadas providências cautelares pelos tribunais arbitrais.

Na verdade, o decretamento destas medidas, *melius,* de algumas delas, implica a existência de um poder coercivo que os tribunais arbitrais não detêm. Trata-se também de uma expressão de autoridade, pois a decisão, ainda que provisória, é tomada com base numa análise preliminar da situação, antes de as partes terem exposto todas as suas razões. Acresce ainda que o proferimento de algumas providências cautelares só se justifica se não houver lugar a audiência prévia da outra parte, o que pode colocar em causa o princípio do contraditório e da igualdade das partes que está subjacente à arbitragem. Tem ainda sido invocado o inconveniente de ser o mesmo o tribunal arbitral que aprecia o pedido de decretamento das

[297] MARIANA FRANÇA GOUVEIA, *Curso de resolução alternativa de litígios*, cit., págs. 168 ss. Acerca da interpretação da convenção de arbitragem, permitindo, em alguns casos, "(...) incluir círculos mais alargados de pessoas, nos competentes procedimentos arbitrais", cfr. ANTÓNIO MENEZES CORDEIRO, *Tratado da Arbitragem*, cit., pág. 342. Já MANUEL PEREIRA BARROCAS, *Manual de Arbitragem*, cit., pág. 204, sustenta que se trata, nestes casos, "(...) de manifestação implícita ou presumida de vontade concordantes com a submissão do litígio a arbitragem (...)".

[298] DÁRIO MOURA VICENTE ET AL., *Lei da Arbitragem Voluntária Anotada*, art. 20.º, ARMINDO RIBEIRO MENDES, cit., págs. 88 ss. Veja-se, *v.g.*, ANTÓNIO MENEZES CORDEIRO, *Tratado da Arbitragem*, cit., págs. 223 ss.; GARY B. BORN, *International Commercial Arbitration*, cit., págs. 2426 ss.; NIGEL BLACKABY/J. MARTIN HUNTER/CONSTANTINE PARTASIDES/ALAN REDFERN, *Redfern and Hunter on International Arbitration*, cit., págs. 313 ss.

providências cautelares e que irá apreciará o fundo da causa, o que poderá influenciar na decisão final. Estas e outras objeções[299] têm levado a que o tema das providências cautelares no âmbito da arbitragem voluntária seja pouco consensual.

Ainda assim, tem-se verificado um desenvolvimento legislativo no sentido de atribuir competência aos tribunais arbitrais para, dentro dos limites previstos na lei, proferirem estas medidas[300]. Note-se, *v.g.*, que na Lei-Modelo da CNUDCI, na versão de 1985, no seu art. 17.º, já estava prevista, ainda que de forma genérica, a possibilidade de o tribunal arbitral proferir medidas provisórias[301]. Na versão de 2006, o art. 17.º desta Lei-Modelo encontrou um desenvolvimento significativo, tendo sido alterado no sentido de um maior desenvolvimento e detalhe e aditados os arts. 17.º-A a 17.º-J[302].

A Lei n.º 31/86 omitiu qualquer referência à emissão de providências cautelares no âmbito de um processo arbitral[303], tendo sido debatido na doutrina portuguesa se era ou não de admitir que os tribunais arbitrais proferissem providências cautelares[304].

[299] Mariana França Gouveia, *Curso de resolução alternativa de litígios*, cit., págs. 208 ss.; Mariana França Gouveia, "A competência cautelar do tribunal arbitral...", cit., págs. 862 ss. Sobre esta discussão no plano internacional, cfr. W. Michael Reisman/W.Lawrence Craig/William W. Park/Jan Paulsson, *International Commercial Arbitration*, cit., págs. 577 ss.

[300] Gary B. Born, *International Commercial Arbitration*, cit., págs. 2426 ss.; Nigel Blackaby/J. Martin Hunter/Constantine Partasides/Alan Redfern, *Redfern and Hunter on International Arbitration*, cit., págs. 313 ss.

[301] Acerca desta disposição, Maria Ângela Bento Soares/Rui Manuel Moura Ramos, *Contratos Internacionais*, cit., págs. 381 ss.

[302] Acerca desta alteração e do regime agora previsto, *vide* Peter Binder, *International Commercial Arbitration and Mediation in UNCITRAL Model Law Jurisdictions*, cit., págs. 287 ss.; Tómas Kennedy-Grant, "Interim Measures Under the UNCITRAL Model Law on International Commercial Arbitration: The Impact of the 2006 Amendments", *Asian International Arbitration Journal*, vol. 10, n.º 1, 2014, págs. 17-46 (disponível em http://www.kluwerarbitration.com); *International Commercial Arbitration*, "§ 1 Best practice in international arbitration...", Stephan Balthasar, cit., págs. 30 ss.

[303] No anterior Dec.-Lei n.º 243/84, de 17/07, estabelecia-se, no art. 5.º, que o requerimento de um procedimento cautelar dirigido a tribunal estadual não implicava a renúncia à convenção de arbitragem.

[304] Acerca deste debate, *vide* João Calvão da Silva, "Tribunal arbitral e providências cautelares", *I Congresso do Centro de Arbitragem da Câmara de Comércio e Indústria*, Almedina, Coimbra, 2008, págs. 99-107, págs. 100 ss.; José Miguel Júdice, "As providências cautelares

A LAV de 2011 veio, de modo significativo, refletir a solução que encontramos plasmada na Lei-Modelo respeitante ao regime das providências cautelares[305]-[306].

É assim que, nos termos do art. 20.º, n.º 1, LAV, se vem determinar que, salvo estipulação em contrário, o tribunal pode decretar providências cautelares, nos termos aí previstos. Naturalmente, estando subjacente à competência do tribunal arbitral a convenção de arbitragem, as providências cautelares decretadas apenas podem afetar as partes que a celebraram e não terceiros[307].

No art. 20.º, n.º 2, LAV, determina-se que as providências cautelares, na arbitragem voluntária, são medidas de caráter temporário, decretadas por sentença ou decisão que assuma outra forma, antes de se proferir a sentença que dirime o litígio. O decretamento destas medidas, cuja observância é ordenada a uma das partes, pode visar finalidades diversas: a) manter ou restaurar uma situação já existente enquanto o litígio não for dirimido; b) a prática de atos que previnam dano ou prejuízo relativamente ao processo arbitral ou abstenção de prática de atos que provoquem tais consequências; c) assegurar a preservação de bens sobre os quais uma sentença arbitral possa ser executada; ou ainda, d) a preservação de meios de prova que possam ser relevantes e importantes para a resolução do litígio[308].

e a arbitragem: em que estamos?", *Estudos em Homenagem ao Professor Doutor Carlos Ferreira de Almeida*, vol. III, Almedina, Coimbra, 2011, págs. 657-679, págs. 660 ss.; António Menezes Cordeiro, *Tratado da Arbitragem*, cit., págs. 223 ss.

305 Dário Moura Vicente et al., *Lei da Arbitragem Voluntária Anotada*, art. 20.º, Armindo Ribeiro Mendes, cit., págs. 88 ss., dá-nos conta da influência que, no que respeita a providências cautelares, esta Lei-Modelo teve em outras leis nacionais que regulam a arbitragem.

306 No âmbito do Direito francês, as providências cautelares podem ser decretadas em processo arbitral, nos termos previstos no art. 1468 do *Code de procédure civile* francês. *Vide*, acerca deste regime, Thomas Clay, *Code de l'arbitrage commenté*, cit., págs. 55 ss.; Jean-Baptiste Racine, *Droit de l'arbitrage*, cit., págs. 465 ss. Também no Direito alemão (§ 1041 *ZPO*) se prevê a possibilidade de decretamento das providências cautelares em processo arbitral. Veja-se, para melhor desenvolvimento acerca do regime aí consagrado, *MünchKomm-ZPO*, Münch, § 1041, anots. 1 ss., cit.; Richard Kreindler/Reinmar Wolff/Markus S. Rieder, *Commercial Arbitration in Germany*, cit., págs. 260 ss.

307 Pedro Caetano Nunes, "Arbitragem e medidas cautelares", *VI Congresso do Centro de Arbitragem Comercial*, ACL, Almedina, 2013, págs. 99-118, pág. 106.

308 Estas finalidades das providências cautelares indicadas na LAV são, geralmente, admitidas no âmbito internacional. Veja-se, *v.g.*, W. Michael Reisman/W.Lawrence Craig/William

As finalidades das medidas aqui enunciadas são, nos primeiros três casos, as tradicionalmente associadas às providências cautelares, podendo assumir as modalidades de antecipatórias ou de conservatórias. Exemplo da primeira é a prevista no art. 20.º, n.º 2, al. c), LAV, na medida em que se visa assegurar a proteção de bens sobre os quais uma decisão, eventualmente, pode ser executada; de certa forma, antecipa-se uma possível decisão num determinado sentido[309]. Já na al. a), do n.º 2, do art. 20.º, estar-se-á perante uma medida conservatória, pois visa-se a manutenção de uma situação já existente ou a sua reposição até à decisão final[310]. A providência cautelar

W. Park/Jan Paulsson, *International Commercial Arbitration*, cit., pág. 577, que sustentam que as providências cautelares podem visar "(...) to preserve the status quo pending arbitration, to secure the efficacy of the arbitral award that may be rendered, or to secure evidence to be used in the arbitral proceeding". O facto de, no geral, corresponderem às finalidades das providências cautelares previstas no art. 17.º, n.º 2, da Lei-Modelo e de esta ter sido adotada como modelo por diversos Estados, não será alheio a esta consequência. Também no art. 26 das Regras de Arbitragem da CNUDCI se admite a possibilidade de serem decretadas medidas cautelares pelos tribunais arbitrais. Veja-se, a este respeito, Jan Paulsson/Georgios Petrochilos, *UNCITRAL Arbitration*, cit., págs. 214 ss.

309 Atentas as especificidades da arbitragem, em que cabe às partes, *maxime* à parte que perde, fazer o pagamento aos árbitros e ao centro de arbitragem, em alguns ordenamentos admite-se a possibilidade de decretar medida cautelar que assegure a preservação de bens suficientes para proceder ao pagamento dos custos da arbitragem (*security for costs*). Gary B. Born, *International Commercial Arbitration*, cit., págs. 2495 ss., dá conta de que a medida *security for costs* é comum em sistemas de *Common Law*, mas não da *Civil Law*, sendo, por isso, mais facilmente atribuída quando a sede da arbitragem se situa num país que integra aquele sistema. Todavia, mesmo nos países que as admitem, tende a entender-se que não podem ser proferidas contra o demandado por colocarem em causa o seu direito de defesa. Na doutrina portuguesa, autores como Mariana França Gouveia, "A competência cautelar do tribunal arbitral...", cit., págs. 871 ss., sustentam não ser admissível, à luz das alíneas do art. 20.º, n.º 2, LAV, uma tal medida. Na verdade, é a própria disposição que se refere à preservação de bens sobre os quais a sentença possa ser executada, orientando-se, pois, no sentido de preservação de bens para que uma das partes possa cumprir perante a outra a sentença que vier a ser proferida. Note-se que também o grupo de trabalho da CNUDCI responsável pela Lei-Modelo veio decidir no sentido de não incluir expressamente a admissibilidade de proferir providências com esta finalidade. *Vide*, neste sentido, Peter Binder, *International Commercial Arbitration and Mediation in UNCITRAL Model Law Jurisdictions*, cit., pág. 291. Jan Paulsson/Georgios Petrochilos, *UNCITRAL Arbitration*, cit., pág. 223, vem considerar que uma leitura estrita do art. 26 das Regras de Arbitragem da CNUDCI excluiria a adoção de *security for costs*.

310 Dário Moura Vicente et al., *Lei da Arbitragem Voluntária Anotada*, art. 20.º, Armindo Ribeiro Mendes, cit., pág. 91. Referindo-se à qualificação destas medidas como antecipatórias

com a finalidade prevista na al. b) visa, no essencial, garantir que o processo arbitral decorra sem percalços, *i.e.*, garantir a estabilidade do processo arbitral[311]-[312].

A finalidade relativa à salvaguarda da prova revela de forma óbvia que as modalidades de providências aqui indicadas não coincidem necessariamente com as previstas em processo civil, mas antes refletem também as especificidades do processo arbitral. Assim, poderão ser proferidas providências que visem, *v.g.*, a apreensão de documentos ou a prestação antecipada de depoimentos de testemunhas[313], conservação de dados materiais, tais como objetos danificados[314]. Estas medidas também podem ser adotadas no âmbito de um processo judicial[315], embora não através deste procedimento. Exige-se, como pressuposto para o decretamento da providência, que as provas em causa sejam "relevantes e importantes"[316].

ou conservatórias, mas também sublinhando que nem sempre a sua categorização é rígida, *vide* MARIANA FRANÇA GOUVEIA, *Curso de resolução alternativa de litígios*, cit., págs. 214 ss. A autora salienta que o facto de uma mesma medida ter finalidades diversas não impede que seja proferida. Não podemos deixar de concordar com esta orientação, pois nem da letra nem do sentido da lei resulta orientação diversa. No mesmo sentido, ANTÓNIO MENEZES CORDEIRO, *Tratado da Arbitragem*, cit., pág. 233. Com exemplos de medidas com finalidades diversas, *vide* MARIANA FRANÇA GOUVEIA, "A competência cautelar do tribunal arbitral...", cit., págs. 868 ss.

311 MARIANA FRANÇA GOUVEIA, *Curso de resolução alternativa de litígios*, cit., pág. 213.

312 Acerca da possibilidade de, a coberto desta disposição, se decretarem *anti-suit injunctions*, *vide* MARIANA FRANÇA GOUVEIA, "A competência cautelar do tribunal arbitral...", cit., págs. 871 ss.; MARIANA FRANÇA GOUVEIA, *Curso de resolução alternativa de litígios*, cit., págs. 226 ss. Ainda sobre as *anti-suit injunctions*, ANTÓNIO MENEZES CORDEIRO, *Tratado da Arbitragem*, cit., pág. 234. Segundo informa PETER BINDER, *International Commercial Arbitration and Mediation in UNCITRAL Model Law Jurisdictions*, cit., págs. 290 ss., com respeito ao art.17.º, n.º 2, al. b), da Lei-Modelo – em que a alínea b) do art. 20.º da LAV se inspirou –, o que resulta dos trabalhos subjacentes à aprovação da Lei-Modelo e da sua própria letra, que se refere a "prejuízo iminente ao próprio processo arbitral", refletem a inclusão das *anti-suit injunctions* sob esta alínea.

313 DÁRIO MOURA VICENTE ET AL., *Lei da Arbitragem Voluntária Anotada*, art. 20.º, ARMINDO RIBEIRO MENDES, cit., pág. 91.

314 ANTÓNIO MENEZES CORDEIRO, *Tratado da Arbitragem*, cit., pág. 232.

315 Atente-se, *v.g.*, nos arts. 419.º e 420.º CPC. Cfr. ANTÓNIO MENEZES CORDEIRO, *Tratado da Arbitragem*, cit., pág. 232.

316 Da redação do art. 17.º, n.º 2, al. d), da Lei-Modelo, resulta que as provas devem ser relevantes e materiais, expressão que terá obtido a sua influência das regras da IBA sobre a prova e que é

Atentas as especificidades dos tribunais arbitrais, verifica-se, então, que as providências cautelares usualmente proferidas poderão visar finalidades que não são usuais em tribunais judicias, como as que se prendem com a preservação da prova. Todavia, são igualmente adotadas outras providências, mais comuns também em processo judicial, como é o caso da constituição de provisões que garantam que, caso uma das partes seja condenada no pedido ou pedidos, esta condenação é executável; venda de bens deterioráveis; continuação da execução de contratos de duração continuada; suspensão da execução de um determinado contrato; cumprimento do dever de não revelação de segredos comerciais; não atuar garantia bancárias à primeira solicitação, etc.[317].

O art. 20.º, n.º 2, LAV, indica, pois, em quatro alíneas, as finalidades possíveis que as providências cautelares poderão assumir. Nota-se que as providências cautelares que podem ser decretadas não estão tipificadas, nem mesmo exemplificativamente; a sua indicação é feita em função das finalidades que visam. Tem sido entendido que este elenco das finalidades visadas é exaustivo e não exemplificativo. Neste sentido se invoca o elemento literal bem como a forma ampla como está concebido – em função das finalidades visadas. O elenco de finalidades indicadas e a sua amplitude é suficientemente abrangente para incluir as medidas cautelares que são usualmente decretadas no âmbito do procedimento arbitral. Acresce ainda que o próprio art. 17.º da Lei-Modelo, que inspirou a lei portuguesa, parece determinar um elenco exaustivo e não meramente exemplificativo[318].

bem conhecida na arbitragem internacional. Assim, PETER BINDER, *International Commercial Arbitration and Mediation in UNCITRAL Model Law Jurisdictions,* cit., pág. 291.

317 PEDRO CAETANO NUNES, "Arbitragem e medidas cautelares", cit., pág. 103; MARIANA FRANÇA GOUVEIA, *Curso de resolução alternativa de litígios,* cit., pág. 214; ANTÓNIO MENEZES CORDEIRO, *Tratado da Arbitragem,* cit., págs. 231 ss.; DÁRIO MOURA VICENTE ET AL., *Lei da Arbitragem Voluntária Anotada,* art. 20.º, ARMINDO RIBEIRO MENDES, cit., pág. 91.

318 Veja-se, acerca da interpretação do art. 20.º, n.º 2, LAV, como tendo um sentido taxativo e não exemplificativo, MARIANA FRANÇA GOUVEIA, "A competência cautelar do tribunal arbitral...", cit., pág. 865; MARIANA FRANÇA GOUVEIA, *Curso de resolução alternativa de litígios,* cit., pág. 211; MÁRIO ESTEVES DE OLIVEIRA ET AL., *Lei da Arbitragem Voluntária,* cit., págs. 282 ss. Já segundo ANTÓNIO MENEZES CORDEIRO, *Tratado da Arbitragem,* cit., pág. 233, não existe uma verdadeira tipicidade de providências cautelares, mas apenas "(...) linhas de concretização de uma providência comum".

II. Atendendo à falta de poder coercivo dos tribunais arbitrais, tem sido debatida a possibilidade de estes proferirem providências cautelares que produzam efeitos que possam afetar terceiros e que pressuponham o exercício do *ius imperii*, como é o caso do arresto. Note-se que, quando aqui nos referimos ao arresto, fazemo-lo por uma questão de facilidade terminológica, pois, como se referiu, na LAV, não é feita uma tipificação das providências cautelares.

Alguns autores sublinham a distinção entre a competência para o decretamento de providências cautelares e a competência para a sua execução[319], admitindo, assim, a competência dos tribunais arbitrais para o decretamento das medidas, mas não para a sua execução. Esta teoria implica sublinhar a distinção entre o momento declarativo e o momento executivo das providências cautelares[320]. O tribunal arbitral tem poder para decretar a medida (momento declarativo), mas já não tem poder para a executar, e, no caso do arresto, este não pode existir sem apreensão[321].

A questão ficou facilitada com a adoção da LAV de 2011, nos termos da qual se prevê o decretamento de providências cautelares (art. 20.º LAV), mas também se determina, no art. 27.º LAV, que a sua execução coerciva pode ser feita apenas mediante pedido dirigido ao tribunal estadual competente.

A resposta à questão de saber se algumas providências cautelares podem ser decretadas por tribunal arbitral estará dependente da própria medida cautelar que estiver em causa e, atenta a atipicidade das providências cautelares, do que se entenda de uma determinada medida já tipificada, como é o caso do arresto[322]. Assumindo-se que esta medida "(...) consiste numa apreensão judicial de bens do devedor"[323] e constituindo esta apreensão "(...)

[319] *Vide*, a respeito desta doutrina, PAULA COSTA E SILVA, "A arbitrabilidade de medidas cautelares", *ROA*, I/II, 2003, págs. 211-235, págs. 215 ss.

[320] MARIANA FRANÇA GOUVEIA, "A competência cautelar do tribunal arbitral...", cit., págs. 881 ss.

[321] MARIANA FRANÇA GOUVEIA, "A competência cautelar do tribunal arbitral...", cit., pág. 882.

[322] Tome-se como exemplo a ilustração feita por PAULA COSTA E SILVA, "A arbitrabilidade de medidas cautelares", cit., págs. 217 ss., que explicita de forma clara a diferença entre o "arresto" no Direito alemão e no Direito português, que apresentam estruturas diferentes.

[323] PAULA COSTA E SILVA, "A arbitrabilidade de medidas cautelares", cit., págs. 220 ss. A autora conclui que "[a] partir da decretação do arresto, deverão seguir-se logicamente uma série de actos de execução (v.g. apreensão efectiva dos bens, nomeação de depositário, registo do arresto). Mas a fonte da apreensão não está nestes actos materiais, é a decisão. Consequentemente, a

um acto de exercício de poderes de autoridade (...)[324], a doutrina portuguesa maioritária tem entendido que, atenta a falta de competência executiva, os tribunais arbitrais não podem decretar medidas como o arresto[325-326].

Acresce ainda que o arresto, conforme é usualmente entendido, pressupõe que o requerido não é ouvido antes de a medida ser decretada. Ora, como adiante melhor se explicitará, as medidas preliminares – que são sempre decretadas sem audiência prévia do requerido –, não são passíveis de ser executadas coercivamente pelos tribunais estaduais (art. 23.º, n.º 5, LAV). Logo, também por esta razão, o arresto não poderia ser decretado por tribunal arbitral[327].

decretação do arresto implica a imediata apreensão judicial e jurídica dos bens arrestados, mesmo que a apreensão efectiva ou material seja necessariamente ulterior".

324 Paula Costa e Silva, "A arbitrabilidade de medidas cautelares", cit., pág. 221. Também Mariana França Gouveia, *Curso de resolução alternativa de litígios*, cit., pág. 224, conclui que "[s]e este arresto se caracteriza como uma providência em simultâneo declarativa e executiva, o tribunal arbitral não a pode declarar".

325 Mariana França Gouveia, "A competência cautelar do tribunal arbitral...", cit., págs. 876 ss.; Mariana França Gouveia, *Curso de resolução alternativa de litígios*, cit., pág. 224; Dário Moura Vicente et al., *Lei da Arbitragem Voluntária Anotada*, art. 20.º, Armindo Ribeiro Mendes, cit., pág. 92. Segundo António Menezes Cordeiro, *Tratado da Arbitragem*, cit., pág. 233, "o tribunal arbitral pode ordenar a não-dissipação de bens, por via do 20.º/2, c); já a apreensão judicial de bens só será possível com a colaboração do tribunal do Estado (27.º/1); admitimos que, nesses termos, os bens controversos ou aqueles que consubstanciem a garantia patrimonial da parte possam ser preservados, depositados ou colocados em situação de inalienabilidade". Contra esta orientação, admitindo que o tribunal arbitral pode decretar o arresto, embora não o possa executar, cfr. Manuel Pereira Barrocas, *Lei de Arbitragem Comentada*, cit., pág. 103. Também neste sentido, nos parece ir a orientação de Mário Esteves de Oliveira et al., *Lei da Arbitragem Voluntária*, cit., pág. 283, e, já antes, João Calvão da Silva, "Tribunal arbitral e providências cautelares", cit., pág. 106, sustentava que "(...) impõe, na execução do arresto decretado por tribunal arbitral, a intervenção do tribunal judicial competente, a fim de proceder à apreensão efetiva dos bens em cumprimento do despacho arbitral (...)". Já Pedro Caetano Nunes, "Arbitragem e medidas cautelares", cit., págs. 104 ss., sustenta ser "(...) concebível uma declaração arbitral de arresto, mas (...) com a sua eficácia condicionada ao reconhecimento estadual, ao abrigo do art. 27 da LAV".

326 A jurisprudência portuguesa também se tem revelado avessa à admissibilidade da competência do tribunal arbitral para decretar o arresto. Ainda antes da adoção da LAV de 2011, veja-se, *v.g.*, o acórdão do TRL, de 20 de abril de 2006, Proc. 3041/2006-2, disponível em http://www.dgsi.pt.

327 Também neste sentido, Mariana França Gouveia, "A competência cautelar do tribunal arbitral...", cit., pág. 882.; Mariana França Gouveia, *Curso de resolução alternativa*

b) Competência

I. Os tribunais arbitrais têm, em princípio, competência para proferir as providências cautelares que sejam necessárias no âmbito do objeto do litígio para que são competentes. Todavia, as partes, querendo, podem estipular em contrário, afastando esta competência dos tribunais arbitrais (art. 20.º, n.º 1, LAV). Neste caso, a competência para decretar providências cautelares caberá apenas aos tribunais estaduais[328].

Uma das razões que pode estar subjacente à opção das partes pelo afastamento da competência do tribunal arbitral no âmbito das providências cautelares, prende-se com o receio de que a providência cautelar venha a ser uma antecipação da decisão final. Isto é, na medida em que o mesmo tribunal arbitral poderá decidir em sede de providência cautelar uma questão que provavelmente será novamente apreciada na decisão final, é justificado, por vezes, e apesar do disposto no art. 21.º, n.º 2, LAV, o receio de uma tendência do tribunal num determinado sentido[329].

Se nada for acordado pelas partes, a competência para o decretamento das providências cautelares – quer se trate de um litígio que decorra em instância arbitral, quer se trate de um litígio que ainda não corre termos, mas relativamente ao qual existe convenção de arbitragem – é concorrente dos tribunais estaduais e do tribunal arbitral.

Na verdade, nos termos do art. 7.º LAV, determina-se que, mesmo existindo uma convenção de arbitragem, os tribunais estaduais, antes ou durante o processo arbitral, terão competência para receber os pedidos de decretamento de providências cautelares e para as decretarem[330]. Esta regra é

de litígios, cit., pág. 225, conclui que "[u]m «arresto» inexecutável não é obviamente um arresto".

[328] Mais dificilmente se poderá admitir uma convenção entre as partes estipulando o afastamento da competência dos tribunais estaduais para proferir providências cautelares, pois tratar-se-ia de um *pacta non petendo*, considerado nulo no processo civil, cfr. Dário Moura Vicente et al., *Lei da Arbitragem Voluntária Anotada*, art. 20.º, Armindo Ribeiro Mendes, cit., pág. 90, nota 94. Também neste sentido, nos parece ir a orientação de Pedro Caetano Nunes, "Arbitragem e medidas cautelares", cit., págs. 115 ss. Já admitindo convenções em que é limitada a competência dos tribunais estaduais nestas matérias, cfr. António Menezes Cordeiro, *Tratado da Arbitragem*, cit., pág. 260, posição com a qual discordamos. Manuel Pereira Barrocas, *Lei de Arbitragem Comentada*, cit., pág. 99; António Pedro Pinto Monteiro/ Artur Flamínio da Silva/ Daniela Mirante, *Manual de Arbitragem*, cit., págs. 344 ss.

[329] Mariana França Gouveia, *Curso de resolução alternativa de litígios*, cit., pág. 209.

[330] No mesmo sentido, *vide* art. 9.º da Lei-Modelo.

reafirmada no art. 29.º LAV[331], sublinhando-se aqui que os tribunais estaduais têm competência para decretar providências cautelares na dependência de processos arbitrais, independentemente do local da arbitragem, ou seja, mesmo que este seja fora de Portugal[332]. O critério de competência dos tribunais estaduais, neste caso, mede-se pela competência que têm para os processos que ocorram perante tribunais estaduais. As regras processuais adotadas pelos tribunais estaduais são as que vigoram no país desses tribunais estaduais, no caso, as portuguesas, podendo, todavia, estes tribunais ter em consideração as características da arbitragem internacional. O que significa que os tribunais portugueses poderão adaptar ao caso as regras estritas previstas na lei processual.

II. A atribuição da competência concorrente aos tribunais estaduais permite, na prática, que as partes escolham em que tribunal requerem as providências cautelares. É claro que esta escolha estará limitada nos casos em que, como se viu acima, a providência a decretar implique, *per se*, o exercício de poder executório, caso em que o pedido deve ser feito perante tribunal estadual. Ou nos casos em que uma das partes considere ser especialmente urgente o decretamento da providência cautelar e o tribunal arbitral ainda não esteja constituído[333]. A eficácia e a rapidez no decretamento da providência cautelar poderão compensar a quebra de confidencialidade que venha a resultar do recurso ao tribunal estadual.

Não resulta da lei qualquer regra que determine uma preferência quanto ao tribunal onde intentar o pedido. Esta liberdade que é dada às partes

[331] Tal como também na Lei-Modelo se pode ver no art. 17.º-J.

[332] Acerca desta regra, RUI DE MOURA RAMOS, "L'arbitrage étranger et la reconnaissance des sentences arbitrales étrangères dans le noveau Droit portugais de l'arbitrage", *Arbitraje*, vol. VII, n.º 1, 2014, págs. 61-80, pág. 70.

[333] PETER BINDER, *International Commercial Arbitration and Mediation in UNCITRAL Model Law Jurisdictions*, cit., pág. 190, embora a propósito do art. 9.º da Lei-Modelo. No Direito francês, *vide* THOMAS CLAY, *Code de l'arbitrage commenté*, cit., págs. 55 ss.; JEAN-BAPTISTE RACINE, *Droit de l'arbitrage*, cit., págs. 465 ss., que esclarecem que se admite, nos termos do art. 1449 do *code de procédure civile* francês, que, caso o tribunal arbitral ainda não esteja constituído, cabe ao tribunal estadual decretar essas medidas. Uma vez constituído o tribunal arbitral, é a este que cabe a competência exclusiva para tomar esta decisão: ÉRIC LOQUIN, *L'arbitrage du commerce international*, cit., págs. 239 ss. Todavia, sublinha o mesmo autor, os tribunais estaduais reservam ainda um domínio de competência, o que respeita a "saisies conservatoires et les sûretés judiciaires", cfr. art. 1449 do *Code de procédure civile* francês.

permite que estas analisem, em função da medida concreta a requerer e das características da parte contrária, qual entendem ser a melhor solução.

c) Pressupostos do decretamento de providências cautelares

I. Sendo as providências cautelares medidas provisórias tomadas antes da decisão final, o seu decretamento só ocorrerá se estiverem verificados os pressupostos que o justifiquem.

Assim, nos termos do art. 21.º, n.º 1, LAV, sob inspiração do art. 17.º-A da Lei-Modelo, determina-se, para o decretamento das providências cautelares previstas no art. 20.º, n.º 2, als. a) a c), LAV, as seguintes condições cumulativas: a) a verificação de uma probabilidade séria de que o direito invocado como fundamento da providência existe e de que há um fundado receio da sua lesão (*fumus boni iuris*) e b) o prejuízo que resulta para o requerido do decretamento da providência não excede consideravelmente o dano que com esta o requerente pretende evitar.

No que respeita ao primeiro pressuposto, importa fazer uma determinação dos factos relevantes e uma ponderação do Direito aplicável, para se poder decidir, de facto acerca da referida probabilidade[334]. A verificação de uma probabilidade séria da existência do direito, não exige, como a própria palavra indica, certezas; apenas um juízo de probabilidade. Neste sentido, o art. 21.º, n.º 2, LAV, que determina que "[o] juízo do tribunal arbitral relativo à probabilidade referida na alínea *a*) do n.º 1 do presente artigo não afecta a liberdade de decisão do tribunal arbitral quando, posteriormente, tiver de se pronunciar sobre qualquer matéria", é supérfluo. Em todo o caso, fica reforçada a liberdade do tribunal arbitral para, perante elementos de prova que o convençam em sentido diferente, decidir a final de modo distinto do que fez em sede de providências cautelares.

Para além deste primeiro pressuposto, exige-se ainda um segundo: o denominado *periculum in mora*, *i.e.*, o receio da lesão do direito do requerente deve estar suficientemente fundamentado, *maxime* que a reparação, na decisão final, desse direito lesado seja difícil ou não reparável adequadamente ou mesmo irreparável[335].

[334] António Menezes Cordeiro, *Tratado da Arbitragem*, cit., pág. 236.

[335] *Vide* Mário Esteves de Oliveira et al., *Lei da Arbitragem Voluntária*, cit., pág. 292; António Menezes Cordeiro, *Tratado da Arbitragem*, cit., págs. 236 ss. Esta é, aliás, a ideia que também está subjacente ao art. 17.º-A, n.º 1, al. a), da Lei-Modelo: "É provável que resulte

Na alínea b), do art. 21.º, n.º 1, LAV, está presente um juízo de proporcionalidade, *i.e.*, exige-se uma ponderação entre os prejuízos e os benefícios que o decretamento da providência pode acarretar. Se os danos excederem consideravelmente as vantagens, a providência não será decretada[336].

A providência cautelar tem também, atendendo a todos os pressupostos indicados e à sua finalidade, de ser adequada. Neste sentido, poderá o tribunal arbitral decretar outra providência cautelar que não a especificamente requerida, desde que esteja ainda abrangida pelo pedido[337].

No que respeita às providências cautelares conservatórias da prova, previstas no art. 20.º, n.º 2, al. d), LAV, o tribunal arbitral apenas aplica os pressupostos previstos no art. 21.º, n.º 1, LAV, se assim o considerar adequado. De outro modo, ficará o tribunal apenas vinculado ao pressuposto geral que está subjacente ao decretamento de todas as providências cautelares: considerar que a medida é necessária em relação ao objeto do pedido (art. 20.º, n.º 1, *in fine*, LAV). Na verdade, neste caso, caberá ao tribunal, atento o processo em concreto, analisar da vantagem de proferir ou não providências respeitantes à prova[338].

d) A tramitação das providências cautelares

I. O decretamento de providências cautelares, na LAV, pressupõe a observância do princípio da instância e do princípio do contraditório[339]. Na verdade, nos termos do art. 20.º, n.º 1, LAV, na falta de estipulação em contrário, o tribunal arbitral pode decretar providências cautelares

um dano não adequadamente reparável por uma indemnização, caso a medida provisória não seja ordenada e que esse dano ultrapasse substancialmente aquele que a parte contra a qual a medida foi interposta, sofreria se a medida fosse ordenada". PETER BINDER, *International Commercial Arbitration and Mediation in UNCITRAL Model Law Jurisdictions*, cit., pág. 294, a propósito do art. 17.º-A, n.º 1, al. a), da Lei-Modelo, oferece como exemplos destas situações o facto de estar em risco a perda de uma obra de arte insubstituível, a insolvência de uma sociedade, etc.

[336] MÁRIO ESTEVES DE OLIVEIRA ET AL., *Lei da Arbitragem Voluntária*, cit., págs. 293 ss.; ANTÓNIO MENEZES CORDEIRO, *Tratado da Arbitragem*, cit., pág. 237.

[337] Neste sentido, ANTÓNIO MENEZES CORDEIRO, *Tratado da Arbitragem*, cit., pág. 237.

[338] ANTÓNIO MENEZES CORDEIRO, *Tratado da Arbitragem*, cit., pág. 232, salientando que esta providência cautelar se sujeita a requisitos menos restritos do que as demais.

[339] ANTÓNIO MENEZES CORDEIRO, *Tratado da Arbitragem*, cit., pág. 231.

necessárias se tal lhe tiver sido pedido por uma parte e depois de ouvida a parte contrária. Ou seja, só após ter recebido o requerimento de decretamento de uma providência cautelar feita por uma parte e ouvida a parte contrária, o tribunal arbitral decidirá, tendo como critérios de decisão os previstos no art. 21.º LAV, pelo decretamento ou não da providência.

A observância do princípio do contraditório é aqui especialmente relevante por se tratar de um tribunal arbitral, em que o princípio da igualdade das partes é caracterizador de todo o processo.

II. Na decisão relativa ao decretamento das providências cautelares, a prova dos factos invocados é feita indiciariamente[340], de modo menos desenvolvido do que na decisão relativa ao fundo da causa. Assim, e atendendo também aos deveres de cooperação e ao princípio da boa fé processual que, com especial relevância, estão presentes no processo arbitral, devem as partes contribuir para um cabal esclarecimento da verdade material.

Este dever de revelar é tão mais significativo quanto, nos termos do art. 26.º LAV[341], se determina que a parte que solicite o decretamento da providência poderá ser responsável por custos ou prejuízos que venham a ser causados à outra parte devido ao proferimento da providência, nos casos em que se verifique que, afinal, face às circunstâncias efetivamente existentes, a providência não deveria ter sido proferida. Assim, e atendendo a que se consagra aqui uma responsabilidade de natureza legal e enquadrada sistematicamente no âmbito dos deveres das partes no processo, deverá entender-se que este dever de indemnizar terá como pressuposto uma conduta ética censurável do requerente[342].

[340] MARIANA FRANÇA GOUVEIA, *Curso de resolução alternativa de litígios*, cit., pág. 209; veja-se também, embora a propósito das providências cautelares previstas no CPC, ANTÓNIO MENEZES CORDEIRO, *Tratado da Arbitragem*, cit., pág. 221.

[341] Disposição inspirada no art. 17.º-G da Lei-Modelo.

[342] DÁRIO MOURA VICENTE ET AL., *Lei da Arbitragem Voluntária Anotada*, art. 26.º, ARMINDO RIBEIRO MENDES, cit., págs. 103 ss. Considerando serem requisitos da aplicação do art. 26.º LAV a culpa, a ilicitude, o dano, a causalidade e a ausência de causa de justificação e escusa, *vide* ANTÓNIO MENEZES CORDEIRO, *Tratado da Arbitragem*, cit., pág. 250; JOAQUIM SHEARMAN DE MACEDO, "Caução e medida cautelar arbitral", *Arbitragem Comercial, Estudos comemorativos dos 30 anos do Centro de Arbitragem Comercial da Câmara de Comércio e Indústria Portuguesa*, coord. António Menezes Cordeiro, Almedina, Coimbra, 2019, págs. 525-536,

É, em parte significativa, atendendo à responsabilidade do requerente, mas também com vista a assegurar que os pedidos de decretamento das providências cautelares são efetivamente fundamentados[343], que se admite a possibilidade de o tribunal arbitral exigir à parte requerente a prestação de uma caução adequada (art. 24.º, n.º 2, LAV).

O dever de revelação não é limitado ao requerente, mas estendido a ambas as partes: nos termos do art. 25.º, n.º 1, LAV, estabelece-se que o dever de revelação cabe a ambas as partes, caso se verifiquem alterações significativas das circunstâncias que fundaram o pedido da providência ou o seu decretamento. Este dever é, pois, relevante não apenas no momento anterior ao decretamento da providência, mas permanece, mesmo depois[344]. Na verdade, nos termos do art. 24.º, n.º 1, LAV, em qualquer momento, o tribunal arbitral, analisadas as circunstâncias do caso, pode decidir modificar, suspender ou revogar a providência cautelar. E apesar de, por regra, a iniciativa do pedido deste procedimento caber a uma das partes, excecionalmente, pode o tribunal arbitral tomar tais diligências[345].

III. A decisão do tribunal arbitral sobre uma providência cautelar não é passível de recurso para tribunal estadual (art. 27.º, n.º 4, LAV). Trata-se de uma regra que consagra uma irrecorribilidade legal[346] e não parece admitir convenção em contrário. Na verdade, e em comparação com o disposto no art. 39.º, n.º 4, LAV, em que se consagra a regra da irrecorribilidade das decisões arbitrais, com exceção de convenção em contrário, aqui tal possibilidade não está prevista.

pág. 535. Sustentando que o artigo é inconstitucional por não exigir a atuação culposa do requerente para a atribuição da indemnização, *vide* Mário Esteves de Oliveira et al., *Lei da Arbitragem Voluntária*, cit., págs. 328 ss.

343 Mário Esteves de Oliveira et al., *Lei da Arbitragem Voluntária*, cit., págs. 321 ss.; António Menezes Cordeiro, *Tratado da Arbitragem*, cit., pág. 247, fala em "prevenção de chicana".

344 *Vide*, com regime semelhante, o art. 17.º-F da Lei-Modelo.

345 *Vide*, com redação semelhante, o art. 17.º-D da Lei-Modelo.

346 Dário Moura Vicente et al., *Lei da Arbitragem Voluntária Anotada*, art. 27.º, Armindo Ribeiro Mendes, cit., pág. 106, que informa ainda que esta regra não tem paralelo na Lei-Modelo.

e) Reconhecimento ou execução coerciva de providências cautelares

I. As providências cautelares decretadas por tribunal arbitral são obrigatórias para as partes (art. 27.º, n.º 1, LAV). Todavia, nem sempre as partes as cumprem voluntariamente. Nesses casos de inobservância, e exceto se o tribunal arbitral tiver decidido noutro sentido, a providência cautelar decretada pode ser coercivamente executada mediante pedido dirigido ao tribunal estadual competente[347]. No caso, consoante a natureza do litígio, será competente o tribunal judicial de 1.ª instância ou o tribunal administrativo de círculo em cuja circunscrição se situe o local da arbitragem (art. 59.º, n.º 4, LAV).

Mesmo se a arbitragem tiver lugar no estrangeiro, pode ser pedido a tribunais estaduais portugueses a execução coerciva da providência cautelar, *v.g.*, nos casos em que o demandado tem residência habitual em Portugal ou os bens cá se encontrem[348].

Trata-se aqui de uma situação em que o tribunal estadual auxilia o tribunal arbitral, no desempenho das suas funções, atenta a falta de poder coercivo deste[349].

Verifica-se, nos países em que se pretende atrair a arbitragem, uma tendência para consagrar a possibilidade de assistência a facultar à arbitragem pelos tribunais estaduais[350].

II. A regra, de acordo com o disposto no art. 28.º, n.º 1, LAV, é a de que o tribunal estadual, uma vez solicitado nesse sentido, executará coercivamente a providência cautelar. Esta execução só será recusada pelo tribunal estadual se estiverem verificados os pressupostos previstos numa ou mais alíneas desta disposição.

[347] Acerca desta possibilidade, cfr. Pedro Metello de Nápoles/Carla Góis Coelho, "A arbitragem e os tribunais estaduais...", cit., pág. 208. Com elementos de Direito Comparado a este respeito, *vide* António Menezes Cordeiro, *Tratado da Arbitragem*, cit., pág. 252.

[348] Dário Moura Vicente et al., *Lei da Arbitragem Voluntária Anotada*, art. 27.º, Armindo Ribeiro Mendes, cit., pág. 105. Apesar de não se dispor expressamente na LAV acerca da competência do tribunal estadual nestes casos, é aplicável, analogicamente, atenta a estreita proximidade com a questão em apreço, o art. 59.º, nº 5, LAV.

[349] *Vide*, em sentido semelhante, o art. 17.º-H da Lei-Modelo.

[350] W. Michael Reisman/W.Lawrence Craig/William W. Park/Jan Paulsson, *International Commercial Arbitration*, cit., págs. 641 ss.

Identificam-se, no art. 28.º, n.º 1, LAV[351], dois conjuntos de situações que fundamentam a recusa: um primeiro, indicado na al. a), em que se trata de pressupostos que não são de conhecimento oficioso [subalíneas i), ii) e iii)], devendo, pois, para ser atendidos, ser invocados pelo requerido, que também deve pedir a recusa da execução.

De acordo com a subalínea i), do n.º 1, do art. 28.º, a execução será recusada se o requerido invocar e provar que estão preenchidos os motivos previstos nas subalíneas i), ii), iii) ou iv) da al. a) do n.º 1, do art. 56.º. Ou seja, sinteticamente, que a convenção de arbitragem é inválida, que o processo de composição do tribunal decorreu sem observância da igualdade das partes, que a decisão ultrapassa a competência do tribunal arbitral ou que a constituição do tribunal ou o processo arbitral não foram conformes à convenção das partes ou, subsidiariamente, à lei do país do lugar da arbitragem.

A execução da providência, nos termos da subalínea ii) da alínea a), do art. 28.º da LAV, também será recusada se a caução prevista no art. 24.º, n.º 2, LAV, tendo sido exigida, não tiver sido cumprida. Apesar de não estar expressamente previsto nesta disposição, também deverá ser fundamento de recusa de execução coerciva o incumprimento da prestação da caução determinada pelo tribunal estadual, nos termos previsto pelo art. 27.º, n.º 3, LAV.

E, de igual modo haverá recusa se, nos termos da subalínea iii), a providência cautelar cuja execução coerciva se pede já tiver sido revogada ou suspensa pelo tribunal arbitral ou por um tribunal estadual estrangeiro que tenha competência para o efeito.

São também fundamentos de recusa, embora estes de conhecimento oficioso, o facto de a providência cautelar ser incompatível com os poderes conferidos ao tribunal estadual pela lei que o rege, *v.g.*, o tribunal não ter competência para executar as medidas executivas requeridas pela providência ou o regime processual não ser compatível com a adoção dessas medidas[352]. Nesta hipótese, cabe ao tribunal estadual decidir se pode, face à providência cuja execução *in casu* é pedida, reformular a providência de modo a que se adapte à sua própria competência, bem como ao regime processual que é aplicável, sem que a essência da providência seja alterada.

[351] Veja-se, com redação semelhante, art. 17.º-I da Lei-Modelo.

[352] Mário Esteves de Oliveira et al., *Lei da Arbitragem Voluntária*, cit., pág. 354.

Admitindo-se esta última possibilidade, a adaptação da providência cautelar deve ser precedida da audição das partes[353] e, se necessário, do próprio tribunal arbitral.

Por último, são fundamentos de recusa, nos termos da subalínea ii), da al. b), e por remissão para o art. 56.º, n.º 1, al. b), subalíneas i) e ii), o facto de o litígio não ser arbitrável de acordo com o Direito português (atente-se no art. 1.º da LAV) ou de a execução da providência cautelar resultar um efeito contrário à reserva de ordem pública internacional portuguesa.

Identifica-se, na possibilidade de recusa oficiosa pelo tribunal estadual, uma forma de controlo das decisões arbitrais pelos tribunais estaduais. Na verdade, a verificação dos pressupostos de alguma das subalíneas da al. b) do art. 28.º, n.º 1, LAV, é tão estruturante da ordem jurídica portuguesa que é inadmissível a produção dos efeitos de tal providência cautelar.

Sublinhe-se, em todo o caso, que a separação de competências entre o tribunal estadual e o tribunal arbitral são claras. O tribunal estadual atua, no âmbito da execução coerciva das providências cautelares, com funções de auxílio dos tribunais arbitrais face à ausência do poder coercivo destes, bem como, eventualmente, com funções de controlo.

Todavia, em caso algum pode o tribunal estadual pronunciar-se acerca do mérito da providência cautelar (art. 28.º, n.º 2, LAV). Conforme já acima se referiu, a decisão proferida pelo tribunal arbitral a respeito do reconhecimento ou execução da decisão arbitral não é passível de recurso para tribunal superior (art. 27.º, n.º 4, LAV).

Sublinhe-se que, mesmo nos casos em que esteja em causa a contrariedade à reserva de ordem pública internacional, não existe uma apreciação do mérito da providência cautelar. Apenas se constata que a execução coerciva da providência seria contrária aos princípios jurídicos estruturantes da ordem jurídica portuguesa.

III. O dever de revelação e de cooperação subsiste perante o tribunal estadual. Neste caso, face à inexistência de conhecimento pelo tribunal

353 Mário Esteves de Oliveira et al., *Lei da Arbitragem Voluntária*, cit., pág. 355. Nesta obra considera-se ainda que, uma vez preenchidos os pressupostos de recusa do art. 28.º, n.º 1, al. b), subalínea i), LAV, o requerente pode ainda refazer o seu requerimento cautelar e o tribunal arbitral, ouvido o requerido, substitui a providência cautelar que anteriormente decretou por uma outra executável pelo tribunal estadual.

estadual dos procedimentos que, no decorrer do processo se vão verificando em tribunal arbitral, cabe à parte que peça ou que tenha obtido o reconhecimento ou a execução coerciva da providência cautelar, nos termos do art. 27.º, n.º 2, LAV, informar de imediato o tribunal estadual de uma eventual revogação, suspensão ou modificação da providência pelo tribunal arbitral[354].

6.2. Ordens preliminares

a) Noção e características

Conforme acima se referiu, o decretamento das providências cautelares pressupõe a audiência prévia da parte contrária (art. 20.º, n.º 1, *in fine*, LAV). Todavia, essa audiência prévia pode colocar em causa o fim ou a eficácia de algumas destas medidas. É por essa razão que, *v.g.*, em processo civil, se admite que sejam decretadas providências cautelares sem esta audição (art. 366.º, n.º 1, CPC).

No âmbito da arbitragem voluntária, que tem uma natureza consensual[355], em que os tribunais não têm poder coercivo e a participação das partes em todos os momentos do processo é estruturante para se garantir a igualdade das partes, o decretamento de medidas contra uma parte que não foi previamente ouvida reveste-se de especiais cautelas[356].

Assim, já nos termos do art. 17.º-B da Lei-Modelo, se admite a possibilidade de uma parte pedir uma medida provisória e de o tribunal a decretar, sem audiência prévia da parte visada, se se verificar que esta implica um risco de frustração do objetivo dessa medida[357]. Este regime serviu de inspiração à LAV que, no art. 22.º, n.º 1, vem prever a possibilidade de, salvo convenção em contrário, qualquer das partes poder pedir que seja decretada uma providência cautelar e, simultaneamente, requerer que seja dirigida à outra

[354] António Menezes Cordeiro, *Tratado da Arbitragem*, cit., pág. 253.

[355] Dário Moura Vicente et al., *Lei da Arbitragem Voluntária Anotada*, art. 22.º, Armindo Ribeiro Mendes, cit., pág. 96.

[356] Dando conta destas preocupações pelo Grupo de trabalho que desenvolveu a Lei-Modelo, *vide* Peter Binder, *International Commercial Arbitration and Mediation in UNCITRAL Model Law Jurisdictions*, cit., págs. 297 ss.

[357] Sublinhe-se que, na tradução para português da Lei-Modelo, a expressão "medida provisória" reflete uma figura jurídica semelhante à providência cautelar prevista na LAV, enquanto a figura da "providência cautelar" da Lei-Modelo se aproxima da "ordem preliminar" prevista na LAV.

parte uma ordem preliminar, sem audiência prévia do visado, para que não seja frustrada a finalidade da referida providência cautelar[358].

Trata-se, pois de medidas pré-cautelares[359] que são decretadas sem a observância do contraditório prévio do requerido, mas que estão necessariamente dependentes do pedido de uma providência cautelar, *i.e.*, não podem ser requeridas *per se*. Este facto é relevante, pois o contraditório ficará garantido, embora *a posteriori*, em sede de providência cautelar.

b) Pressupostos da emissão da ordem preliminar

O primeiro pressuposto, que resulta da própria natureza da ordem preliminar, é que tenha sido pedido o decretamento de uma providência cautelar (art. 22.º, n.º 1, LAV).

A ordem preliminar, tal como a providência cautelar que lhe subjaz, terá de ter uma das finalidades previstas no art. 20.º, n.º 2, LAV[360] e deverá preencher os requisitos previstos no art. 21.º LAV (*ex vi* art. 22.º, n.º 3, LAV)[361].

Para além disso, a justificação da ordem preliminar prende-se com o facto de a audiência prévia do requerido antes da sua emissão poder frustrar a própria finalidade da providência cautelar que lhe está associada. A verificação deste pressuposto fica, pois, dependente de um juízo de discricionariedade do tribunal arbitral[362].

c) Regime específico de tramitação das ordens preliminares

I. Uma vez requerida a ordem preliminar, o tribunal arbitral, antes da sua emissão, deve exigir ao seu requerente a prestação de caução que considere adequada, a não ser que considere inadequado ou desnecessário fazê-lo (art. 24.º, n.º 3, LAV). Sublinhe-se que, ao contrário da caução pedida em caso de emissão de providência cautelar, na disposição legal em apreço, o verbo utilizado é "dever" e não "poder"[363]. Ou seja, a regra

[358] Mariana França Gouveia, *Curso de resolução alternativa de litígios*, cit., pág. 211.

[359] Dário Moura Vicente et al., *Lei da Arbitragem Voluntária Anotada*, art. 22.º, Armindo Ribeiro Mendes, cit., pág. 96.

[360] Mariana França Gouveia, *Curso de resolução alternativa de litígios*, cit., pág. 212.

[361] António Menezes Cordeiro, *Tratado da Arbitragem*, cit., pág. 240.

[362] Dário Moura Vicente et al., *Lei da Arbitragem Voluntária Anotada*, art. 22.º, Armindo Ribeiro Mendes, cit., pág. 97.

[363] O art. 17.º-E da Lei-Modelo que regula a caução em caso de decretamento de providências cautelares ou ordens preliminares apresenta um regime semelhante.

será a da exigência da caução. Os fundamentos para o pedido da caução são os mesmos que os referidos para esse pedido em sede de providência cautelar, com a agravante de, no caso em análise, a parte contra quem vai ser emitida a ordem preliminar não ter sido previamente ouvida. Assim, a probabilidade de responsabilidade do requerente, prevista no art. 26.º LAV, por "custos ou prejuízos causados à outra parte", aumenta, o que justifica também uma orientação mais impositiva do legislador no que respeita à exigência de caução.

II. O dever de revelação pelas partes, já referido em sede de providências cautelares, assume, no âmbito das ordens preliminares, especial enfoque, atenta a ausência do contraditório prévio.

É assim que, nos termos do art. 25.º, n.º 2, LAV, se determina que a parte que requer a ordem preliminar deve, desde o momento em que faz o pedido, revelar ao tribunal todos os elementos que possam ser relevantes para a decisão da sua emissão ou manutenção, em especial, até o requerido ter oportunidade de apresentar a sua posição. Mesmo depois deste momento, o dever de revelação mantém-se, nos termos gerais, previstos no art. 25.º, n.º 1, LAV, *ex vi* art. 25.º, n.º 2, LAV.

III. Tomada a decisão relativamente ao requerimento da ordem preliminar, o tribunal arbitral deve imediatamente informar todas as partes sobre o pedido de providência cautelar, o requerimento da ordem preliminar, a própria ordem preliminar – se esta tiver sido emitida – e todas as comunicações, inclusive orais, que tenham havido entre as partes e o tribunal a respeito desta situação (art. 23.º, n.º 1, LAV)[364]. Desta forma se garante a transparência do processo e o associado dever de informar a outra parte de todas as comunicações que uma parte faça ao tribunal arbitral[365].

Nesse mesmo momento, se tiver sido emitida a ordem preliminar, o tribunal arbitral deve dar oportunidade à parte contra quem esta foi

[364] Acerca da amplitude destas informações, *vide* António Menezes Cordeiro, *Tratado da Arbitragem*, cit., pág. 243. A influência do art. 17.º-C da Lei-Modelo é, aqui, clara.

[365] Atente-se no art. 17, n.º 4, das Regras de Arbitragem da CNUDCI, que determina que todas as comunicações feitas por uma parte ao tribunal arbitral devem ser comunicadas por essa parte às demais. Veja-se, acerca desta regra, Jan Paulsson/Georgios Petrochilos, *UNCITRAL Arbitration*, cit., págs. 131 ss. *Vide* também a este respeito, Dário Moura Vicente et al., *Lei da Arbitragem Voluntária Anotada*, art. 23.º, Armindo Ribeiro Mendes, cit., pág. 99.

emitida de apresentar a sua posição, no mais curto prazo e que é fixado pelo tribunal (art. 23.º, n.º 2, LAV). Assim se repõe a possibilidade de exercício pleno do contraditório. E o tribunal arbitral deve também responder a esta oposição o mais rapidamente possível (art. 23.º, n.º 3, LAV). Todavia, atendendo a que, nos termos do art. 23.º, n.º 4, LAV, a ordem preliminar caduca no prazo de 20 dias após a data em que foi emitida pelo tribunal arbitral[366] e que, entendendo ser de manter a medida, o tribunal arbitral deve decretar a providência cautelar antes de a medida caducar – *i.e.* antes do fim dos 20 dias –, todo o processo de resposta à ordem preliminar tem de ser especialmente acelerado, sem, contudo, colocar em causa os direitos das partes no processo arbitral. Na verdade, não basta, para se observar o princípio do contraditório, que seja dado conhecimento à outra parte dos documento e comunicações que tenham ocorrido; é também necessário dar-lhe o tempo necessário para analisar esses documentos e preparar a resposta[367]. E todavia, no prazo de 20 dias tem de ser dado conhecimento à parte requerida dos elementos do processo, tem de lhe ser dado prazo para analisar os documentos e responder, tem de ser dado tempo ao tribunal para se pronunciar acerca da oposição do requerido à ordem preliminar e à providência cautelar e ainda tem de ser dado tempo ao tribunal arbitral para decidir se é de proferir a providência cautelar solicitada com a ordem preliminar, para que o efeito desta não se extinga. A respeito desta última questão, autores como ANTÓNIO MENEZES CORDEIRO[368] pronunciam-se pela possibilidade de o tribunal arbitral poder, neste momento, decretar uma "providência cautelar imprópria", que adote ou modifique o conteúdo da ordem preliminar, ficando, para momento posterior a apreciação da providência cautelar que foi pedida com a ordem preliminar[369].

[366] Veja-se, estabelecendo o mesmo prazo, o art. 17.º-C, n.º 4, da Lei-Modelo. Conforme sublinha DÁRIO MOURA VICENTE ET AL., *Lei da Arbitragem Voluntária Anotada,* art. 23.º, ARMINDO RIBEIRO MENDES, cit., pág. 99, este prazo de caducidade "(...) traduz o caráter transitório e precário da ordem preliminar".

[367] Informa DÁRIO MOURA VICENTE ET AL., *Lei da Arbitragem Voluntária Anotada,* art. 23.º, ARMINDO RIBEIRO MENDES, cit., pág. 99, que é concebível que esse prazo seja de 24 ou 48 horas.

[368] ANTÓNIO MENEZES CORDEIRO, *Tratado da Arbitragem,* cit., pág. 244.

[369] *Vide* também, em sentido que, interpretamos, semelhante ao exposto, MÁRIO ESTEVES DE OLIVEIRA ET AL., *Lei da Arbitragem Voluntária,* cit., págs. 314 ss.

d) Inobservância das ordens preliminares

As ordens preliminares, de acordo com o art. 23.º, n.º 5, LAV, apesar de serem obrigatórias para as partes, não são passíveis de execução coerciva pelos tribunais estaduais.

O legislador português não incluiu na LAV uma disposição semelhante ao art. 17.º-C, n.º 5, *in fine,* da Lei-Modelo, em que expressamente se esclarece que uma medida semelhante à ordem preliminar não constitui uma sentença arbitral[370].

Face ao exposto, apesar de as partes estarem vinculadas e de serem obrigadas a acatar essas medidas, não verão os tribunais estaduais a executá-las. Este regime suscita a questão de saber qual a consequência para o caso de incumprimento da ordem preliminar nos casos em que é necessária a colaboração do requerido para executá-la. Segundo uma orientação doutrinária, apesar de não se poder executar estas ordens, mas atendendo a que são obrigatórias, aventa-se a possibilidade de o tribunal arbitral poder condenar a parte faltosa no âmbito da responsabilidade civil, por prejuízos decorrentes da frustração da utilidade da providência cautelar associada à ordem preliminar[371] ou de retirar consequências em sede de custas para a parte não colaborante[372]. Numa outra hipótese, admite-se, embora com dúvidas, a possibilidade de o tribunal arbitral fixar uma sanção pecuniária compulsória por cada dia de incumprimento da ordem, nos termos do art. 829.º-A, CC[373]. O Tribunal da Relação de Lisboa[374], todavia, já veio pronunciar-se a este respeito, sustentando que "[a] sanção pecuniária compulsória visa uma dupla funcionalidade de moralidade e de eficácia (...)

[370] Mário Esteves de Oliveira et al., *Lei da Arbitragem Voluntária,* cit., pág. 315; Dário Moura Vicente et al., *Lei da Arbitragem Voluntária Anotada,* art. 23.º, Armindo Ribeiro Mendes, cit., pág. 100.

[371] Mário Esteves de Oliveira et al., *Lei da Arbitragem Voluntária,* cit., pág. 316; António Menezes Cordeiro, *Tratado da Arbitragem,* cit., pág. 244.

[372] Joaquim Shearman de Macedo, "Sanção pecuniária compulsória e arbitragem. Algumas considerações", *Estudos em Homenagem ao Prof. Doutor José Lebre de Freitas,* vol. II, Coimbra Editora, 2013, págs. 811-829, pág. 828.

[373] Mário Esteves de Oliveira et al., *Lei da Arbitragem Voluntária,* cit., pág. 316; António Menezes Cordeiro, *Tratado da Arbitragem,* cit., pág. 244. *Vide* também, em sentido mais amplo, António Sampaio Caramelo, "Da condução do processo arbitral...", cit., pág. 736.

[374] Acórdão do TRL, de 13 de fevereiro de 2014, Proc. 724/13.2YRLSB-8, disponível em http://www.dgsi.pt.

e reveste um caráter bifronte, misto de prevenção e de repressão"; e assim, sustenta que "(...) estando presente na figura uma funcionalidade acrescida de reforço da soberania, de que estão desprovidos os tribunais arbitrais, a pedra angular de todo o funcionamento do mecanismo da sanção pecuniária compulsória é o juiz estadual, única entidade que a pode ordenar"[375]-[376]. O mesmo Tribunal[377], posteriormente, veio assumir uma posição distinta, sustentando que "[a] cominação de sanção pecuniária compulsória pressupõe uma violação actual ou iminente da obrigação de prestação de facto a que se refere, admitindo-se que as razões que presidem a este instituto, *maxime*, a salvaguarda do prestígio da justiça, e a defesa dos interesses do credor, permitem qua a aludida sanção possa ser aplicada pelos Tribunais Arbitrais que integram a categoria de tribunais com consagração constitucional"[378].

7. O processo arbitral

7.1. Considerações gerais

Na arbitragem, tal como em qualquer outro processo em que estão em causa interesses conflituantes, importa definir quais as regras processuais

[375] Também Joaquim Shearman de Macedo, "Sanção pecuniária compulsória...", cit., em especial, págs. 811, 826 ss., conclui que os tribunais arbitrais não têm poder para decretar sanções pecuniárias compulsórias. O autor sublinha, na comunidade internacional, a dificuldade em reconhecer a existência de um poder dos árbitros de decretar estas sanções atenta a sua natureza híbrida e a "(...) sua inserção numa zona cinzenta entre a *jurisdictio* e o *imperium*".

[376] Solução distinta é consagrada no art. 1468 do *Code de procédure civile* francês, em que se admite expressamente a possibilidade de serem fixadas *astreintes*. *Vide* Thomas Clay, *Code de l'arbitrage commenté*, cit., págs. 103 ss.; Jean-Baptiste Racine, *Droit de l'arbitrage*, cit., págs. 470 ss. Embora este autor reconheça, ob. cit., pág. 553, que, neste âmbito, o tribunal arbitral não está desprovido de *imperium*. Sublinhe-se, todavia, que não é esta a única situação em que se admite o recurso a *astreintes* no Direito francês. Na verdade, nos termos do art. 1467 do *Code de procédure civile* também se admite que estas sejam fixadas contra a parte que tem elemento de prova e se recusa a facultá-los (cfr. Thomas Clay, *Code de l'arbitrage commenté*, cit., págs. 102 ss.).

[377] Acórdão do TRL, de 23 de abril de 2015, Proc. 163/15.0YRLSB.L1-2, disponível em http://www.dgsi.pt.

[378] O mesmo TRL veio, em acórdão de 21 de dezembro de 2015, Proc. 1546/15.1YRLSB-1, decidir que "[o] tribunal arbitral tem competência para aplicar uma sanção pecuniária compulsória, desde que alegados e demonstrados os requisitos, ou seja, perante uma obrigação de prestação de facto negativo, infungível e instantâneo resulte um incumprimento actual ou iminente da mesma".

aplicáveis ao caso. O modo de proceder na arbitragem deve ser previsível, devendo por isso, o processo arbitral reger-se por regras claras[379].

As especificidades da arbitragem justificam que a definição das próprias regras processuais deva ser feita de modo adequado às finalidades visadas, importando, todavia, garantir que o processo respeita os princípios estruturantes do Direito. De outro modo, dificilmente se aceitaria que a decisão arbitral pudesse ser equiparada a uma decisão proferida por um tribunal estadual.

Atento o princípio da autonomia da vontade que está subjacente à arbitragem, cabe, por regra, em parte significativa, às partes definir as regras processuais aplicáveis ao caso[380], ou, se assim o entenderem, remeter para as regras processuais de fonte legal ou de outra natureza.

A escolha destas regras que regerão a tramitação do processo deve ser feita aquando da celebração da convenção de arbitragem ou em momento posterior, mas antes da aceitação do primeiro árbitro[381].

Na falta de designação pelas partes, haverá que aplicar as regras processuais previstas na lei da arbitragem que regulam a arbitragem em causa. Na falta de tais regras, caberá ao tribunal arbitral conduzir a arbitragem do modo que considerar mais apropriado. É neste sentido que, aliás, vem dispor o art. 30.º LAV, definindo as principais orientações em matéria de processo arbitral[382].

Desde logo se determina, nos termos do art. 30.º, n.º 2, LAV, que as partes, nas condições aí previstas, podem acordar sobre as regras do processo a observar na arbitragem. Nem as partes, nem o tribunal arbitral estão necessariamente e vinculados às regras de Direito processual de fonte legal aplicáveis nos tribunais estaduais em vigor nesses Estados[383]. O que não significa que, querendo, não o possam fazer. Com efeito, nos termos do art. 30.º, n.º 3, LAV, determina-se que, na falta de escolha de regras

379 António Menezes Cordeiro, *Tratado da Arbitragem*, cit., pág. 263.

380 W. Michael Reisman/W.Lawrence Craig/William W. Park/Jan Paulsson, *International Commercial Arbitration*, cit., págs. 755 ss.

381 António Sampaio Caramelo, "Da condução do processo arbitral...", cit., págs. 676 ss.

382 Esta disposição tem clara inspiração dos arts. 18.º e 19.º da Lei-Modelo da CNUDCI e dos arts. 15.º e 16.º da Lei de Arbitragem de 1986: António Menezes Cordeiro, *Tratado da Arbitragem*, cit., págs. 275 ss. *Vide* também, António Sampaio Caramelo, "Da condução do processo arbitral...", cit., pág. 670.

383 Luís de Lima Pinheiro, *Arbitragem Transnacional*, cit., págs. 145 ss.

processuais, o tribunal arbitral tem a possibilidade de "(...) explicitar que considera subsidiariamente aplicável o disposto na lei que rege o processo perante o tribunal estadual competente".

Atendendo à importância das regras processuais aplicáveis ao caso na própria decisão de mérito, cabe também aos árbitros que compõem o tribunal decidir, antes de aceitarem o encargo, se aceitam as regras processuais acordadas pelas partes[384]. Caso as partes pretendam alterar essas regras já depois da aceitação dos árbitros, caberá a estes decidir se aceitam essa modificação; assim o determina o art. 30.º, n.º 2, LAV.

Em todo o caso, o processo arbitral deve sempre respeitar as regras imperativas consagradas em convenções internacionais e na lei interna aplicável ao caso[385], bem como, em sentido mais geral, os princípios que sustentam as garantias processuais mínimas, *maxime* os que integram a reserva de ordem pública internacional, e cuja inobservância pode conduzir à impugnação e consequente anulação da decisão arbitral[386]. Ou, já numa outra fase, à oposição à execução da decisão; ou ainda, desta feita num plano plurilocalizado, à recusa do reconhecimento ou execução de decisão arbitral estrangeira no Estado em que é feito esse pedido.

Importa ter ainda presente que, frequentemente, as partes decidem por arbitragem institucionalizada, sendo, pois, aplicáveis os próprios regulamento dos respetivos centros de arbitragem. Mesmos nos casos de arbitragens *ad hoc*, as partes optam, por vezes, por remeter a tramitação processual, total ou parcialmente, para regulamentos de centros de arbitragem.

7.2. Princípios e regras do processo arbitral

a) Princípios jurídicos relevantes

Como acima se referiu, a autonomia da vontade das partes na definição das regras processuais encontra limites que se fundam, *v.g.*, em princípios

[384] António Menezes Cordeiro, *Tratado da Arbitragem*, cit., pág. 281.

[385] W. Michael Reisman/W.Lawrence Craig/William W. Park/Jan Paulsson, *International Commercial Arbitration*, cit., pág. 755.

[386] Luís de Lima Pinheiro, *Arbitragem Transnacional,* cit., págs. 147 ss., com referência à Lei n.º 31/86. *Vide* também, já com respeito à LAV de 2011, Mário Esteves de Oliveira et al., *Lei da Arbitragem Voluntária*, cit., págs. 364; António Menezes Cordeiro, *Tratado da Arbitragem*, cit., págs. 280 ss.; Manuel Pereira Barrocas, *Lei de Arbitragem Comentada*, cit., pág. 124.

jurídicos, que garantem a observância das regras essenciais que asseguram as garantias processuais mínimas[387].

Entre esses princípios, salienta-se o da citação do demandado, ou também da proibição da indefesa, de acordo com o qual o demandado deve ser citado para apresentar a sua defesa face a factos que contra si forem alegados. Este princípio encontra-se previsto no art. 30.º, n.º 1, al. a), LAV. É aí referido que "[o] demandado é citado para se defender". Apesar de não se encontrar expressamente previsto na LAV em que consiste a citação, de acordo com as regras básicas do processo, entende-se como tal a comunicação que é feita ao demandado, em que se dá conhecimento de que foi contra ele intentada uma ação e é chamado a intervir no processo para, querendo, se defender[388]. Não estando concretizado, na LAV, o modo de fazer a citação, não há que aplicar, necessariamente, as regras que regulam a citação nos processos que correm termos nos tribunais estaduais[389]. A ideia subjacente à arbitragem é de agilizar o processo, pelo que, poderão as próprias partes acordar em que termos é feita essa citação[390] ou submetê-la às regras previstas no centro de arbitragem ou ser definida de outra forma. Relevante é que, de facto, o demandado tenha sido informado da demanda e que tenha tido possibilidade de se defender.

Este princípio dilui-se no princípio do contraditório, assumidamente estruturante em qualquer processo, e que assegura que a cada parte é dada a possibilidade de responder a novos factos que tenham sido invocados pela parte contrária, bem como a requerimentos feitos ao tribunal[391], às decisões por este tomadas. Na LAV, o legislador autonomizou estes princípios, respetivamente, na alínea a) e c) do n.º 1 do art. 30.º.

Igualmente estruturante é o princípio da igualdade das partes, expressamente consagrado no art. 30.º, n.º 1, al. b), LAV, determinando-se

[387] Também neste sentido, a propósito das regras previstas na Lei-Modelo, *vide* Peter Binder, *International Commercial Arbitration and Mediation in UNCITRAL Model Law Jurisdictions*, cit., págs. 331 ss.

[388] Atente-se, *v.g.*, no art. 219.º, n.º 1, CPC.

[389] António Menezes Cordeiro, *Tratado da Arbitragem*, cit., pág. 277.

[390] António Sampaio Caramelo, "Da condução do processo arbitral...", cit., pág. 672.

[391] António Menezes Cordeiro, *Tratado da Arbitragem*, cit., pág. 277. Acerca do princípio do contraditório na arbitragem, *vide* também José Carlos Fernández Rozas/Sixto A. Sánchez Lorenzo/Gonzalo Stampa, *Principios Generales del Arbitraje*, cit., págs. 298 ss.

que devem ser tratadas com igualdade no processo arbitral[392]. O próprio exercício do contraditório é uma manifestação do princípio da igualdade[393]. A contrariedade a este princípio facilmente coloca em causa a decisão de mérito, na medida em que, não tendo as partes atuado com igualdade de armas, a decisão pode refletir este desequilíbrio. Acresce ainda, conforme previsto na mesma disposição, que deve ser dada às partes a oportunidade de fazerem valer os seus direitos, por forma escrita ou oral, antes da decisão final[394].

O princípio da boa fé, *maxime* na sua vertente de dever de cooperação entre as partes e com o tribunal, é especialmente relevante na arbitragem[395] atenta a falta de poder coercivo do tribunal arbitral. Na verdade, se não houver

[392] Em geral, acerca da relevância do princípio da igualdade das partes como corolário do direito ao processo equitativo e, em especial, no âmbito da LAV, *vide* António Pedro Pinto Monteiro, *O princípio da igualdade e a pluralidade de partes na arbitragem*, cit., págs. 98 ss. *Vide* também José Carlos Fernández Rozas/Sixto A. Sánchez Lorenzo/Gonzalo Stampa, *Principios Generales del Arbitraje*, cit., págs. 247, 296 ss.

[393] António Menezes Cordeiro, *Tratado da Arbitragem*, cit., pág. 277; António Sampaio Caramelo, "Da condução do processo arbitral...", cit., pág. 674, salienta que o princípio do contraditório inclui o direito de o demandado ser efetivamente informado das peças processuais e de todos os elementos do processo, de modo a que possa responder-lhes adequadamente. Também no art. 373, n.º 4, da *ZPO* suíça, se prevê que o tribunal arbitral deve garantir a igualdade entre as partes e o seu direito a serem ouvidas num procedimento que garanta o contraditório (*Basler Kommentar, Schweizerische Zivilprozessordnung*, Philipp Habegger, art. 373, 3.ª edição, org. Karl Spühler/Luca Tenchio/Dominik Infanger, Helbing Lichtenhahn Verlag, Basel, 2017, anots. 46 ss., págs. 2319 ss.). Em sentido semelhante, *vide* art. 182, n.º 3, da Lei de Direito Internacional Privado suíça (Bernard Dutoit, *Droit international privé suisse*, cit., anots. 5 ss., págs. 819 ss.); § 1042 (1), *ZPO*, Prütting/Gehrlein, *Zivilprozessordnung Kommentar*, Prütting, § 1042, cit., anots. 5 ss., pág. 2500; art. 1464 do *Code de procédure civil* francês, cfr. Jean-Baptiste Racine, *Droit de l'arbitrage*, cit., págs. 393 ss.

[394] Veja-se, em sentido semelhante, o art. 18.º da Lei-Modelo. Este último direito é também designado por alguns como *right to a fair trial*: Peter Binder, *International Commercial Arbitration and Mediation in UNCITRAL Model Law Jurisdictions*, cit., pág. 331. A este respeito, outros autores, referem-se ao *right to be heard:* Richard Kreindler/Reinmar Wolff/Markus S. Rieder, *Commercial Arbitration in Germany*, cit., págs. 178 ss., embora no contexto do § 1042, 1, (2) *ZPO* alemã, que adotou, no essencial, a redação do art. 18.º da Lei-Modelo.

[395] Manuel Pereira Barrocas, *Manual de Arbitragem*, cit., págs. 387 ss.; Mário Esteves de Oliveira et al., *Lei da Arbitragem Voluntária*, cit., págs. 377 ss.; Manuel Pereira Barrocas, "Poderes do árbitro. Extensão e limites", *Estudos de Direito da Arbitragem em Homenagem a Mário Raposo*, Universidade Católica Editora, Lisboa, 2015, págs. 145-160, págs. 153 ss.

colaboração das partes e, consequentemente, for solicitado frequentemente o auxílio do tribunal estadual, o processo tenderá a tornar-se moroso, mais caro, a perder confidencialidade; em suma, tudo o que tradicionalmente se pretende evitar com a arbitragem.

Para além destes princípios que são absolutamente estruturantes do processo arbitral, podem ser identificadas outras diretrizes a seguir na arbitragem. Designadamente, é pacífica na arbitragem a ideia de eficiência, de simplicidade, de neutralidade do procedimento relativamente ao mérito da causa, de resolução definitiva e global do litígio, de confidencialidade, de consensualidade[396].

b) Regras supletivas

Conforme se referiu, cabe às partes, dentro dos limites do Direito, escolher as regras processuais aplicáveis.

Na ausência de acordo entre as partes quanto a estas regras, aplicam-se as que estão previstas na LAV e, na falta destas também, determina o art. 30.º, n.º 3, LAV, que cabe ao tribunal arbitral conduzir a arbitragem do modo que considerar apropriado, cabendo-lhe ainda, em concretização desta orientação, definir as regras processuais que considerar adequadas[397]. Tudo isto dentro dos limites previstos pela convenção das partes, pela lei imperativa e pelos princípios da ordem pública[398]. Neste enquadramento, pode o tribunal arbitral explicitar que considera serem subsidiariamente aplicáveis as regras que regulam o processo no tribunal estadual (cfr. art. 30.º, n.º 3, *in fine* LAV).

Esta remissão, ainda que em termos subsidiários, para as regras processuais que regem os processos em tribunais estaduais tem sido objeto de críticas, entendendo-se que sobrecarrega o processo arbitral, complexificando-o ao invés de o agilizar[399]. Esta remissão, todavia, também tem sido louvada. Na

[396] Designando-os de "subvalores processuais da arbitragem", *vide* ANTÓNIO MENEZES CORDEIRO, *Tratado da Arbitragem*, cit., págs. 268 ss.

[397] Também sustentando que cabe ao tribunal definir as regras que regem o processo e não adotar soluções casuístas a cada momento, *vide* ANTÓNIO MENEZES CORDEIRO, *Tratado da Arbitragem*, cit., págs. 282 ss.

[398] ANTÓNIO SAMPAIO CARAMELO, "Da condução do processo arbitral...", cit., pág. 678.

[399] ANTÓNIO SAMPAIO CARAMELO, "Da condução do processo arbitral...", cit., pág. 677; MARIANA FRANÇA GOUVEIA, *Curso de resolução alternativa de litígios*, cit., págs. 235 ss.; MANUEL PEREIRA BARROCAS, "A razão por que não são aplicáveis à arbitragem nem os princípios

verdade, atendendo a que, nas regras que regem o processo em tribunais estaduais estão plasmados os princípios que garantem um processo justo, a remissão para aquelas assegura tal justiça[400].

Pela nossa parte, apesar de concordarmos com esta última consideração, temos reservas na aplicação generalizada das regras do processo estadual no âmbito do processo arbitral pela complexidade que pode implicar. Importa ter presente que as regras processuais por que se regem os tribunais estaduais podem tornar o processo mais lento e pouco flexível. Assim, na remissão feita para tais regras processuais deve salvaguardar-se a possibilidade de as flexibilizar.

7.3. O processo arbitral

a) A língua utilizada no processo

Embora não se trate de uma questão de tramitação processual *stricto sensu*, a determinação da língua adotada no processo é importante, em especial, nos casos em que estão em causa arbitragens com partes e árbitros de diferentes proveniências geográficas e pode acarretar despesas acrescidas[401]. Na verdade, o domínio da língua que é adotada no processo é fundamental para não se suscitarem dificuldades que resultem de um mau entendimento dos elementos do processo, podendo ser necessária a contratação de tradutor. Uma vez mais, a autonomia da vontade é soberana e, nos termos do art. 32.º, n.º 1, LAV, determina-se que as partes podem escolher, por acordo, a língua ou línguas a utilizar no processo. Não havendo escolha pelas partes, será o tribunal a defini-la. Uma vez que a língua pode ser um elemento importante na decisão do árbitro em aceitar ou não o encargo, esta escolha do idioma pelas partes deve ser feita até à aceitação do primeiro árbitro.

nem o regime legal do processo civil", *ROA*, III/IV, 2016, págs. 625-630; Manuel Pereira Barrocas, *Estudos de Direito e Prática Arbitral*, cit., págs. 33 ss.; António Pedro Pinto Monteiro/ Artur Flamínio da Silva/ Daniela Mirante, *Manual de Arbitragem*, cit., págs. 93 ss.

400 Mesmo que se discorde desta remissão para as regras processuais dos tribunais estaduais, é inegável que há conceitos aí previstos, como a habilitação, caso julgado, litisconsórcio, que são relevantes também no âmbito da arbitragem. Sustentando que não existe, na arbitragem um "(...) afastamento epistemológico das regras processuais dos tribunais arbitrais", cfr. José Luís Bonifácio Ramos, "Descoberta de prova na Arbitragem...", cit., págs. 40 ss.

401 António Sampaio Caramelo, "Da condução do processo arbitral...", cit., pág. 690.

No art. 32.º, n.º 2, LAV, esclarece-se ainda que o tribunal pode ordenar que qualquer documento seja acompanhado de tradução na língua ou línguas do processo (acordadas pelas partes ou fixadas pelo tribunal). Naturalmente, se o tribunal não o considerar necessário, poderá esse documento estar redigido e sem tradução numa língua que não a do processo[402].

b) A notificação para arbitragem

Um marco temporal importante na arbitragem é o momento em que se inicia o processo. Na verdade, há prazos relevantes que dependem da data do início da arbitragem, *v.g.*, para efeitos de interrupção de prazos de caducidade ou de prescrição; para se determinar a partir de que momento o processo está pendente, em casos de litispendência, etc.[403]. A fixação da data do início da arbitragem é também relevante nos casos em que se consagram cláusulas escalonadas[404], determinando-se que, em caso de litígio, as partes têm de, primeiro, seguir para a mediação ou a conciliação ou outra forma de tentar solucionar o litígio. Acorda-se também que apenas no caso de, findo um certo período de tempo, não terem as partes chegado a acordo, se seguirá para arbitragem, também dentro de um determinado período de tempo[405].

Nos termos do art. 33.º, n.º 1, LAV, determina-se que, exceto convenção das partes em sentido contrário, o processo arbitral inicia-se na data em que o pedido de submissão desse litígio a arbitragem é recebido pelo demandado[406]. Este pedido de submissão é tradicionalmente designado

402 O art. 32.º LAV foi inspirado no art. 22.º da Lei-Modelo.

403 ANTÓNIO SAMPAIO CARAMELO, "Da condução do processo arbitral...", págs. 693 ss.; *International Commercial Arbitration*, "§ 1 Best practice in international arbitration...", STEPHAN BALTHASAR, cit., pág. 27.

404 Sobre cláusulas escalonadas, com referências bibliográficas, *vide* LINO DIAMVUTU, "O Princípio da Competência-Competência...", cit., págs. 81 ss.; ANTÓNIO MENEZES CORDEIRO, *Tratado da Arbitragem*, cit., pág. 281; JOSÉ CARLOS SOARES MACHADO, "Cláusulas arbitrais *escalonadas...*", cit., págs. 89-108; ANTÓNIO PEDRO PINTO MONTEIRO/ ARTUR FLAMÍNIO DA SILVA/ DANIELA MIRANTE, *Manual de Arbitragem*, cit., págs. 137 ss.

405 *Vide* nota 82 e texto correspondente.

406 Veja-se, no mesmo sentido, art. 21.º da Lei-Modelo da CNUDCI. Já na Lei n.º 31/86, no art. 11.º, também assim se determinava, cfr. LUÍS DE LIMA PINHEIRO, *Arbitragem Transnacional*, cit., pág. 125. Atente-se também no § 1044 *ZPO* alemã, cfr. PRÜTTING/GEHRLEIN, *Zivilprozessordnung Kommentar*, PRÜTTING, § 1044, cit., anot. 2, págs. 2504 ss.

de notificação para arbitragem[407] e nele uma das partes da convenção de arbitragem envia uma comunicação à outra parte (ou outras partes) com indicação do objeto do litígio, especificando-o, embora não exaustivamente. Nesta notificação, a parte que envia o pedido indica, desde logo, o árbitro que designa (caso os árbitros não estejam já previamente designados na convenção de arbitragem ou se outro método não tiver sido acordado)[408]. A outra parte, usualmente, responde a este pedido tecendo, se assim o entender, breves considerações quanto ao objeto e designando também um árbitro[409]-[410]. Só depois de os dois árbitros indicados pelas partes estarem designados é que estes designarão o árbitro presidente e apenas após a aceitação do encargo por este o tribunal ficará constituído.

Como é usual, todo este procedimento só se desenvolverá nestes termos se as partes não tiverem convencionado de modo diferente ou se a arbitragem não for institucionalizada, caso em que seguirão os termos previstos no regulamento de arbitragem do Centro.

c) A ata de missão

Frequentemente, depois de o tribunal estar constituído, as partes e os árbitros reúnem e redigem a ata de missão (também designada de ata de instalação) em que podem estabelecer elementos como a identificação e endereços físicos e eletrónicos das partes e dos respetivos mandatários, o local da arbitragem, a língua adotada, o modo de notificar, o calendário da

[407] Peter Binder, *International Commercial Arbitration and Mediation in UNCITRAL Model Law Jurisdictions,* cit., págs. 351 ss., refere que *request for arbitration* e *notice of arbitration* são os termos utilizados nas Regras de Arbitragem da CNUDCI e na Lei-Modelo da CNUDCI, respetivamente.

[408] Manuel Pereira Barrocas, *Lei de Arbitragem Comentada,* cit., pág. 133. Sublinhando que este procedimento constitui, geralmente, o início da arbitragem, W. Michael Reisman/W. Lawrence Craig/William W. Park/Jan Paulsson, *International Commercial Arbitration,* cit., pág. 2. O art. 3 das Regras de Arbitragem da CNUDCI indica exemplos de elementos que podem integrar a notificação para arbitragem. Veja-se, a este respeito, Jan Paulsson/Georgios Petrochilos, *UNCITRAL Arbitration,* cit., págs. 23 ss.

[409] Atente-se, no que respeita às designações dos árbitros a indicar por cada uma das partes, no art. 10.º, n.ºs 3 e 4, LAV.

[410] Acerca desta tramitação, *vide* António Sampaio Caramelo, "Da condução do processo arbitral...", cit., págs. 694 ss.

arbitragem, as regras processuais aplicáveis, o objeto principal do litígio, os custos e outros elementos relativamente aos quais cheguem a acordo[411].

d) A petição inicial

Constituído o tribunal arbitral, nos termos do art. 33.º, n.º 2, LAV, e dentro dos prazos convencionados pelas partes ou fixados pelo tribunal, o demandante apresenta a sua petição inicial, enunciando o pedido e os factos em que se baseia, juntando os documentos que considere pertinentes e mencionando também os documentos que pretendem vir a juntar posteriormente. Sublinhe-se, em todo o caso, que, nos termos do art. 35.º, n.ºs 3 e 4, LAV, se determina que a falta de produção de prova documental no prazo fixado não implica, salvo acordo em contrário, necessariamente a sua preclusão, podendo o tribunal, se considerar a omissão justificada, permitir a uma parte a prática do ato omitido.

A flexibilidade associada à arbitragem voluntária permite ainda que, exceto acordo das partes em sentido contrário, o demandante, nos termos do art. 33.º, n.º 3, LAV, no decurso do processo, modifique ou complete a sua petição. O tribunal poderá, no entanto, opor-se a este procedimento se entender que o atraso com que é formulado não tem justificação bastante.

Já a falta de apresentação da petição inicial no prazo estabelecido tem como consequência, nos termos do art. 35.º, n.º 1, LAV, que o tribunal arbitral coloque termo ao processo[412]. Todavia, poderá ainda ser admitida a petição inicial se, nos termos do art. 35.º, n.º 4, LAV, o tribunal considerar a omissão justificada[413].

[411] António Sampaio Caramelo, "Da condução do processo arbitral...", cit., págs. 697 ss.; Filipa Cansado Carvalho, "A organização do processo arbitral", *VI Congresso do Centro de Arbitragem Comercial*, ACL, Almedina, Coimbra, 2013, págs. 33-39, págs. 36 ss.; Mariana França Gouveia, *Curso de resolução alternativa de litígios*, cit., págs. 234, 240 ss.; Carlos Ferreira de Almeida, "Sentença arbitral: preparação e conteúdo", *Arbitragem Comercial, Estudos comemorativos dos 30 anos do Centro de Arbitragem Comercial da Câmara de Comércio e Indústria Portuguesa*, coord. António Menezes Cordeiro, Almedina, Coimbra, 2019, págs. 197-210, págs. 197 ss. Embora não a designando nestes termos, mas atribuindo à reunião inicial entre os árbitros e as partes estas finalidades, cfr. W. Michael Reisman/W.Lawrence Craig/William W. Park/Jan Paulsson, *International Commercial Arbitration*, cit., págs. 2 ss.

[412] Também assim, art. 25.º, al. a), da Lei-Modelo.

[413] António Sampaio Caramelo, "Da condução do processo arbitral...", cit., pág. 711; Dário Moura Vicente et al., *Lei da Arbitragem Voluntária Anotada*, art. 35.º, Armindo Ribeiro Mendes, cit., pág. 124.

e) A contestação

I. Também no prazo fixado pelas partes, o demandado, uma vez recebida a petição inicial, deve ter oportunidade de apresentar a sua contestação em que expõe as suas razões de defesa relativamente ao pedido e aos factos invocados pelo demandante. O princípio da igualdade manifesta-se igualmente neste âmbito e, consequentemente, nos termos do art. 33.º, n.º 2, LAV, também o demandado deverá apresentar os documentos relativamente aos factos invocados na contestação com este articulado e mencionar os que pretende apresentar. De modo semelhante ao demandante, também o demandado poderá alterar a sua contestação, a não ser que o tribunal não o considere justificado (art. 33.º, n.º 3, LAV)[414]. Também nos termos do art. 35.º, n.º 3 e 4, LAV, se admitirá, em condições de igualdade com o demandante, que o demandado possa entregar documentos ou praticar atos omitidos fora do prazo que estava fixado, desde que o tribunal considere a omissão justificada.

II. Se o demandado não apresentar a contestação no prazo fixado, o tribunal arbitral, ainda assim, prossegue o processo arbitral, não tendo esta omissão efeito cominatório, ou seja, os factos alegados pelo demandante não se consideram confessados[415]. Em todo o caso, atento o disposto no art. 35.º, n.º 4, LAV, caso o tribunal o considere justificado, poderá ainda ser apresentada a contestação. Tudo isto, naturalmente, caso as partes não tenham convencionado em sentido distinto.

f) A reconvenção

O demandado pode ainda apresentar um pedido reconvencional, desde que o seu objeto se encontre abrangido pela convenção de arbitragem, conforme determina o art. 33.º, n.º 4, LAV[416]. Se o pedido reconvencional não for deduzido na contestação, mas apenas posteriormente, ainda poderá vir a ser considerado como uma alteração à contestação (art. 33.º, n.º 3, LAV)[417].

[414] De modo semelhante ao previsto nos arts. 33.º, n.ºs 2 e 3, LAV, *vide* art. 23.º da Lei-Modelo.

[415] Também assim, *vide* art. 25.º, al. b), da Lei-Modelo.

[416] A admissibilidade de pedido reconvencional na arbitragem resulta, na Lei-Modelo, do art. 2.º, al. f); também no § 1046, (3), *ZPO* alemã, tal como no art. 377 da *ZPO* suíça, é prevista a possibilidade de pedido reconvencional.

[417] António Sampaio Caramelo, "Da condução do processo arbitral...", cit., pág. 703.

Nos casos em que o pedido reconvencional tenha como fundamento uma compensação de créditos, se o crédito invocado couber no âmbito da convenção de arbitragem em que se fundamenta o tribunal em causa, estes pedidos serão aceites. De outro modo, a compensação apenas terá lugar se a outra parte não se opuser (art. 2.º, n.º 5, LAV)[418].

Naturalmente, atento o princípio do contraditório, caso o demandado apresente pedido reconvencional, ao demandante, ora reconvindo, deve ser dada a oportunidade de responder à mesma[419].

g) Outras peças processuais

Sendo o processo arbitral, essencialmente, definido por vontade das partes, nada obsta a que estas convencionem a admissibilidade de outras peças processuais para além das indicadas nas alíneas anteriores.

Caso nada tenha sido convencionado nesse sentido pelas partes, ainda assim, o tribunal arbitral poderá vir a admitir um outro articulado do demandante, *v.g.*, no caso em que seja deduzido pedido reconvencional ou defesa por exceção. O fundamento para esta admissibilidade poderá encontrar o fundamento no próprio art. 30.º, n.º 1, als. b) e c), LAV, no princípio da igualdade das partes e no princípio do contraditório[420].

h) Audiências e processo escrito

A realização de audiências, seja para produção de prova, seja para alegações dos advogados das partes, está dentro da disponibilidade das partes, tal como está, consequentemente, a sua não realização[421].

[418] ANTÓNIO SAMPAIO CARAMELO, "Da condução do processo arbitral...", cit., pág. 704; DÁRIO MOURA VICENTE ET AL., *Lei da Arbitragem Voluntária Anotada,* art. 33.º, ARMINDO RIBEIRO MENDES, cit., pág. 120. Considerando tratar-se de uma norma demasiado restritiva, MARIANA FRANÇA GOUVEIA, *Curso de resolução alternativa de litígios,* cit., págs. 264 ss., privilegia uma interpretação extensiva que admita pedidos reconvencionais desde que haja convenção de arbitragem compatível. Já nos termos do art. 377, n.º 1, *ZPO* suíça, se admite que o tribunal arbitral é competente para conhecer da compensação mesmo se o crédito que a funda não cair no âmbito da convenção de arbitragem.

[419] ANTÓNIO SAMPAIO CARAMELO, "Da condução do processo arbitral...", cit., pág. 705.

[420] DÁRIO MOURA VICENTE ET AL., *Lei da Arbitragem Voluntária Anotada,* art. 33.º, ARMINDO RIBEIRO MENDES, cit., pág. 121.

[421] Conforme sublinha W. MICHAEL REISMAN/W.LAWRENCE CRAIG/WILLIAM W. PARK/ JAN PAULSSON, *International Commercial Arbitration,* cit., pág. 755, a condução do processo com recurso apenas à troca de documentos permite uma significativa redução de custos por

Se as partes nada acordarem, o tribunal apenas decidirá, nos termos do art. 34.º, n.º 1, LAV, se serão ou não realizadas audiências para a produção da prova, já que não estão previstas audiências para outras finalidades, *v.g.*, alegações das partes[422], embora o tribunal arbitral possa, fundamentadamente, determinar a sua realização. Todavia, se nada tiver sido acordado em sentido contrário e uma das partes o requerer, o tribunal deve realizar uma ou mais audiências para a produção da prova. Sublinhe-se, contudo, que nada impede que seja acordado que a produção de prova que, de acordo com as regras do processo civil, ocorreria em audiência presencial, seja produzida por escrito. *V.g.*, as testemunhas, ao invés de testemunharem oralmente, poderão fazê-lo por escrito, se as partes assim o acordarem[423].

Também não é obrigatória a realização de uma audiência ou conferência para que sejam fixadas as matérias que ficam sujeitas a prova. O que não significa que não possa ser realizada se as partes assim o acordarem ou o tribunal considerar conveniente[424].

A realização destas audiências e de quaisquer reuniões convocadas pelo tribunal para produção de prova devem ser sempre notificadas às partes com a antecedência necessária. Está em causa a igualdade das partes, a oportunidade de fazer valer os seus direitos, bem como a lealdade e a cooperação que devem pautar o processo arbitral[425].

As partes, *ab initio*, e o tribunal, na falta de acordo das partes, têm assim a possibilidade de decidir se o processo será ou não apenas conduzido com base em documentos. Atento o princípio da igualdade e também o do

comparação com o processo em que existem audiências orais. Os autores reconhecem, contudo, que, no âmbito da arbitragem internacional, estas tendem a verificar-se. Todavia, Gary B. Born, *International Commercial Arbitration*, cit., págs. 2255 ss., dá conta de que, na arbitragem internacional, as decisões tendem a sustentar-se mais fortemente na prova documental do que na prova testemunhal.

[422] Veja-se, seguindo orientação distinta, o art. 24.º da Lei-Modelo da CNUDCI. *Vide*, sobre a orientação seguida, António Sampaio Caramelo, "Da condução do processo arbitral...", cit., págs. 705 ss.

[423] Prática corrente na arbitragem internacional, cfr. W. Michael Reisman/W.Lawrence Craig/William W. Park/Jan Paulsson, *International Commercial Arbitration*, cit., pág. 755; Gary B. Born, *International Commercial Arbitration*, cit., págs. 2257 ss.

[424] Dário Moura Vicente et al., *Lei da Arbitragem Voluntária Anotada*, art. 34.º, Armindo Ribeiro Mendes, cit., págs. 121 ss.

[425] Dário Moura Vicente et al., *Lei da Arbitragem Voluntária Anotada*, art. 34.º, Armindo Ribeiro Mendes, cit., pág. 122.

contraditório, determina-se, nos termos do art. 34.º, n.º 3, LAV, que devem ser sempre comunicadas à outra parte as peças escritas, documentos ou informações que uma parte forneça ao tribunal, bem como os relatórios periciais ou quaisquer elementos que possam sustentar a decisão do tribunal[426].

Caso uma das partes não compareça a uma audiência ou não produza prova documental no prazo que para tal lhe estava definido, o tribunal, nos termos do art. 35.º, n.º 3, LAV, prosseguirá com o processo e proferirá decisão em função da prova que tiver sido apresentada. Deste modo se assegura que o processo não fica parado nem sofre atrasos por falta de colaboração de uma das partes[427].

i) Os peritos

Frequentemente, os árbitros que constituem o tribunal arbitral são juristas e as questões objeto de litígio apresentam especificidades técnicas relativamente às quais aqueles dificilmente terão conhecimentos aprofundados. É, pois, frequente, o próprio tribunal arbitral recorrer aos serviços de peritos[428] para que possa decidir tendo presentes todos os factos relevantes do caso em análise. A nomeação de um perito pelo tribunal para desenvolver estas funções não prejudica, por regra, a possibilidade de as partes indicarem também os seus peritos[429].

É também neste sentido que, nos termos do art. 37.º, n.º 1, LAV, se determina que, exceto havendo acordo das partes em contrário, o tribunal arbitral pode, por sua iniciativa ou a pedido das partes, nomear um ou mais

[426] Pode admitir-se o acordo sobre um procedimento de notificação direto entre as partes, devendo, em todo o caso o tribunal assegurar-se, neste caso, da efetiva realização das comunicações, *v.g.*, por via de recibos de correio eletrónico. António Sampaio Caramelo, "Da condução do processo arbitral...", cit., pág. 709; Dário Moura Vicente et al., *Lei da Arbitragem Voluntária Anotada,* art. 34.º, Armindo Ribeiro Mendes, cit., págs. 122 ss.

[427] António Sampaio Caramelo, "Da condução do processo arbitral...", cit., pág. 713; Dário Moura Vicente et al., *Lei da Arbitragem Voluntária Anotada,* art. 35.º, Armindo Ribeiro Mendes, cit., pág. 124.

[428] Acerca do contrato celebrado com o perito, cfr. António Sampaio Caramelo, "Da condução do processo arbitral...", cit., pág. 733.

[429] Acerca da divergência de orientações seguidas nos sistemas da *Civil Law* e da *Common Law* no que respeita à atuação dos peritos e à relevância da sua análise para a decisão a proferir pelo tribunal arbitral, cfr. António Sampaio Caramelo, "Da condução do processo arbitral...", cit., págs. 729 ss.

peritos para elaborarem um relatório sobre pontos específicos a determinar pelo tribunal arbitral. Nesse caso, e com vista a que o perito possa fazer um relatório verdadeiramente útil, prevê-se, no n.º 2, do mesmo artigo que o tribunal arbitral possa pedir a qualquer das partes que forneça ao perito qualquer informação relevante ou ainda que apresente ou faculte os documentos ou objetos relevantes para serem apreciados[430].

Com vista a alcançar a verdade material e garantir a transparência do processo, determina-se, nos termos do art. 37.º, n.º 3, LAV, que, salvo convenção em contrário, o perito, depois da apresentação do relatório, pode, por solicitação de uma das partes ou do próprio tribunal, participar em audiência em que pode ser interrogado pelas partes e pelo tribunal. A relevância da atuação dos peritos pode ser, de facto, muito significativa para a decisão final, devendo, pois, tal como os árbitros, ser imparciais e independentes. Não surpreende, assim, que, nos termos do art. 37.º, n.º 4, LAV, se determine a aplicação, embora com adaptações, do disposto nos arts. 13.º, n.ºs 2 e 3 e 14.º LAV, embora apenas aos peritos designados pelo tribunal[431].

Apesar de o art. 37.º LAV não o referir expressamente, nada obsta a que as próprias partes requeiram que peritos possam manifestar a sua opinião relativamente a determinadas questões sujeitas a julgamento[432], cabendo ao tribunal decidir da sua pertinência. Pode, neste caso, estar-se perante um denominado "perito de parte", que pode atual como uma espécie de testemunha[433]-[434].

[430] Em sentido semelhante, veja-se, o art. 26.º da Lei-Modelo, e a este respeito, *International Commercial Arbitration*, "§ 1 Best practice in international arbitration...", STEPHAN BALTHASAR, cit., pág. 29.

[431] ANTÓNIO SAMPAIO CARAMELO, "Da condução do processo arbitral...", cit., pág. 732.

[432] ANTÓNIO SAMPAIO CARAMELO, "Da condução do processo arbitral...", cit., pág. 730.

[433] JOSÉ LUÍS BONIFÁCIO RAMOS, "Descoberta de prova na Arbitragem...", cit., pág. 55.

[434] No art. 26.º, n.º 2, da Lei-Modelo é admitida a figura da *expert witness* (PETER BINDER, *International Commercial Arbitration and Mediation in UNCITRAL Model Law Jurisdictions,* cit., págs. 383 ss.), que, apesar de não nos parece estar prevista no art. 37.º LAV, não significa que não possa ser admitida, atento o disposto no art. 30.º, n.º 4, LAV. Segundo DÁRIO MOURA VICENTE ET AL., *Lei da Arbitragem Voluntária Anotada,* art. 37.º, ARMINDO RIBEIRO MENDES, cit., pág. 132, apesar de a *expert witness* não ter sido expressamente acolhida na LAV, tal acolhimento era "(...) desnecessário, visto que as testemunhas-peritos são peça cada vez mais essencial da justiça arbitral (...)". Acerca da função das *expert witnesses,* GARY B. BORN, *International Commercial Arbitration,* cit., págs. 2277 ss.; JEFFREY WAINCYMER, *Procedure and*

j) A prova em processo arbitral. Questões específicas

i) Os meios de prova admitidos e os poderes conferidos ao tribunal arbitral

A prova é, em qualquer processo, um elemento estruturante, uma vez que permite discernir quais os factos que são verdadeiros e, em função dessa apreciação, como vai ser decidida a causa.

Em processo arbitral a matéria da prova suscita, desde logo, a questão de determinar em que termos esta será apreciada.

Para além das regras de fonte estadual, identificam-se também diretrizes adotadas por entidades de cariz associativo internacional que assumem relevância no âmbito da obtenção da prova. É o caso, *v.g.*, das regras da IBA relativas à produção de prova, que, embora não tenham uma pretensão de exaustividade, devendo pois, ser aplicadas em conjunto com outras regras de arbitragem (sejam regras de centros de arbitragem, regras escolhidas pelas partes ou regras estaduais), pretendem apresentar soluções eficientes, económicas e justas, conforme se refere no seu preâmbulo[435].

Já no ordenamento jurídico português, uma das regras mais relevantes nesta matéria é o art. 30.º, n.º 4, LAV, nos termos do qual se determina que os tribunais arbitrais têm o poder de "(...) determinar a admissibilidade, pertinência e valor de qualquer prova produzida ou a produzir". A influência do disposto no art. 19.º, n.º 2, da Lei-Modelo é aqui facilmente identificada[436].

A determinação dos poderes dos tribunais tem suscitado algumas dificuldades. Desde logo, parece claro que as regras processuais relativas à prova serão definidas nos termos gerais já acima indicados: por acordo das partes, sem prejuízo das regras imperativas e da ordem pública

Evidence in International Arbitration, Kluwer Law International, 2012 (disponível em http://www.kluwerarbitration.com), págs. 931 ss.

[435] *IBA Rules on the Taking of Evidence in International Arbitration*, adotadas por resolução do Conselho da IBA em 20 de maio de 2010, disponível em https://www.ibanet.org/. *Vide*, para um enquadramento geral destas regras, Pedro Metello Nápoles, "As novas regras da IBA sobre a produção de prova em arbitragem internacional", *RIAC*, 2010, págs. 105-116; W. Michael Reisman/W.Lawrence Craig/William W. Park/Jan Paulsson, *International Commercial Arbitration*, cit., págs. 760 ss.; António Pedro Pinto Monteiro/Artur Flamínio da Silva/ Daniela Mirante, *Manual de Arbitragem*, cit., págs. 265 ss.

[436] Aí se determina que, na falta de acordo em contrário, os poderes conferidos ao tribunal em matéria de prova "(...) compreendem o de determinar a admissibilidade, a pertinência, a importância e a matéria de qualquer prova produzida".

internacional[437]. O modo de produção de prova, em processo arbitral, não está, pois, vinculado ao que vem previsto nas leis que regulam a tramitação em tribunal estadual. A flexibilidade do processo arbitral é manifesta também nesta área. Tome-se como exemplo o disposto no art. 35.º LAV que, nos termos dos seus n.ºs 3 e 4, determina que o tribunal pode, se considerar a omissão da prática de um ato justificada, permitir, posteriormente, a prática do ato omitido.

No que respeita à pertinência e ao valor da prova, conforme resulta do art. 30.º, n.º 4, LAV, não existe prova vinculada, devendo o tribunal decidir de acordo com a sua convicção, em função da prova feita[438]. Note-se, todavia, que também aqui cabe às partes acordar, querendo, dentro dos limites acima referidos, os meios de prova admitidos, bem como os termos da pertinência e valoração da prova[439].

A maleabilidade que é admitida na LAV permite, *v.g.*, que, mesmo em situações ordinárias, se admita o depoimento escrito das testemunhas[440],

[437] António Menezes Cordeiro, *Tratado da Arbitragem*, cit., págs. 285 ss.

[438] António Menezes Cordeiro, *Tratado da Arbitragem*, cit., págs. 285 ss., 298 ss. Conforme também sublinhado por Mário Esteves de Oliveira et al., *Lei da Arbitragem Voluntária*, cit., pág. 385, "[é] aos árbitros que, face a qualquer meio de prova concreto carreado para o processo relativamente a certo facto, cabe determinar, em função das regras abstractas da arbitragem, quaisquer que sejam, se tal meio de prova é admitido, se se refere ao facto ou matéria *probandi* e qual a valia, a força, que se lhe deve atribuir, isto é, qual a medida em que ele deve contribuir para a convicção do tribunal". O mesmo autor sublinha, todavia, ob. cit., pág. 386, que tudo isto deve ser compaginado com os princípios gerais de Direito que devem sempre ser observados, *maxime*, princípios da igualdade, do contraditório, da ordem pública (na vertente da força probatória dos agentes dotados de fé pública), bem como aqueles que tendem, atualmente, a ser aceites pela ordem internacional, *v.g.*, inadmissibilidade de meios de prova que ofendam a reserva da privacidade. José Luís Bonifácio Ramos, "Descoberta de prova na Arbitragem...", cit., págs. 61 ss., releva-se crítico relativamente à amplitude da liberdade que terá sido conferida aos árbitros, entendendo que, não havendo, na LAV, "(...) regras próprias acerca da valoração probatória da arbitragem, cumpre avocar o que se tem por adquirido nessa matéria". Neste sentido, considera que, no âmbito da interpretação do art. 30.º, n.º 4, LAV, o árbitro não deve deixar de aplicar os efeitos probatórios da prova legal, não devendo, por isso, a valoração probatória afastar-se daquela que é feita pelo tribunal estadual.

[439] António Sampaio Caramelo, "Da condução do processo arbitral...", cit., pág. 681; Mário Esteves de Oliveira et al., *Lei da Arbitragem Voluntária*, cit., pág. 385; Dário Moura Vicente et al., *Lei da Arbitragem Voluntária Anotada*, art. 30.º, Armindo Ribeiro Mendes, cit., pág. 113, em que se refere que esta disposição é supletiva.

[440] António Sampaio Caramelo, "Da condução do processo arbitral...", cit., págs. 708 ss.

os depoimentos de testemunhas técnicas que não sejam indicados como peritos, etc.[441].

Os próprios meios de prova admitidos estarão sujeitos ao que for acordado pelas partes e pelo tribunal, sempre dentro dos limites da lei e dos princípios que regem a arbitragem[442].

ii) A intervenção dos tribunais estaduais na obtenção da prova

Apesar de, conforme já sobejamente referido, as partes no processo arbitral deverem atuar de boa fé, em espírito de cooperação, tal nem sempre se verifica. O tribunal arbitral pode entender que, atenta a situação em concreto, para que possa tomar uma decisão que tenha como base a verdade material, é necessária a produção de prova que as partes recusem (*v.g.*, a entrega de documentos) ou a intervenção de terceiros que também recusem a sua colaboração (*v.g.*, a audição de testemunhas).

Nestes casos, e atenta a ausência de poder coercivo dos tribunais arbitrais para impor tais medidas, admite-se a possibilidade de se recorrer aos tribunais estaduais, prevista, na LAV, no art. 38.º. Aí se determina que uma das partes pode solicitar ao tribunal estadual competente que a prova seja produzida perante ele, sendo, depois, os resultados remetidos para o tribunal arbitral[443]. Atendendo a que este procedimento afeta a tramitação

[441] Mário Esteves de Oliveira et al., *Lei da Arbitragem Voluntária*, cit., pág. 387; António Menezes Cordeiro, *Tratado da Arbitragem*, cit., págs. 301 ss.

[442] Segundo Peter Binder, *International Commercial Arbitration and Mediation in UNCITRAL Model Law Jurisdictions*, cit., pág. 342, tendo resultado da discussão subjacente à aprovação da Lei-Modelo que não estava afastada a possibilidade de este texto regular não apenas o procedimento, mas também o valor da prova, sugere que as questões a esta respeitantes sejam detalhadas pelas partes antes do início do procedimento arbitral.

[443] Comparando esta regra com a sua congénere alemã, prevista no § 1050 *ZPO*, *vide* António Sampaio Caramelo, "Da condução do processo arbitral...", cit., pág. 735. Nos termos desta disposição alemã, o tribunal estadual pode auxiliar o tribunal arbitral na obtenção de prova, admitindo-se que os árbitros possam estar presentes na audiência que decorra no tribunal estadual em que a prova seja obtida, podendo, inclusive, colocar questões. *Vide* a este respeito, *MünchKomm-ZPO*, Münch, § 1050, anot. 34, cit.; Richard Kreindler/Reinmar Wolff/Markus S. Rieder, *Commercial Arbitration in Germany*, cit., págs. 231 ss. António Menezes Cordeiro, *Tratado da Arbitragem*, cit., pág. 352, sublinha as vantagens práticas da solução alemã, por comparação com a portuguesa e critica a falta de funcionalidade desta. Esta norma recebeu inspiração do art. 27.º da Lei-Modelo; veja-se a respeito desta, *International Commercial Arbitration*, "§ 1 Best practice in international arbitration...", Stephan Balthasar, cit.,

do processo, *maxime* implicando necessariamente atrasos, o pedido feito ao tribunal estadual está dependente de autorização do tribunal arbitral. Para além de a condução do processo caber ao tribunal arbitral, deve também este poder apreciar a pertinência do pedido, em especial da prova cuja produção se solicita, evitando-se, assim, eventuais manobras dilatórias[444].

O tribunal estadual competente para a obtenção da prova é, nos termos do art. 59.º, n.º 4, LAV, o tribunal judicial de 1.ª instância ou o tribunal administrativo de círculo em cuja circunscrição se situe o local da arbitragem, conforme se trate de litígios que estão compreendidos na esfera de jurisdição dos tribunais judiciais ou dos tribunais administrativos.

Apesar de não estar expressamente plasmado na lei, o tribunal estadual terá de recorrer às regras adjetivas por que se regula para tratar desta questão da prova[445]. O tribunal estadual limitar-se-á a remeter os resultados a que chegar para o tribunal arbitral; caberá depois a este, em função desses e de outros elementos, decidir quais os factos de devem ou não ser considerados provados[446].

7.4. A transação

I. Já depois de iniciado o processo, as partes podem chegar a acordo relativamente ao objeto do litígio ou a parte deste[447]. Nesse caso, poderão celebrar uma transação terminando o litígio, conforme determina o art. 41.º, n.º 1, LAV. Celebrada a transação, o tribunal deverá pôr fim ao processo[448].

A transação é um negócio jurídico que, no ordenamento jurídico português, está previsto no art. 1248.º CC, nos termos do qual se define

pág. 29. Também criticando o regime previsto no Direito português, Mário Esteves de Oliveira et al., *Lei da Arbitragem Voluntária*, cit., págs. 449 ss. Gary B. Born, *International Commercial Arbitration*, cit., pág. 2391, sublinha que as demoras causadas por esta solicitação aos tribunais estaduais tornam este procedimento muito pouco atrativo na arbitragem. *Vide* também, acerca desta disposição, Rui de Moura Ramos, "L'arbitrage étranger et la reconnaissance...", cit., págs. 70 ss.

[444] António Sampaio Caramelo, "Da condução do processo arbitral...", cit., págs. 736 ss.

[445] António Sampaio Caramelo, "Da condução do processo arbitral...", cit., pág. 738.

[446] António Sampaio Caramelo, "Da condução do processo arbitral...", cit., pág. 738. Dário Moura Vicente et al., *Lei da Arbitragem Voluntária Anotada*, art. 38.º, Armindo Ribeiro Mendes, cit., pág. 134.

[447] António Menezes Cordeiro, *Tratado da Arbitragem*, cit., pág. 391.

[448] Acerca das modalidades da transação, *vide*, António Menezes Cordeiro, *Tratado da Arbitragem*, cit., pág. 391.

este contrato, no seu n.º 1, como aquele "(...) pelo qual as partes previnem ou terminam um litígio mediante recíprocas concessões", esclarecendo-se ainda no seu n.º 1, que "[a]s concessões podem envolver a constituição, modificação ou extinção de direitos diversos do direito controvertido". Esta lei apenas será aplicável se for a lei portuguesa a competente para regular a situação.

Também no processo civil que corre termos em tribunal estadual, a transação é usual. Desde logo, nos termos do art. 283.º, n.º 2, CPC, se determina que as partes podem, em qualquer estado da instância, transigir sobre o objeto da causa, podendo com esta modificar o pedido ou fazer cessar a causa nos seus precisos termos. Sublinhe-se que no âmbito do Processo Civil a transação não pode, todavia, versar sobre direitos indisponíveis. Questão que não se suscita na arbitragem, uma vez que são apenas arbitráveis litígios relativos a interesses de natureza patrimonial ou transacionáveis.

As partes podem ainda, nos termos da mesma disposição, solicitar ao tribunal que seja dada à transação a forma de sentença proferida nos termos acordados pelas partes[449], podendo o tribunal recusar-se a fazê-lo se esta transação contrariar a ordem pública. A ordem pública em causa deve ser entendida nos mesmos termos em que se encontra prevista no art. 46.º, n.º 3, al. b), subalínea ii), LAV, portanto, a reserva de ordem pública internacional[450]. Na verdade, atendendo a que o litígio não será necessariamente submetido a Direito constituído, a transação pode também não observar as regras imperativas de qualquer ordenamento jurídico em concreto. A observância da ordem pública interna constituiria um limite acrescido que a lei não parece ter pretendido estabelecer. A reserva de ordem pública internacional constitui, todavia, um limite que não pode ser ultrapassado.

A sentença que reproduz a transação produz os efeitos previstos no art. 42.º, n.º 7, LAV: faz caso julgado e constitui título executivo, o que resulta também expressamente do disposto no art. 41.º, n.º 2, LAV. Atentos os seus efeitos, também facilmente se compreende que esta decisão deva ser elaborada conforme o disposto no art. 42.º. Todavia, uma vez que se trata

[449] *Vide infra*, ponto 8.1. e).

[450] Em sentido diferente, entendendo tratar-se da ordem pública interna, António Menezes Cordeiro, *Tratado da Arbitragem*, cit., págs. 391 ss.

de uma sentença que traduz uma transação, não se justifica a exigência de fundamentação da decisão pelo tribunal[451], que aliás, não existe.

7.5. A tramitação do processo arbitral nos regulamentos dos centros de arbitragem

Conforme foi referido, a autonomia da vontade tem um amplo campo de atuação no âmbito da determinação das regras processuais na arbitragem.

Diversos centros de arbitragem adotam regras específicas de tramitação do processo, adaptadas às realidades dos litígios que, por regra, correm nesses centros.

Estas regras adotadas nestes regulamentos dos centros de arbitragem, quando repetidas, podem servir como tendências orientadoras, que influenciam as regras seguidas no âmbito de arbitragens *ad hoc* ou mesmo previstas em diplomas legais[452].

8. A decisão arbitral

8.1. Espécies de decisões arbitrais

a) Considerações gerais

Durante o processo arbitral, o tribunal arbitral vai tomando decisões variadas e com impactos diferentes no litígio.

Assim, umas decisões visam permitir a própria organização e gestão regular do processo, *v.g.*, fixando prazos para a apresentação de documentos ou articulados, estabelecendo dias para as audiências, decidindo da pertinência ou não de prova cuja junção se requer. Estas decisões podem ser designadas de despachos correntes ou de ordens[453] ou ainda de ordens ou resoluções de processo[454], outros autores incluem-nas nas decisões interlocutórias[455].

[451] *Vide infra*, ponto 8.5.

[452] Sublinhando a importância dos regulamentos dos centros de arbitragem como fonte autónoma de Direito Transnacional da Arbitragem, *vide* Luís de Lima Pinheiro, *Direito Comercial Internacional – O Direito Privado da globalização económica*, *RFDUL*, Suplemento, 2006, págs. 196 ss.

[453] António Menezes Cordeiro, *Tratado da Arbitragem*, cit., pág. 397.

[454] António Sampaio Caramelo, "Decisões interlocutórias e parciais no processo arbitral. Seu objeto e regime", *Themis*, Revista da Faculdade de Direito da UNL, Ano IX, n.º 16, págs. 279-317, págs. 298 ss., com desenvolvimentos no âmbito do Direito Comparado.

[455] Manuel Pereira Barrocas, *Manual de Direito da Arbitragem*, cit., págs. 412 ss.

Outras decisões, embora não apreciando ainda o fundo da causa, são especialmente relevantes para a decisão final. Pense-se, *v.g.*, numa decisão que aprecia a validade da convenção de arbitragem e, consequentemente a competência do tribunal arbitral, em que é decidida uma recusa de árbitro, em que é feito um saneador. Tais decisões tendem a ser entendidas, por alguns autores, como despachos ou ordens interlocutórias[456].

Por fim, outras decisões, essencialmente designadas na LAV de sentenças, decidem, total ou parcialmente, as questões de mérito da causa[457]. Sublinhe-se, todavia, que o processo pode terminar por decisão do tribunal sem que seja proferida decisão de mérito, *v.g.*, a que sustenta a incompetência do tribunal arbitral[458].

A classificação e a denominação das decisões que em concreto vão sendo tomadas pelo tribunal arbitral nem sempre é clara ou consensual[459]. Aliás, na própria doutrina muito se tem discutido esta questão. É assim que, *v.g.*, as características que uma decisão deve apresentar para que se entenda ser uma sentença parcial não obtêm uniformidade na doutrina. Segundo uma orientação mais restritiva, sustenta-se, em termos gerais, ser apenas decisão parcial a que decide definitivamente sobre uma parte do litígio. Uma outra orientação admite que tais decisões abranjam matérias que não decidem definitivamente o litígio, mas que têm relevância para esta decisão final, como é caso da determinação da lei aplicável ao fundo da causa[460].

[456] António Menezes Cordeiro, *Tratado da Arbitragem*, cit., pág. 397. Veja-se, também a este respeito, António Sampaio Caramelo, "Decisões interlocutórias e parciais...", cit., págs. 285 ss., em especial, distinguindo-as das ordens de processo, com referências a Direito Comparado, ob. cit., págs. 298 ss.

[457] António Menezes Cordeiro, *Tratado da Arbitragem*, cit., pág. 397.

[458] António Sampaio Caramelo, "Decisões interlocutórias e parciais...", cit., pág. 283.

[459] António Menezes Cordeiro, *Tratado da Arbitragem*, cit., pág. 397, refere-se a flutuações terminológicas. Nas palavras de António Sampaio Caramelo, "Decisões interlocutórias e parciais...", cit., págs. 283 ss. "(...) apesar de ser intuitivo que os árbitros são chamados a proferir decisões de conteúdo diferenciado em fases diferentes do processo que lhes compete dirigir, o que se constata é que quer nos instrumentos normativos atrás referidos quer na prática das arbitragens realizadas no nosso país (...) reina nesta matéria uma indiferenciação terminológica (...)".

[460] António Sampaio Caramelo, "Decisões interlocutórias e parciais...", cit., págs. 305 ss., com amplas referências bibliográficas. Também considerando que se está, neste caso, perante uma decisão parcial, Nigel Blackaby/J. Martin Hunter/Constantine Partasides/ Alan Redfern, *Redfern and Hunter on International Arbitration*, cit., pág. 510.

As dificuldades terminológicas prendem-se também com o facto de as próprias leis que regulam a arbitragem não se revelarem especialmente esclarecedoras. Assim, indicaremos, em termos sucintos as que revelam especial significado, tendo como referência a LAV.

b) Decisões interlocutórias

O conceito de decisão interlocutória não está definido na LAV. Segundo António Menezes Cordeiro[461], trata-se de decisões que "arrumam questões processuais mais complexas: competência, recusas, saneador, reclamações e outros". Podem ser distinguidas dos despachos correntes, que, são aqueles que "(...) visam a condução do processo, estendendo-se desde a determinação de citações ou notificações, até à admissão de documentos, à marcação de audiências".

Identifica-se, todavia, na LAV, referência expressa à noção de "decisão interlocutória". Assim, atente-se no disposto no art. 18.º, n.º 8, LAV, em que se determina que o tribunal arbitral pode decidir acerca da sua própria competência em decisão interlocutória ou em decisão final sobre o fundo da causa. Decidindo-se pela invalidade da convenção de arbitragem, o tribunal toma uma decisão definitiva acerca da causa, sem, todavia, apreciar do mérito do litígio[462].

Outras decisões mais complexas e determinantes relativamente ao processo arbitral, poderão cair nesta categoria.

c) Decisões cautelares

Conforme se verificou acima, o tribunal arbitral pode, *melius*, deve, se tal lhe for pedido, também proferir decisões no âmbito de providências cautelares ou de ordens preliminares (arts. 20.º ss. e 22.º e ss. LAV, respetivamente), remetendo-se, neste âmbito, para o ponto onde esta matéria é desenvolvida.

[461] António Menezes Cordeiro, *Tratado da Arbitragem*, cit., pág. 397.

[462] Ainda antes da entrada em vigor da LAV, sobre esta questão, António Sampaio Caramelo, "Decisões interlocutórias e parciais...", cit., pág. 290. Sustentando tratar-se aqui de uma sentença parcial, Manuel Pereira Barrocas, *Manual de Direito da Arbitragem*, cit., págs. 414 ss. Também considerando tratar-se de um *partial award*, *Fouchard Gaillard Goldman on International Commercial Arbitration*, cit., págs. 741 ss.; Nigel Blackaby/J. Martin Hunter/Constantine Partasides/Alan Redfern, *Redfern and Hunter on International Arbitration*, cit., pág. 508.

d) Sentença parcial e sentença final

I. Tem sido admitida em arbitragem, em especial nas arbitragens complexas, a prolação de sentenças parciais, decidindo-se, faseadamente, o mérito da causa[463]. Na LAV esta possibilidade está expressamente prevista no art. 42.º, n.º 2, nos termos do qual se admite que os árbitros possam decidir o fundo da causa através de uma sentença arbitral única ou de tantas sentenças parciais quantas as que se entendam ser necessárias[464].

Podem, naturalmente, ser apontadas vantagens e desvantagens ao fracionamento da decisão de mérito, cabendo, pois, ao tribunal arbitral adotar esta solução apenas nos casos em que seja conveniente fazê-lo.

Algumas das decisões fracionadas prendem-se com questões recorrentes em arbitragens, como é o caso da determinação da validade do contrato que é objeto do litígio – relevante, *v.g.*, para, durante a pendência da causa, as obrigações daí resultantes, continuarem a ser cumpridas –, da condenação que determine o pagamento de dívidas já liquidadas, da decisão sobre a prescrição de um dos direitos invocados[465].

Estas decisões parciais produzirão os mesmos efeitos que produzem as decisões finais não parciais, tendo o mesmo caráter definitivo[466].

[463] W. Michael Reisman/W.Lawrence Craig/William W. Park/Jan Paulsson, *International Commercial Arbitration*, cit., págs. 577 ss.; George A. Bermann, *International Arbitration and Private International Law*, cit., págs. 430 ss.; Dário Moura Vicente, "A sentença arbitral", *XII Congresso do Centro de Arbitragem Comercial*, Almedina, Coimbra, 2019, págs. 117-136, pág. 118.

[464] Nem sempre a distinção entre decisões interlocutórias e decisões parciais é pacífica na doutrina. António Sampaio Caramelo, "Decisões interlocutórias e parciais...", cit., págs. 286 ss., designa-as como sentenças interlocutórias, em que os árbitros podem decidir, de modo definitivo, de parte do mérito da causa. Trata-se, na designação do autor, de sentenças arbitrais parciais, que se adequam ao qualificativo de interlocutórias, porque não decidem definitivamente o litígio; mas também finais, porque na parte em que é tomada a decisão, esta é definitiva.

[465] António Sampaio Caramelo, "Decisões interlocutórias...", cit., págs. 288 ss., 292 ss. Noutros casos, perante litígios especialmente complexos em que se discutem factos e consequências jurídicas separáveis, pode admitir-se a "bifurcação". Assim, num primeiro momento aprecia-se a situação de fundo e num segundo momento, *v.g.*, a quantificação dos valores em causa. Veja-se, a este respeito, António Menezes Cordeiro, *Tratado da Arbitragem*, cit., pág. 400. Acerca da bifurcação em geral, António Sampaio Caramelo, "Decisões interlocutórias...", cit., págs. 309 ss.

[466] António Sampaio Caramelo, "Decisões interlocutórias e parciais...", cit., págs. 287 ss.; Manuel Pereira Barrocas, *Manual de Direito da Arbitragem*, cit., págs. 414 ss.

Uma das questões que se coloca nos casos em que tenha sido proferida sentença parcial prende-se com o prazo para a impugnar: se começa a correr a partir do momento em que a decisão parcial é notificada às partes ou se, de modo distinto, o prazo para a impugnação apenas se começa a contar da data em que é proferida a decisão final. Remetemos, esta questão para o capítulo em que é tratada a impugnação da decisão arbitral.

II. A sentença final poderá, naturalmente, decidir sobre toda a matéria do litígio. Ao invés de se isolarem decisões parciais, será tomada uma única decisão final que resolve todas as questões suscitadas.

e) Sentença homologatória

As partes num processo arbitral podem chegar a acordo quanto ao objeto do litígio e, nesses casos, usualmente, celebram uma transação. Para garantir que esta transação resolve definitivamente o litígio, constitui caso julgado e é título executivo, é possível, nos termos do disposto no art. 41.º, n.º 1, LAV, solicitar ao tribunal arbitral que dê à transação a forma de sentença, mencionando também essa sua natureza. O tribunal arbitral fá-lo-á, a menos que a transação viole algum princípio de ordem pública[467]. Uma vez homologada a transação, a sentença produz os mesmos efeitos que uma outra decisão que se pronuncia sobre o fundo da causa. Ou seja, nos termos do art. 42.º, n.º 7, LAV, faz caso julgado e constitui título executivo.

Acerca da transação, *vide*, com mais detalhes, *supra*, ponto 7.4.

[467] O art. 41.º, n.º 1, LAV, inspirou-se no art. 30.º da Lei-Modelo. A disposição da LAV apresenta-se, todavia, mais limitada na liberdade a atribuir aos árbitros para homologação ou não da decisão. Assim, enquanto nos termos do art. 41.º, n.º 1, LAV, se determina que o tribunal não homologará a transação se esta violar algum princípio de ordem pública, já no art. 30.º, n.º 1, da Lei-Modelo, prevê-se que o tribunal homologará a transação se nada tiver a opor. Peter Binder, *International Commercial Arbitration and Mediation in UNCITRAL Model Law Jurisdictions*, cit., págs. 414 ss., dá conta da discussão que esteve subjacente à aprovação desta disposição, atenta a amplitude dos poderes conferidos ao tribunal. Em todo o caso, é sublinhado também que a liberdade das partes de chegar a um acordo não pode limitar a liberdade do tribunal. A solução portuguesa apresenta-se, pensamos, equilibrada, na medida em que fundamenta a razão de recusa de homologação do tribunal na ordem pública. Veja-se, acerca desta sentença, Manuel Pereira Barrocas, *Manual de Direito da Arbitragem*, cit., págs. 416 ss.

f) Sentença adicional

O tribunal arbitral pode ter-se abstido de proferir decisão relativamente a parte ou partes do pedido. Nesse caso, nos termos do art. 45.º, n.º 5, LAV, admite-se a possibilidade, salvo convenção em contrário, de qualquer das partes, notificando a outra desse facto, requer ao tribunal arbitral que, nos 30 dias subsequentes à data em que recebeu a notificação da sentença, profira uma sentença adicional relativamente aos pedidos não decididos. Caso o tribunal arbitral considere o pedido justificado, profere esta decisão adicional no prazo de 60 dias a contar da data em que recebeu o requerimento[468]. Trata-se de uma situação *infra petitum* em que a lei, seguindo a orientação *favor arbitrationis*, admite a sua reparação[469].

Ainda no âmbito da LAV, prevê-se, no art. 47.º, n.º 2, a possibilidade de ser proferida decisão complementar se o tribunal arbitral tiver proferido sentença de condenação genérica. Pode, neste caso, ser requerida a liquidação da sentença ao tribunal arbitral, caso em que será proferida decisão complementar, ouvida a parte contrária e "(...) julgando equitativamente dentro dos limites que tiver por provados". Deste modo se evita que seja um tribunal que não aquele que proferiu a decisão a fazer a liquidação[470].

8.2. Natureza jurídica da decisão

Toda a arbitragem visa a resolução de um determinado litígio, a prolação de uma decisão final relativa a este, seja parcial ou global.

Trata-se, no âmbito do ordenamento jurídico português, de uma verdadeira decisão, que, nos termos do art. 42.º, n.º 7, LAV, ultrapassados os prazos para interpor recurso e para retificação pelos árbitros, faz caso julgado e constitui título executivo. Esta conclusão é coerente com a atividade jurisdicional que é desempenhada pelos tribunais arbitrais que visam a resolução de litígios. Não se está, pois, perante um mero laudo, orientador da conduta das partes[471].

[468] Cfr., MANUEL PEREIRA BARROCAS, *Manual de Direito da Arbitragem*, cit., pág. 417.

[469] ANTÓNIO MENEZES CORDEIRO, *Tratado da Arbitragem*, cit., pág. 423. Também em sentido semelhante, MÁRIO ESTEVES DE OLIVEIRA ET AL., *Lei da Arbitragem Voluntária*, cit., pág. 534; DÁRIO MOURA VICENTE ET AL., *Lei da Arbitragem Voluntária Anotada*, art. 45.º, JOSÉ ROBIN DE ANDRADE, cit., pág. 160.

[470] DÁRIO MOURA VICENTE, "A sentença arbitral", cit., págs. 121 ss.

[471] MANUEL PEREIRA BARROCAS, *Manual de Direito da Arbitragem*, cit., págs. 443 ss. No âmbito da arbitragem internacional, cfr. GARY B. BORN, *International Commercial Arbitration*, cit., pág. 2894.

8.3. Decisão tomada por tribunal arbitral coletivo

I. Se o tribunal arbitral for composto por mais do que um árbitro – e no Direito português, a regra é de que o número de árbitros deve ser sempre ímpar (art. 8.º, n.º 1, LAV) – será a orientação maioritária que ficará plasmada na sentença. Neste sentido determina o art. 40.º, n.º 1, LAV[472], que não concretiza, contudo, que maioria possa estar em causa. A doutrina tem divergido quanto a esta maioria ser simples[473] ou ser necessária uma maioria qualificada[474].

Se esta maioria não se puder formar, a sentença será proferida pelo presidente do tribunal arbitral[475]. Não se trata aqui de o presidente aderir a uma ou outra orientação já manifestada pelos outros árbitros, nesse caso, haverá maioria. Trata-se de situações em que, havendo orientações divergentes entre si, relevará a do árbitro presidente.

Sublinhe-se que, com vista a agilizar o processo, se determina nos termos do art. 40.º, n.º 3, LAV, que as questões respeitantes à ordenação, tramitação

[472] Veja-se também neste sentido, o art. 29.º da Lei-Modelo, que estabelece esta regra, embora salvaguardando eventual acordo das partes em contrário. De acordo com ANTÓNIO MENEZES CORDEIRO, *Tratado da Arbitragem*, cit., pág. 383, as partes podem acordar em que o tribunal funcione só por unanimidade ou que o presidente decida sozinho.

[473] DÁRIO MOURA VICENTE ET AL., *Lei da Arbitragem Voluntária Anotada*, art. 40.º, JOSÉ ROBIN DE ANDRADE, cit., pág. 142, dá como exemplo um tribunal arbitral composto por cinco árbitros. Se dois árbitros tiverem a mesma posição e os outros três árbitros posições divergentes entre si, vingará a orientação dos primeiros na decisão.

[474] ANTÓNIO MENEZES CORDEIRO, *Tratado da Arbitragem*, cit., pág. 383.

[475] O legislador português resolveu um problema que ficou sem solução na Lei-Modelo. Aí se prevê, no art. 29.º, que "[n]um processo arbitral com mais de um árbitro, qualquer decisão do tribunal arbitral será tomada pela maioria dos seus membros, salvo acordo das partes em contrário. Todavia, as questões do processo podem ser decididas por um árbitro presidente, se estiver autorizado para o efeito pelas partes ou por todos os membros do tribunal arbitral". Ou seja, não é dada solução para o caso em que não seja possível formar maioria e não estejam em causa questões do processo. O Direito alemão seguiu esta orientação prevista na Lei-Modelo, cfr. § 1052 *ZPO*, o que leva a que, caso não se forme a maioria, a convenção de arbitragem não pode ser executada e o tribunal arbitral encerra o processo com base legal no § 1056, (2), 3, *ZPO*. As partes podem, todavia, acordar que, em caso de empate, a decisão será tomada pelo presidente do tribunal ou com base num qualquer outro procedimento aceite. *Vide*, expondo este regime, *MünchKomm-ZPO*, MÜNCH, § 1052, anot. 9, cit.; RICHARD KREINDLER/REINMAR WOLFF/MARKUS S. RIEDER, *Commercial Arbitration in Germany*, cit., pág. 284; PRÜTTING/GEHRLEIN, *Zivilprozessordnung Kommentar*, PRÜTTING, § 1052, cit., anot. 3, pág. 2516.

ou impulso processual poderão ser apenas decididas pelo árbitro presidente desde que as partes ou os outros árbitros assim o tenham convencionado ou autorizado. Assim, a expressão "qualquer decisão" prevista no art. 40.º, n.º 1, LAV, deve ser interpretada tendo presente o disposto no n.º 3[476]. Ou seja, em sentido restritivo.

II. É, por regra, aceite que as deliberações dos árbitros são necessárias para se ter uma decisão e que a falta dessa deliberação antes de ser proferida a sentença pode constituir fundamento de anulação da decisão[477].

No entanto, em tribunal coletivo, pode dar-se o caso de um dos árbitros se recusar a tomar parte na decisão. Nesse caso, e com vista a obstar a que a atuação de um árbitro paralise todo o processo, determina-se, nos termos do art. 40.º, n.º 2, LAV, que os outros árbitros profiram a sentença sem ele, desde que as partes não tenham acordado em sentido contrário.

Em todo o caso, e como a recusa em tomar parte da decisão é contrária às obrigações assumidas pelos árbitros, as partes serão, posteriormente, informadas da recusa do árbitro[478]. Na verdade, poder-se-á estar perante uma situação que consubstancia responsabilidade civil do próprio árbitro. Se, pela recusa, a decisão não puder ser proferida dentro do prazo previsto no art. 43.º, determina o seu n.º 4, que o árbitro faltoso responderá pelos danos causados[479].

Se, num tribunal com três árbitros, os dois árbitros indicados pelas partes se recusarem a decidir, vale a regra subjacente ao art. 40.º, n.º 1, LAV: a de que a decisão é proferida pelo árbitro presidente[480].

[476] Veja-se, acerca desta questão, ANTÓNIO MENEZES CORDEIRO, *Tratado da Arbitragem*, cit., pág. 383.

[477] W. MICHAEL REISMAN/W.LAWRENCE CRAIG/WILLIAM W. PARK/JAN PAULSSON, *International Commercial Arbitration*, cit., pág. 844.

[478] Segundo ANTÓNIO MENEZES CORDEIRO, *Tratado da Arbitragem*, cit., pág. 385, esta informação pode ser dada na própria sentença.

[479] Veja-se, a este respeito, ANTÓNIO MENEZES CORDEIRO, *Tratado da Arbitragem*, cit., pág. 384.

[480] Segundo ANTÓNIO MENEZES CORDEIRO, *Tratado da Arbitragem*, cit., pág. 384, se o árbitro presidente pode tomar a decisão nos casos em que os outros árbitros não estão de acordo, por maioria de razão, também pode tomar a decisão quando os outros árbitros se recusam a participar na decisão.

8.4. Prazo para proferir a decisão

I. O poder conferido ao tribunal arbitral para decidir o litígio tem uma duração limitada que pode ser ou não previamente fixada. Assim, na Lei-Modelo da CNUDCI não está previsto nenhum prazo limite para que a sentença seja proferida. De modo diferente, no art. 43.º, n.º 1, LAV, determina-se que a decisão arbitral proferida deve ser notificada às partes no prazo de 12 meses a contar da data da aceitação do último árbitro, admitindo-se, todavia, acordo das partes em contrário[481].

Quer o prazo de 12 meses, quer outro prazo que tenha sido convencionado para a notificação da decisão arbitral pode, nos termos do art. 43.º, n.º 2, LAV, ser prorrogado por acordo das partes e, mesmo que estas nada convencionem, o tribunal pode decidir, fundamentadamente, a prorrogação do prazo para proferir a decisão por períodos sucessivos de 12 meses. Estas prorrogações não serão, todavia, eficazes se as partes, por comum acordo se opuserem a tais prorrogações[482].

A falta de notificação da decisão no prazo convencionado pelas partes ou supletivamente previsto na lei tem como consequência o termo automático do processo arbitral. De igual modo, nos termos do art. 43.º, n.º 3, LAV, também se extingue a competência dos árbitros para julgarem o litígio[483]. Todavia, esclarece-se ainda, na mesma disposição, que a convenção de arbitragem não perde a sua validade e pode ainda sustentar a constituição de um novo tribunal arbitral para apreciar o litígio.

II. A perda do prazo para notificar a decisão às partes pode implicar prejuízos para estas que, desde logo, tiveram despesas com a constituição do tribunal e com a arbitragem e, para além disso, agora não encontram sequer o litígio decidido. Neste contexto, se se verificar que alguns árbitros injustificadamente obstaram a que a decisão fosse proferida em prazo, devem estes responder pelos danos causados (art. 43.º, n.º 4, LAV)[484].

[481] Já na lei francesa, o prazo legal supletivo para proferir a sentença é de 6 meses a contar da constituição do tribunal, podendo, todavia, ser este prazo prorrogado. Cfr. art. 1463 do *Code de procédure civile*. *Vide*, a este propósito, THOMAS CLAY, *Code de l'arbitrage commenté*, cit., págs. 86 ss.

[482] Assim, também ANTÓNIO MENEZES CORDEIRO, *Tratado da Arbitragem*, cit., pág. 411.

[483] DÁRIO MOURA VICENTE, "A sentença arbitral", cit., pág. 123.

[484] *Vide* acerca da responsabilidade do tribunal arbitral nestes casos, DÁRIO MOURA VICENTE ET AL., *Lei da Arbitragem Voluntária Anotada*, art. 43.º, JOSÉ ROBIN DE ANDRADE, cit., pág. 155.

Acresce que, mesmo que o tribunal profira decisão arbitral ultrapassado o prazo que tem para fazê-lo, a decisão ficará fragilizada, pois, nos termos do art. 46.º, n.º 3, al. a), subalínea vii), LAV, uma das partes terá fundamento para impugnar a decisão, pedindo a sua anulação[485].

8.5. Forma e conteúdo da decisão

I. A sentença arbitral deve, nos termos previstos no art. 42.º, n.º 1, LAV, ser reduzida a escrito, afastando-se, pois, a possibilidade de serem proferidas decisões orais. A forma escrita permite que a decisão perdure e que não se suscitem dúvidas quanto às palavras proferidas, assim se garantido maior segurança e certeza.

Todos árbitros que integram o tribunal arbitral deverão assinar a decisão, admitindo-se, todavia, que, em tribunais coletivos, assine apenas a maioria dos membros do tribunal ou mesmo só o presidente, nos casos em que caiba a este proferir a sentença – situação prevista no art. 40.º, n.º 1, segunda parte, LAV. Todavia, a razão da omissão das assinaturas dos demais árbitros deve ser explicitada (cfr. art. 42.º, n.º 1, LAV)[486].

II. O conteúdo da decisão arbitral dependerá, naturalmente, do objeto do litígio. No que respeita à sua estrutura, não prevendo a lei exaustivamente requisitos a este respeito, caberá aos árbitros alguma margem de discricionariedade, embora se sublinhe também que, nos regulamentos dos centros de arbitragem, podem constar regras relevantes.

Na falta de acordo em contrário, há que atender às regras da LAV, em que desde logo se determina, nos termos do art. 42.º, n.º 3, LAV, que a sentença arbitral deve ser fundamentada[487], salvo dispensa pelas partes ou se se tratar de homologação de transação celebrada pelas partes (prevista no art. 41.º LAV). Apesar da supletividade da norma, sublinha-se a importância de qualquer decisão ser fundamentada, por uma questão de transparência,

[485] António Menezes Cordeiro, *Tratado da Arbitragem*, cit., pág. 410.

[486] Em sentido semelhante, veja-se o art. 31.º, n.º 1, da Lei-Modelo da CNUDCI.

[487] Com redação semelhante, veja-se, *v.g.*, o art. 31.º, n.º 2, da Lei-Modelo da CNUDCI, o § 1054 *ZPO* alemã. Já de acordo com o art. 1482 do *Code de procédure civile* francês, determina-se que a sentença deve ser fundamentada. A este respeito, Jean-Baptiste Racine, *Droit de l'arbitrage*, cit., págs. 527 ss., sublinha que a fundamentação é uma garantia contra a arbitrariedade do julgador. Também assim, José Carlos Fernández Rozas/Sixto A. Sánchez Lorenzo/Gonzalo Stampa, *Principios Generales del Arbitraje*, cit., págs. 367 ss.

para que todas as partes envolvidas tenham noção das razões que estiveram subjacentes à decisão tomada. O prestígio da arbitragem beneficiará também da fundamentação, afastando-se dúvidas acerca das razões em que se baseia a decisão[488]. Acresce que, uma vez que a decisão é, muito significativamente, apoiada na matéria dada como provada, importa também deixar claros quais os elementos da prova em que assentou a decisão[489].

A exigência de fundamentação, bem como a sua extensão e detalhe tem suscitado debate jurisprudencial e doutrinário. Na verdade, apesar do disposto no art. 42.º, n.º 3, LAV, atendendo a que os tribunais arbitrais são verdadeiros tribunais e que proferem verdadeiras sentenças, importa garantir o respeito pelos princípios essenciais que estão subjacentes ao julgamento. Neste sentido, e para se poder aquilatar da atividade desenvolvida pelo tribunal, *maxime* que é observado o princípio do contraditório, o princípio da igualdade, bem como por razões de transparência, as decisões devem ser fundamentadas[490].

Também nas sentenças arbitrais que decidam segundo a equidade ou a composição amigável deverá haver fundamentação. Estes critérios de decisão não significam arbítrio e tal poderá ser apreciado pela análise da fundamentação[491].

Aliás, as decisões dos tribunais arbitrais (sendo estes considerados como verdadeiros tribunais) não podem desrespeitar as disposições constitucionais e é, desde logo, o art. 205.º, n.º 1, CRP, que determina que as decisões dos tribunais que não sejam de mero expediente são fundamentadas[492]. Esta

[488] Conforme explicita GEORGE A. BERMANN, *International Arbitration and Private International Law*, cit., pág. 450: "(...) unreasoned awards may be less frequent in arbitration than in national court litigation, due to a strongly felt need to legitimate exercises of private justice". *Vide* também, JOSÉ CARLOS FERNÁNDEZ ROZAS/SIXTO A. SÁNCHEZ LORENZO/GONZALO STAMPA, *Principios Generales del Arbitraje*, cit., págs. 367 ss.; DÁRIO MOURA VICENTE, "A sentença arbitral", cit., pág. 125.

[489] ANTÓNIO MENEZES CORDEIRO, *Tratado da Arbitragem*, cit., págs. 402 ss.

[490] Veja-se, a este respeito, ANTÓNIO SAMPAIO CARAMELO, *A impugnação da sentença arbitral*, 2.ª edição, Almedina, Coimbra, 2018, págs. 77 ss.; CARLOS FERREIRA DE ALMEIDA, "Sentença arbitral: preparação e conteúdo", cit., págs. 205 ss.

[491] MARIANA FRANÇA GOUVEIA, *Curso de resolução alternativa de litígios*, cit., pág. 308; DÁRIO MOURA VICENTE, "A sentença arbitral", cit., págs. 125 ss.

[492] ANTÓNIO SAMPAIO CARAMELO, *A impugnação da sentença arbitral*, 2.ª edição, cit., pág. 77; DÁRIO MOURA VICENTE ET AL., *Lei da Arbitragem Voluntária Anotada*, art. 46.º, JOSÉ ROBIN DE ANDRADE, cit., pág. 170, com indicações jurisprudenciais; ANTÓNIO PEDRO PINTO

fundamentação, na arbitragem, pode ser muito aligeirada se comparada com a fundamentação das decisões proferidas por tribunais estaduais[493].

Caso um dos árbitros não concorde com a decisão que foi tomada, pode ainda incluir em anexo o seu voto de vencido, em que é fundamentada a sua tomada de posição[494].

III. A sentença deve, nos termos do art. 42.º, n.º 4, LAV, indicar a data em que foi proferida, bem como o local da arbitragem que, como referido, é determinado nos termos do art. 31.º, n.º 1, LAV. A decisão é, para todos os efeitos, considerada proferida no local da arbitragem. A data assume clara relevância atento, desde logo, o prazo que o tribunal tem para proferir a decisão, previsto no art. 43.º LAV. O local da arbitragem

Monteiro/ Artur Flamínio da Silva/ Daniela Mirante, *Manual de Arbitragem*, cit., pág. 373; João Paulo Remédio Marques, "A (densidade da) falta de fundamentação da matéria de facto", *Arbitragem Comercial, Estudos comemorativos dos 30 anos do Centro de Arbitragem Comercial da Câmara de Comércio e Indústria Portuguesa*, coord. António Menezes Cordeiro, Almedina, Coimbra, 2019, págs. 485-524, pág. 490.

493 Em acórdão de 7 de fevereiro de 2017, Proc. 292/16.3YRPRT, o TRP veio sustentar que "[à] sentença arbitral proferida ao abrigo das disposições da Lei de Arbitragem Voluntária e dos Regulamentos do Serviços de Mediação e Arbitragem de Seguros e da Arbitragem e das Custas do CIMPAS (Centro de Informação, Mediação, Provedoria e Arbitragem de Seguros) apenas se impõe que dela constem os seus fundamentos de facto e de direito, não se lhe exigindo a referência aos factos não provados, nem a indicação das razões que levaram aos factos provados e não provados". Já antes, *vide* acórdão do STJ, de 22 de setembro de 2016, Proc. 660/15.8YRLSB.L1.S1 (ambos os acórdãos estão disponíveis em www.dgsi.pt). António Menezes Cordeiro, *Tratado da Arbitragem*, cit., págs. 441 ss., sublinha que não basta uma qualquer fundamentação, entendendo que deve ser equiparada à sua falta, a que apresente "(...) justificações fantasiosas, desconexas ou em contradição com a decisão". Em sentido semelhante, Mariana França Gouveia, *Curso de resolução alternativa de litígios*, cit., pág. 308. Também Manuel Pereira Barrocas, *Manual de Direito da Arbitragem*, cit., pág. 527, vem sustentar ser nula a sentença arbitral que contém uma decisão em contradição com os fundamentos. António Pedro Pinto Monteiro/ Artur Flamínio da Silva/ Daniela Mirante, *Manual de Arbitragem*, cit., págs. 376 ss. Dando conta das posições doutrinárias a este respeito, cfr. João Paulo Remédio Marques, "A (densidade da) falta de fundamentação da matéria de facto", cit., págs. 508 ss.

494 Tecendo considerações acerca do voto de vencido, cfr. António Menezes Cordeiro, *Tratado da Arbitragem*, cit., págs. 402 ss., com referências à legislação de diversos países, bem como ao disposto nos regulamentos de centros de arbitragem; Dário Moura Vicente, "A sentença arbitral", cit., págs. 127 ss. *Vide* ainda as considerações que já *supra* fizemos a este respeito, na nota 179 e texto correspondente.

e o local onde é proferida a decisão é também importante na medida em que permite distinguir as decisões arbitrais estrangeiras – que carecem de ser reconhecidas pelos tribunais portugueses para cá produzirem efeitos – das que, sendo proferidas em Portugal, mesmo no âmbito da arbitragem internacional, não carecem de reconhecimento. Acresce que uma alteração pelos árbitros ao local da arbitragem pode consubstanciar uma violação à convenção de arbitragem, o que fundamentará um pedido de anulação (art. 46.º, n.º 3, al. a), subalínea iv), LAV). Poderá ainda traduzir-se numa alteração do tribunal estadual competente para apreciar, *v.g.*, a eventual impugnação ou recurso da decisão arbitral[495].

Os encargos da arbitragem (honorários dos árbitros, pagamento aos peritos, custos com o processo), bem como a repartição dos custos, feita em função de intervenção que cada uma das partes teve no processo – justificando uma eventual compensação de uma parte a outra –, deve igualmente ficar plasmado na decisão arbitral (art. 42.º, n.º 5, LAV)[496].

Outros elementos há que não constam da lei, mas que necessitam também de integrar a decisão para que esta seja percetível. É o caso, *v.g.*, da identificação das partes, de uma referência à convenção de arbitragem, a identificação dos árbitros e a forma como foram designados, o objeto do litígio, etc.[497].

Uma vez terminada, a decisão, depois de assinada, deve ser notificada às partes, mediante o envio de um exemplar para cada uma delas, produzindo efeitos a partir dessa notificação (art. 42.º, n.º 6, LAV).

8.6. Critérios de decisão

a) Considerações gerais

A autonomia da vontade das partes manifesta-se, uma vez mais, na determinação dos próprios critérios de decisão do litígio.

Caso se trate de uma arbitragem doméstica que tenha sede em Portugal, rege o art. 39.º, n.ºs 1, 2 e 3 LAV, nos termos do qual as partes podem acordar

[495] ANTÓNIO MENEZES CORDEIRO, *Tratado da Arbitragem*, cit., pág. 405.

[496] PETER BINDER, *International Commercial Arbitration and Mediation in UNCITRAL Model Law Jurisdictions*, cit., pág. 423, dá conta de que a referência a encargos com a arbitragem é, provavelmente, o aditamento que a maioria das leis nacionais que se basearam na Lei-Modelo incluiu. Na verdade, esta indicação não surge na Lei-Modelo.

[497] ANTÓNIO MENEZES CORDEIRO, *Tratado da Arbitragem*, cit., pág. 400.

que os árbitros julguem segundo a equidade ou segundo a composição das partes na base do equilíbrio dos interesses em jogo. Se as partes nada acordarem a este respeito, o tribunal arbitral julga segundo o Direito constituído.

Atenta a óbvia relevância que o critério de decisão assume e sendo com base neste que os árbitros desenvolverão a sua atividade de julgar, a opção pelos critérios de equidade ou composição amigável devem ser definidos antes da aceitação do primeiro árbitro. Qualquer decisão no sentido da aplicação de critérios de equidade em momento posterior à aceitação dos árbitros deve ser aceite também por estes.

O âmbito da remissão para estes critérios de decisão tem sido objeto de debate, entendendo alguns autores que também pode haver remissão para os critérios da equidade no que respeita a questões processuais[498]; enquanto outros autores sustentam que essa remissão apenas poderá ser feita para decidir do mérito da causa[499]. Em todo o caso, atendendo à amplitude da autonomia da vontade em sede processual, que *supra* foi apreciada, o resultado prático será muito aproximado. Note-se que, mesmo com eventual aplicação dos critérios de equidade, sempre os princípios estruturantes previstos no art. 30.º, n.º 1, LAV, haveriam que ser observados[500].

b) Direito constituído

Na falta de indicação em contrário, o litígio é regulado pelo Direito estadual. Se nada for dito, e a arbitragem for interna, o Direito constituído relevante será o português[501].

[498] Manuel Pereira Barrocas, *Manual de Arbitragem*, cit., págs. 495 ss.; Dário Moura Vicente et al., *Lei da Arbitragem Voluntária Anotada*, art. 39.º, José Robin de Andrade, cit., págs. 135 ss., com referências jurisprudenciais.

[499] António Menezes Cordeiro, *Tratado da Arbitragem*, cit., pág. 360; Mário Esteves de Oliveira et al., *Lei da Arbitragem Voluntária*, cit., págs. 455, 462.

[500] António Menezes Cordeiro, *Tratado da Arbitragem*, cit., pág. 360. Também acerca da intocabilidade destes princípios, Manuel Pereira Barrocas, *Manual de Arbitragem*, cit., pág. 496.

[501] Seguindo raciocínio semelhante, embora na interpretação do art. 1478 do *Code de procédure civile* francês, à luz, pois, do ordenamento jurídico francês, *vide* Jean-Baptiste Racine, *Droit de l'arbitrage*, págs. 475 ss., que considera que se se estiver no âmbito de arbitragem doméstica e as partes não tiverem dado indicações ao tribunal para decidir segundo *amiable composition*, é de aplicar o Direito material francês.

Atenta a liberdade que é conferida às partes na designação dos critérios de decisão, deverá admitir-se a possibilidade de as partes escolherem a lei de um outro Estado que não o português[502]. Neste caso, tendo presente a relevância que o critério de decisão tem, esta escolha deve ser também comunicada aos árbitros antes de aceitarem o encargo.

c) Equidade

A possibilidade de as partes escolherem que o litígio será julgado segundo a equidade tem suscitado discussão na doutrina que se prende, desde logo, com o próprio significado de "equidade".

Tradicionalmente, a doutrina divide-se em duas orientações principais: o entendimento da equidade em sentido fraco ou em sentido forte. No primeiro caso, essencialmente, parte-se do Direito constituído, que será aplicado ao caso, podendo, todavia, algumas das suas regras ser afastadas ou adaptadas para garantir uma melhor justiça do caso concreto. Já na equidade em sentido forte, o julgador afasta-se do Direito legislado e decide o caso *sub iudice* em função da justiça do caso concreto[503], refletindo um modelo extrassistemático[504]. Todavia, tal não significa que os árbitros sejam alheios à Ciência do Direito. Significa antes que se continuam a respeitar os valores e princípios jurídicos fundamentais, mas esbatendo-se os seus aspetos mais formais[505-506].

[502] António Menezes Cordeiro, *Tratado da Arbitragem*, cit., págs. 360 ss.

[503] A definição, em geral, de equidade como "justiça do caso concreto", é a mais comum. *Vide*, por todos, Miguel Teixeira de Sousa, *Introdução ao Direito*, cit., pág. 414.

[504] Carlos Ferreira de Almeida, "Sentença arbitral: preparação e conteúdo", cit., pág. 208.

[505] Acerca da distinção entre equidade em sentido forte e em sentido fraco, cfr. Luís de Lima Pinheiro, *Arbitragem Transnacional*, cit., págs. 159 ss.; Maria Helena Brito, "Arbitragem Internacional...", cit., pág. 131; Manuel Pereira Barrocas, *Manual de Arbitragem*, cit., págs. 480 ss.; António Menezes Cordeiro, *Tratado da Arbitragem*, cit., págs. 367, 369, 373; Mariana França Gouveia, *Curso de resolução alternativa de litígios*, cit., págs. 282 ss.; António Pedro Pinto Monteiro/ Artur Flamínio da Silva/ Daniela Mirante, *Manual de Arbitragem*, cit., págs. 380 ss.

[506] Mesmo no âmbito do art. 28.º, n.º 3, da Lei-Modelo, se tem entendido que o tribunal que decida *ex aequo et bono* estará ainda sujeito a limites previstos na própria Lei-Modelo: a aplicação do art. 28.º, n.º 4, que exige que se atenda aos usos do comércio internacional; os próprios princípios estruturantes da igualdade das partes e do direito a apresentar o caso; a decisão não pode contrariar a ordem pública do Estado da sede da arbitragem nem dos países onde

Na composição amigável, de tradição francesa, o critério subjacente prender-se-ia com a adoção de soluções que fossem equilibradas para ambas as partes, sem ficar sujeito aos rigores do Direito estrito, baseando-se, pois, em critérios de equidade[507]. A composição amigável pode, assim, segundo esta orientação, ser entendida como a tradução da *amiable composition* que corresponderá à equidade (sendo também utilizada a expressão *ex aequo et bono*), interpretada no sentido em que a lei deve ser aplicada de acordo com critérios de equidade[508].

No art. 1478 do *Code de procédure civile* francês, prevê-se que o tribunal arbitral decidirá o litígio de acordo com as regras de Direito, a menos que as partes lhe tenham confiado a missão de decidir de acordo com a composição amigável (*amiable composition*). Segundo Jean-Baptiste Racine[509], não se identifica, nos textos legais franceses, uma definição de *amiable composition* (ou, do que considera como sinónimo, *ex aequo et bono*), entendendo-se que, sendo este o critério, o árbitro estará liberto de aplicar o Direito estrito, permitindo-se-lhe proferir uma decisão que seja justa, atentas as circunstâncias concretas do caso a decidir. Sublinha, pois, o autor que não está em causa um conceito de "justo" ideal ou abstrato, uma vez que, na equidade, o que está em causa é a situação concreta.

Éric Loquin[510] sustenta que o árbitro que decide, por princípio, com base na aplicação do Direito estrito estará a falhar na sua missão de decidir

vai ser reconhecida. *Vide*, neste sentido, Peter Binder, *International Commercial Arbitration and Mediation in UNCITRAL Model Law Jurisdictions*, cit., págs. 401 ss.

507 António Menezes Cordeiro, *Tratado da Arbitragem*, cit., págs. 367 ss. Veja-se, também, acerca das origens da composição amigável, Luís de Lima Pinheiro, *Arbitragem Transnacional*, cit., págs. 164 ss.; Armindo Ribeiro Mendes, "Equidade e composição amigável na Nova Lei de Arbitragem Voluntária", *Estudos em Homenagem a Miguel Galvão Teles*, vol. II, Almedina, Coimbra, 2012, págs. 165-188, págs. 165 ss.; Mariana França Gouveia, *Curso de resolução alternativa de litígios*, cit., pág. 286. Sublinhe-se que na doutrina internacional a distinção entre equidade e composição amigável tem suscitado acesso debate, *vide, v.g., Fouchard Gaillard Goldman on International Commercial Arbitration*, cit., págs. 836 ss.; Nigel Blackaby/ J. Martin Hunter/Constantine Partasides/Alan Redfern, *Redfern and Hunter on International Arbitration*, cit., págs. 217 ss.

508 Mário Raposo, "Art. 35 da LAV ("composição amigável"): O grande equívoco", *ROA*, II, 2011, págs. 371-390, pág. 376; António Menezes Cordeiro, *Tratado da Arbitragem*, cit., págs. 377 ss.

509 *Droit de l'arbitrage*, cit., págs. 498 ss.

510 *L'arbitrage du commerce international*, cit., págs. 326 ss.

de acordo com a *amiable composition*. Todavia, não está impedido de aplicar tais regras de Direito estrito desde que fundamente que são considerações de equidade que conduzem à aplicação de tais regras. Este autor esclarece ainda que a cláusula de *amiable composition* não pode ser entendida como uma renúncia global às regras de Direito positivo, pois as partes não têm sequer poder para tal; mas apenas de renúncia aos seus direitos subjetivos, na medida em que admitem não obter uma determinada vantagem que aqueles lhes garantiam[511].

d) Composição das partes na base do equilíbrio dos interesses em jogo

I. De acordo com o art. 39.º, n.º 3, LAV, se as partes assim o tiverem determinado, o tribunal pode decidir "(...) o litígio por apelo à composição das partes na base do equilíbrio dos interesses em jogo".

Esta parece ser uma remissão para a composição amigável[512] que, como se referiu acima, corresponde, essencialmente, segundo alguns autores, à equidade no Direito francês[513]. Aliás, também a referência na parte final do art. 39.º, n.º 4, LAV, à composição amigável, parece ir no mesmo sentido, *i.e.*, de que é de composição amigável que se trata quando a lei se refere à "composição das partes na base do equilíbrio dos interesses em jogo".

Segundo José Robin de Andrade[514], a equidade distingue-se da composição amigável, assumindo, embora, que é controversa a diferenciação entre ambas. O autor justifica esta consagração legal de ambas com a finalidade de não restringir o leque de opções que cabe às partes na determinação de critérios

[511] Nas palavras do autor, *L'arbitrage du commerce international*, cit., pág. 330: "Il s'agit d'une renonciation conditionnelle subordonnée à la naissance d'un litige et au jugement d'équité de l'arbitre". E como tal, apenas relativamente aos direitos disponíveis seria admitida esta "renúncia". Já em obra anterior, vide ÉRIC LOQUIN, *L'amiable composition en droit comparé et international*, Librairies Techniques Paris, 1980, págs. 37 ss. Também a este respeito, com amplas referências jurisprudenciais, THOMAS CLAY, *Code de l'arbitrage commenté*, cit., págs. 110 ss.

[512] MÁRIO ESTEVES DE OLIVEIRA ET AL., *Lei da Arbitragem Voluntária*, cit., págs. 466 ss.; MARIANA FRANÇA GOUVEIA, *Curso de resolução alternativa de litígios*, cit., pág. 278.

[513] Acerca deste entendimento e invocando um alegado equívoco que terá estado na base desta consagração logo na LAV de 1986, *vide* MÁRIO RAPOSO, "Art. 35 da LAV...", cit., págs. 371-390. *Vide* também, acerca da evolução legislativa a este respeito no Direito português, ARMINDO RIBEIRO MENDES, "Equidade e composição amigável na Nova Lei de Arbitragem Voluntária", cit., págs.166 ss.

[514] DÁRIO MOURA VICENTE ET AL., *Lei da Arbitragem Voluntária Anotada*, art. 39.º, JOSÉ ROBIN DE ANDRADE, cit., pág. 137.

de decisão[515]. O mesmo autor, já na linha da orientação previamente seguida por Dário Moura Vicente, admite também que a formulação prevista no art. 39.º, n.º 3, LAV, poderá ainda permitir que seja proferida uma decisão aceitável para ambas as partes, favorável à manutenção e prosseguimentos das relações negociais que já se verificam entre ambas[516]. Esclareça-se, em todo o caso, que este critério de decisão – composição das partes na base do equilíbrio dos interesses em jogo – se distingue da conciliação, na medida em que, apesar de o árbitro poder tentar conciliar as partes, mesmo que não tenha mandato nesse sentido, só poderá decidir o litígio com base na composição amigável se as partes o tiverem autorizado para tal[517]. Neste contexto, sublinhe-se que, na conciliação *stricto sensu*, o conciliador não exerce uma atividade jurisdicional, *i.e.*, se a conciliação não chegar a bom porto, o conciliador não tem o poder de decidir o litígio, de impor às partes a solução que considera adequada.

Assumindo, assim, que a delimitação dos conceitos de equidade e de composição amigável podem ser controversos, mas admitindo também as especificidades que a doutrina tende já a aceitar com respeito a este critério de decisão – *maxime*, que se visa uma sentença que seja aceitável para as partes e que favoreça a manutenção das relações negociais existentes –, aplaude-se que a consagração de ambos os critérios no art. 39.º LAV. Na verdade, deste modo é conferido às partes um leque mais amplo de opções na determinação dos critérios a adotar na decisão do litígio.

Segundo outros autores, como António Menezes Cordeiro, é contemplada no art. 39.º, n.º 3, a equidade forte[518]. O autor interpreta o art. 39.º no sentido

515 Atente-se também que, com opção semelhante, no art. 28.º, n.º 3, da Lei-Modelo da CNUDCI, determina-se que o tribunal pode decidir *ex aequo et bono* ou na qualidade de *amiable compositeur*. Todavia, aqui a ideia parece ter sido a de referir ambas as expressões, uma vez que, consoante os sistemas legais em causa, é utilizada uma ou outra expressão. Assim, Peter Binder, *International Commercial Arbitration and Mediation in UNCITRAL Model Law Jurisdictions*, cit., págs. 401 ss. Armindo Ribeiro Mendes, "Equidade e composição amigável na Nova Lei de Arbitragem Voluntária", cit., págs. 183 ss., dá conta das orientações doutrinárias mais recentes que distinguem a equidade da composição amigável.

516 Nesta parte, o autor ancora a sua posição em Dário Moura Vicente, *Da Arbitragem Comercial Internacional*, cit., pág. 32. Cfr. Mariana França Gouveia, *Curso de resolução alternativa de litígios*, cit., pág. 278.

517 Dário Moura Vicente, *Da Arbitragem Comercial Internacional*, cit., págs. 31 ss.

518 António Menezes Cordeiro, *Tratado da Arbitragem*, cit., págs. 371, 377 ss.

de aí se verificar um "(...) [c]rescendo que parte do Direito e caminha em direção ao caso concreto". Neste contexto, a equidade prevista no art. 39.º, n.º 1, seria a equidade em sentido fraco e a composição amigável do art. 39.º, n.º 3, seria a equidade em sentido forte.

Em sentido distinto, embora em considerações anteriores à vigência da LAV de 2011, Luís de Lima Pinheiro[519], perante sistemas como o português, ou no âmbito da arbitragem transnacional - em que se admite a decisão segundo critérios de equidade forte – , entendia não haver razões que justificassem a não aceitação de decisões segundo equidade fraca. Isto é, em que a decisão respeita certas regras jurídicas positivadas, mas também se atende a usos do comércio internacional, modelos de regulação, etc. De acordo com este autor, na falta de indicação em sentido contrário, a remissão para a composição amigável deve ser entendida como equidade em sentido fraco[520].

II. As divergências de interpretação são mais relevantes do que à primeira vista, se poderia suspeitar. Na verdade, estando os árbitros sujeitos a decidir segundo a equidade ou segundo a composição das partes ou segundo o Direito estrito não podem deixar de respeitar esta missão[521]. E assim, uma decisão tomada com base em Direito estrito, quando os árbitros estavam vinculados, *v.g.*, à equidade, ou com base na equidade quando estavam sujeitos a decidir de acordo com a composição das partes na base do equilíbrio dos interesses em jogo, pode traduzir-se num fundamento de anulação da decisão arbitral (art. 46.º, n.º 3, al. a), subalínea iv), LAV)[522]. Assim, e para evitar dúvidas quanto aos critérios adotados, será conveniente que as partes concretizem, na convenção de arbitragem, o que pretendem dizer por equidade ou por composição das partes na base do equilíbrio dos interesses em jogo.

[519] Luís de Lima Pinheiro, *Arbitragem Transnacional*, cit., págs. 165 ss.

[520] Luís de Lima Pinheiro, *Arbitragem Transnacional*, cit., pág. 166, concretiza afirmando que "[n]este julgamento, os árbitros, como em todas as decisões de equidade, devem ponderar as consequências sociais da decisão, por forma que esta seja aceite pelas partes como uma decisão justa".

[521] Éric Loquin, *L'arbitrage du commerce international*, cit., págs. 326 ss.

[522] Dando conta de consequência análoga, embora à luz do Direito francês, Éric Loquin, *L'arbitrage du commerce international*, cit., págs. 325 ss.

Éric Loquin[523] ressalva, contudo, que o árbitro não está impedido de aplicar tais regras de Direito estrito desde que fundamente que são considerações de equidade que conduzem à aplicação de tais regras.

8.7. Recorribilidade da decisão

I. Sendo a arbitragem uma forma de resolução de litígios alternativa relativamente à desenvolvida pelos tribunais estaduais, o recurso para estes tribunais das decisões arbitrais implicará uma quebra desta autonomia. Todavia, o recurso de mérito para os tribunais estaduais também não é incompatível com a natureza da arbitragem.

Assim, cabe, em primeira linha, aos ordenamentos jurídicos, e às partes, num segundo momento, determinar em que termos se admite ou não o recurso de mérito para os tribunais estaduais das decisões proferidas em tribunais arbitrais[524].

No ordenamento jurídico português, a regra é a da irrecorribilidade das decisões arbitrais[525]. Na verdade, conforme resulta do disposto no art. 39.º, n.º 4, LAV, a decisão arbitral que se pronuncie sobre o fundo da causa ou que, embora sem conhecer deste, ponha termo ao processo, só será suscetível de recurso para o tribunal estadual competente se as partes expressamente tiverem acordado nesse sentido na convenção de arbitragem e se a causa não tiver sido decidida segundo a equidade ou mediante composição amigável. Esclareça-se, em todo caso, que esta última parte referente à equidade não estará verificada nas situações em que, por

[523] Éric Loquin, *L'arbitrage du commerce international*, cit., págs. 326 ss.

[524] *Vide*, numa análise sucinta de Direito Comparado, Armindo Ribeiro Mendes, "A nova Lei da Arbitragem Voluntária e as formas de impugnação das decisões arbitrais", cit., págs. 717 ss. No ordenamento jurídico francês, no âmbito da arbitragem interna, o art. 1489 do *Code de procédure civile* francês determina, salvo convenção em contrário das partes, a irrecorribilidade da decisão arbitral. Não é feita, nesta disposição, qualquer distinção consoante o litígio seja decidido por aplicação do Direito estrito ou *amiable composition*. *Vide*, a este respeito, Thomas Clay, *Code de l'arbitrage commenté*, cit., págs. 130 ss.; Jean-Baptiste Racine, *Droit de l'arbitrage*, cit., págs. 609 ss., considera que o recurso para tribunal estadual é profundamente desadequado, desde logo, porque a submissão do litígio à arbitragem visou retirá-lo do circuito judiciário. E deste modo obriga-se ao seu regresso. No Direito alemão, determina-se, nos termos do § 1059 (1) da *ZPO*, que a anulação da decisão arbitral é a única forma de reação possível. *Vide*, a este respeito, *MünchKomm-ZPO*, Münch, § 1059, anot. 1, cit.; Richard Kreindler/Reinmar Wolff/Markus S. Rieder, *Commercial Arbitration in Germany*, cit., págs. 327 ss.

[525] Ao contrário do que resultava da anterior LAV de 1986, no seu art. 29.º.

aplicação de Direito constituído, exista uma remissão para os critérios de equidade. *V.g.*, se, num litígio respeitante a alteração das circunstâncias, for aplicável a lei material portuguesa, mais especificamente o art. 437.º, n.º 1, CC, que remete para a possível modificação do contrato segundo juízos de equidade, não fica impedida a possibilidade de acordar o recurso. Este acordo apenas fica prejudicado se o critério de decisão for, em si, a equidade ou a composição amigável.

O facto de a regra, em processo arbitral, ser a da irrecorribilidade, não é determinante, na medida em que é concedida às partes a possibilidade de convencionar em sentido distinto. A regra supletiva da irrecorribilidade é coerente com a ideia de que as partes, ao escolherem a arbitragem para resolução do litígio, pretenderam que os tribunais estaduais fossem afastados do litígio, atribuindo a sua resolução a árbitros que escolheram[526]. Acresce ainda que a irrecorribilidade como regra apresenta a vantagem da celeridade[527].

Já o facto de a decisão ser irrecorrível quando os critérios de decisão sejam a equidade ou a composição amigável pode ser mais difícil de compreender[528]. Admite-se que os tribunais estaduais têm, usualmente, como critério de decisão o Direito constituído, regras gerais e abstratas,

[526] Informa A. SANTOS JUSTO, "A arbitragem no direito romano – breve referência ao direito português", *Estudos em Homenagem ao Prof. Doutor José Lebre de Freitas*, vol. II, Coimbra Editora, 2013, págs. 675-701, págs. 687 ss., que "[d]ado que as partes escolheram o árbitro e nele depositaram a sua confiança, não é possível apelar da sua sentença, mesmo nas épocas pós-clássica e justinianeia ...". JAN PAULSSON, *The Idea of Arbitration*, cit., pág. 147, considera que a irrecorribilidade das decisões arbitrais pode ser vista como o "calcanhar de Aquiles" da arbitragem. Sustenta, em todo o caso, que a confiança nos padrões de ética dos árbitros e das instituições arbitrais tem sustentado a legitimidade do processo. Referindo que a irrecorribilidade é a regra na maioria dos sistemas jurídicos, *vide* JOSÉ CARLOS FERNÁNDEZ ROZAS/SIXTO A. SÁNCHEZ LORENZO/GONZALO STAMPA, *Principios Generales del Arbitraje*, cit., pág. 343.

[527] ANTÓNIO SAMPAIO CARAMELO, *A impugnação da sentença arbitral*, 2.ª edição, cit., pág. 8.

[528] Veja-se que, *v.g.*, no art. 1489 do *Code de procédure civile*, prevê-se que as partes podem convencionar a possibilidade de recurso para o tribunal estadual, independentemente de a decisão ter sido tomada segundo critérios de Direito constituído ou da *amiable composition* e no art. 1490 do mesmo diploma francês, esclarece-se ainda que, em caso de recurso, o tribunal que reaprecia a situação deve respeitar a escolha que foi feita pelas partes. *I.e.*, o tribunal estadual poderá ter de julgar segunda a *amiable composition*. Veja-se, a este respeito, THOMAS CLAY, *Code de l'arbitrage commenté*, cit., págs. 131 ss.

e que a aplicação de critérios mais fluídos como a equidade, em que está subjacente a ponderação do caso concreto por pessoas em cujo critério as partes depositaram confiança[529], pode suscitar dificuldades no âmbito de uma reapreciação. No entanto, a equidade não se encontra fora do Direito, é também um resultado da Ciência do Direito e, por esta razão, parece-nos excessivo este afastamento. Acresce que os tribunais estaduais podem também ser chamados a apreciar litígios com base na equidade. Atente-se a que, nos termos do art. 4.º do CC português, os tribunais poderão resolver litígios segundo a equidade[530].

II. O tribunal estadual competente para conhecer o recurso é, nos termos do art. 59.º, n.º 1, al. e), LAV, o Tribunal da Relação em cujo distrito se localize o local da arbitragem. Caso se trate de litígio que esteja compreendido na esfera de jurisdição dos tribunais administrativos, a competência cabe ao Tribunal Central Administrativo em cuja circunscrição se situe o local da arbitragem.

Sublinhe-se que, em todo o caso, as decisões arbitrais, uma vez que são proferidas por tribunais, podem ser recorríveis para o Tribunal Constitucional, nos termos do art. 70.º da Lei n.º 28/82, de 15 de novembro[531-532]. Tal

[529] Dário Moura Vicente et al., *Lei da Arbitragem Voluntária Anotada*, art. 39.º, José Robin de Andrade, cit., pág. 138.

[530] Luís de Lima Pinheiro, *Arbitragem Transnacional*, cit., págs. 157 ss.; Miguel Teixeira de Sousa, *Introdução ao Direito*, cit., págs. 416 ss.

[531] Paula Costa e Silva, *A nova face da justiça...*, cit., págs. 105 ss.; Miguel Galvão Teles, "Recurso para o Tribunal Constitucional das decisões dos tribunais arbitrais", *Estudos em Homenagem do Prof. Doutor Sérvulo Correia*, vol. I, Faculdade de Direito da Universidade de Lisboa, Coimbra Editora, 2010, págs. 637-655; Jorge Miranda/Rui Medeiros, *Constituição Portuguesa anotada*, tomo III, cit., págs. 117 ss.; Armindo Ribeiro Mendes, "A nova Lei da Arbitragem Voluntária e as formas de impugnação das decisões arbitrais", cit., págs. 753 ss.; Dário Moura Vicente et al., *Lei da Arbitragem Voluntária Anotada*, art. 39.º, José Robin de Andrade, cit., pág. 141; António Menezes Cordeiro, *Tratado da Arbitragem*, cit., pág. 436; José Carlos Soares Machado/Rita Lynce de Faria, "A definitividade das decisões arbitrais", *Arbitragem Comercial, Estudos comemorativos dos 30 anos do Centro de Arbitragem Comercial da Câmara de Comércio e Indústria Portuguesa*, coord. António Menezes Cordeiro, Almedina, Coimbra, 2019, págs. 583-604, pág. 588.

[532] Sublinhe-se que o recurso para o Tribunal Constitucional pressupõe uma delimitação espacial. Segundo Miguel Galvão Teles, "Recurso para o Tribunal Constitucional das decisões dos tribunais arbitrais", cit., pág. 649, este recurso está limitado às "(...) decisões de

como estas decisões também são passíveis de recurso extraordinário de revisão[533].

8.8. Encerramento do processo

Tal como se inicia, o processo tem também de terminar. A causa mais comum de encerramento do processo é a prolação da decisão arbitral (art. 44.º, n.º 1, LAV)[534]. Todavia, admite-se ainda o encerramento do processo nos casos em que o demandante desista do pedido, exceto se o demandado se opuser a esta desistência e o tribunal arbitral reconhecer a este um interesse legítimo na resolução definitiva do litígio (art. 44.º, n.º 2, al. a), LAV); ou em que as partes concordem em, por qualquer razão (*v.g.*, a celebração de uma transação a respeito do litígio), encerrar o processo (art. 44.º, n.º 2, al. b), LAV)); ou ainda em que o tribunal verificar que a prossecução do processo se tornou inútil ou impossível (art. 44.º, n.º 2, al. c), LAV), *v.g.*, verifica-se que o prazo de 12 meses para proferir decisão é manifestamente insuficiente atenta a complexidade do caso e as próprias diligências pedidas pelas partes, e estas recusam a prorrogação do prazo[535].

O elenco dos factos que levam ao encerramento do processo, apesar da sua amplitude, parece ser apenas enunciativo. Na verdade, podem ser equacionadas outras situações conducentes ao encerramento do processo que estão consagradas na lei, embora não nesta disposição, *v.g.*, o tribunal estadual concluir pela incompetência do tribunal arbitral, já ter decorrido o prazo para ser proferida a decisão[536].

tribunais que pertençam à ordem jurídica portuguesa ou que nela se situem". Tendo presente ser tema muito delicado a determinação das situações em que se considera que uma decisão arbitral está localizada na ordem jurídica portuguesa, este autor soluciona esta questão dizendo que "serão aqueles tribunais relativamente aos quais a anulação da decisão possa ser solicitada perante um tribunal estadual português". Aderimos, sem qualquer reserva, a esta posição.

[533] António Sampaio Caramelo, *A impugnação da sentença arbitral,* 2.ª edição, cit., pág. 10; Armindo Ribeiro Mendes, "A nova Lei da Arbitragem Voluntária e as formas de impugnação das decisões arbitrais", cit., págs. 749 ss.; António Menezes Cordeiro, *Tratado da Arbitragem*, cit., pág. 436. Já seguindo esta orientação à luz da Lei n.º 31/86, *vide* Paula Costa e Silva, "Anulação e recursos da decisão arbitral", *ROA*, III, 1992, págs. 893-1018, pág. 1007 ss.; Luís de Lima Pinheiro, *Arbitragem Transnacional*, cit., pág. 174.

[534] O art. 44.º LAV, com exceção do seu n.º 4, encontra clara inspiração no art. 32.º da Lei-Modelo.

[535] Cfr. António Menezes Cordeiro, *Tratado da Arbitragem*, cit., pág. 416.

[536] António Menezes Cordeiro, *Tratado da Arbitragem*, cit., págs. 416 ss.

Em qualquer destes casos que determine o encerramento do processo, as funções jurisdicionais do tribunal cessam, sem prejuízo de lhe poder ser ainda pedida a retificação e esclarecimento da sentença ou a correção de algum vício da sentença que possa determinar a sua anulação (art. 44.º, n.º 3, LAV).

Depois de proferida a decisão, e salvo acordo em contrário, cabe ao presidente do tribunal arbitral conservar o original do processo durante um período mínimo de 2 anos e o original da decisão por um período mínimo de 5 anos (art. 44.º, n.º 4, LAV). Tratando-se de arbitragem institucional, pode ser acordado que o original do processo e da sentença fique depositado no respetivo centro de arbitragem.

8.9. Retificação e esclarecimento da sentença

I. As sentenças arbitrais podem conter lapsos que resultem, *v.g.*, de erro de cálculo, de erro material ou tipográfico. Nesse caso, admite-se, nos termos do art. 45.º, n.º 1, LAV, que uma das partes, notificando disso a outra ou outras partes, requeira ao tribunal arbitral a retificação desse erro no prazo de 30 dias a contar da receção da notificação da sentença, se outro prazo não tiver sido acordado pelas partes.

Para além desta retificação de lapsos, no mesmo prazo, qualquer das partes, mediante o mesmo procedimento, pode ainda requerer ao tribunal arbitral o esclarecimento de obscuridades ou ambiguidades da sentença ou dos seus fundamentos (art. 45.º, n.º 2, LAV). A possibilidade de o tribunal interpretar a decisão arbitral não está expressamente prevista no art. 45.º LAV, embora resulte do art. 33.º, n.º 1, al. b), da Lei-Modelo, que inspirou, em parte, esta disposição portuguesa. Todavia, o "esclarecimento de obscuridades ou ambiguidades da sentença ou dos seus fundamentos" pode consistir numa densificação do conceito de "interpretação". Admitindo-se esta interpretação num sentido mais restritivo, podemos ainda ancorar na Lei-Modelo uma inspiração mais fiel do art. 45.º LAV[537].

[537] Acerca desta disposição, *International Commercial Arbitration*, "§ 1 Best practice in international arbitration...", STEPHAN BALTHASAR, cit., pág. 33. Também nos termos do art. 1485 do *Code de procédure civile* francês se admite esta possibilidade de interpretação da sentença pelo tribunal. Cfr. THOMAS CLAY, *Code de l'arbitrage commenté*, cit., págs. 123 ss. A possibilidade de solicitar a interpretação da decisão está também prevista no art. 37 das Regras de Arbitragem da CNUDCI (com desenvolvimentos, *vide* JAN PAULSSON/GEORGIOS PETROCHILOS, *UNCITRAL Arbitration*, cit., págs. 336 ss.). Na discussão subjacente à aprovação

Caso o tribunal considere qualquer destes requerimentos justificados, fará a retificação ou o esclarecimento nos 30 dias seguintes à sua receção, fazendo estes parte integral da sentença (art. 45.º, n.º 3, LAV).

Mesmo que as partes nada requeiram, se o tribunal verificar que a sentença contém algum dos lapsos previstos no art. 45.º, n.º 1, LAV, tomará a iniciativa de, nos termos do art. 45.º, n.º 4, LAV, retificar esse erro, também no prazo de 30 dias. Atento o princípio do contraditório, que é transversal ao processo arbitral, esta retificação deve ser precedida da audição das partes[538].

II. Admite-se ainda, desta feita com um teor mais substantivo, que, salvo convenção em contrário, qualquer das partes possa, nos termos do art. 45.º, n.º 5, LAV, requerer ao tribunal que, nos 30 dias seguintes à data em que recebeu a notificação da sentença, profira uma sentença adicional sobre partes do pedido ou dos pedidos apresentados que não hajam sido decididos. A sentença adicional deve ser proferida nos 60 dias seguintes à data de apresentação do requerimento da parte.

Esta decisão adicional não deve respeitar a aspetos centrais do litígio – *v.g.*, decidir condenar ou não o demandado – , mas antes a aspetos acessórios, como é o caso do cálculo do valor dos juros ou a fixação do prazo de

da Lei-Modelo, a inclusão deste pedido de interpretação foi objeto de críticas, alegando-se, designadamente, que esta regra poderia ser entendida como um convite a que a parte que perdeu tentasse obter por esta via ganho de ação. Assim, PETER BINDER, *International Commercial Arbitration and Mediation in UNCITRAL Model Law Jurisdictions*, cit., págs. 438 ss. Foi, todavia, salientada a importância desta regra, *maxime* nos casos em que a decisão fosse redigida numa língua que não a língua mãe do seu redator. Chegou-se, assim, a uma solução de compromisso, em que se admite a interpretação, mas apenas de partes específicas da decisão e condicionada ao facto de todas as partes concordarem com esta diligência. A lei alemã adotou redação muito semelhante à prevista na Lei-Modelo, no § 1058, (1) 2, *ZPO*. A este respeito, *MünchKomm-ZPO*, MÜNCH, § 1058, anot. 9, cit.; RICHARD KREINDLER/REINMAR WOLFF/MARKUS S. RIEDER, *Commercial Arbitration in Germany*, cit., pág. 323, vêm sustentar que a interpretação que é desenvolvida pelo tribunal arbitral não deve alterar a decisão a que o tribunal arbitral já chegou; apenas visa clarificar partes ambíguas da decisão. Em sentido semelhante, à luz do Direito francês, cfr. JEAN-BAPTISTE RACINE, *Droit de l'arbitrage*, cit., págs. 545 ss. De acordo com esta orientação, o sentido de "interpretação" dado pela lei alemã e pela lei francesa aproxima-se muitíssimo do previsto na LAV.

538 ANTÓNIO MENEZES CORDEIRO, *Tratado da Arbitragem*, cit., pág. 422.

execução[539]. De outro modo, obter-se-ia por esta via uma extensão do período para proferimento da decisão.

O prazo que o tribunal tem para retificar, esclarecer ou completar a sentença pode, nos termos do art. 45.º, n.º 6, LAV, ser prolongado, desde que não seja ultrapassado o prazo para proferir a sentença que está previsto no art. 43.º LAV[540].

Quer se trate de retificação, de esclarecimento ou de sentença adicional, os pressupostos do art. 42.º LAV devem ser igualmente respeitados (art. 45.º, n.º 7, LAV).

8.10. Efeitos da sentença

A sentença arbitral, como outras decisões judiciais, faz caso julgado e constitui título executivo. Assim o determina expressamente o art. 42.º, n.º 7, LAV[541].

Ficam abrangidas pelo caso julgado as partes no processo arbitral. Conforme acima foi sublinhado, as partes no processo não são necessariamente coincidentes com as partes que celebraram a convenção de arbitragem.

8.11. A publicidade da decisão arbitral

A confidencialidade, é sabido, é uma das vantagens que, tradicionalmente, se aponta à arbitragem. Nos termos do art. 30.º, n.º 5, LAV, determina-se que os árbitros, as partes, bem como as entidades que promovam a realização da arbitragem, *v.g.*, as pessoas ligadas aos centros de arbitragem onde os litígios são apreciados, têm o dever de guardar sigilo acerca de toda a informação que obtenham, bem como dos documentos de que tomem conhecimento através do processo arbitral[542]. Este dever de sigilo não

[539] António Menezes Cordeiro, *Tratado da Arbitragem*, cit., pág. 423.

[540] Segundo António Menezes Cordeiro, *Tratado da Arbitragem*, cit., pág. 423, isto não significa, todavia, que as retificações ou esclarecimentos das decisões arbitrais tenham de ser proferidas dentro do prazo previsto nesta disposição. A decisão "inicial" pode ser sempre proferida dentro do prazo previsto no art. 43.º LAV, acrescendo a este prazo, pelo menos o prazo de 30 ou 60 dias consoante se trate de retificação ou esclarecimento ou de sentença adicional. Já Dário Moura Vicente et al., *Lei da Arbitragem Voluntária Anotada*, art. 45.º, José Robin de Andrade, cit., pág. 161, parece incluir o prazo para esta atividade do tribunal dentro do prazo geral previsto no art. 43.º LAV.

[541] Em sentido semelhante, *vide* art. 387 da *ZPO* suíça.

[542] Acerca desta disposição, Dário Moura Vicente et al., *Lei da Arbitragem Voluntária Anotada*, art. 30.º, Armindo Ribeiro Mendes, cit., págs. 114 ss.

prejudica, designadamente, os deveres de comunicação ou de revelação, impostos por lei, perante as autoridades competentes[543].

Em todo o caso, nos termos do art. 30.º, n.º 6, LAV, admite-se que as sentenças ou outras decisões arbitrais venham a ser publicadas, desde que expurgadas de elementos de identificação das partes. Contudo, ainda assim, as partes são aqui soberanas e podem sempre opor-se a esta divulgação[544].

9. A anulação da decisão arbitral

9.1. Enquadramento geral

I. Conforme acima se referiu, a possibilidade de recurso do mérito da decisão arbitral para o tribunal estadual depende da opção legislativa adotada, que pode ser no sentido da irrecorribilidade ou da recorribilidade, qualquer delas imperativa ou supletivamente consagrada.

Em todo o caso, mesmo se a situação for de irrecorribilidade do mérito, é indispensável, à luz do ordenamento jurídico português, que os tribunais estaduais possam exercer algum controlo sobre as sentenças arbitrais, com vista a salvaguardar os valores que são essenciais para o respetivo ordenamento jurídico[545]. Só assim se pode entender a consagração, na CRP,

[543] António Menezes Cordeiro, *Tratado da Arbitragem*, cit., pág. 307; Miguel Lucas Pires, "Publicidade das decisões arbitrais", *Arbitragem Comercial, Estudos comemorativos dos 30 anos do Centro de Arbitragem Comercial da Câmara de Comércio e Indústria Portuguesa*, coord. António Menezes Cordeiro, Almedina, Coimbra, 2019, págs. 745-775, págs. 747 ss.

[544] António Sampaio Caramelo, "Da condução do processo arbitral...", cit., pág. 684, salientando a importância desta publicação para o estudo da jurisprudência arbitral. Dário Moura Vicente, "A sentença arbitral", cit., págs. 128 ss., salienta que o princípio da reserva encontra limites nos casos em que o interesse público recomende a sua divulgação para permitir o escrutínio alargado.

[545] Luís de Lima Pinheiro, "Recurso e anulação da decisão arbitral: admissibilidade, fundamentos e consequências", *I Congresso do Centro de Arbitragem da Câmara de Comércio e Indústria*, Almedina, Coimbra, 2008, págs. 181-195, pág. 181; Pedro Metello de Nápoles/Carla Góis Coelho, "A arbitragem e os tribunais estaduais...", cit., pág. 198; António Sampaio Caramelo, *A impugnação da sentença arbitral*, 2.ª edição, cit., págs. 11 ss.; Mário Esteves de Oliveira et al., *Lei da Arbitragem Voluntária*, cit., pág. 545; António Menezes Cordeiro, *Tratado da Arbitragem*, cit., págs. 426, 434; Mariana França Gouveia, *Curso de resolução alternativa de litígios*, cit., pág. 295. Sublinhando que a anulação da decisão é o pressuposto paradigmático da intervenção judicial de controlo, cfr. José Carlos Fernández Rozas/Sixto A. Sánchez Lorenzo/Gonzalo Stampa, *Principios Generales del Arbitraje*, cit., págs. 134, 345.

dos tribunais arbitrais entre o elenco dos tribunais, bem como os efeitos que são conferidos às decisões arbitrais (constituírem caso julgado e ser título executivo).

No ordenamento jurídico português, o direito de requerer a anulação da sentença arbitral é, nos termos do art. 46.º, n.º 5, LAV, irrenunciável[546].

Ficam sujeitas ao regime da impugnação das decisões arbitrais previsto no art. 46.º[547] as decisões relativas a arbitragem que tenham lugar em território português (art. 61.º LAV), embora, com respeito às decisões proferidas no âmbito da arbitragem internacional, haja que atender também ao disposto no art. 54.º LAV[548].

II. Nem todas as decisões tomadas no âmbito de um processo arbitral podem ser impugnadas mediante pedido da sua anulação. As decisões que visam apenas garantir a tramitação e impulso regular do processo não estarão incluídas nesta categoria. Assim, as decisões passíveis de ser impugnadas nos termos do art. 46.º LAV são as que colocam termo ao processo, as que conheçam de partes do mérito do processo (nos termos referidos a propósito do disposto no art. 42.º, n.º 2, LAV), bem como as

[546] Dando conta de outras soluções seguidas por diferentes ordenamentos jurídicos, *vide* António Sampaio Caramelo, *A impugnação da sentença arbitral*, 2.ª edição, cit., págs. 21 ss. Veja-se, por exemplo, que no Direito francês, no art. 1491 do *Code de procédure civile*, as partes podem renunciar à anulação desde que tenham acordado a via do recurso da sentença. Acerca deste regime, cfr. Thomas Clay, *Code de l'arbitrage commenté*, cit., págs. 133 ss.; Jean-Baptiste Racine, *Droit de l'arbitrage*, cit., págs. 570 ss. Já no Direito alemão, o direito a requerer a anulação da decisão arbitral (previsto no § 1059 *ZPO*) é irrenunciável, segundo informam Richard Kreindler/Reinmar Wolff/Markus S. Rieder, *Commercial Arbitration in Germany*, cit., pág. 329.

[547] Na LAV de 1986, a impugnação da decisão arbitral estava prevista, com uma redação distinta, no art. 27.º. *Vide*, por todos, acerca do regime então consagrado, Paula Costa e Silva, "Anulação e recursos da decisão arbitral", cit.; "Os meios de impugnação de decisões proferidas em arbitragem voluntária no Direito interno português", *ROA*, I, 1996, págs. 179-207.

[548] *Vide* Nigel Blackaby/J. Martin Hunter/Constantine Partasides/Alan Redfern, *Redfern and Hunter on International Arbitration*, cit., págs. 570 ss., referindo que, por regra, é a lei do lugar da sede da arbitragem que se aplica à impugnação da decisão arbitral. Visa-se aí garantir que a arbitragem foi conduzida com respeito pelas regras básicas do *due process*, com respeito pelo igual direito de ambas as partes em ser ouvidas perante um tribunal arbitral imparcial e independente, dentro dos termos previstos na convenção de arbitragem.

que sejam proferidas pelo tribunal arbitral com respeito à sua própria competência (art. 18.º, n.ºs 1 e 9, LAV)[549].

Todavia, a posição que as partes vão assumindo durante o processo face aos despachos interlocutórios pode ter relevância na impugnação da decisão final. Na verdade, se as partes não se opuserem a um determinado despacho que, *v.g.*, recusa a produção de meios probatórios requeridos, não podem, posteriormente, invocar essa recusa no âmbito do pedido de anulação ao abrigo do art. 46.º LAV[550]. Também neste sentido milita o disposto no art. 46.º, n.º 4, LAV, nos termos do qual se determina que, caso uma das partes, perante uma situação processual de inobservância de uma disposição da LAV inderrogável por acordo das partes ou acordada na convenção de arbitragem, prosseguir a arbitragem sem deduzir imediata oposição – ou caso esteja previsto um prazo pré-definido, dentro desse prazo –, se considera que renunciou ao direito de impugnar a sentença arbitral com esse fundamento[551]. É o caso, *v.g.*, da referida situação prevista no art. 18.º, n.º 4, LAV, que determina que a incompetência do tribunal arbitral apenas pode ser arguida até à apresentação da defesa do fundo da causa ou juntamente com esta ou, no caso de se tratar de fundamentos supervenientes, determina o art. 18.º, n.º 6, LAV, que devem ser alegados

[549] António Sampaio Caramelo, *A impugnação da sentença arbitral*, 2.ª edição, cit., págs. 28 ss. Este autor refere ainda a possibilidade de impugnar as decisões relativas ao indeferimento do pedido de recusa de árbitro, bem como a decisão relativa à fixação de honorários dos árbitros. Todavia, estas decisões não são impugnáveis nos termos do art. 46.º LAV. No mesmo sentido, Armindo Ribeiro Mendes, "A nova Lei da Arbitragem Voluntária e as formas de impugnação das decisões arbitrais", cit., págs. 725 ss.; Mário Esteves de Oliveira et al., *Lei da Arbitragem Voluntária*, cit., pág. 545.

[550] Veja-se, *v.g.*, o acórdão do STJ, de 22 de setembro de 2016, Proc. 660/15.8YRLSB.L1.S1, em que se decidiu que "IV. Em processo arbitral, a parte que – confrontada com um juízo explícito do tribunal acerca da irrelevância de certos factos articulados e com a desnecessidade de produção dos meios probatórios requeridos – não deduz qualquer oposição imediata a tal despacho interlocutório, conformando a sua subsequente actuação processual com o teor tal decisão, sem reiterar claramente ao Tribunal a essencialidade das diligências probatórias requeridas, vê precludida a possibilidade de, após prolação da decisão final, vir invocar a anulação da sentença arbitral com fundamento num juízo de irrelevância factual ou probatória com que se conformou" (disponível em www.dgsi.pt).

[551] Acerca desta disposição, António Sampaio Caramelo, *A impugnação da sentença arbitral*, 2.ª edição, cit., págs. 152 ss. Com referências jurisprudenciais, Dário Moura Vicente et al., *Lei da Arbitragem Voluntária Anotada*, art. 46.º, José Robin de Andrade, cit., pág. 173.

imediatamente. Se não for invocada a incompetência nesses momentos, não poderá sê-lo, depois, em sede de anulação da decisão[552].

Naturalmente, conforme já referido, a inação da parte face à inobservância de disposições da LAV apenas será relevante nos casos em que se trate de disposições derrogáveis por acordo das partes[553], conforme resulta, aliás, expressamente, do art. 46.º, n.º 4, LAV.

III. Uma questão que se tem suscitado prende-se com a possibilidade de as partes intentarem uma ação de anulação com fundamento no art. 46.º LAV e, simultaneamente, um recurso, nos casos em que as partes assim o tenham convencionado. A LAV de 2011 não soluciona esta situação, ao contrário do que estava consagrado na LAV de 1986, em cujo art. 27.º, n.º 3, se determinava que, se coubesse recurso da decisão arbitral e este fosse interposto, a sua anulabilidade só poderia ser apreciada no âmbito deste recurso.

Na verdade, um e outro processo (anulação e recurso) têm tramitações diferentes, com relevância prática significativa. Assim, desde logo, enquanto o prazo para interpor recurso é de 30 dias, eventualmente acrescidos de 10 dias (art. 638.º CPC), o prazo para impugnar a decisão arbitral é de 60 dias (art. 46.º, n.º 6, LAV). A própria tramitação do recurso é diferente da do pedido de anulação da decisão arbitral.

A doutrina diverge quanto à solução a dar a esta situação, podendo, em abstrato, admitir-se o primado do recurso ou o primado da impugnação ou ainda a utilização ambos os meios em simultâneo[554]. Entendem uns

[552] Veja-se, Mário Esteves de Oliveira et al., *Lei da Arbitragem Voluntária*, cit., pág. 557, a propósito do fundamento previsto no art. 46.º, n.º 3, al. a), subalínea i), LAV. Aí se sustenta que "(...) os fundamentos ou vícios contemplados nesta subalínea são efetivamente desses, que geram a incompetência do tribunal arbitral – é qualificação imposta, até, pelo art. 18º/1 –, pelo que a impugnação que se deduza perante o tribunal judicial pressupõe que a questão já tenha sido suscitada arbitrariamente pelo ora recorrente, nos termos ali previstos (naquele nº 4 desse art. 18º)". Recorde-se ainda que esta é uma orientação geral que está também subjacente à Lei-Modelo, expressamente consagrada no seu art. 4.º, acima analisado (*supra* nota 235). Ver também Mariana França Gouveia, *Curso de resolução alternativa de litígios*, cit., pág. 301.

[553] Manuel Pereira Barrocas, *Manual de Direito da Arbitragem*, cit., págs. 529 ss.; João Pedro Pinto-Ferreira, "A alegação oportuna da incompetência e da irregularidade na constituição do tribunal arbitral na jurisprudência", *Estudos em Homenagem ao Prof. Doutor José Lebre de Freitas*, vol. II, Coimbra Editora, 2013, págs. 759-809, págs. 803 ss.

[554] António Menezes Cordeiro, *Tratado da Arbitragem*, cit., pág. 437.

que só haverá pedido de anulação se não puder haver recurso[555]; enquanto outros parecem sustentar a possibilidade de intentar a ação de anulação da decisão arbitral e, simultaneamente, interpor recurso[556]. O Tribunal da Relação de Évora, em acórdão de 26 de março de 2015[557], parece seguir a orientação de que cabe às partes escolher qual a forma de reação que pretendem adotar: se o recurso (quando previsto pelas partes) ou a impugnação[558]. Entendemos que esta é uma solução equilibrada. Na verdade, não é admissível impor às partes a primazia da impugnação, sob pena de desvirtuar o sentido do disposto no art. 39.º, n.º 4, LAV, que lhes admite a possibilidade de convencionarem o recurso. Já um primado do

[555] Pedro Metello de Nápoles/Carla Góis Coelho, "A arbitragem e os tribunais estaduais...", cit., pág. 216; Manuel Pereira Barrocas, *Manual de Direito da Arbitragem*, cit., págs. 514 ss., 538; Mariana França Gouveia, *Curso de resolução alternativa de litígios*, cit., pág. 298, embora admita que, nos casos em que as partes previram a possibilidade de recurso, a parte que pretende reagir perante a decisão possa escolher entre recorrer ou impugnar a decisão arbitral; Dário Moura Vicente et al., *Lei da Arbitragem Voluntária Anotada*, art. 46.º, José Robin de Andrade, cit., págs. 165 ss.

[556] António Menezes Cordeiro, *Tratado da Arbitragem*, cit., pág. 437. Mário Esteves de Oliveira et al., *Lei da Arbitragem Voluntária*, cit., pág. 550, também parece admitir esta possibilidade, admitindo que "(...) o único escape consistiria em o tribunal estadual os «apensar», ainda que informalmente (por não se verificarem os requisitos dos arts. 268º/1 e 267º/1 do novo CPC), procedendo ao seu julgamento conjunto pelo mesmo juiz. Debruçar-se-ia ele primeiramente sobre os fundamentos da impugnação, para decidir se anula a sentença proferida (ou a sua parte viciada) e, depois, se assim não acontecer, ajuizaria sobre se deve conceder a reapreciação pedida, considerando o recurso (im)procedente". Acerca desta possibilidade, cfr. Armindo Ribeiro Mendes, "A nova Lei da Arbitragem Voluntária e as formas de impugnação das decisões arbitrais", cit., págs. 721 ss., nota 26.

[557] Disponível em www.dgsi.pt. O TRE, Proc. 38/15.3REVR.E1, veio sustentar que: "Nos termos do regime da arbitragem voluntária (LAV, aprovada pela Lei n.º 63/2011), a impugnação da sentença arbitral perante o tribunal estadual competente pode operar por duas vias: ou por recurso, mas neste caso as partes têm de prever expressamente essa possibilidade na convenção de arbitragem e a causa não pode ser decidida segundo a equidade ou mediante composição amigável (conforme impõe art. 39.º, n.º 4, da LAV); ou por pedido de anulação (que será a regra, e em exclusivo, salvo o referido acordo de recorribilidade, tudo conforme art. 46.º, n.º 1, da LAV)".

[558] Também neste sentido, cfr. Armindo Ribeiro Mendes, "A nova Lei da Arbitragem Voluntária e as formas de impugnação das decisões arbitrais", cit., págs. 720 ss. A decisão do Tribunal da Relação de Lisboa, Proc. 927/17.0YRLSB-8, de 11 de janeiro de 2018, disponível em www.dgsi.pt, também parece ir no sentido de que a possibilidade de interpor recurso não preclude a possibilidade de impugnar a decisão arbitral.

recurso também pode traduzir-se, para as partes que o admitiram, em penalização em prazos cominatórios, obrigando-as a recorrer em 30 dias quando, utilizando a impugnação, teriam ao seu dispor 60 dias. Acresce que o direito à anulação da decisão previsto nos termos do art. 46.º, n.º 5, LAV é irrenunciável.

A convivência em simultâneo dos dois processos também não parece ser a mais adequada. As partes não poderão invocar nos dois processos os mesmos fundamentos de anulação da decisão, sob pena de litispendência[559], e obrigar o tribunal estadual a apreciar aspetos diferentes da mesma situação pode conduzir a soluções pouco coerentes.

Assim, a solução que permite à parte a escolher o processo a adotar parece ser mais consentânea com uma ideia de racionalização dos recursos judiciais e garante ainda uma maior coerência na resolução global da situação.

9.2. O tribunal competente

O tribunal competente para conhecer do pedido de anulação da decisão arbitral é, nos termos do art. 59.º, n.º 1, al. g), LAV, o Tribunal da Relação em cujo distrito se situe o lugar da arbitragem ou – no caso de se tratar de litígio que, segundo o Direito português, esteja compreendido na esfera de jurisdição dos tribunais administrativos – o Tribunal Central Administrativo em cuja circunscrição se situe o local da arbitragem (art. 59.º, n.º 2, LAV).

9.3. O prazo para pedir a anulação

I. A impugnação da decisão arbitral deve ser feita, nos termos do art. 46.º, n.º 6, LAV, no prazo de 60 dias a contar da data em que a parte que pretende a anulação recebeu a notificação da sentença ou da data em que foi notificada da decisão retificada. Apesar de, no art. 46.º, n.º 6, LAV, se referir que, em caso de retificação, o prazo para pedir a anulação é contado "(...) a partir da data em que o tribunal tomou uma decisão sobre esse requerimento [de retificação]", o prazo não se pode iniciar noutro momento que não aquele em que se tem conhecimento da sentença retificada[560]. De outro modo, não se saberia, sequer, acerca do quê recorrer.

[559] ANTÓNIO MENEZES CORDEIRO, *Tratado da Arbitragem*, cit., pág. 437.

[560] ARMINDO RIBEIRO MENDES, "A nova Lei da Arbitragem Voluntária e as formas de impugnação das decisões arbitrais", cit., págs. 745.; MANUEL PEREIRA BARROCAS, *Manual de Direito da Arbitragem*, cit., pág. 530; MÁRIO ESTEVES DE OLIVEIRA ET AL., *Lei da Arbitragem*

A doutrina portuguesa diverge relativamente à natureza deste prazo, entendendo uns que se trata de um prazo processual[561], enquanto outros sustentam que se trata de um prazo substantivo[562]. Aderimos à primeira posição, a que entende tratar-se de um prazo processual. Na verdade, conforme também referido em acórdão proferido pelo STJ[563], trata-se de um prazo para propositura de uma ação (de anulação), que está diretamente relacionado com uma outra ação (arbitral), tendo o seu decurso um mero efeito de natureza processual e não a extinção de direito material.

II. Coloca-se ainda a questão de saber se as decisões parciais são imediatamente impugnáveis ou se o prazo para tal apenas se inicia no momento em que é proferida a decisão final. Uma vez mais, a doutrina portuguesa divide-se, entendendo uns que, uma vez notificadas às partes, começa a correr o prazo para impugnação das decisões parciais, sendo este um prazo preclusivo. É invocado a favor desta orientação o facto de a lei não distinguir, para este efeito, entre decisão parcial e decisão final; acresce ainda que, tendo esta decisão efeito de caso julgado e constituindo título executivo, produz os mesmos efeitos das decisões finais e, por isso também, deve poder ser imediatamente impugnada[564]. Segundo outra orientação,

Voluntária, cit., pág. 575; ANTÓNIO MENEZES CORDEIRO, *Tratado da Arbitragem*, cit., pág. 456; ANTÓNIO SAMPAIO CARAMELO, *A impugnação da sentença arbitral*, 2.ª edição, cit., pág. 31.

561 ARMINDO RIBEIRO MENDES, "A nova Lei da Arbitragem Voluntária e as formas de impugnação das decisões arbitrais", cit., pág. 745.; ANTÓNIO MENEZES CORDEIRO, *Tratado da Arbitragem*, cit., pág. 457; ANTÓNIO FERREIRA DE ALMEIDA, "A anulação das decisões arbitrais", *Arbitragem Comercial, Estudos comemorativos dos 30 anos do Centro de Arbitragem Comercial da Câmara de Comércio e Indústria Portuguesa*, coord. António Menezes Cordeiro, Almedina, Coimbra, 2019, págs. 67-79, pág. 78; DÁRIO MOURA VICENTE ET AL., *Lei da Arbitragem Voluntária Anotada*, art. 46.º, JOSÉ ROBIN DE ANDRADE, cit., pág. 174.

562 PEDRO METELLO DE NÁPOLES/CARLA GÓIS COELHO, "A arbitragem e os tribunais estaduais...", cit., pág. 200; MARIANA FRANÇA GOUVEIA, *Curso de resolução alternativa de litígios*, cit., pág. 298; ANTÓNIO SAMPAIO CARAMELO, *A impugnação da sentença arbitral*, 2.ª edição, cit., págs. 31 ss.

563 Decisão de 6 de setembro de 2016, Processo 158/15.4YRCBR.S1, disponível em www.dgsi.pt.

564 ANTÓNIO SAMPAIO CARAMELO, *A impugnação da sentença arbitral*, 2.ª edição, cit., págs. 32 ss.; ARMINDO RIBEIRO MENDES, "A nova Lei da Arbitragem Voluntária e as formas de impugnação das decisões arbitrais", cit., págs. 726 ss. Na doutrina estrangeira, W. MICHAEL REISMAN/W. LAWRENCE CRAIG/WILLIAM W. PARK/JAN PAULSSON, *International Commercial Arbitration*,

apenas quando for notificada a decisão final se inicia o prazo para pedir a sua anulação. A vantagem desta orientação prende-se com a celeridade processual, garantindo-se que apenas a final são impugnadas todas as decisões, não se paralisando o processo, nem aumentando os respetivos custos[565]. Segundo uma orientação intermédia, o prazo para impugnação só se inicia no momento em que a decisão final é proferida, embora se admita a faculdade de a parte imediatamente impugnar a decisão parcial proferida[566].

Aderimos aqui à primeira orientação e aos fundamentos invocados. Na verdade, embora se admita que possa haver decisões parciais cujas consequências as partes apenas tomam consciência quando é proferida a decisão final, sendo as decisões parciais passíveis de execução, devem também ser imediatamente impugnadas, se essa for a vontade de alguma das partes. Acresce que o tribunal apenas deve proferir tais decisões parciais se as questões aí apreciadas forem autonomizáveis das demais a decidir e o tribunal tiver elementos suficientes para o fazer.

cit., pág. 593, sustentam que a decisão ainda que parcial não pode ser reapreciada pelo tribunal arbitral: [w]hen a Tribunal takes a final decision on an issue in an award, whether the award be entiteled ínterim, parcial or final, the decision may not be revisited by the arbitrator: it is final and has *res judicata* effect between the parties. Unless stated otherwise in the award (see Second Interim Award on Interim Measures in *Chevron v. Ecuador*), the arbitrator becomes *functus officio* (his mandate has ended) as to the issues decided. The same consequences should attend when a final and prejudicial decision is taken in the form of a procedural order".

565 Mariana França Gouveia, *Curso de resolução alternativa de litígios*, cit., págs. 296 ss.; António Pedro Pinto Monteiro/ Artur Flamínio da Silva/ Daniela Mirante, *Manual de Arbitragem*, cit., pág. 392.

566 Manuel Pereira Barrocas, *Manual de Direito da Arbitragem*, cit., págs. 414 ss. Embora tendo em vista o regime previsto na LAV de 1986, cfr. António Sampaio Caramelo, "Decisões interlocutórias...", cit., págs. 308 ss. Também Dário Moura Vicente, "A sentença arbitral", cit., pág. 119, sustenta que "(...) uma vez que é só com a sentença final que se consuma a decisão de mérito da causa pelo tribunal arbitral – e é, portanto, apenas com base nela que as partes terão a possibilidade de avaliar, de modo cabal, o impacto das sentenças parciais na resolução do litígio que as opõe –, deve ter-se por facultativa a interposição imediata da ação de anulação contra as mesmas, podendo a parte interessada optar por fazê-lo, se houver fundamento bastante para tal, apenas após a notificação da sentença final (...), no prazo fixado no art. 46.º, n.º 6, da LAV".

9.4. A tramitação

I. Nos termos do art. 46.º, n.º 2, LAV, determina-se que o pedido de anulação da sentença arbitral deve ser acompanhado de uma cópia certificada desta e, caso tenha sido redigida em língua estrangeira, de uma tradução para português. A prova é também oferecida com o requerimento (art. 46.º, n.º 2, al. a), LAV).

Uma vez apresentado o pedido de anulação, a outra parte é citada para, querendo, se opor ao requerido, devendo logo, nesta hipótese, oferecer prova (art. 46.º, n.º 2, al. b), LAV). Se o requerido se tiver defendido por exceção, o requerente tem ainda a possibilidade de responder num terceiro articulado (art. 46.º, n.º 2, al. c), LAV).

Finda a apresentação dos articulados, é produzida a prova a que houver lugar (art. 46.º, n.º 2, al. d), LAV).

A tramitação deste processo não é mais desenvolvida no art. 46.º, remetendo-se, nos termos do art. 46.º, n.º 2, al. e), LAV, para a da apelação, com as devidas adaptações.

II. A singeleza desta tramitação associada à remissão para a do processo de apelação suscita algumas dificuldades. Assim, não é, *v.g.*, definido o prazo de que dispõe o requerido para apresentar a sua oposição nem o prazo para apresentação de articulado com eventual resposta às exceções. A doutrina nacional apresenta-se dividida a este respeito, entendendo alguns autores que deverá ser observado o prazo geral supletivo da lei processual, quer civil, quer administrativa, que é de 10 dias[567-568]. A esta posição tem sido oposto que este prazo é desajustado à situação, não garantindo sequer um processo equitativo, pois o requerente tem 60 dias para fazer o seu pedido de anulação e o requerido apenas 10 dias para responder, podendo inclusive ser colocado em causa o próprio direito à oposição[569]. Uma outra solução poderia passar pela fixação deste prazo em 60 dias, de modo semelhante ao prazo de que o requerente pode dispor. Todavia, esta não é a solução

[567] Art. 149.º, n.º 1, CPC.

[568] Mário Esteves de Oliveira et al., *Lei da Arbitragem Voluntária*, cit., págs. 553 ss.; Dário Moura Vicente et al., *Lei da Arbitragem Voluntária Anotada*, art. 46.º, José Robin de Andrade, cit., págs. 166 ss.

[569] António Sampaio Caramelo, *A impugnação da sentença arbitral*, 2.ª edição, cit., págs. 36 ss.; Mariana França Gouveia, *Curso de resolução alternativa de litígios*, cit., págs. 299 ss.

usualmente consagrada nesta matéria, uma vez que o requerente ou o autor tem, por regra, mais tempo disponível para preparar a petição inicial ou o requerimento inicial do que o requerido ou réu[570]. Assim, a solução que se assemelha mais equilibrada e consonante com as regras processuais é a que fixa este prazo em 30 dias, por ser o prazo que, por regra, é fixado para a contestação (art. 569.º, n.º 1, CPC) e sendo o processo em análise um processo especial, nos termos do art. 549.º, n.º 1, CPC, determina-se que lhes são aplicadas as regras que lhes são próprias e as disposições gerais e comuns, determinando-se ainda que, em tudo o que não estiver previsto, observa-se o estabelecido para o processo comum[571].

9.5. Os efeitos da anulação da decisão na convenção de arbitragem

Se a decisão arbitral for anulada, determina-se, nos termos do art. 46.º, n.º 10, LAV, que, salvo acordo das partes em contrário, a convenção de arbitragem volta a produzir efeitos relativamente ao objeto do litígio[572].

570 Mariana França Gouveia, *Curso de resolução alternativa de litígios*, cit., pág. 300; António Sampaio Caramelo, *A impugnação da sentença arbitral*, 2.ª edição, cit., pág. 37.

571 Armindo Ribeiro Mendes, "A nova Lei da Arbitragem Voluntária e as formas de impugnação das decisões arbitrais", cit., págs. 746; Mariana França Gouveia, *Curso de resolução alternativa de litígios*, cit., pág. 300. Pedro Metello de Nápoles/Carla Góis Coelho, "A arbitragem e os tribunais estaduais...", cit., pág. 216, defendem também a aplicação do prazo de 30 dias, mas por referência ao então art. 685.º CPC, atual art. 638.º CPC, e ao prazo aí previsto para a interposição de recurso, e respetiva resposta, acrescentamos nós. António Sampaio Caramelo, *A impugnação da sentença arbitral*, 2.ª edição, cit., pág. 37; António Ferreira de Almeida, "A anulação das decisões arbitrais", cit., pág. 78.

572 Apresentando solução semelhante à prevista na LAV, *vide* § 1059 (5) *ZPO* alemã. A este respeito, *vide MünchKomm-ZPO*, Münch, § 1059, anot. 77, cit.; Richard Kreindler/Reinmar Wolff/Markus S. Rieder, *Commercial Arbitration in Germany*, cit., págs. 351 ss. No Direito francês, a regra é a inversa. Ou seja, nos termos do art. 1493 do *Code de procédure civile*, determina-se que, salvo acordo das partes em contrário, se o tribunal estadual anular a decisão arbitral, decidirá acerca do mérito da questão dentro dos limites que tinham sido também estabelecidos no âmbito da arbitragem. Tem, todavia, sido objeto de discussão a questão de saber se o facto de as partes renunciarem ao recurso de mérito para efeitos do art. 1490 do *Code de procédure civile*, também significa que pretenderam renunciar a esta possibilidade de apreciação de mérito. Acerca desta discussão, Thomas Clay, *Code de l'arbitrage commenté*, cit., págs. 150 ss. A propósito da amplitude do art. 1493, Jean-Baptiste Racine, *Droit de l'arbitrage*, cit., págs. 606 ss. No âmbito da arbitragem internacional, Gary B. Born, *International Commercial Arbitration*, cit., págs. 3392 ss., refere que a anulação da decisão arbitral não tem consequências para a validade da convenção de arbitragem, que continua a vincular as partes que a celebraram. Nigel Blackaby/J. Martin Hunter/Constantine Partasides/

Significa isto que a validade da convenção de arbitragem fica intocada, produzindo os mesmos efeitos positivos e negativos já *supra* referidos. Por esta razão, pretendendo as partes ver o litígio decidido, terão de iniciar um novo processo de constituição do tribunal arbitral e submeter o litígio a este tribunal.

9.6. A anulação parcial da decisão

Coerente com ideia de *favor arbitrationis* que está subjacente à LAV, nos termos do art. 46.º, n.º 7, LAV, vem determinar-se que, se houver fundamentos que sustentem a anulação da decisão, mas se se puder dissociar a parte anulável da sentença da outra parte que não padece de vícios, será anulada apenas a parte da sentença atingida pelo fundamento de anulação[573]. Naturalmente que esta solução implica a possibilidade de identificar áreas autónomas que admitam a invalidade de umas mantendo a validade de outras, garantindo-se "(...) a lógica e o equilíbrio do todo"[574].

9.7. Os fundamentos de anulação da decisão arbitral

a) Enquadramento geral

No art. 46.º, n.º 3, LAV, são indicados, taxativamente[575], os fundamentos que poderão sustentar a anulação da decisão arbitral[576].

ALAN REDFERN, *Redfern and Hunter on International Arbitration*, cit., págs. 601 ss., sustenta que, se a decisão tiver sido anulada com fundamento em deficiências processuais, o processo arbitral iniciar-se-á novamente.

[573] Também assim, *vide* art. 34.º, n.º 2, al. a), subalínea iii), da Lei-Modelo, embora de âmbito de aplicação mais limitado. *Vide* a este respeito, GARY B. BORN, *International Commercial Arbitration*, cit., págs. 3180 ss., que admite a possibilidade de anulação parcial nos casos em que estão em causa outros fundamentos de impugnação.

[574] ANTÓNIO MENEZES CORDEIRO, *Tratado da Arbitragem*, cit., pág. 457. Em sentido semelhante, MÁRIO ESTEVES DE OLIVEIRA ET AL., *Lei da Arbitragem Voluntária*, cit., pág. 577. E também assim, já antes da entrada em vigor da atual LAV, LUÍS DE LIMA PINHEIRO, *Direito Comercial Internacional*, cit., pág. 432.

[575] MANUEL PEREIRA BARROCAS, *Manual de Direito da Arbitragem*, cit., págs. 520 ss.; ANTÓNIO SAMPAIO CARAMELO, *A impugnação da sentença arbitral*, 2.ª edição, cit., pág. 41; MÁRIO ESTEVES DE OLIVEIRA ET AL., *Lei da Arbitragem Voluntária*, cit., pág. 554; ANTÓNIO MENEZES CORDEIRO, *Tratado da Arbitragem*, cit., pág. 439; MARIANA FRANÇA GOUVEIA, *Curso de resolução alternativa de litígios*, cit., pág. 300; DÁRIO MOURA VICENTE ET AL., *Lei da Arbitragem Voluntária Anotada*, art. 46.º, JOSÉ ROBIN DE ANDRADE, cit., pág. 167.

[576] Os fundamentos de anulação são, em parte muito significativa, mas não totalmente, coincidentes com os previstos no art. 34.º, n.º 2, da Lei-Modelo da CNUDCI. GARY B. BORN,

Estes fundamentos estão divididos em dois grandes grupos: os que devem ser invocados e provados pelas partes que os alegam na ação de anulação (art. 46.º, n.º 3, al. a), LAV) e os que são de conhecimento oficioso (art. 46.º, n.º 3, al. b), LAV). Essencialmente, o critério de distinção prende-se com a relevância para a própria ordem jurídica portuguesa dos fundamentos que estão em causa. Não se podendo admitir, caso estejam preenchidos os pressupostos da al. b), e uma ação de anulação tenha sido intentada, que a decisão arbitral possa produzir os respetivos efeitos.

Por outro lado, os fundamentos previstos na alínea a) respeitam, geralmente, a factos que se encontram na disponibilidade das partes, pelo que, não sendo alegados nem provados por uma das partes, não sustentam a anulação.

Sublinhe-se, todavia, que mesmo estando preenchidos os fundamentos de anulação previsto no art. 46.º, n.º 3, al. b), LAV, estes só serão conhecidos pelo Tribunal se alguma das partes intentar ação de anulação, pois, de outro modo, o tribunal estadual não tem como ter deles conhecimento[577].

b) Fundamentos invocados e provados pelas partes

I. Nos termos do art. 46.º, n.º 3, al. a), subalínea i), LAV, identificam-se dois fundamentos distintos de anulação da sentença arbitral, embora ambos se prendam com a validade ou invalidade da convenção de arbitragem. Na verdade, uma vez que a convenção de arbitragem é o negócio em que a arbitragem se sustenta, não sendo aquela válida, fica a sentença arbitral em cheque por incompetência do tribunal arbitral[578].

Na sua primeira parte, determina-se que a sentença será anulada se uma das partes tivesse, por alguma razão, incapacidade para celebrar a convenção de arbitragem. Ou seja, se a parte que celebrou a convenção de arbitragem não tinha capacidade jurídica para o fazer, ou porque, tratando-se de pessoa singular, *v.g.*, era menor, ou celebrou o negócio quando se encontrava em

International Commercial Arbitration, cit., págs. 3175 ss., dá conta de que não há grande discussão acerca do caráter exaustivo dos fundamentos de anulação da decisão arbitral previstos no art. 34.º, n.º 2, da Lei-Modelo.

[577] Mário Esteves de Oliveira et al., *Lei da Arbitragem Voluntária*, cit., pág. 566; António Menezes Cordeiro, *Tratado da Arbitragem*, cit., pág. 443; Dário Moura Vicente et al., *Lei da Arbitragem Voluntária Anotada*, art. 46.º, José Robin de Andrade, cit., pág. 170.

[578] António Sampaio Caramelo, *A impugnação da sentença arbitral, Comentário aos artigos 46.º, 51.º e 54.º da Lei da Arbitragem Voluntária*, Coimbra Editora, Coimbra, 2014, págs. 37 ss.

incapacidade acidental; ou, tratando-se de pessoa coletiva, *v.g.*, quem assinou a convenção não tinha poderes para a representar nem, consequentemente, a vincular. Neste caso, a lei que regula a capacidade da pessoa será a sua lei pessoal[579], encontrada por aplicação do art. 25.º CC conjugado com o art. 31.º, n.º 1, CC, se se tratar de pessoa singular; ou por aplicação do art. 3.º, n.º 1, CSC, se se tratar de sociedade comercial; ou ainda por aplicação dos arts. 33.º ou 34.º CC se se tratar de outras pessoas coletivas.

Na segunda parte desta subalínea, determina-se como fundamento de anulação a invalidade da convenção atenta a lei a que as partes a sujeitaram. Saliente-se que se se estiver perante arbitragem internacional, admite-se, nos termos do art. 51.º, n.º 1, LAV, que a convenção seja válida quanto à substância se respeitar a lei escolhida pelas partes ou o Direito que reger o fundo causa ou ainda o Direito português. Importa, pois, se se estiver perante arbitragem internacional, admitir a convenção de arbitragem se for válida à luz da lei que regula o fundo da causa[580]. Caso nenhuma indicação haja acerca desta escolha, atenta-se no disposto na lei portuguesa. Pense-se, *v.g.*, na hipótese de a convenção de arbitragem versar sobre um litígio relativo a tráfico de produtos estupefacientes; à luz do art. 280.º CC, este negócio seria nulo[581] e, por isso, a convenção de arbitragem seria inválida. Em consequência, a decisão arbitral que se tinha fundado na convenção de arbitragem inválida seria anulada.

II. Nos termos do art. 46.º, n.º 3, al. a), subalínea ii), LAV, a decisão arbitral poderá também ser anulada se se tiver verificado, durante o processo, violação dos princípios fundamentais que estão referidos no art. 30.º, n.º 1, LAV, com relevância decisiva para a resolução do litígio. Os princípios aqui referidos são os estruturantes do processo equitativo: o da citação para defesa[582], o da igualdade, o do direito de ser ouvido e o do contraditório[583].

[579] António Sampaio Caramelo, *A impugnação da sentença arbitral*, 2.ª edição, cit., pág. 43.

[580] António Sampaio Caramelo, *A impugnação da sentença arbitral*, 2.ª edição, cit., pág. 48.

[581] António Menezes Cordeiro, *Tratado da Arbitragem*, cit., pág. 440.

[582] Mário Esteves de Oliveira et al., *Lei da Arbitragem Voluntária*, cit., pág. 557, refere-se a "citação do interessado para se defender"; António Menezes Cordeiro, *Tratado da Arbitragem*, cit., pág. 440, refere-se ao princípio da audição.

[583] Mário Esteves de Oliveira et al., *Lei da Arbitragem Voluntária*, cit., pág. 557, que sustenta ainda dever estar incluído neste elenco o princípio da tutela judicial efetiva. *Vide*

Sublinhe-se, em todo o caso, que não basta, para a anulação da decisão, que um destes princípios tenha sido violado, é necessário que a sua violação seja relevante para a decisão do litígio[584]. Ou seja, mesmo que, *v.g.*, uma das partes não tenha sido notificada de um ato processual e, por isso, não tenha tido oportunidade de responder, a sentença não será anulada se, apesar desta inobservância, a decisão fosse a mesma.

III. Prevê-se também como fundamento de anulação da decisão, de acordo com o art. 46.º, n.º 3, al. a), subalínea iii), LAV, o facto de esta se ter pronunciado sobre um litígio que não se encontra abrangido pelo âmbito da convenção de arbitragem ou conter decisões que ultrapassam o âmbito desta convenção.

Uma vez mais, este fundamento reflete o papel da convenção de arbitragem na atribuição da competência ao tribunal arbitral. E assim, se a convenção não conferir ao tribunal arbitral poderes para apreciar uma determinada questão, a decisão a este respeito será proferida por um tribunal arbitral incompetente[585] para o efeito. Naturalmente, conforme já acima referido, este facto só constituirá fundamento de anulação da decisão arbitral nos casos em que a questão se suscite apenas em sede de decisão

também António Menezes Cordeiro, *Tratado da Arbitragem*, cit., pág. 440. Segundo Mariana França Gouveia, *Curso de resolução alternativa de litígios*, cit., págs. 302 ss., este preceito protege o processo equitativo, conforme previsto na CRP, que considera ser parte da ordem pública do Estado português, entendendo que esta garantia será sempre protegida pelo art. 46.º, n.º 3, al. b), subalínea ii), LAV.

584 Manifestando-se crítico face a esta orientação seguida pelo legislador português, por considerar que a violação dos princípios referidos deveria ser suficiente, *vide* António Sampaio Caramelo, *A impugnação da sentença arbitral*, 2.ª edição, cit., págs. 53 ss. Este autor sustenta ainda que esta regra é também criticável por colocar "(...) sobre a parte impugnante o ónus da prova (convertida numa *probatio diabolica*) da existência e um 'nexo causal' entre a invocada violação dum princípio fundamental de processo e a decisão proferida pelos árbitros". Atentas estas considerações, o autor propõe que seja feita uma interpretação restritiva desta disposição, exigindo-se apenas "(...) *[a parte que faz o pedido demonstrar que] presumivelmente tenha afetado a decisão proferida pelo tribunal arbitral*". Em sentido semelhante, Mário Esteves de Oliveira et al., *Lei da Arbitragem Voluntária*, cit., págs. 558 ss., sustentando, todavia, que em caso de falta de citação e em caso de desrespeito pelo princípio da igualdade, não será sequer necessário demonstrar que esta teve influência decisiva na resolução do litígio.

585 António Menezes Cordeiro, *Tratado da Arbitragem*, cit., pág. 440.

final ou, tendo sido colocada antes, uma das partes a tenha suscitado nos termos do art. 18.º LAV[586].

IV. É também fundamento de anulação da decisão arbitral a inobservância da convenção das partes no que respeita à composição do tribunal ou ao processo arbitral, conforme determina o art. 46.º, n.º 3, al. a), subalínea iv), LAV. Todavia, como a convenção das partes deve também ser lícita, se contrariar alguma disposição imperativa da LAV, decairá o pedido de anulação.

Se as partes nada tiverem convencionado a este respeito, a decisão será anulada se a composição do tribunal ou o processo arbitral tiver sido desconforme com a LAV. Exige-se ainda, como pressuposto de anulação, que, cumulativamente, a referida desconformidade com a convenção lícita ou com a lei tenha tido influência decisiva na resolução do litígio[587]. Os exemplos de situações que podem integrar os fundamentos deste pedido de anulação, são muito variados, *v.g.*, as partes acordaram que o tribunal teria cinco árbitros e apenas foi composto por três, as partes acordaram que o litígio seria julgado segundo a equidade e foi aplicado Direito constituído, as partes nada estabeleceram quanto a regras processuais e o tribunal arbitral considerou a não apresentação da contestação pelo réu como aceitação das alegações do demandante, etc.

V. O princípio do dispositivo está claramente subjacente ao fundamento de anulação previsto no art. 46.º, n.º 3, al. a), subalínea v), LAV[588]. Assim, nos

[586] Mário Esteves de Oliveira et al., *Lei da Arbitragem Voluntária*, cit., pág. 561.

[587] António Sampaio Caramelo, *A impugnação da sentença arbitral*, 2.ª edição, cit., pág. 63, revela-se igualmente crítico quanto à parte final desta disposição. Sugere, à semelhança do que foi referido a propósito do art. 46.º, n.º 3, al. a), subalínea ii), LAV, que seja feita uma interpretação restritiva desta disposição, exigindo-se apenas que [*"a parte que faz o pedido demonstrar que] ... essa desconformidade teve influência decisiva na resolução do litígio"*. Ver também Mário Esteves de Oliveira et al., *Lei da Arbitragem Voluntária*, cit., págs. 562 ss. Em sentido diverso, António Menezes Cordeiro, *Tratado da Arbitragem*, cit., pág. 441, sustenta, neste caso, a realização da "prova de resistência", ou seja, analisar se, sendo suprimida a falta, a decisão teria sido ou não diversa.

[588] Mariana França Gouveia, *Curso de resolução alternativa de litígios*, cit., págs. 304 ss. Para uma análise de Direito Comparado relativamente a ordenamentos jurídicos com disposições semelhantes, *vide* António Sampaio Caramelo, *A impugnação da sentença arbitral*, 2.ª edição, cit., págs. 67 ss.

casos em que o tribunal arbitral profira sentença que condene em quantia superior ao pedido ou em objeto diverso do pedido ou conheça de questões de que não podia conhecer ou deixe de se pronunciar sobre questões que devia apreciar, a decisão pode também ser aqui anulada. Note-se, que nesta subalínea não está em causa o facto de o tribunal ultrapassar a competência que lhe é atribuída pela convenção de arbitragem, como está na subalínea iii). Na verdade, as matérias decididas pelo tribunal até podem encontrar-se dentro dos limites previstos na convenção de arbitragem, só que não respeitam o que foi efetivamente pedido no processo em causa. Ou seja, estamos perante situações *ultra petita, aliud petita* ou *infra petita*.

Entendemos também que, ao contrário de outras orientações que vêm sendo sustentadas[589], mesmo nos casos em que as partes acordam em que o litígio seja julgado segundo a equidade os tribunais não podem desrespeitar o princípio do dispositivo[590].

Na hipótese de estar em causa o pedido de anulação de uma decisão já abrangida por anterior caso julgado, pensamos que não estamos sob âmbito desta subalínea[591]. Na verdade, apesar de o tribunal arbitral não poder, de facto, conhecer um litígio que já constitui caso julgado, a disponibilidade para o fazer, ou não, não cabe às partes e esta subalínea está incluída na alínea em que são elencados os fundamentos que não são de conhecimento oficioso[592]. Verificando-se uma situação de caso julgado, a decisão arbitral deve, de facto, ser anulada, mas com fundamento no art. 46.º, n.º 3, al. b), subalínea i), LAV, uma vez que o objeto do litígio, uma vez julgado, passa a ser inarbitrável[593].

[589] Manuel Pereira Barrocas, *Manual de Direito da Arbitragem*, cit., págs. 525 ss.

[590] Assim, António Sampaio Caramelo, *A impugnação da sentença arbitral*, 2.ª edição, cit., pág. 73.

[591] Em sentido oposto, Dário Moura Vicente et al., *Lei da Arbitragem Voluntária Anotada*, art. 46.º, José Robin de Andrade, cit., pág. 169.

[592] Neste sentido, António Sampaio Caramelo, *A impugnação da sentença arbitral*, 2.ª edição, cit., págs. 71 ss.

[593] Em sentido distinto, considerando que, neste caso está preenchido o fundamento previsto no art. 46.º, n.º 3, al. b), subalínea ii), LAV, Manuel Pereira Barrocas, *Manual de Direito da Arbitragem*, cit., págs. 534; António Sampaio Caramelo, *A impugnação da sentença arbitral*, 2.ª edição, cit., págs. 72 ss.

VI. A sentença arbitral pode ser anulada, nos termos do disposto no art. 46.º, n.º 3, al. a), subalínea vi), LAV, se tiver sido proferida com desrespeito pelo disposto no art. 42.º, n.ºs 1 e 3, LAV. *I.e.*, se, nos termos do n.º 1, não tiver sido reduzida a escrito ou assinada pelo árbitro ou árbitros (admitindo-se, em caso de tribunal coletivo, a assinatura da maioria dos membros do tribunal arbitral ou só a do presidente, se a sentença houver que ser proferida apenas por este, desde que seja mencionada na sentença a razão da omissão das demais assinaturas).

A sentença arbitral será também anulada se não for fundamentada, não tendo as partes dispensado o tribunal de tal. No que respeita às exigências de fundamentação remetemos para o ponto 8. relativo à decisão arbitral e para as considerações aí tecidas a respeito da sua fundamentação.

VII. Apresenta-se ainda como fundamento de anulação da decisão arbitral, de acordo com o art. 46.º, n.º 3, al. a), subalínea vii), LAV, o facto de a mesma ter sido notificada às partes já depois de decorrido o prazo previsto no art. 43.º LAV, ou seja, o prazo de 12 meses a contar da data da aceitação do primeiro árbitro, exceto se tiver sido acordado entre as partes prazo diferente ou se o tribunal tiver decidido prorrogar o prazo estabelecido e não tiver havido oposição das partes.

Na verdade, findo o prazo que o tribunal tem para decidir sem que o faça, determina o art. 43.º, n.º 3, LAV, que termina o processo arbitral, extinguindo-se a competência dos árbitros para julgarem o litígio.

c) Fundamentos de conhecimento oficioso

I. Nos termos do art. 46.º, n.º 3, al. b), subalínea i), LAV, determina-se que será fundamento de anulação da decisão o facto de o objeto do litígio não ser arbitrável nos termos do Direito português. Tradicionalmente, os autores, para decidir da arbitrabilidade ou inarbitrabilidade do litígio, remetem para os critérios previstos no art. 1.º, n.º 1 e 2, LAV[594]. Aí se determina que serão arbitráveis os litígios respeitantes a interesses de

[594] António Sampaio Caramelo, *A impugnação da sentença arbitral*, 2.ª edição, cit., págs. 88 ss.; Mário Esteves de Oliveira et al., *Lei da Arbitragem Voluntária*, cit., pág. 567; Mariana França Gouveia, *Curso de resolução alternativa de litígios*, cit., pág. 309; António Pedro Pinto Monteiro/ Artur Flamínio da Silva/ Daniela Mirante, *Manual de Arbitragem*, cit., págs. 403 ss.

natureza patrimonial ou aqueles que não envolvendo interesses de natureza patrimonial sejam, todavia, transacionáveis. Não serão arbitráveis os litígios que, por lei especial, estejam submetidos exclusivamente aos tribunais do Estado ou a arbitragem necessária. Assim, a decisão arbitral que tiver como objeto algum destes litígios será anulada. Subjacente está uma ideia de conformidade ao ordenamento jurídico português: se a lei portuguesa não admite arbitragem naquelas matérias em concreto, não se admitirá que uma decisão arbitral que verse sobre esse objeto venha a produzir efeitos.

Conforme teremos oportunidade de verificar mais adiante[595], no âmbito da arbitragem internacional, atenta a liberdade conferida às partes de, nos termos do art. 51.º, n.º 1, LAV, submeterem a validade substantiva da convenção de arbitragem à lei escolhida pelas partes ou à lei que regula o fundo da causa ou à lei portuguesa, pode dar-se o caso de o litígio não ser arbitrável de acordo com a lei portuguesa, mas de o ser de acordo com uma das duas primeiras leis. Nesta hipótese, determina o art. 51.º, n.º 2, LAV, que o tribunal estadual deve ter em consideração a possibilidade de escolha que foi dada nos termos do n.º 1.

II. Prevê-se ainda, nos termos do art. 46.º, n.º 3, al. b), subalínea ii), LAV, como fundamento de anulação da decisão arbitral, a contrariedade do seu conteúdo aos princípios da ordem pública internacional do Estado português.

Importa aqui distinguir a ordem pública internacional da ordem pública interna. Na verdade, enquanto esta é constituída pelas regras de Direito material, vigentes num determinado ordenamento jurídico, que não podem ser afastadas pela vontade das partes – trata-se, pois de princípios e regras imperativas, *i.e.*, que não são supletivas[596] –, a ordem pública internacional é

[595] *Infra* ponto 13.

[596] Veja-se, a este respeito ELSA DIAS OLIVEIRA, *Da responsabilidade civil extracontratual...*, cit., págs. 620 ss., em especial, nota 2422. *Vide* também, A. FERRER CORREIA, *Lições de Direito Internacional Privado I*, Almedina, Coimbra, 2000, pág. 405; DÁRIO MOURA VICENTE, "Impugnação da sentença arbitral e ordem pública", *Estudos em Homenagem a Miguel Galvão Teles*, vol. II, Almedina, Coimbra, 2012, págs. 327-338, pág. 333; LUÍS DE LIMA PINHEIRO, *Direito Internacional Privado*, vol. I, Almedina, Coimbra, 2014, págs. 662 ss.; ANTÓNIO SAMPAIO CARAMELO, *A impugnação da sentença arbitral*, 2.ª edição, cit., págs. 93 ss.; ANTÓNIO MENEZES CORDEIRO, "A ordem pública nas arbitragens: as últimas tendências", *VII Congresso do Centro de Arbitragem da Câmara de Comércio e Indústria Portuguesa (Centro de Arbitragem Comercial)*,

constituída pelos valores, princípios e regras estruturantes em que assenta um ordenamento jurídico[597]. Não se trata, pois, de uma noção com um conteúdo estático, mas sim dinâmico: as regras e princípios que integram a reserva de ordem pública internacional num determinado momento poderão não ser as mesmas que a integrarão noutro momento[598]. A reserva de ordem pública internacional surge, tradicionalmente, como uma cláusula de salvaguarda geral, de aplicação aposteriorística, face a resultados que se revelem contrários aos princípios e regras estruturantes do ordenamento jurídico do foro[599], podendo estes ter caráter substantivo ou processual[600].

Face a estas noções, coloca-se a questão de saber como deve ser interpretada a alínea em apreço, tendo esta questão suscitado acesa discussão na doutrina e na jurisprudência. Assim, autores como Sampaio Caramelo[601] vêm defender que não estará em causa a reserva de ordem pública internacional no sentido acima referido porque esta disposição é aplicável nas arbitragens domésticas, que são, na maioria das vezes reguladas pela lei material portuguesa e, por isso, o seu conteúdo não poderia ser

Almedina, 2014, págs. 73-103, págs. 91 ss.; ANTÓNIO MENEZES CORDEIRO, *Tratado da Arbitragem*, cit., págs. 447 ss.

[597] A. FERRER CORREIA, *Lições de Direito Internacional Privado I*, cit., págs. 410 ss. Oferecendo uma indicação exemplificativa de casos que podem consubstanciar ofensa à reserva de ordem pública internacional portuguesa, cfr. ANTÓNIO MENEZES CORDEIRO, "A ordem pública nas arbitragens...", cit., págs. 95 ss. Ainda acerca da distinção entre ordem pública interna e ordem pública internacional, ANTÓNIO PEDRO PINTO MONTEIRO, "Da ordem pública no processo arbitral", *Estudos em Homenagem ao Prof. Doutor José Lebre de Freitas*, vol. II, Coimbra Editora, 2013, págs. 589-673, págs. 597 ss.; GEORGE A. BERMANN, *International Arbitration and Private International Law*, cit., págs. 416 ss.

[598] JAN PAULSSON, *The Idea of Arbitration*, cit., pág. 132.

[599] LUÍS DE LIMA PINHEIRO, "Ordem pública internacional, ordem pública transnacional e normas imperativas que reclamam aplicação ao mérito da causa", *RIAC*, 5/2012, págs. 121- 148, pág. 123; MÁRIO ESTEVES DE OLIVEIRA ET AL., *Lei da Arbitragem Voluntária*, cit., pág. 651.

[600] LUÍS DE LIMA PINHEIRO, "Ordem pública internacional...", cit., págs. 130 ss.; JAN PAULSSON, *The Idea of Arbitration*, cit., págs. 131 ss.; MARIANA FRANÇA GOUVEIA, *Curso de resolução alternativa de litígios*, cit., pág. 313; JOSÉ LUÍS BONIFÁCIO RAMOS, "Descoberta de prova na Arbitragem...", cit., págs. 65 ss.; *International Commercial Arbitration*, "§ 1 Best practice in international arbitration...", STEPHAN BALTHASAR, cit., pág. 38, a propósito do art. 34.º, n.º 2, al. b), subalínea ii), da Lei-Modelo.

[601] ANTÓNIO SAMPAIO CARAMELO, *A impugnação da sentença arbitral*, 2.ª edição, cit., págs. 110 ss.

contrário à reserva de ordem pública internacional do Estado português[602]. Discordamos desta orientação. Na verdade, conforme acima verificámos, as partes, mesmo em arbitragens internas têm a possibilidade de escolher outras regras de Direito que não as vigentes no ordenamento jurídico português para regular esta situação. Acresce que é dada a possibilidade às partes de submeter o litígio à equidade ou à composição amigável; mesmo para quem entenda que a equidade prevista no art. 39.º LAV é entendida em sentido fraco, admite-se o afastamento das regras imperativas de um determinado ordenamento jurídico, *maxime* o português. Ora, não é juridicamente aceitável que o legislador admita a possibilidade de as partes submeterem o litígio a lei estrangeira ou à equidade e depois venha permitir a anulação da decisão por não terem sido respeitadas as regras e princípios da ordem pública interna. Assim, uma interpretação desta disposição coerente com o espírito do sistema e que assuma que o "(...) legislador consagrou as soluções mais acertadas e soube exprimir o seu pensamento em termos adequados"[603] terá de ser feita no sentido que, neste caso, mais se aproxima da letra da lei. Ou seja, o legislador quando se referiu, nesta disposição, a reserva de ordem pública internacional, era exatamente a tal que se pretendia referir. Consequentemente, a interpretação desta disposição deve ser feita no sentido de que apenas será fundamento de anulação da decisão arbitral a contrariedade dos efeitos da sentença aos princípios estruturantes do ordenamento jurídico português que integram a reserva de ordem pública internacional[604]. Esta interpretação limitará

[602] Assumindo uma posição próxima, António Menezes Cordeiro, *Tratado da Arbitragem*, cit., págs. 453 ss., vem sustentar estar consagrado no art. 46.º, n.º 3, al. b), subalínea ii), LAV, uma "ordem pública internacional-interna" que, segundo o autor, "(...) fica próxima da ordem pública interna: dela só se distingue por ter, implícita, uma mensagem legislativa de só se recorrer a ela em casos substancialmente sérios". Também António Ferreira de Almeida, "A anulação das decisões arbitrais", cit., pág. 76, sustenta, a propósito do art. 46.º, n.º 3, al, b), subalínea ii), LAV, que "[é] certo que a citada disposição da LAV se refere à "*ordem pública internacional do Estado Português*", mas esta referência não pode ser interpretada restritivamente , no sentido de não prevalecer a ordem pública nacional".

[603] Art. 9.º, n.º 3, CC.

[604] Também assim, Dário Moura Vicente, "Impugnação da sentença arbitral e ordem pública", cit., págs. 333 ss.; Rui Moura Ramos, "The new portuguese arbitration act (Law No. 63/2011 of 14 December on voluntary arbitration)", cit., pág. 47, nota 114; Dário Moura Vicente et al., *Lei da Arbitragem Voluntária Anotada*, art. 46.º, José Robin de Andrade, cit., pág. 171.

significativamente os fundamentos de anulação, que seriam muitíssimo mais abrangentes se se entendesse reserva de ordem pública internacional como significando ordem pública interna.

Com base nesta fundamentação, afastamo-nos também da orientação que se indigna com a possibilidade de as decisões arbitrais poderem contrariar a ordem pública interna sem que as partes possam reagir perante os tribunais estaduais, nos casos em que as partes não previram a possibilidade de recurso para o tribunal estadual[605]. Na verdade, é a própria LAV que, nos termos do art. 39.º, n.º 1, admite a possibilidade de as partes escolherem que o litígio será solucionado com base nos critérios da equidade, o que, mesmo admitindo-se tratar de equidade em sentido fraco, poderá conduzir ao afastamento de regras imperativas do Direito português. A exigência de que as decisões arbitrais sejam necessariamente conformes às normas imperativas portuguesas é que parece ser manifestamente contrária ao sentido do próprio art. 39.º LAV e à autonomia da vontade das partes. Na verdade, conforme acima se referiu, em nada choca que, podendo as partes acordar que os juízes julgarão segundo a equidade, se admita que escolham, ao invés desta, a lei de um Estado estrangeiro[606]. E muito frequentemente as regras de outros Estados não são coincidentes com as regras imperativas do ordenamento jurídico português. Assim, uma tal exigência de conformidade da decisão arbitral com as disposições imperativas portugueses seria inadmissivelmente limitadora da liberdade que subjaz à arbitragem. E nem se diga que a credibilidade da arbitragem voluntária fica colocada em causa, pois sempre há que respeitar a reserva de ordem pública internacional.

Na verdade, tenha-se presente que mesmo os tribunais estaduais portugueses poderão, em alguns casos, proferir decisões que são contrárias à ordem pública interna portuguesa. Pense-se nas situações em que os tribunais portugueses são internacionalmente competentes para decidir um litígio plurilocalizado e em que a lei material aplicável à situação é uma lei estrangeira. Admita-se ainda que as regras estrangeiras concretamente aplicáveis ao caso não são coincidentes com as normas imperativas portugueses (as que constituem, pois, a ordem pública interna), mas que

[605] António Pedro Pinto Monteiro, "Da ordem pública no processo arbitral", cit., págs. 654 ss.

[606] Cfr. nota 502 e texto correspondente.

da sua aplicação não resulta um efeito que seja considerado contrário à reserva de ordem pública internacional. Neste caso, o tribunal judicial português aplicará regras estrangeiras contrárias à ordem pública interna do Estado português.

III. A interpretação que fazemos desta disposição apresenta-se também consonante com o processo legislativo que lhe esteve subjacente. Na verdade, nas propostas de Lei de arbitragem voluntária que a APA apresentou, não se incluía qualquer fundamento de impugnação da decisão respeitante à contrariedade à ordem pública, internacional ou interna. Pode ler-se nas anotações justificativas que foram juntas com a proposta de lei que um tal fundamento poderia causar o risco de reexame de mérito pelos tribunais de recurso, o que colocaria em causa a eficácia e sentido da arbitragem[607].

Esta proposta apresentada pela APA não obteve acolhimento, e, na Proposta de Lei n.º 22/XII, veio ser incluído como fundamento de anulação da decisão arbitral a contrariedade do seu conteúdo aos princípios da ordem pública internacional. Trata-se, parece, de uma solução de compromisso, que visa excluir as possibilidades de controlo de mérito da decisão arbitral e admitir a sua anulação apenas em casos excecionais: aqueles em que se verifica uma contrariedade aos princípios estruturantes do ordenamento jurídico português, *i.e.*, uma contrariedade à reserva de ordem pública internacional do ordenamento jurídico português.

Na compreensão deste processo legislativo, importa ter presente que já na anterior Lei n.º 31/86, não estava expressamente previsto como fundamento de anulação da decisão arbitral a sua contrariedade à reserva de ordem pública internacional. Esta ausência suscitou acesa discussão na doutrina, sustentando alguns autores que, apesar desta omissão na lei, a contrariedade

[607] Foi ainda invocado pela APA que, uma vez que não existe recurso extraordinário na lei processual civil com este fundamento, não se compreenderia a razão pela qual adotá-lo em sede de arbitragem. As propostas de lei apresentadas pela APA e as notas justificativas podem vistas em http://www.arbitragem.pt/projetos/. Veja-se ainda Dário Moura Vicente et al., *Lei da Arbitragem Voluntária Anotada*, art. 46.º, José Robin de Andrade, cit., pág. 171. Acerca do processo que conduziu à aprovação da lei, *vide* António Sampaio Caramelo, "A sentença arbitral contrária à ordem pública perante a nova LAV", *Estudos em Homenagem a Miguel Galvão Teles*, vol. II, Almedina, Coimbra, 2012, págs. 51-72, págs. 51 ss.; Dário Moura Vicente, "Impugnação da sentença arbitral e ordem pública", cit., págs. 330 ss.

à reserva de ordem pública internacional era ainda um fundamento de anulação[608]. Posição que veio a ser sustentada também pela jurisprudência[609].

Acresce ainda que esta disposição recebeu influência do art. 34.º, n.º 2, al. b), da Lei-Modelo, que prevê como fundamento de anulação da decisão arbitral a contrariedade à ordem pública, não concretizando se se trata de interna ou internacional. Aliás, nos trabalhos que conduziriam à sua adoção, esta foi uma das questões que suscitou debate, tendo-se, na altura, considerado que com este termo se tratava de noções fundamentais e princípios da justiça, quer substantiva, quer procedimental[610-611]. Esclareceu-se ainda que o sentido de ordem pública aqui utilizado seria

[608] Paula Costa e Silva, "Anulação e recursos da decisão arbitral", cit., pág. 944, embora a autora se refira apenas a ordem pública. Acerca deste debate, António Pedro Pinto Monteiro, "Da ordem pública no processo arbitral", cit., págs. 616 ss.

[609] Veja-se, a este respeito, *v.g.*, decisão do STJ, de 10 de julho de 2008, Proc. 08A1698, disponível em www.dgsi.com.

[610] Veja-se o *Report of the United Nations Commission on International Trade Law*, 18.ª sessão, de 3-21 de junho de 1985, Suplemento n.º 17 (A/40/17), em especial, parágrafos 295 ss., disponível em https://documents-dds-ny.un.org/doc/UNDOC/GEN/N85/325/11/PDF/N8532511.pdf?OpenElement. Aí se pode ler: "296. In discussing the term "public policy", it was understood that it was not equivalent to the political stance or international policies of a State but comprised the fundamental notions and principles of justice. It was noted, however, that in some common law jurisdictions that term might be interpreted as not covering notions of procedural justice while in legal systems of civil law tradition, inspired by the French concept of "ordre public ", principles of procedural justice were regarded as being included. It was observed that the divergence of interpretation might have contributed to the above expressed concern that the list of reasons in paragraph (2) did not cover all serious instances of procedural injustice (see above, para. 277). 297. The Commission, after deliberation, was agreed that the provision should be retained, subject to deletion of the words "or any decision contained therein", which were superfluous. It was understood that the term "public policy", which was used in the 1958 New York Convention and many other treaties, covered fundamental principles of law and justice in substantive as well as procedural respects. Thus, instances such as corruption, bribery or fraud and similar serious cases would constitute a ground for setting aside. It was noted, in that connection, that the wording "the award is in conflict with the public policy of this State" was not to be interpreted as excluding instances or events relating to the manner in which an award was arrived at.". Também neste sentido, nos parece ir a orientação seguida por Gary B. Born, *International Commercial Arbitration*, cit., pág. 3313.

[611] No ordenamento jurídico francês é feita uma distinção na lei, prevendo-se, como fundamento de anulação da decisão arbitral, a sua contrariedade à ordem pública (art. 1492, n.º 5, do *Code de procédure civile*) para a arbitragem interna, ou à ordem pública internacional (art. 1520, n.º 5,

semelhante ao adotado no art. V da Convenção de Nova Iorque, o que nos conduz, uma vez mais, na direção de que o sentido de "ordem pública" adotada na Lei-Modelo é o de ordem pública internacional. De qualquer modo, o sentido de ordem pública que tenha sido adotado nesta disposição da Lei-Modelo, não é, *per se,* um argumento decisivo. Na verdade, sendo a Lei-Modelo, como a designação o indica, apenas um Modelo, caberá, depois, a cada um dos Estados que a venham a adotar como tal, aceitar ou adaptar as regras que entendam convenientes. E no art. 46.º, n.º 3, al. b), subalínea ii), LAV, é claríssima a referência à ordem pública internacional e não à interna.

d) Possibilidade de retoma do processo pelo tribunal arbitral

Alguns fundamentos de anulação da decisão arbitral são estruturantes da própria decisão e, por isso, dificilmente sanáveis. É o caso, *v.g.*, de se tratar de uma decisão cujo objeto de litígio é inarbitrável.

Noutros casos, todavia, as decisões arbitrais poderão ser, com maior ou menor dificuldade, sanadas. Pense-se, por exemplo, nas situações em que falta a assinatura de um dos árbitros ou em que o tribunal não apreciou matéria acerca da qual devia ter decidido. Atendendo ao tempo despendido e aos gastos que foram feitos, seria muito gravoso para as partes a anulação de uma decisão cujos vícios poderiam ser facilmente sanados. E a ordem jurídica portuguesa não é colocada em causa se estes mesmos vícios vierem a ser sanados. É assim que, à luz do art. 46.º, n.º 8, LAV, se determina que o tribunal estadual pode, se o considerar adequado e a pedido de uma das partes, suspender o processo de anulação e dar ao tribunal arbitral a possibilidade de eliminar os fundamentos da anulação[612]. Naturalmente, se o tribunal arbitral já não tiver possibilidade de retomar o processo – *v.g.*, por falecimento de um dos árbitros – , esta opção não será viável, por mais simples que seja o vício a sanar. Tem sido também entendido que o tribunal arbitral não é obrigado a retomar o processo, fazendo-o apenas se assim o entender[613].

do *Code de procédure civile*), para a arbitragem internacional. *Vide*, a respeito deste regime e desta distinção, JEAN-BAPTISTE RACINE, *Droit de l'arbitrage*, cit., págs. 593 ss.

612 Acerca desta prática nos sistemas da *Common Law*, cfr. ANTÓNIO SAMPAIO CARAMELO, *A impugnação da sentença arbitral*, 2.ª edição, cit., págs. 162 ss.

613 ARMINDO RIBEIRO MENDES, "A nova Lei da Arbitragem Voluntária e as formas de impugnação das decisões arbitrais", cit., pág. 748.

Mesmo nos casos em que o tribunal arbitral sane o vício, cabe ainda ao tribunal estadual decidir se foi sanada a parte que o devia ser e se a irregularidade está de facto resolvida. Na verdade, o tribunal estadual pode entender que se mantém o vício e, por isso, decidir pela anulação da sentença arbitral[614].

e) Apreciação crítica

I. Os tribunais arbitrais são, nos termos do art. 209.º, n.º 2, CRP, considerados verdadeiros tribunais e as decisões arbitrais fazem caso julgado e constituem título executivo. Este enquadramento e consequências apenas são entendíveis se estas decisões forem elas próprias resultado da observância de princípios e regras consideradas essenciais pelo ordenamento jurídico português, *v.g.*, do contraditório, do processo equitativo, da igualdade na constituição do tribunal, da autonomia da vontade.

Também a decisão não pode produzir efeitos na ordem jurídica portuguesa que sejam contrários aos princípios estruturantes da reserva de ordem pública internacional do ordenamento jurídico português[615]. Tal como não se pode admitir a produção de efeitos de decisões arbitrais que tenham como objeto litígios que não sejam considerados arbitráveis no nosso ordenamento jurídico. É atendendo a estas e outras considerações semelhantes que encontramos os fundamentos de anulação das decisões arbitrais que estão previstos no art. 46.º, n.º 3, LAV.

Ou seja, os fundamentos de anulação previstos no art. 46.º, n.º 3, LAV, refletem os princípios e regras principais que há que observar na arbitragem voluntária. Por esta razão, as partes e os árbitros, durante o processo arbitral, mantêm a atenção nestes fundamentos, procurando garantir que a sua atuação não constituirá fundamento de anulação[616].

[614] António Menezes Cordeiro, *Tratado da Arbitragem*, cit., pág. 459.

[615] António Sampaio Caramelo, *A impugnação da sentença arbitral, Comentário aos artigos 46.º, 51.º e 54.º da Lei da Arbitragem Voluntária*, Coimbra Editora, Coimbra, 2014, págs. 18 ss., fala a este respeito de controlo da integridade do tribunal, da integridade do processo e da integridade da sentença.

[616] Reveladoras a este respeito, são as considerações que Peter Binder, *International Commercial Arbitration and Mediation in UNCITRAL Model Law Jurisdictions*, cit., pág. 490, tece a respeito do art. 34.º da Lei-Modelo: "Article 34 is *the* provision of the Model Law on which prudent arbitrators will constantly keep an eye upon, because ultimatly it determines whether or not the award becomes final and binding" (sublinhado do autor).

II. Assumindo a clara autonomia dos tribunais arbitrais face aos tribunais estaduais e atendendo ao facto de o recurso de mérito da decisão arbitral ser a exceção e não a regra, não surpreende que não esteja consagrada, no art. 46.º da LAV, uma apreciação do mérito da decisão tomada[617]. Na verdade, mesmo quando o fundamento para a anulação é a contrariedade da decisão à reserva de ordem pública internacional, não há uma reapreciação do mérito da decisão arbitral pelo tribunal estadual[618]. Aí apenas se verifica se a decisão arbitral em causa produz efeitos na ordem jurídica interna que são contrários à reserva de ordem pública internacional portuguesa. Note-se, a decisão pode ser tecnicamente irrepreensível, *v.g.*, ter sido bem aplicada a lei competente, e, no entanto, dela resultarem efeitos que são contrários à reserva de ordem pública internacional. A sentença será anulada, mas não há apreciação do seu mérito.

A reforçar esta conclusão está o disposto no art. 46.º, n.º 9, LAV, que determina, expressamente, que o tribunal estadual que aprecia a anulação da sentença arbitral não pode conhecer do mérito da questão ou questões decididas pelo tribunal arbitral.

[617] No mesmo sentido, embora a propósito do art. 34.º, n.º 2, da Lei-Modelo, em que o legislador se inspirou para a redação do art. 46.º, n.º 3, LAV, *International Commercial Arbitration*, "§ 1 Best practice in international arbitration...", Stephan Balthasar, cit., págs. 33 ss.; Dean Lewis, *The Interpretation and Uniformity of the UNCITRAL Model Law on International Commercial Arbitration, Focusing on Australia, Hong Kong and Singapore*, Wolters Kluwer, The Netherlands, 2016, págs. 145 ss., com referências jurisprudenciais. Também com respeito ao Direito francês, Éric Loquin, *L'arbitrage du commerce international*, cit., págs. 413 ss., sustenta que o pedido de anulação não pode traduzir-se numa apreciação do mérito da sentença. No mesmo sentido, Jean-Baptiste Racine, *Droit de l'arbitrage*, cit., pág. 571. *Vide* ainda, Nigel Blackaby/J. Martin Hunter/Constantine Partasides/Alan Redfern, *Redfern and Hunter on International Arbitration*, cit., pág. 571.

[618] Luís de Lima Pinheiro, *Arbitragem Transnacional*, cit., pág. 171; Dário Moura Vicente, "Impugnação da sentença arbitral e ordem pública", cit., págs. 334 ss Mário Esteves de Oliveira et al., *Lei da Arbitragem Voluntária*, cit., págs. 568 ss.; Dário Moura Vicente et al., *Lei da Arbitragem Voluntária Anotada*, art. 46.º, José Robin de Andrade, cit., pág. 171. Em sentido divergente, Manuel Pereira Barrocas, *Manual de Direito da Arbitragem*, cit., págs. 512, 521. António Sampaio Caramelo, *A impugnação da sentença arbitral*, 2.ª edição, cit., págs. 144 ss.; António Menezes Cordeiro, *Tratado da Arbitragem*, cit., pág. 440.

10. A execução da decisão arbitral

10.1. A decisão arbitral como título executivo

A decisão arbitral é, conforme acima se referiu, no ordenamento jurídico português, equiparada a uma decisão judicial, o que se manifesta, *maxime* no que respeita aos efeitos que produz.

Nos termos do disposto no art. 42.º, n.º 7, LAV, "[a] sentença arbitral de que não caiba recurso e que já não seja susceptível de alteração nos termos do art. 45.º tem o mesmo caráter obrigatório entre as partes que a sentença de um tribunal estadual transitada em julgado e a mesma força executiva (...)"[619].

Também nos termos do art. 705.º, n.º 2, CPC, se determina que "[a]s decisões proferidas pelo tribunal arbitral são exequíveis nos mesmos termos em que o são as decisões dos tribunais comuns".

O processo executivo que tenha como título executivo a sentença arbitral assumirá, nos termos do art. 550.º, n.ºs 1 e 2, al. a), CPC, a forma de processo comum sumária.

As decisões arbitrais constituem, pois, título executivo, podendo ser executadas, sem que seja exigida, ou prevista, qualquer declaração de executoriedade por tribunais estaduais.

Todavia, e atendendo a que os tribunais arbitrais não estão dotados de força coerciva, não podem executar as decisões arbitrais. Cabe aos tribunais estaduais esta competência.

[619] Noutros ordenamentos jurídicos, como por exemplo o francês, a executoriedade da decisão arbitral fica sujeita a uma declaração de exequibilidade a proferir por um tribunal estadual francês (*tribunal de grande instance*), conforme se determina no art. 1487 do *Code de procédure civile*. *Vide*, a este respeito, THOMAS CLAY, *Code de l'arbitrage commenté*, cit., págs. 126 ss.; JEAN-BAPTISTE RACINE, *Droit de l'arbitrage*, cit., págs. 553 ss., sublinha a simplicidade e rapidez na obtenção do *exequatur*. Nos termos do § 1060 *ZPO* alemã também se prevê a possibilidade de pedir a declaração de executoriedade (*vide*, a este respeito, *Arbitration in Germany: The Model Law in Practice*, "Part II: Commentary on the German Arbitration Law, Chapter VIII: Recognition and Enforcement of Awards, Introduction to §§ 1060, 1061 ZPO", STEFAN KRÖLL, ed. Karl-Heinz Böckstiegel, Stefan Michael Kröll, Patricia Nacimiento, 2.ª edição, Kluwer Law International, 2015 (disponível em http://www.kluwerarbitration.com), págs. 426 ss.; HANNS PRÜTTING/MARKUS GEHRLEIN, *Zivilprozessordnung, Kommentar*, RAESCHKE-KESSLER, § 1060, 9.ª edição, Luchterhand Verlag, 2017, anots. 1 ss., págs. 2500 ss. Também exigindo a declaração de executoriedade por um tribunal estadual, no caso, o Supremo Tribunal de Justiça, veja-se, *v.g.*, o art. 30.º da Lei da Arbitragem Voluntária da Guiné-Bissau, Lei n.º 19/2010, de 8 de outubro.

10.2. O tribunal competente

Os tribunais estaduais competentes para executar a decisão arbitral são, nos termos do art. 59.º, n.º 9, LAV, os tribunais de 1.ª instância competentes nos termos da lei de processo aplicável.

Os tribunais competentes em razão da hierarquia, são, pois, os de 1.ª instância. Já em razão do território, o tribunal competente para a execução de decisão proferida por árbitros em arbitragem que tenha tido lugar em território português, é, nos termos do art. 85.º, n.º 3, CPC, o tribunal da comarca do lugar da arbitragem.

Se se tratar de decisão arbitral proferida no âmbito do Direito Administrativo e a ação houver de ser executada por tribunais administrativos, aplica-se ainda o art. 59.º, n.º 9 LAV, que determina a competência dos tribunais de 1.ª instância. O CPTA, por seu turno, vem determinar, de acordo com o art. 20.º, n.º 8, que a competência territorial para os processos executivos é determinada nos termos da lei processual civil. Já nos arts. 180.º ss. do CPTA, onde a matéria da arbitragem é regulada, nada se encontra previsto no que respeita à execução das decisões arbitrais. Todavia, tem sido entendimento seguido pela jurisprudência que "vigora nos Tribunais Administrativos a regra de que a execução de decisão arbitral é apresentada no tribunal do lugar em que foi proferida a decisão em primeiro grau de jurisdição"[620]. Atendendo ainda a que, nos termos do art. 59.º, n.º 4, LAV, se determina que, para as questões e matérias que não estão abrangidas pelos n.ºs 1 a 3 do mesmo artigo e para as quais a LAV atribua competência aos tribunais estaduais, são competentes "(...) o tribunal judicial de 1.ª instância ou o tribunal administrativo de círculo em cuja circunscrição se situe o local da arbitragem, consoante se trate, respectivamente, de litígios compreendidos na esfera de jurisdição dos tribunais judiciais ou na dos tribunais administrativos", o tribunal hierarquicamente competente será o tribunal administrativo de círculo em cuja circunscrição se situe o local da arbitragem[621].

[620] Veja-se, acórdão do Tribunal Central Administrativo Sul, de 7 de novembro de 2013, Proc. 10421/13, disponível em www.dgsi.pt.

[621] De acordo com o mesmo acórdão do Tribunal Central Administrativo Sul, de 7 de novembro de 2013, Proc. 10421/13, disponível em www.dgsi.pt: "X. Sendo Lisboa o lugar da arbitragem e tendo a decisão arbitral sido depositada no Tribunal Administrativo de Círculo de Lisboa, é este o tribunal territorialmente competente para a respectiva execução".

10.3. A instrução do processo

O processo executivo que assente numa sentença como título executivo não apresenta especiais particularidades no que respeita à instrução do processo, sendo aplicadas as regras que regem os processos executivos em geral[622].

Todavia, cumpre salientar que, nos termos do art. 47.º, n.º 1, LAV, se determina que cabe à parte que pede a execução da decisão arbitral fornecer o seu original ou uma cópia certificada, o que facilmente se compreende, pois, de outra forma, o tribunal não tem como conhecer da decisão a executar.

Acresce ainda que, se a sentença não estiver redigida em língua portuguesa, a parte que pede a execução deve fornecer uma tradução certificada nesta língua. A sentença pode estar em língua estrangeira, mesmo que tenha sido proferida em arbitragem em Portugal. Por isso, o facto de a decisão estar em língua estrangeira não significa, *per se,* que tenha de ser objeto de reconhecimento.

Se se tratar de decisão arbitral proferida numa arbitragem localizada no estrangeiro, antes de ser intentada a ação executiva, a sentença terá de ser reconhecida conforme disposto na Convenção de Nova Iorque de 1958 ou em outra convenção ou nos arts. 55.º ss. LAV, consoante o diploma aplicável[623].

10.4. A execução da decisão arbitral impugnada

I. Conforme se verificou no ponto 9, a sentença arbitral pode ser impugnada, nos termos previstos no art. 46.º LAV, tendo, como consequência possível, a sua anulação. Verificou-se também, que, nos termos do art. 42.º, n.º 7, LAV, a sentença arbitral constitui título executivo desde que não seja passível de recurso nem de alteração nos termos do art. 45.º LAV, *i.e.*, retificada ou esclarecida ou completada por decisão adicional.

[622] Veja-se, com referência aos arts. 724.º a 727.º CPC e 164.º e 170.º do CPTA, António Menezes Cordeiro, *Tratado da Arbitragem*, cit., pág. 466. Acerca da execução de decisões arbitrais no regime anterior à atual LAV, *vide* Dário Moura Vicente, "A execução de decisões arbitrais em Portugal", *Estudos em Homenagem ao Professor Doutor Carlos Ferreira de Almeida*, vol. III, Coimbra, 2011, págs. 741-749.

[623] Atente-se, neste sentido, no art. 706.º CPC, nos termos do qual se determina que, sem prejuízo do estabelecido noutros diplomas aplicáveis ao caso, "(...) as sentenças proferidas por tribunais ou por árbitros em país estrangeiro só podem servir de base à execução depois de revistas e confirmadas pelo tribunal português competente".

Não se prevê, pois, como pressuposto de execução da decisão arbitral que esta não seja passível de anulação[624]. Ou seja, a decisão pode ser executada mesmo que não tenha passado o prazo para impugnar a sentença arbitral ou mesmo que tenha sido impugnada. Aliás, resulta do art. 47.º, n.º 3, LAV, que a impugnação da sentença arbitral não tem, sequer, em princípio, efeito suspensivo da execução[625].

Todavia, nos termos da mesma disposição, o impugnante pode requerer que essa impugnação tenha efeito suspensivo da execução desde que se ofereça para prestar caução, ficando, nesse caso, a atribuição desse efeito suspensivo condicionada a que o impugnante se ofereça e preste efetivamente caução no prazo fixado pelo tribunal[626]. Atento o princípio do contraditório, que está subjacente a todo o processo, apesar de a disposição legal expressamente não o referir, acompanhamos a posição sustentada por António Menezes Cordeiro[627], de acordo com a qual o exequente deve ser ouvido quanto à oportunidade do efeito suspensivo, bem como quanto à caução.

Se a decisão arbitral vier a ser anulada, perderá a sua exequibilidade[628]. Assim, a suspensão da execução apresenta a vantagem de evitar as consequências decorrentes da execução de uma decisão arbitral que se revela, afinal, inexequível, *maxime* a reposição da situação anteriormente existente.

[624] Acerca desta questão, à luz da Lei n.º 31/86, *vide* Paula Costa e Silva, "A execução em Portugal de decisões arbitrais nacionais e estrangeiras", *ROA*, II, 2007, págs. 629-682, págs. 647 ss.

[625] Segundo José Lebre de Freitas, *A Ação Executiva*, 7.ª edição, Gestlegal, Coimbra, 2017, pág. 207, nota 28, nos casos em que tenha sido previamente intentada ação de anulação da decisão arbitral, "(...) o executado deve opor-se à execução e nela repetir os fundamentos que já tenha invocado na ação de anulação, sendo seguidamente suspensa uma das instâncias, que será normalmente a de anulação (...)".

[626] Conforme bem sublinha Rui Pinto, *Manual da execução e despejo*, Coimbra Editora, 2013, pág. 177, "(...) o que suspende é a execução e não o efeito condenatório da sentença arbitral. Por isso, antes da instauração da execução nada haverá a suspender". Ver também, Marco Carvalho Gonçalves, *Lições de Processo Civil Executivo*, Almedina, Coimbra, 2016, pág. 65.

[627] António Menezes Cordeiro, *Tratado da Arbitragem*, cit., pág. 468.

[628] Virgínio da Costa Ribeiro/Sérgio Rebelo, *A ação executiva. Anotada e comentada*, 2.ª edição, Almedina, Coimbra, 2016, pág. 244.

II. Ao regime respeitante ao efeito suspensivo da execução aplica-se, *ex vi* art. 47.º, n.º 3, *in fine*, LAV, o disposto no art. 733.º, n.º 3, CPC[629]. Para uma melhor compreensão da aplicação desta disposição no âmbito do processo arbitral, importa ter presente que o art. 733.º CPC regula os efeitos do recebimento dos embargos. Resulta desta disposição que, por regra, a execução não se suspende pelo facto de serem recebidos embargos. Todavia, nos casos previstos no art. 733.º, n.º 1, CPC, o recebimento dos embargos implica a suspensão do prosseguimento da execução, designadamente, nos termos da al. a), se o embargante prestar caução. A execução suspensa prossegue se, nos termos do art. 733.º, n.º 3, CPC, os embargos estiverem parados mais de 30 dias, por negligência do embargante em promover os seus termos.

O regime que está previsto no art. 47.º, n.º 3, LAV, ao estabelecer que a regra é a da não suspensão da execução ainda que a decisão tenha sido impugnada, visa desincentivar pedidos de anulação da decisão com finalidades puramente dilatórias. Acresce ainda que, ao estabelecer como condição para a suspensão da execução a prestação de uma caução, o legislador desmotiva o executado a tomar qualquer decisão com fundamentos puramente dilatórios. Além disso, se o processo em que se pede a anulação da decisão arbitral estiver parado por mais de 30 dias, por negligência do executado, a execução prossegue, *i.e.*, cessa o efeito suspensivo (art. 733.º, n.º 3, CPC, *ex vi* art. 47.º, n.º 3, LAV).

Ainda com respeito a este pedido de suspensão, importa atender ao art. 47.º, n.º 4, LAV, que remete para a aplicação, com as necessárias adaptações, do disposto nos arts. 648.º e 650.º CPC[630].

Significa, quanto ao art. 648.º CPC, que, tal como quanto ao efeito suspensivo que é dado ao recurso de apelação quando tal efeito é pedido pelo recorrente e este presta caução, a atribuição do efeito suspensivo se extingue se o recurso estiver parado mais de 30 dias por negligência do apelante; também aqui o efeito suspensivo da execução termina se a

[629] Sublinhe-se que, apesar de o art. 47.º, n.º 3, LAV, remeter para o art. 818.º, n.º 3, CPC, tendo o CPC sofrido alterações posteriores a 2011, e correspondendo o disposto neste artigo à redação atual do art. 733.º, n.º 3, CPC, é esta a disposição que releva por força da remissão do art. 47.º, n.º 3, LAV.

[630] Estas duas disposições correspondem, na atual versão do CPC, aos arts. 692.º-A e 693.º-A, respetivamente, do CPC, na sua versão anterior a 2013.

impugnação estiver parada mais de 30 dias por negligência do impugnante, o que já decorria da remissão para o art. 733.º, n.º 3 CPC. Aqui (art. 648.º, n.º 2 CPC) acrescenta-se ainda que ao pedido de atribuição de efeito suspensivo, o apelado, exequente no caso, pode responder na sua alegação.

Já a remissão feita para o art. 650.º CPC releva, essencialmente, para efeitos de fixação da caução, em especial, para efeitos de cálculo do valor da caução e eventual reversão do valor da caução para o impugnado.

III. Do regime exposto resulta também que uma ação de impugnação da decisão arbitral pode correr em simultâneo com uma ação executiva que tem como título executivo a mesma decisão, podendo ser também nesta invocados os mesmos fundamentos de oposição à execução que já foram ou estão a ser alegados em sede de impugnação da decisão arbitral[631]. Para evitar a reapreciação de situações já julgadas[632] e eventuais decisões contraditórias, vem determinar-se, nos termos do art. 48.º, n.º 1, LAV, que o executado apenas poderá opor-se à execução com invocação de fundamentos previstos no art. 46.º, n.º 3, LAV, que não tenham já sido rejeitados por sentença transitada em julgado.

10.5. A liquidação de sentença arbitral genérica

O tribunal arbitral pode ainda ter proferido uma sentença de condenação genérica, que careça, pois, de liquidação. Rege, neste caso, o art. 47.º, n.º 2, LAV, nos termos do qual se remete para o disposto no art. 716.º CPC, que regula tais situações.

De acordo com esta disposição, sempre que a quantia em dívida for ilíquida, o exequente deve especificar os valores que considera compreendidos na prestação que é devida e concluir com um pedido líquido no requerimento executivo.

Segundo o art. 716.º, n.º 5, CPC, nos casos em que se trate de execução de decisões arbitrais, é aplicável o disposto no n.º 4, que determina que, se a liquidação não depender de mero cálculo aritmético, o executado é

631 Revelando-se crítico quanto a esta opção legislativa, *vide* Pedro Siza Vieira, "A execução de decisões arbitrais proferidas em arbitragens domésticas", *Estudos de Direito da Arbitragem em Homenagem a Mário Raposo*, Universidade Católica Editora, Lisboa, 2015, págs. 223-234, págs. 230 ss.

632 António Menezes Cordeiro, *Tratado da Arbitragem*, cit., pág. 471.

citado para contestar, em oposição à execução, mediante embargos. A falta de contestação tem como consequência que a obrigação se considera fixada nos termos pedidos no requerimento executivo, salvo nos casos em que a revelia do réu é inoperante (art. 568.º CPC).

Admite-se, em todo o caso, nos termos do art. 47.º, n.º 2, *in fine*, LAV, que seja requerida ao tribunal arbitral a liquidação da condenação[633]. Neste caso, o tribunal, depois de ouvida a outra parte e produzida a prova, profere decisão complementar, nos termos do art. 45.º, n.º 5, LAV, "julgando equitativamente dentro dos limites que tiver por provados". A referência ao advérbio "equitativamente" parece ter sido pouco feliz[634], embora se entenda por se assumir que a ideia que lhe está subjacente é a de atender ao caso concreto.

10.6. Os fundamentos de oposição à execução

a) Elenco

No ordenamento jurídico português, o executado pode opor-se à execução da decisão arbitral invocando qualquer um dos fundamentos previstos no art. 46.º, n.º 3, LAV, que permitem a anulação da decisão arbitral. Ou seja, os fundamentos de impugnação da decisão arbitral são também fundamentos de oposição à execução (cfr. art. 48.º, n.º 1, LAV)[635].

Para além disso, como se verá adiante, poderão ainda ser invocados os fundamentos gerais previstos em sede de processo executivo (cfr. art. 48.º, n.º 4, LAV).

A remissão feita pelo art. 48.º, n.º 1, LAV, para os fundamentos previstos no art. 46.º, n.º 3, LAV, é sintomática da relevância que estes têm no âmbito do processo arbitral e do ordenamento jurídico onde produzem efeitos em geral. Na verdade, daqui resulta que o tribunal estadual pode, em sede de execução, desenvolver ainda uma função de controlo, assegurando-se que a

[633] Acerca do tribunal competente para a liquidação da decisão arbitral à luz do anterior regime da arbitragem e do CPC, *vide*, José Lebre de Freitas, "Competência do Tribunal de Execução para a liquidação da obrigação no caso de sentença genérica arbitral", *ROA*, I, 2006, págs. 119-130, págs. 122 ss.

[634] Manuel Pereira Barrocas, *Lei de Arbitragem Comentada*, cit., pág. 187; Mário Esteves de Oliveira et al., *Lei da Arbitragem Voluntária*, cit., págs. 594 ss.; Manuel Pereira Barrocas, *Lei de Arbitragem Comentada*, cit., pág. 198.

[635] Já na Lei n.º 31/86, no seu art. 31.º, se determinava que, em sede de oposição à execução da decisão arbitral, se podiam invocar os fundamentos subjacentes à ação de anulação.

decisão não será executada, não produzirá o seu efeito último, se preencher algum dos fundamentos previstos no art. 46.º, n.º 3, LAV.

Tal como se verificou em sede de impugnação, também no âmbito da execução da decisão arbitral, os fundamentos de oposição previstos no art. 46.º, n.º 3, al. a), LAV, para serem procedentes, têm de ser alegados e provados pelas partes. Ao invés, os fundamentos previstos no art. 46.º, n.º 3, al. b), LAV, são de conhecimento oficioso. O que significa também que os fundamentos de oposição que ficam sempre sujeitos ao controlo do tribunal estadual são estes.

b) Relevância do caso julgado relativo à anulação da sentença arbitral

Nos termos do disposto no art. 48.º, n.º 1, LAV, prevê-se, todavia, uma restrição à oposição à execução com um dos fundamentos previstos no art. 46.º, n.º 3, LAV: que na data da dedução da oposição não tenha sido já rejeitado por sentença transitada em julgado um pedido de anulação da sentença arbitral com o mesmo fundamento. Pretende-se desta forma evitar manobras dilatórias e a contradição entre decisões tomadas pelo tribunal. Na verdade, sendo os fundamentos os mesmos, poderá ocorrer uma "espécie" de caso julgado uma vez que, embora o pedido não seja o mesmo – anulação da sentença, por um lado, e oposição à execução, por outro –, os fundamentos são-no.

c) Fundamentos relativamente aos quais se verifica o efeito preclusivo do decurso do tempo

I. Conforme acima se verificou, em sede de impugnação da decisão arbitral, o legislador, no art. 46.º, n.º 3, LAV, distinguiu entre fundamentos que, para ser conhecidos, têm de ser alegados e provados pelas partes – os elencados na al. a) –, e os que são de conhecimento oficioso – previstos na al. b).

Ora, é também sabido que, nos termos do art. 46.º, n.º 6, LAV, o pedido de anulação só pode ser apresentado no prazo de 60 dias a contar da data em que a parte que pretende a anulação recebeu a notificação da sentença ou da data a partir da qual o tribunal arbitral fez decisão complementar ou aclaração da sentença.

Para evitar a invocação de fundamentos que já não são passíveis de ser alegados em pedido de anulação da decisão arbitral, limita-se, nos termos do art. 48.º, n.º 2, LAV, a possibilidade de o executado invocar, na oposição à execução da sentença arbitral, os fundamentos consagrados no art. 46.º, n.º 3, al. a), LAV, se já tiver decorrido o prazo dos 60 dias previsto no art. 46.º, n.º 6, LAV, sem que se tenha feito o pedido de anulação[636]. Deste regime resulta que o silêncio, *melius* a inação das partes quanto ao pedido de anulação da decisão arbitral tem um efeito preclusivo quanto aos fundamentos previstos na al. a). As partes, findo o prazo para impugnar a decisão sem que o façam, não podem mais invocar esses fundamentos, nem em sede de pedido de anulação da decisão arbitral, nem como fundamento de oposição à execução. Ou seja, o decurso do prazo para pedir a anulação da sentença tem efeito preclusivo também, reflexamente, quanto ao pedido de oposição de execução da sentença.

António Menezes Cordeiro[637] critica esta orientação legislativa, sustentando ser preferível a solução consagrada na Lei n.º 31/86, em cujo art. 31.º se determinava que "[o] decurso do prazo para intentar a acção de anulação não obsta a que se invoquem os seus fundamentos em via de oposição à execução da decisão arbitral". Ou seja, em que a expiração do prazo para intentar a ação de anulação não impedia que os fundamentos desta ação fossem invocados em sede de oposição à execução. Segundo este autor, o princípio de que um ato jurídico ainda não executado pode ser anulado mesmo depois do prazo geral da ação de anulação pertence ao acervo nuclear do Direito português (art. 287.º, n.º 2 *ex vi* art. 295.º CC). Esta opção legislativa pode também traduzir-se num convite à litigância, incentivando as partes a impugnar a decisão arbitral. Com efeito, a parte que considerasse que a decisão arbitral era anulável, com algum dos fundamentos previstos no art. 46.º, n.º 3, LAV, poderia, à luz do regime de 1986, optar por não a impugnar, assumindo que a outra parte não iria executar a decisão. Já de acordo com o regime em vigor, para não correr o risco de não poder invocar os fundamentos previstos no art. 46.º, n.º 3, al. a), LAV, que justificam a anulação da decisão arbitral e a eventual oposição à execução, a parte que entende ter fundamentos para pedir a anulação, muito provavelmente intentará a ação de anulação em tribunal estadual[638].

[636] Salientando a influência do § 1060 (2) *ZPO* alemã nesta disposição, Dário Moura Vicente et al., *Lei da Arbitragem Voluntária Anotada*, art. 48.º, Pedro Metello de Nápoles, cit., pág. 180. *Vide* Hanns Prütting/Markus Gehrlein, *Zivilprozessordnung, Kommentar*, Raeschke-Kessler, § 1060, cit., anots. 14 ss., pág. 2502.

[637] António Menezes Cordeiro, *Tratado da Arbitragem*, cit., págs. 471 ss.

[638] António Menezes Cordeiro, *Tratado da Arbitragem*, cit., págs. 471 ss.

Todavia, a esta argumentação pode responder-se com a estabilização da situação jurídica que foi objeto de apreciação por tribunal arbitral. Invocando-se que quem considerou não existirem fundamentos para pedir a anulação da decisão arbitral, não poderá vir invocá-los, depois, em sede de oposição à execução. Na verdade, a solução consagrada na lei de 1986 deixava a sentença arbitral em situação de incerteza até que fosse intentada ação executiva e o executado se opusesse à execução com um dos fundamentos previstos para a impugnação[639].

II. Sublinhe-se, todavia, que há sempre uma salvaguarda à eventual inação das partes, nos casos em que a sentença arbitral não respeite os princípios e regras estruturantes da ordem jurídica portuguesa. Assim, nos termos do art. 48.º, n.º 3, NLAV, estabelece-se que, independentemente de ultrapassado o prazo de 60 dias previsto no art. 46.º, n.º 6, LAV, o juiz pode ainda conhecer oficiosamente das causas de anulação previstas no art. 46.º, n.º 3, al. b), NLAV[640], e, consequentemente, rejeitar a execução. Aqui não estão em causa fundamentos que estejam na disponibilidade das partes e, por isso, não há aqui qualquer efeito preclusivo decorrente da sua inação.

A tramitação deste procedimento está prevista, no essencial, no art. 734.º CPC *ex vi* art. 48.º, n.º 3, LAV. Na verdade, até ao primeiro ato de transmissão dos bens penhorados, o juiz pode conhecer, oficiosamente, das questões que, se apreciadas nos termos do art. 726.º CPC, poderiam ter determinado o indeferimento liminar do requerimento executivo. Ora, nos termos do art. 726.º, n.º 2, al. d), CPC, prevê-se que o juiz indefere liminarmente o requerimento executivo se, *v.g.*, em caso de execução baseada em decisão arbitral, o litígio não for arbitrável.

[639] António Sampaio Caramelo, *A impugnação da sentença arbitral*, 2.ª edição, cit., págs. 17 ss., que sublinha ainda, obtendo apoio em Paula Costa e Silva, "Os meios de impugnação...", cit., pág. 205, que há também um desvirtuar dos fundamentos que estão subjacentes à oposição à execução.

[640] Rui Pinto, *Manual da execução e despejo*, Coimbra Editora, 2013, pág. 418; Mariana França Gouveia, *Curso de resolução alternativa de litígios*, cit., pág. 315; Pedro Siza Vieira, "A execução de decisões arbitrais proferidas em arbitragens domésticas", *Estudos de Direito da Arbitragem em Homenagem a Mário Raposo*, Universidade Católica Editora, Lisboa, 2015, págs. 223-234, pág. 228; Marco Carvalho Gonçalves, *Lições de Processo Civil Executivo*, cit., pág. 208.

Assim, a inovação que é dada pela LAV, no que respeita aos fundamentos de oposição aqui referidos prende-se com a possibilidade de também a reserva de ordem pública internacional poder ser conhecida oficiosamente pelo juiz[641-642].

d) Outros fundamentos previstos na lei geral de processo aplicável
Para além dos fundamentos invocados no art. 46.º, n.º 3, LAV, podem ainda ser invocados como fundamentos à oposição da execução os previstos na lei processual civil para as oposições às execuções no geral (cfr. art. 730.º CPC e art. 48.º, n.º 4, LAV).

Os fundamentos gerais de oposição à execução previstos no CPC estão plasmados no seu art. 729.º, não apresentando o facto de o título executivo ser uma decisão arbitral qualquer especificidade.

10.7. A execução da decisão arbitral e as formas de controlo da decisão pelo tribunal estadual

I. Apreciaram-se, neste e nos anteriores pontos, essencialmente, três formas de reação à sentença arbitral: a) o recurso, b) a anulação da sentença e c) a oposição à execução.

De uma forma diferente, no caso de sentenças arbitrais estrangeiras, pode ser negado o reconhecimento da sentença, matéria a desenvolver nos pontos 18 a 20 deste programa.

Verificou-se também, atentas as regras em vigor no ordenamento jurídico português, que não existe uma impugnação oficiosa das sentenças arbitrais. Por exemplo o Ministério Público não pode, por sua iniciativa, recorrer nem pedir a anulação da sentença. Admite-se apenas que o tribunal estadual, se uma das partes pedir a anulação da sentença, conheça oficiosamente de alguns fundamentos de anulação indicados no art. 46.º LAV, mas a iniciativa tem de ser tomada por uma das partes.

641 António Menezes Cordeiro, *Tratado da Arbitragem*, cit., pág. 472.

642 Mariana França Gouveia, *Curso de resolução alternativa de litígios*, cit., pág. 315, a propósito do art. 726.º, n.º 2, al. d), CPC – que prevê a possibilidade de o agente de execução remeter o processo de execução ao juiz, para apreciação liminar, em casos de inarbitrabilidade – admite também a possibilidade de tal atuação no caso de a decisão arbitral violar manifestamente a ordem pública.

A execução da decisão arbitral assume, em sede de controlo da decisão arbitral, especial importância, na medida em que, em arbitragens domésticas, é na oposição à execução que pode caber a apreciação oficiosa da decisão arbitral no que respeita aos fundamentos previstos no art. 46.º, n.º 3, al. b), LAV. Ou seja, se nada for dito pelas partes até então, será em sede de oposição à execução da decisão arbitral que o tribunal estadual poderá verificar ou controlar se a decisão arbitral contraria os critérios de arbitrabilidade previstos na lei portuguesa ou se é contrária à reserva de ordem pública internacional portuguesa. Sublinhe-se, todavia, que esta intervenção não abrange qualquer apreciação de mérito da sentença.

11. A natureza jurídica da arbitragem

A natureza jurídica da arbitragem voluntária tem sido objeto de discussão pela doutrina. Essencialmente, confrontam-se três principais teses que muito sucintamente se indicam e expõem. De um lado, a tese jurisdicionalista, no seu oposto, a tese contratual (encontrando-se versões mais moderadas e mais radicais destas teses) e uma terceira tese, a tese mista[643].

De acordo com a tese jurisdicionalista, as decisões arbitrais são atos jurisdicionais, sendo, pois, os árbitros juízes e não mandatários das partes, tal como as suas decisões são atos jurisdicionais e não contratos[644]. A arbitragem assenta no Estado, na medida em que é este que determina, com base na lei, os termos em que a arbitragem é admissível e permite que os árbitros sejam verdadeiros juízes[645]. O poder jurisdicional dos árbitros provém do Estado, cabendo, todavia, às partes do litígio, no caso dos tribunais arbitrais e contrariamente aos tribunais estaduais, indicar os árbitros[646].

A tese contratual sustenta, como a designação indica, a natureza contratual da arbitragem, na medida em que esta é assumida como um conjunto de relações contratuais ou como um processo privado que conduz também a

[643] Luís de Lima Pinheiro, *Arbitragem Transnacional*, cit., págs. 182 ss., com amplas referências bibliográficas; Emmanuel Gaillard, *Legal Theory of International Arbitration*, cit., págs. 13 ss.; Manuel Pereira Barrocas, *Manual de Arbitragem*, cit., págs. 44 ss.; Mariana França Gouveia, *Curso de resolução alternativa de litígios*, cit., págs. 119 ss.

[644] Luís de Lima Pinheiro, *Arbitragem Transnacional*, cit., págs. 184 ss.; Mariana França Gouveia, *Curso de resolução alternativa de litígios*, cit., págs. 119 ss.

[645] Luís de Lima Pinheiro, *Arbitragem Transnacional*, cit., págs. 184 ss.

[646] René David, *L'arbitrage dans le commerce international*, cit., págs. 107 ss.; Manuel Pereira Barrocas, *Manual de Arbitragem*, cit., págs. 44 ss.

um ato privado (a decisão arbitral)[647], cabendo às partes atribuir poderes aos árbitros e definir se e em que termos se desenvolve a arbitragem[648]. Numa formulação mais radical, a decisão seria um contrato celebrado pelos árbitros que seriam mandatários das partes e, assim, apenas haveria sentença depois de a decisão arbitral ser homologada pelo tribunal estadual[649].

A tese mista resulta de partes das duas teses anteriores. De acordo com esta tese, aceita-se a força que a lei confere à arbitragem: a sua consagração na lei, a consagração do efeito de caso julgado da decisão arbitral e a atribuição de título executivo, a função jurisdicional desempenhada pelos árbitros; por isso se diz que esta tese se ancora, parcialmente, na tese jurisdicionalista[650]. Mas também se reconhece a relevância da autonomia da vontade, na medida em que cabe às partes optar ou não pela arbitragem voluntária mediante a celebração de convenção de arbitragem, a escolha dos árbitros, a determinação de algumas regras que devem ser observadas no processo arbitral, etc.[651].

Como sintetiza Luís de Lima Pinheiro, "[e]nquanto processo, a arbitragem voluntária, tal como é configurado pelos principais sistemas, tem uma natureza mista contratual-jurisdicional, visto que, se tem um fundamento contratual, constitui uma actividade jurisdicional e conduz a uma decisão com eficácia jurisdicional. Mas a isto há que acrescentar que a arbitragem está em vasta medida sujeita à auto-regulação das partes e que embora os árbitros sejam investidos num poder jurisdicional tal não significa necessariamente que exerçam, por delegação, uma função estadual"[652].

[647] Luís de Lima Pinheiro, *Arbitragem Transnacional*, cit., págs. 183 ss.

[648] René David, *L'arbitrage dans le commerce international*, cit., págs. 107 ss.; Manuel Pereira Barrocas, *Manual de Arbitragem*, cit., págs. 45 ss.

[649] Luís de Lima Pinheiro, *Arbitragem Transnacional*, cit., págs. 183 ss.; Mariana França Gouveia, *Curso de resolução alternativa de litígios*, cit., págs. 119 ss.

[650] Manuel Pereira Barrocas, *Manual de Arbitragem*, cit., págs. 46 ss.; António Menezes Cordeiro, *Tratado da Arbitragem*, cit., pág. 356.

[651] René David, *L'arbitrage dans le commerce international*, cit., págs. 109 ss.; no ordenamento alemão, *vide* Richard Kreindler/Reinmar Wolff/Markus S. Rieder, *Commercial Arbitration in Germany*, cit., pág. 11. Acerca da relevância da autonomia da vontade na evolução histórica da arbitragem, e acerca da sua evolução em geral, *vide* José Duarte Nogueira, "A Arbitragem na História do Direito Português (subsídios)", *Revista Jurídica*, n.º 20, 1996, págs. 9-35, pág. 14. *Vide* também Prütting/Gehrlein, *Zivilprozessordnung Kommentar*, Prütting, § 1025, cit., anot. 4, pág. 2466.

[652] Luís de Lima Pinheiro, *Arbitragem Transnacional*, cit., pág. 187.

Segundo outros autores, há ainda que identificar uma tese autonomista que, em especial no âmbito da arbitragem do comércio internacional, sublinha a sua independência face ao Estado. Assume-se que a arbitragem, nascendo da convenção de arbitragem, tem natureza processual[653].

Outros autores sustentam ainda que não há, a este respeito, qualificações absolutas, tendo a arbitragem natureza de jurisdição contratual privada. A arbitragem desempenha a função jurisdicional porque é neutral e nesse âmbito decide os litígios; tem natureza contratual privada, na medida em que os tribunais arbitrais são constituídos de acordo com a convenção de arbitragem, em que se fundam os poderes do tribunal e que delimita o âmbito da sua competência[654]. E, uma vez proferida e nos termos do art. 42.º, n.º 7, LAV, a sentença arbitral constitui caso julgado e título executivo.

A complexidade da arbitragem voluntária dificilmente permite definir-se numa tese única que seja satisfatória para refletir a sua natureza. Conforme pode ser sintetizado, "(...) a arbitragem voluntária é contratual na sua origem, privada na sua natureza, jurisdicional na sua função e pública no seu resultado"[655].

[653] Manuel Pereira Barrocas, *Manual de Arbitragem*, cit., pág. 47.

[654] Carlos Ferreira de Almeida, *Contratos IV*, cit., pág. 17. Já antes, do mesmo autor, veja-se, "Convenção de arbitragem: conteúdo e efeitos", *I Congresso do Centro de Arbitragem da Câmara de Comércio e Indústria I*, Almedina, Coimbra, 2008, págs. 81-95, pág. 82.

[655] Francisco Cortez, "A arbitragem voluntária em Portugal: dos «ricos homens» aos tribunais privados (conclusão)", *O Direito*, Ano 124, vol. 4, 7/1992, págs. 365-404, e 10/1992, págs. 541-587, pág. 555, embora ainda à luz da Lei n.º 31/86; António Pedro Pinto Monteiro/Artur Flamínio da Silva/Daniela Mirante, *Manual de Arbitragem*, cit., págs. 58 ss. Esclarecedoras também nos parecem as considerações tecidas por George A. Bermann, *International Arbitration and Private International Law*, cit., págs. 23 ss., refere que "[a]mong the most defining features of international comercial arbitration is its dual foundation: one footing party autonomy and the other in State regulation. The former furnishes arbitration its basic legitimacy, the latter its efficacy. This duality is captured in the notion that international arbitration is profoundly "hybrid" in nature".

Capítulo III
Arbitragem internacional

12. O conceito de arbitragem internacional
12.1. Considerações gerais

A noção de arbitragem internacional e mesmo a sua própria denominação[656] tem suscitado debate na doutrina. Também nos diversos ordenamentos jurídicos pode variar o que se entenda por arbitragem internacional, dependendo tal entendimento da opção legislativa seguida[657].

Segundo uma orientação possível, a da internacionalidade formal, estar-se-á perante uma arbitragem internacional se o objeto do litígio ou a própria arbitragem revelar laços juridicamente relevantes com mais do

[656] LUÍS DE LIMA PINHEIRO, *Arbitragem Transnacional*, cit., pág. 28, sustenta ser preferível a expressão "arbitragem transnacional" que, apesar de não ser a mais usual, permite fazer uma distinção clara relativamente à expressão "arbitragem internacional", que abrange também arbitragens de Direito Público. Concretiza este autor que "(...) a arbitragem será transnacional (...) se o litígio resultar de uma relação transnacional, i.e., de uma relação que coloca um problema de determinação do Direito aplicável que deve ser resolvido pelo Direito Internacional Privado. Se a relação controvertida for interna a determinado Estado, a arbitragem será ainda assim transnacional se tiver contacto juridicamente relevante com outro Estado, mormente quando se realize noutro Estado". Ver também, MARIA HELENA BRITO, "Arbitragem Internacional...", cit., pág. 113.

[657] ANTÓNIO MENEZES CORDEIRO, *Tratado da Arbitragem*, cit., pág. 476; *International Commercial Arbitration*, "§ 1 Best practice in international arbitration...", STEPHAN BALTHASAR, cit., págs. 6 ss., numa breve análise de Direito Comparado acerca desta questão.

que um Estado[658]. De acordo com outra orientação, a da internacionalidade material, releva o facto de se identificarem relações económicas que afetem mais do que um Estado[659].

O conceito de arbitragem internacional relevante dependerá também do contexto em que a questão seja apreciada, *maxime*, a legislação ou outro texto que estiver em causa[660]. Assim, *v.g.*, no art. 1.º, n.º 3, da Lei-Modelo, determina-se que uma arbitragem será internacional se, no momento da conclusão do acordo de arbitragem, as partes tiverem as suas sedes comerciais em diferentes Estados; ou se as partes tiverem sede num Estado e o local de arbitragem estiver fixado num outro; ou se o local onde deva ser executada uma parte substancial das obrigações resultantes da relação comercial ou o local com o qual o objeto do litígio tenha maior ligação se situe num Estado e as partes tenham sede num outro; ou ainda se as partes tiverem convencionado expressamente que o objeto do acordo de arbitragem envolve mais do que um país[661-662]. Original, nesta disposição, é o recurso a uma nota de rodapé (n.º 8) para concretizar, ainda que sem pretensões exaustivas, o termo "comercial"[663].

[658] Dando conta desta orientação, *vide* DÁRIO MOURA VICENTE, *Da Arbitragem Comercial Internacional*, cit., págs. 38 ss.; ANTÓNIO MENEZES CORDEIRO, *Tratado da Arbitragem*, cit., pág. 492; NIGEL BLACKABY/J. MARTIN HUNTER/CONSTANTINE PARTASIDES/ALAN REDFERN, *Redfern and Hunter on International Arbitration*, cit., págs. 9 ss.

[659] *Vide*, a este respeito, DÁRIO MOURA VICENTE, *Da Arbitragem Comercial Internacional*, cit., págs. 39 ss.; ANTÓNIO MENEZES CORDEIRO, *Tratado da Arbitragem*, cit., pág. 492; NIGEL BLACKABY/J. MARTIN HUNTER/CONSTANTINE PARTASIDES/ALAN REDFERN, *Redfern and Hunter on International Arbitration*, cit., págs. 8 ss. Também acerca destas orientações, *vide Fouchard Gaillard Goldman on International Commercial Arbitration*, cit., págs. 45 ss.

[660] DÁRIO MOURA VICENTE, *Da Arbitragem Comercial Internacional*, cit., pág. 26, sustenta que "(...) não é possível, actualmente, construir um conceito de arbitragem comercial internacional com valor universal".

[661] Mais se esclarece, nos termos do n.º 4, deste art. 1.º, que: al. a), "[s]e uma das partes tiver mais do que uma sede, deve ser considerada a que tiver uma relação mais próxima com o acordo de arbitragem"; e al. b), "[s]e uma das partes não tiver sede, releva para este efeito a sua residência habitual".

[662] Acerca desta disposição, com detalhe, *vide* PETER BINDER, *International Commercial Arbitration and Mediation in UNCITRAL Model Law Jurisdictions*, cit., págs. 31 ss.

[663] Na nota 8 é dito que «[o] termo "comercial" deve ser entendido no seu sentido lato, de forma a abranger as questões decorrentes de qualquer relação de natureza comercial, contratual ou não contratual. As relações comerciais incluem, mas não se encontram restritas, as seguintes transacções: qualquer fornecimento de bens ou serviços; acordos de distribuição; representação

Já a Convenção Europeia sobre a Arbitragem do Comércio Internacional, a Convenção Genebra de 1961[664], no seu art. 1, al. a), vem esclarecer que se aplica às convenções de arbitragem concluídas para apreciar litígios presentes ou futuros no âmbito do comércio internacional, que tenham como partes pessoas físicas ou jurídicas, com residência habitual ou sede em Estados Contratantes diferentes.

Noutros textos e nas leis internas, a noção de arbitragem internacional vai encontrando variações. No âmbito deste projeto científico e pedagógico, vamos atender, essencialmente, à noção prevista na LAV, embora fazendo algumas referências de Direito Comparado.

12.2. A noção de "interesses do comércio internacional"

Na LAV, entende-se por "arbitragem internacional" aquela que põe em jogo interesses do comércio internacional[665]. Assim o determina o art. 49.º, n.º 1, ficando esta arbitragem sujeita às regras previstas no Capítulo IX da LAV.

O significado de "colocar em jogo interesses do comércio internacional" pode beneficiar do entendimento que já era tido com respeito à interpretação do art. 32.º da Lei n.º 31/86, em que se previa expressão análoga.

Assim, se uma arbitragem apresentar contactos relevantes com mais de um ordenamento, mas não colocar em causa interesses do comércio internacional, já não serão aplicadas as regras previstas no referido Capítulo IX[666].

ou agência comercial; facturação; *leasing*; construção civil; consultadoria; engenharia; licenças; investimento; financiamento; operações financeiras; seguros; acordo de exploração ou de concessão; co-empreendimento e outras formas de cooperação industrial ou comercial; transporte de bens ou de passageiros por ar, mar, caminhos-de-ferro ou por estrada».

[664] Disponível em https://treaties.un.org/doc/Publication/UNTS/Volume%20484/v484.pdf. Esclareça-se que Portugal não é Estado Parte desta Convenção.

[665] No mesmo sentido, atente-se no art. 1504 do *Code de procédure civile* francês. Thomas Clay, *Code de l'arbitrage commenté*, cit., págs. 169 ss., sublinha a relevância do critério económico na definição da internacionalidade, ao invés do apego aos tradicionais elementos de conexão de Direito Internacional Privado, que se prendem com o domicílio ou a nacionalidade. Salientando a semelhança da lei portuguesa com a francesa neste aspeto, cfr. Rui Moura Ramos, "The new portuguese arbitration act (Law No. 63/2011 of 14 December on voluntary arbitration)", *Yearbook of Private International Law*, cit., pág. 50.

[666] Embora a propósito da Lei n.º 31/86, *vide*, com referências bibliográficas, Dário Moura Vicente, *Da Arbitragem Comercial Internacional*, cit., págs. 40 ss.; Luís de Lima Pinheiro, *Arbitragem Transnacional*, cit., pág. 35. Já à luz da LAV de 2011, *vide* Rui de Moura Ramos,

A concretização da expressão é, obviamente, complexa. Luís de Lima Pinheiro[667] tem sustentado que ficam abrangidas por este conceito as relações interempresariais com contactos relevantes com mais do que um Estado; bem como as relações que se estabeleçam entre um Estado ou um ente público autónomo, em conexão com o exercício de atividades económicas, com "(...) um ente empresarial que releva do Direito de outro Estado". Ficarão excluídas, pela sua natureza, *v.g.*, as relações estabelecidas com consumidores finais ou entre estes, os contratos de arrendamento, atenta a situação de desequilíbrio contratual resultante da fragilidade de uma das partes, dificilmente compatível com a autonomia da vontade subjacente à arbitragem voluntária[668].

Ainda segundo Luís de Lima Pinheiro[669], a internacionalidade do litígio não deve estar apenas dependente de critérios puramente económicos como a transferência de bens através de fronteiras[670], devendo ter-se presente a natureza de diversas arbitragens, bem como o entendimento do que se deva considerar arbitragem comercial internacional em textos como a Lei-Modelo da CNUDCI (art. 1.º), e ainda atendendo a regras previstas na Convenção de Nova Iorque de 1958, na Convenção Interamericana sobre a Arbitragem Comercial Internacional, o Acordo sobre a Arbitragem

"A arbitragem internacional no novo Direito português da arbitragem", *Boletim da Faculdade de Direito*, tomo II, 2012, págs. 583-604, págs. 589 ss., esclarece que esta disposição "(...) consagra um conceito substantivo (ou económico) de internacionalidade, afastando-se assim, do critério formal a que recorrem, por exemplo, quer a Lei-Modelo da UNCITRAL (...)"; Mário Esteves de Oliveira et al., *Lei da Arbitragem Voluntária*, cit., págs. 604 ss.; António Menezes Cordeiro, *Tratado da Arbitragem*, cit., págs. 491 ss.; Dário Moura Vicente et al., *Lei da Arbitragem Voluntária Anotada*, art. 49.º, Dário Moura Vicente, cit., pág. 181.

667 Luís de Lima Pinheiro, *Arbitragem Transnacional*, cit., págs. 36 ss. Ainda segundo este autor, "arbitragem transnacional *em sentido amplo* é toda aquela que coloca problemas de determinação do estatuto da arbitragem". Luís de Lima Pinheiro, *Direito Comercial Internacional*, cit., págs. 443 ss. Veja-se, ainda, deste autor, "Ordem pública internacional...", cit., págs. 121-122.

668 Luís de Lima Pinheiro, *Arbitragem Transnacional*, cit., pág. 37.

669 Luís de Lima Pinheiro, *Arbitragem Transnacional*, cit., págs. 37 ss. Já acerca do conceito de arbitragem internacional à luz da LAV de 2011, *vide* Luís de Lima Pinheiro, "Ordem pública internacional...", cit., págs. 121 ss.

670 Salientando a relevância de o litígio envolver a circulação de bens, serviços e de capitais de um Estado para outro, *vide* Mário Esteves de Oliveira et al., *Lei da Arbitragem Voluntária*, cit., págs. 604 ss.

Comercial Internacional do Mercosul, e devendo também atender-se à legislação nacional de diversos Estados. Sublinhe-se, todavia, que a noção de arbitragem internacional prevista no art. 49.º, n.º 1, LAV, ao adotar "(...) um conceito substantivo (ou económico) de internacionalidade" afasta-se do critério formal adotado, *v.g.*, na Lei-Modelo[671].

Dário Moura Vicente[672] sustenta que ficam compreendidas nesta noção não apenas as arbitragens que têm por objeto litígios em que as partes estão em países diferentes, mas também as que, estando conectadas com apenas um país (por exemplo, as partes estão localizadas no mesmo Estado e aí devem ser executadas as obrigações relativas ao objeto do litígio), respeitem a situações "(...) emergentes de operações económicas que envolvam a circulação de produtos, serviços ou capitais através das fronteiras (...)"[673].

Isabel de Magalhães Collaço[674] – ainda a propósito da Lei n.º 31/86 – sustentava não bastar, para se estar perante interesses do comércio internacional, que as partes da arbitragem estivessem estabelecidas em países diferentes, sendo também necessário que estivessem em causa interesses de comércio internacional. Ou, pela negativa, que não estivessem em causa meros interesses do comércio local[675].

[671] Rui de Moura Ramos, "A arbitragem internacional no novo ...", cit., págs. 589.

[672] Dário Moura Vicente et al., *Lei da Arbitragem Voluntária Anotada*, art. 49.º, Dário Moura Vicente, cit., pág. 181. Já antes, Dário Moura Vicente, *Da Arbitragem Comercial Internacional*, cit., págs. 38 ss.; Dário Moura Vicente, "A determinação do Direito aplicável ao mérito da causa na arbitragem internacional à luz da nova lei portuguesa da arbitragem voluntária", *RIAC*, n.º 5, 2012, pág. 37-50, págs. 38 ss.

[673] Em sentido semelhante nos parece ser a orientação seguida por Éric Loquin, *L'arbitrage du commerce international*, cit., págs. 21 ss., que – tendo presente a realidade jurídica francesa, *maxime* o art. 1504 do *Code de procédure civile* – sustenta que uma arbitragem com sede em França e que oponha duas partes de nacionalidade francesa, estabelecidas em França, poderá ser ainda uma arbitragem internacional se a operação em litígio colocar em jogo os interesses do comércio internacional, ou seja, um fluxo transfronteiriço de bens, de serviços ou de divisas. Por outro lado, uma arbitragem no estrangeiro entre partes de nacionalidade diferentes, estabelecidas em países diferentes, será, para o Direito francês, ainda uma arbitragem doméstica, embora estrangeira, desde que a operação em litígio submetida à arbitragem apenas produza efeitos económicos num único país.

[674] Isabel de Magalhães Collaço, "L'arbitrage international dans la recente loi portugaise sur l'arbitrage volontaire", *Droit International et Droit Communautaire, Actes du Colloque, Fondation Calouste Gulbenkian*, Centre Culturel de Paris, Paris, 1991, págs. 55-66, pág. 59.

[675] Em sentido semelhante, Mário Esteves de Oliveira et al., *Lei da Arbitragem Voluntária*, cit., págs. 604 ss. Nesta obra, é também afastada a "internacionalidade" da arbitragem que

São, pois, as próprias situações comerciais que estejam em causa, e não apenas as partes, que têm de apresentar conexões significativas com mais do que um ordenamento jurídico[676].

12.3. O lugar da arbitragem

Tradicionalmente, o lugar onde a arbitragem se realiza é fixado pelas partes ou, na sua omissão, pelos árbitros. Na verdade, o princípio da autonomia da vontade também aqui impera, permitindo-se às partes decidir o local ou sede da arbitragem, ainda que este local não corresponda àquele onde a arbitragem efetivamente se realiza[677].

De acordo com o art. 31.º, n.º 1, da LAV – inspirado no art. 20.º da Lei-Modelo –, as partes podem fixar o lugar da arbitragem sem qualquer constrangimento[678], mesmo que alguns atos processuais sejam praticados no estrangeiro ou a sentença aí tenha sido proferida[679]. Sublinhe-se, em

apele exclusivamente ao acordo das partes nesse sentido, tal como previsto no art. 3.º, n.º 1, al. c), da Lei-Modelo. Veja-se também, acerca do conceito de arbitragem internacional na LAV, Eduardo dos Santos Júnior, "Âmbito espacial de regulação e controlo estadual da arbitragem", *RIAC*, n.º 5, 2012, págs. 51-71, págs. 57 ss.; Manuel Pereira Barrocas, *Manual de Arbitragem*, cit., págs. 569 ss., em especial, pág. 573.

[676] Segundo Rui de Moura Ramos, "A arbitragem internacional no novo...", cit., pág. 590, (...) a arbitragem pode muito bem não apresentar qualquer ligação com o território onde ela se desenrola, estando claramente aberta aos interessados a possibilidade de afastar a competência de qualquer jurisdição na resolução dos litígios em que são partes".

[677] Luís de Lima Pinheiro, *Arbitragem Transnacional*, cit., págs. 30, 142 ss., com referências de Direito Comparado; Mário Esteves de Oliveira et al., *Lei da Arbitragem Voluntária*, cit., págs. 609 ss. Dando conta que esta é a orientação tradicionalmente seguida no âmbito da arbitragem internacional, cfr. *International Commercial Arbitration*, "§ 1 Best practice in international arbitration...", Stephan Balthasar, cit., pág. 8. Também assim, veja-se, *v.g.*, § 1043 *ZPO* alemã (*vide*, a este respeito, *v.g.*, Prütting/Gehrlein, *Zivilprozessordnung Kommentar*, Prütting, § 1043, cit., anots. 1-2, págs. 2503 ss.), art. 355 *ZPO* suíça (*Basler Kommentar, Schweizerische Zivilprozessordnung*, Urs Weber/Stecher, art. 355, 3.ª edição, org. Karl Spühler/Luca Tenchio/Dominik Infanger, Helbing Lichtenhahn Verlag, Basel, 2017, anot. 3, pág. 2126), art. 176, n.º 3, da Lei de Direito Internacional Privado suíça (Bernard Dutoit, *Droit international privé suisse*, cit., anots. 5 ss., págs. 788 ss.; *Basler Kommentar, Internationales Privatrecht*, Daniel C. Pfiffner/Daniel Hochstrasser, art. 176, 3ª edição, org. Heinrich Honsell/ Nedim Peter Vogt/Anton K, Schnyder/Stephen V. Berti, Helbing Lichtenhahn Verlag, Basel, 2013, anot. 21, pág. 1708); José Carlos Fernández Rozas/Sixto A. Sánchez Lorenzo/ Gonzalo Stampa, *Principios Generales del Arbitraje*, cit., pág. 68.

[678] António Sampaio Caramelo, "Da condução do processo arbitral...", cit., pág. 687.

[679] Maria Helena Brito, "Arbitragem Internacional...", cit., pág. 111.

todo o caso, que esta disposição apenas se aplica se, no caso de se tratar de uma arbitragem internacional, esta tiver a sua sede em Portugal (art. 61.º e 49.º, n.º 2, LAV).

Na anterior Lei da Arbitragem Voluntária previa-se que a escolha do lugar da arbitragem era feita até à aceitação do primeiro árbitro. Apesar de a atual LAV não o prever expressamente, a orientação deve ser mantida. Cabendo a cada árbitro decidir acerca da aceitação do encargo, o local da arbitragem pode ser um dos elementos a pesar nesta decisão[680].

Na falta de acordo das partes, o local da arbitragem é fixado pelo tribunal arbitral, atendendo, para o efeito, às circunstâncias do caso, incluindo-se aqui considerações que respeitam à conveniência das partes.

A fixação do local da arbitragem, salvo convenção das partes em contrário, não limita, nos termos consagrados no art. 31.º, n.º 2, LAV, a possibilidade de os árbitros reunirem noutro local para deliberarem ou realizarem qualquer diligência probatória[681]. Deste modo, é facilitada a realização das diligências necessárias, garantindo-se as conveniências geográficas dos intervenientes.

Conforme acima se referiu, a fixação do local da arbitragem tem consequências significativas na arbitragem em concreto, na medida em que, *v.g.*, tratando-se de uma arbitragem que fixa Portugal como local da arbitragem, serão as regras da LAV que constituirão a *lex arbitri*, com relevância, por exemplo, no que respeita a impugnação das decisões arbitrais, intervenção para assistência à arbitragem dos tribunais estaduais, etc.[682].

Assim, da determinação do lugar da arbitragem – se é em Portugal ou não – dependerá uma classificação juridicamente relevante: a de a

[680] Segundo António Sampaio Caramelo, "Da condução do processo arbitral...", cit., pág. 687, a escolha pelas partes pode ser feita até à constituição do tribunal arbitral.

[681] António Sampaio Caramelo, "Da condução do processo arbitral...", cit., pág. 689; Dário Moura Vicente et al., *Lei da Arbitragem Voluntária Anotada,* art. 31.º, Armindo Ribeiro Mendes, cit., pág. 116.

[682] Dário Moura Vicente et al., *Lei da Arbitragem Voluntária Anotada,* art. 31.º, Armindo Ribeiro Mendes, cit., pág. 116; Mário Esteves de Oliveira et al., *Lei da Arbitragem Voluntária,* cit., págs. 609 ss.; António Sampaio Caramelo, *O reconhecimento e a execução...*, cit., pág. 70. Conforme resumem W. Michael Reisman/W. Lawrence Craig/William W. Park/Jan Paulsson, *International Commercial Arbitration,* cit., pág. 5, "(...) it is clear that arbitration, despite its supposed "contractual", "private" and "autonomous" character, is effectively inoperable, if not inconceivable, without the tolerance and contingent support of national judicial institutions".

arbitragem ser ou não estrangeira, partindo, naturalmente, da ótica do Estado português[683]. Será, pois, arbitragem estrangeira a que tenha lugar da arbitragem fora de Portugal. Esta distinção não se confunde com a relativa às arbitragens internacionais ou internas: neste caso não está em causa o lugar da arbitragem, mas o facto de estarem ou não em causa interesses do comércio internacional[684]. E, por isso, uma arbitragem pode ser internacional e ter sede em Portugal, bem como pode ser uma arbitragem estrangeira e não ser uma arbitragem internacional[685].

12.4. As regras da Lei da arbitragem voluntária aplicáveis à arbitragem internacional

I. A definição do local da arbitragem pode ter relevância, *maxime,* no que respeita à aplicação das regras da arbitragem desse Estado à arbitragem *sub iudice*, nos casos em que essa lei assim o determine. É o caso, *v.g.*, da LAV portuguesa que prevê, no seu art. 61.º, ser aplicável a todas as arbitragens que tenham lugar em território português. Fica, pois, aqui consagrado o princípio da territorialidade[686-687].

[683] Eduardo dos Santos Júnior, "Âmbito espacial de regulação...", cit., págs. 57 ss.

[684] Muito claro nesta distinção, Eduardo dos Santos Júnior, "Âmbito espacial de regulação...", cit., págs. 57 ss.

[685] Também traçando esta distinção, *vide* António Menezes Cordeiro, *Tratado da Arbitragem,* cit., pág. 477.

[686] Maria Helena Brito, "Arbitragem Internacional...", cit., pág. 111; António Sampaio Caramelo, "Da condução do processo arbitral...", cit., pág. 685; Armindo Ribeiro Mendes, "A nova Lei da Arbitragem Voluntária e as formas de impugnação das decisões arbitrais", cit., pág. 712; José Luís Bonifácio Ramos, "Descoberta de prova na Arbitragem...", cit., págs. 31 ss.; Dário Moura Vicente et al., *Lei da Arbitragem Voluntária Anotada,* art. 61.º, Dário Moura Vicente, cit., pág. 206; António Pedro Pinto Monteiro/ Artur Flamínio da Silva/ Daniela Mirante, *Manual de Arbitragem*, cit., pág. 78; Catarina Monteiro Pires/Rui Dias, "Arbitragem internacional e autonomia privada: primeiras reflexões", *Arbitragem Comercial, Estudos comemorativos dos 30 anos do Centro de Arbitragem Comercial da Câmara de Comércio e Indústria Portuguesa,* coord. António Menezes Cordeiro, Almedina, Coimbra, 2019, págs. 233-252, pág. 241. *Vide* ainda, acerca do art. 61.º LAV, Rui de Moura Ramos, "A arbitragem internacional no novo ...", cit., págs. 586 ss.

[687] Também no art. 1.º, n.º 2, da Lei-Modelo, se determina que "[a]s disposições da presente Lei, à excepção dos artigos 8.º, 9.º, 17.º H, 17.º I, 17.º J, 35.º e 36.º, aplicam-se apenas se o local da arbitragem for em território do presente Estado", fixando-se também aqui o critério territorial, que recorre apenas ao lugar da arbitragem como elemento de conexão para aplicação da Lei-Modelo. Assim, Peter Binder, *International Commercial Arbitration and Mediation in*

No ordenamento jurídico português optou-se por se estabelecer, no Capítulo IX da LAV, um regime especial para as arbitragens internacionais. Ou seja, tal como também se previa na Lei n.º 31/86, bem como noutros ordenamentos jurídicos como é o caso francês, às arbitragens internacionais aplicam-se regras específicas adotadas para regular esta realidade e, no que aí não esteja regulado, aplica-se supletivamente o regime regulador da arbitragem doméstica[688] (art. 49.º, n.º 2, LAV). Seguiu-se, pois, um sistema de dualismo fraco[689]. A opção legislativa poderia ter sido outra: consagrar um dualismo forte ou um monismo. No primeiro caso, são consagrados dois regimes autónomos – um para as arbitragens domésticas e um outro para as arbitragens internacionais[690]; no segundo caso, é estabelecido um regime unitário para a arbitragem doméstica e a internacional[691-692].

A submissão às regras da LAV das arbitragens que têm lugar em Portugal significa também que as respetivas decisões ficam sujeitas à possibilidade de ser anuladas nos termos previstos no art. 46.º e 54.º LAV. Em contrapartida, estas sentenças fazem caso julgado e constituem título

UNCITRAL Model Law Jurisdictions, cit., págs. 34 ss. *Vide*, também assim, *International Commercial Arbitration*, "§ 1 Best practice in international arbitration...", STEPHAN BALTHASAR, cit., pág. 7. Sustentando que também à luz do § 1025 *ZPO* alemã está consagrado o princípio da territorialidade, *MünchKomm-ZPO*, MÜNCH, § 1025, anot. 10, cit., PRÜTTING/GEHRLEIN, *Zivilprozessordnung Kommentar*, PRÜTTING, § 1025, cit., anot. 25, págs. 2469 ss.

688 RUI DE MOURA RAMOS, "A arbitragem internacional no novo...", cit., págs. 588 ss.; DÁRIO MOURA VICENTE ET AL., *Lei da Arbitragem Voluntária Anotada*, art. 49.º, DÁRIO MOURA VICENTE, cit., pág. 181. *Vide* também a este respeito, com referências de Direito Comparado, MARIA HELENA BRITO, "Arbitragem Internacional...", cit., págs. 105 ss.

689 "Modelo semi-dualista" na expressão de MÁRIO ESTEVES DE OLIVEIRA ET AL., *Lei da Arbitragem Voluntária*, cit., págs. 611 ss. Referindo-se a "abordagem dualista", cfr. RUI DE MOURA RAMOS, "O novo Direito português da arbitragem", cit., pág. 602.

690 Exemplo seguido pelo ordenamento jurídico suíço, em que se regula nos arts. 176 ss. da Lei federal sobre o Direito Internacional Privado a arbitragem internacional e nos arts. 353 ss. do CPC suíço (parte 3) a arbitragem interna.

691 Modelo seguido pelo Direito alemão que estabelece, nos §§ 1025 *ZPO* (Livro 10), o regime da arbitragem voluntária, sem distinguir se se trata de arbitragem interna ou internacional. Determina-se, em todo o caso, no seu § 1025 (1), que as regras previstas no Livro 10 da *ZPO* devem ser aplicadas sempre que o lugar da arbitragem se localize na Alemanha.

692 Com exemplos de ordenamentos que seguem uma e outra orientação, *vide* LUÍS DE LIMA PINHEIRO, *Arbitragem Transnacional*, cit., págs. 44 ss., págs. 83, 199 ss. Veja-se, também, ANTÓNIO MENEZES CORDEIRO, *Tratado da Arbitragem*, cit., págs. 478 ss.

executivo no ordenamento jurídico português, sem que seja necessário qualquer reconhecimento por um tribunal estadual[693].

Para além da fiscalização e controlo, há ainda a assistência que pode ser necessária solicitar aos tribunais estaduais, *v.g.*, na constituição do próprio tribunal (caso, por exemplo, uma das partes não indique o árbitro), na execução coerciva de providências cautelares, na produção de prova[694].

Atendendo a que são as partes quem, por regra, escolhe o local da arbitragem, esta escolha tenderá a recair em Estados que se apresentam neutros face ao litígio e, ou, cujas leis, *maxime,* leis de arbitragem, sejam adequadas à sua resolução rápida e eficaz[695].

II. É certo que atentas, desde logo, as características das próprias regras que regulam a arbitragem, verifica-se que estas não desenvolvem de modo tão detalhado o processo arbitral como, por exemplo, as regras processuais estaduais. As partes na arbitragem têm também uma autonomia na definição destas regras que não se verifica em processos judiciais estaduais[696].

Segundo Luís de Lima Pinheiro[697] os tribunais da arbitragem transnacional não têm uma *lex fori*[698], embora cada Estado possa enquadrar juridicamente

[693] Dário Moura Vicente et al., *Lei da Arbitragem Voluntária Anotada,* art. 54.º, Dário Moura Vicente, cit., pág. 187. Já assim, embora à luz da Lei n.º 31/86, cfr. Isabel de Magalhães Collaço, "L'arbitrage international...", cit., pág. 59.

[694] António Sampaio Caramelo, "Da condução do processo arbitral...", cit., págs. 685 ss.; António Menezes Cordeiro, *Tratado da Arbitragem*, cit., pág. 477. Em termos gerais, com referência à Lei-Modelo, *International Commercial Arbitration*, "§ 1 Best practice in international arbitration...", Stephan Balthasar, cit., págs. 7 ss., sublinha, *v.g.*, que a arbitragem fica sujeita às regras imperativas do lugar da arbitragem, às orientações relativas à impugnação e recurso, beneficia do auxílio do tribunal estadual quando necessário. *Vide* também, George A. Bermann, *International Arbitration and Private International Law*, cit., págs. 39 ss.

[695] Mário Esteves de Oliveira et al., *Lei da Arbitragem Voluntária*, cit., págs. 607 ss.

[696] Luís de Lima Pinheiro, *Arbitragem Transnacional,* cit., pág. 31.

[697] Luís de Lima Pinheiro, "The Confluence of Transnational Rules and National Directives as the Legal Framework of Transnational Arbitration", *Towards a Universal Justice? Putting International Courts and Jurisdictions into Perspective,* ed. Dário Moura Vicente, Brill Nijhoff, Leiden/Boston, 2016, págs. 383-431, págs. 384 ss.; e já antes, Luís de Lima Pinheiro, *Arbitragem Transnacional,* cit., págs. 29 ss., em especial, pág. 31.

[698] W. Michael Reisman/W.Lawrence Craig/William W. Park/Jan Paulsson, *International Commercial Arbitration.*, cit., págs. 935 ss., dão conta da orientação doutrinária que sustenta a existência de um processo arbitral significativamente independente da lei do lugar da arbitragem; por contraposição a outra orientação, de acordo com a qual, mesmo na

estas arbitragens como entender conveniente. Salienta este autor que esta arbitragem também está sujeita a competências de regulação e de controlo dos Estados que revelam conexões significativas com a arbitragem. E assim, cada sistema nacional, como o português, tem liberdade para, dentro dos parâmetros do Direito Internacional Público, enquadrar a arbitragem que apresente uma ligação significativa com o ordenamento jurídico português, embora não deva reclamar uma competência exclusiva.

Assim, sustenta Luís de Lima Pinheiro[699] que a arbitragem transnacional tem considerável autonomia, uma vez que podem existir competências estaduais concorrentes e estas podem apresentar orientações contraditórias, cabendo aos árbitros margem de apreciação significativa. Acresce que o próprio Estado está longe de ser exaustivo na regulação da arbitragem, conferindo poder amplo às partes e aos árbitros na definição das regras a aplicar.

13. A convenção de arbitragem

13.1. Considerações gerais

A convenção de arbitragem, conforme acima ficou referido, apresenta autonomia relativamente ao contrato em que, eventualmente, se integre. Esta orientação tem vindo a ser aceite pela legislação e pela doutrina de diversos países[700]. E esta autonomia reflete-se também no âmbito do Direito Internacional Privado, uma vez que, em algumas matérias, a convenção de arbitragem será também objeto de conexão autónoma. Ou seja, não será necessariamente regulada pela lei do contrato em que está incluída[701].

Na determinação da lei reguladora da convenção de arbitragem, tradicionalmente, atende-se, entre outras fontes, à Convenção de Nova Iorque de 1958, pois, ao regular o reconhecimento de decisões arbitrais

arbitragem internacional, deveria ser possível o seu controlo pelos tribunais estaduais do país da sede da arbitragem.

699 Luís de Lima Pinheiro, *Arbitragem Transnacional*, cit., págs. 29 ss., em especial, pág. 32.

700 Maria Helena Brito, "As novas regras sobre a arbitragem internacional. Primeiras reflexões", *Estudos em Homenagem a Miguel Galvão Teles*, vol. II, Almedina, Coimbra, 2012, págs. 27-49, pág. 32.

701 Maria Helena Brito, "As novas regras sobre a arbitragem internacional...", cit., pág. 32; George A. Bermann, *International Arbitration and Private International Law*, cit., pág. 134.

estrangeiras, prevê-se aí também requisitos da convenção de arbitragem que devem ser observados[702].

Desde logo, nos termos do art. V, n.º 1, al. a), da Convenção de Nova Iorque, determina-se que o reconhecimento e a execução da sentença arbitral estrangeira só serão recusados se for alegado e provado pela parte que o alega que a convenção de arbitragem é inválida ao abrigo da lei escolhida pelas partes ou, na falta de escolha, ao abrigo da lei do país onde tiver sido proferida[703]. O que daqui resulta, ainda que indiretamente, é que, dentro do âmbito da Convenção de Nova Iorque, as partes podem escolher a lei aplicável à convenção de arbitragem e que, na falta de escolha, para apreciar a validade da convenção de arbitragem, é aplicável a lei do país onde a decisão é proferida, ou seja, a lei do lugar da arbitragem[704]. Estes requisitos devem ser conciliados com as normas de conflitos de fonte interna[705].

Há ainda que atender ao fenómeno de *dépeçage*, que, na determinação da lei aplicável à convenção de arbitragem, leva a distinguir os diversos aspetos da questão[706].

13.2. A capacidade das partes

A determinação da lei aplicável para regular a capacidade das partes para celebrar a convenção de arbitragem não está expressamente regulada na LAV. Todavia, nos termos no art. 56.º, n.º 1, al. a), subalínea i), LAV, tal como no art. V, n.º 1, al. a), da Convenção de Nova Iorque, determina-se que a sentença arbitral estrangeira não será reconhecida se as partes que celebraram a convenção de arbitragem não tiverem capacidade para o fazer[707].

[702] MARIA HELENA BRITO, "As novas regras sobre a arbitragem internacional...", cit., pág. 33.

[703] Em sentido semelhante atente-se no art. 36.º, n.º 1, al. a), subalínea i), da Lei-Modelo.

[704] ANTÓNIO SAMPAIO CARAMELO, *O reconhecimento e a execução...*, cit., pág. 38. A este respeito, cfr. *International Commercial Arbitration*, "§ 1 Best practice in international arbitration...", STEPHAN BALTHASAR, cit., págs. 12 ss., conclui que, na falta de escolha, a lei que regula a convenção de arbitragem será a da sede da arbitragem. Todavia, o mesmo autor dá conta de um debate significativo nesta área, no sentido de se definir se a escolha da lei para regular o contrato também se estenderá à regulação da convenção de arbitragem.

[705] MARIA HELENA BRITO, "As novas regras sobre a arbitragem internacional...", cit., págs. 33, 36.

[706] MARIA HELENA BRITO, "As novas regras sobre a arbitragem internacional...", cit., pág. 33.

[707] Em sentido semelhante, atente-se ainda, a este respeito, ao art. 36.º, n.º 1, al. a), subalínea i), da Lei-Modelo.

Também nos termos do art. 46.º, n.º 3, al. a), subalínea i), LAV, se determina como fundamento de anulação da decisão arbitral a incapacidade de uma de ambas as partes para a celebração da convenção de arbitragem[708].

Importa, então, determinar à luz de que lei será regulada a capacidade para celebrar a convenção de arbitragem. Tratando-se de arbitragem que tem lugar em Portugal, serão de aplicar as normas de conflitos que regulam a capacidade jurídica das partes[709]: o art. 25.º CC conjugado com o art. 31.º, n.º 1, CC, no que respeita a pessoas singulares; o art. 33.º CC no que respeita a pessoas coletivas; o art. 34.º CC no que respeita a pessoas coletivas internacionais; o art. 3.º, n.º 1, CSC, no que respeita a sociedades comerciais[710].

Se se tratar de Estados ou pessoas coletivas de Direito Público, é aplicável a lei do Estado ao abrigo do qual essa pessoa se constituiu e adquiriu personalidade jurídica[711]. Há aqui que atender ao disposto no art. 50.º LAV. Nos termos desta disposição, determina-se que, sendo a arbitragem internacional e uma das partes da convenção de arbitragem um Estado ou uma organização ou sociedade controlada por este, esta parte não pode invocar o seu Direito interno para contestar a arbitrabilidade do litígio ou a sua capacidade de ser parte, ou para se subtrair às obrigações que resultam da convenção[712]. Manifestamente subjacente a esta disposição está o princípio da boa fé, mais concretamente uma eventual situação de abuso de direito, *maxime* na modalidade de *venire contra factum proprio*[713].

[708] *Vide*, também, no mesmo sentido, o art. 34.º, n.º 2, al. a), subalínea i), da Lei-Modelo.

[709] Luís de Lima Pinheiro, *Arbitragem Transnacional*, cit., pág. 211; Maria Helena Brito, "As novas regras sobre a arbitragem internacional...", cit., pág. 34; Maria Helena Brito, "Arbitragem Internacional...", cit., pág. 120; Manuel Pereira Barrocas, *Manual de Arbitragem*, cit., págs. 591 ss.

[710] Luís de Lima Pinheiro, *Direito Internacional Privado*, vol. II, 4.ª edição, Almedina, Coimbra, 2015, págs. 75 ss., 149 ss.

[711] Maria Helena Brito, "As novas regras sobre a arbitragem internacional...", cit., pág. 34, com referências bibliográficas, refere, a este respeito, a teoria da incorporação.

[712] Veja-se, consagrando regra semelhante, art. 177, n.º 2, da Lei de Direito Internacional Privado suíça; cfr. a este respeito, Bernard Dutoit, *Droit international privé suisse*, cit., anots. 9 ss., pág. 796.

[713] Maria Helena Brito, "Arbitragem Internacional...", cit., pág. 115; Dário Moura Vicente et al., *Lei da Arbitragem Voluntária Anotada*, art. 50.º, Dário Moura Vicente, cit., págs. 182 ss. Também a propósito desta disposição, Rui de Moura Ramos, "A arbitragem internacional no novo...", cit., págs. 590 ss.; Rui de Moura Ramos, "O novo Direito português da arbitragem", cit., págs. 602 ss.

13.3. A lei aplicável à validade da convenção de arbitragem

I. Especificamente, para regular a validade da convenção de arbitragem, o art. 51.º, n.º 1, LAV, vem consagrar uma conexão alternativa, materialmente orientada[714]. Aí se determina que a convenção será considerada substancialmente válida se respeitar os requisitos estabelecidos pelo Direito escolhido pelas partes, pelo Direito aplicável ao fundo da causa ou pelo Direito português[715]-[716].

O art. 51.º LAV tem, claramente, subjacente o princípio do *favor negotii*[717], visando-se a validade da convenção de arbitragem, *maxime* da arbitrabilidade do litígio. Todavia, a generosidade da LAV não é absolutamente articulável com o disposto no art. V, n.º 1, al. a), da Convenção de Nova Iorque, nem com o art. 56.º, n.º 1, al. a), subalínea i), LAV. Com efeito, nos termos destas disposições, a decisão arbitral proferida num Estado poderá não ser reconhecida se uma das partes alegar e provar que a convenção de arbitragem é inválida à luz da lei a que as partes a sujeitaram ou, na falta de escolha, à luz da lei do país onde foi proferida. Ora, num caso em que, *v.g.*, numa arbitragem, que tem lugar em Portugal, a convenção de arbitragem é

[714] Rui de Moura Ramos, "A arbitragem internacional no novo...", cit., pág. 593; Rui de Moura Ramos, "O novo Direito português da arbitragem", cit., pág. 603; Mário Esteves de Oliveira et al., *Lei da Arbitragem Voluntária*, cit., pág. 627; Dário Moura Vicente, "Convenção de arbitragem: problemas atuais", cit., pág. 320.

[715] Colocando a questão de saber se, à luz do regime anterior, a convenção de arbitragem devia ser regulada pela *lex fori*, por entender tratar-se de um negócio jurídico processual, *vide* José Lebre de Freitas, "Algumas implicações da natureza da convenção de arbitragem", cit., págs. 638 ss. O autor afasta esta possibilidade atendendo à relevância que, neste âmbito, era concedida à autonomia da vontade, quer com respeito à escolha das regras do processo arbitral, quer no que respeita à arbitragem em geral. Segundo *International Commercial Arbitration*, "§ 1 Best practice in international arbitration...", Stephan Balthasar, cit., págs. 14 ss., a arbitrabilidade do litígio deve ser regulada pela lei da sede da arbitragem.

[716] De modo semelhante, no art. 178, n.º 2, da Lei de Direito Internacional Privado suíça, prevê-se que a convenção de arbitragem será substancialmente válida se respeitar as condições previstas pela lei escolhida pelas partes para a reger, ou a lei que regula o litígio, nomeadamente a lei que regula o contrato principal, ou ainda a lei suíça. Sublinhando que esta disposição consagra três conexões alternativas *in favorem validitatis*, Bernard Dutoit, *Droit international privé suisse*, cit., anot. 7, págs. 801 ss.

[717] Manuel Pereira Barrocas, *Manual de Arbitragem*, cit., págs. 153 ss.; Maria Helena Brito, "As novas regras sobre a arbitragem internacional...", cit., pág. 35; Maria Helena Brito, "Arbitragem Internacional...", cit., pág. 122; Dário Moura Vicente, "Convenção de arbitragem: problemas atuais", cit., págs. 319 ss.

válida à luz da lei que regula o fundo da causa, mas não é válida à luz da lei escolhida pelas partes para regular a convenção de arbitragem nem da lei portuguesa, teremos uma convenção de arbitragem ainda válida (art. 51.º, n.º 1, LAV) e uma sentença arbitral que poderá não ser reconhecida noutro Estado contratante da Convenção de Nova Iorque, porque a convenção não é válida à luz da lei escolhida para a regular nem à luz da lei do país onde a decisão foi proferida[718].

II. Serão reguladas pela lei designada competente nos termos do art. 51.º, n.º 1, LAV, todas as matérias que respeitem, designadamente, à arbitrabilidade do litígio, ao conteúdo ou clausulado da convenção[719], às regras de interpretação. Esta solução apresenta também a vantagem de evitar o *dépeçage*, e os inconvenientes daí resultantes, *i.e.*, a aplicação fracionada de leis materiais diversas para regular aspetos específicos da convenção de arbitragem.

Fica, todavia, fora do âmbito de aplicação da lei assim encontrada a validade formal da convenção de arbitragem.

13.4. A lei aplicável à forma da convenção de arbitragem

Na LAV não se identifica uma norma de conflitos que regule a lei aplicável à forma da convenção de arbitragem. Assim, tendo a arbitragem lugar em Portugal e aplicando-se a LAV (art. 61.º LAV), haverá que atender ao disposto no seu art. 2.º[720], que exige, desde logo a forma escrita.

Esta regra está em consonância com o disposto na Convenção de Nova Iorque, com a qual deve ser conciliada. Na verdade, nos termos do art. II, n.º 2, desta Convenção, determina-se que a convenção de arbitragem deve assumir a forma escrita, daqui se podendo retirar uma orientação no sentido de que a convenção de arbitragem deve ter um suporte escrito, seja este suporte material, seja magnético[721].

[718] MARIA HELENA BRITO, "As novas regras sobre a arbitragem internacional...", cit., págs. 36 ss.; MARIA HELENA BRITO, "Arbitragem Internacional...", cit., págs. 122 ss.

[719] MÁRIO ESTEVES DE OLIVEIRA ET AL., *Lei da Arbitragem Voluntária*, cit., págs. 627 ss.

[720] MARIA HELENA BRITO, "As novas regras sobre a arbitragem internacional...", cit., pág. 35; MÁRIO ESTEVES DE OLIVEIRA ET AL., *Lei da Arbitragem Voluntária*, cit., pág. 628.

[721] LUÍS DE LIMA PINHEIRO, *Arbitragem Transnacional*, cit., págs. 92 ss., 203. MARIA HELENA BRITO, "As novas regras sobre a arbitragem internacional...", cit., pág. 34, considera que estamos perante uma norma de Direito material uniforme. MARIA HELENA BRITO, "Arbitragem

13.5. Os limites à impugnação e à execução da decisão arbitral em função da lei reguladora da convenção de arbitragem

I. A validade substantiva da convenção de arbitragem pode ser relevante, não apenas nos casos em que esta seja diretamente discutida, mas também naqueles em que a questão seja suscitada em sede de impugnação da decisão arbitral.

Na verdade, nos termos do art. 46.º, n.º 3, al. b), LAV, a decisão arbitral pode ser anulada se o tribunal estadual verificar que o objeto do litígio não é arbitrável de acordo com a lei portuguesa (subalínea i)) ou que o conteúdo da sentença ofende os princípios da ordem pública internacional do Estado português (subalínea ii)).

Ora, se, nos termos do art. 51.º, n.º 1, LAV, se admite que a convenção é válida desde que respeite a lei escolhida pelas partes ou a lei aplicável ao fundo da causa (e, por isso, mesmo que não respeite os critérios de arbitrabilidade previstos na lei portuguesa), terá de se conciliar esta disposição com a prevista no art. 46.º, n.º 3, al. b), LAV, que determina que a decisão é anulada se não respeitar os critérios de arbitrabilidade previstos na lei portuguesa. Recorde-se, como já acima referido, que a arbitragem internacional que tenha lugar em Portugal fica também submetida ao disposto no art. 46.º LAV, embora com as especificidades previstas no art. 54.º LAV.

É face a este contexto que, pretendendo-se evitar tirar com uma mão o que se havia dado com a outra, se vem estabelecer, nos termos do art. 51.º, n.º 2, LAV, que o tribunal a quem seja pedida a anulação da decisão com fundamento no art. 46.º, n.º 3, al. b), LAV, terá em consideração o disposto

Internacional...", cit., págs. 120 ss. *Vide* ainda ANTÓNIO SAMPAIO CARAMELO, *O reconhecimento e a execução...*, cit., págs. 40 ss., sublinhando que, de acordo com a recomendação da CNUDCI sobre a interpretação dos arts. II, n.º 2 e VII, n.º 1, da Convenção de Nova Iorque, os Estados contratantes da Convenção de Nova Iorque foram exortados a aplicar o art. II, n.º 2, no sentido de não se considerar como exaustivas as circunstâncias aí previstas. Recomendação disponível em http://www.newyorkconvention.org/uncitral/recommendations. Atente-se também, neste sentido, no art. 7.º, primeira opção, da Lei-Modelo. Acerca desta questão, cfr. *International Commercial Arbitration*, "§ 1 Best practice in international arbitration...", STEPHAN BALTHASAR, cit., págs. 15 ss. No art. 178, n.º 1, da Lei de Direito Internacional Privado suíça, prevê-se que a convenção de arbitragem será formalmente válida se for feita por escrito, por telegrama, telex, telecópia ou qualquer outro meio de comunicação que permita fazer a sua prova em texto; veja-se, a este respeito, BERNARD DUTOIT, *Droit international privé suisse*, cit., anots. 3 ss., págs. 800 ss.

no art. 51.º, n.º 1. Ou seja, se a convenção respeitar a lei escolhida ou a lei reguladora do fundo da causa, o tribunal, em princípio, considerará a convenção válida[722]. Todavia, sublinhamos que a LAV não prevê, no art. 51.º, n.º 2, que a convenção que não respeita os critérios de arbitrabilidade da lei portuguesa ou que é contrária à ordem pública internacional portuguesa é necessariamente válida. A lei refere que "deve ser tido em consideração o disposto do número anterior do presente artigo". Daqui resulta, entendemos, que a decisão do tribunal no sentido de anular ou não a sentença arbitral deverá sempre atender às circunstâncias do caso concreto.

II. Também nos casos em que seja pedida a execução da decisão arbitral internacional que tenha tido lugar em Portugal, perante tribunais estaduais portugueses, importa ter presente que o executado se pode opor à execução invocando os fundamentos previstos no art. 46.º, n.º 3, LAV, *ex vi* art. 48.º, n.º 1, LAV. E se acima se verificou que o art. 51.º, n.º 2, LAV, salvaguarda a situação em que seja pedida a anulação da decisão com fundamento no art. 46.º, n.º 3, al. b), LAV, já não se faz qualquer referência aos fundamentos à oposição à execução.

Segundo António Menezes Cordeiro[723], há que distinguir as situações de impugnação das de oposição à execução, sublinhando que há diferenças significativas entre validar uma decisão arbitral no ordenamento jurídico português e promover cá a sua execução. Sustenta, pois, que a inarbitrabilidade, à luz da lei portuguesa, da arbitragem, pode constituir fundamento de oposição à execução. Já outros autores parecem propender para, atendendo a "exigências de *unidade e coerência do ordenamento jurídico*"[724], sustentar que as decisões que são consideradas válidas pelos tribunais estaduais portugueses – por não as anularem com fundamento no art. 46.º, n.º 3, LAV – não poderão ver depois recusada a sua execução com

[722] Maria Helena Brito, "As novas regras sobre a arbitragem internacional...", cit., pág. 36; José Sérvulo Correia, "Arbitragem internacional com Estados na nova Lei da Arbitragem Voluntária", *RIAC*, n.º 5, 2012, págs. 99-120, pág. 114; Rui de Moura Ramos, "A arbitragem internacional no novo...", cit., págs. 593 ss.; Mário Esteves de Oliveira et al., *Lei da Arbitragem Voluntária*, cit., pág. 629; Dário Moura Vicente et al., *Lei da Arbitragem Voluntária Anotada*, art. 51.º, Dário Moura Vicente, cit., pág. 184.

[723] António Menezes Cordeiro, *Tratado da Arbitragem*, cit., pág. 501.

[724] Mário Esteves de Oliveira et al., *Lei da Arbitragem Voluntária*, cit., pág. 630.

base no mesmo fundamento que não se considerou relevante para efeitos de anulação.

Apesar de a questão se revelar delicada e suscitar dúvidas, propendemos no sentido desta segunda orientação com o fundamento acima apresentado. Considerar-se que uma mesma decisão arbitral é válida – apesar de, *v.g.*, o litígio ser inarbitrável à luz do Direito português –, mas não pode ser executada por o litígio que decide ser inarbitrável à luz do Direito português, geraria uma incoerência interna do sistema jurídico português dificilmente compreensível. Acresce que, se o princípio que está subjacente ao art. 51.º LAV é o *favor arbitrandum*, de acordo com a primeira orientação, o "favor" estaria apenas limitado ao efeito de caso julgado, mas já não à constituição de título executivo, o que contraria a teleologia da disposição. Assim, o sentido do disposto no art. 51.º, n.º 2, LAV, ao referir-se ao art. 46.º, n.º 3, LAV, deverá ser entendido no sentido de se tomar em consideração o art. 51.º, n.º 1, LAV, sempre que o art. 46.º, n.º 3, LAV, for aplicado, expressamente ou por remissão.

Sublinhe-se que a orientação que ora sustentamos deve ser conjugada com a interpretação que acima fizemos do art. 51.º, n.º 2, LAV, no sentido de que o tribunal estadual não está obrigado a não anular a decisão arbitral nas situações aí previstas. Assim, se o tribunal estadual considerar que a decisão arbitral impugnada é intensamente contrária à reserva de ordem pública internacional ou que o litígio é inadmissivelmente arbitrável à luz do ordenamento jurídico português, deve anular a decisão arbitral.

14. As regras aplicáveis para regular o fundo da causa

14.1. As regras de Direito escolhidas pelas partes

I. O princípio da autonomia da vontade está consagrado no art. 52.º, n.º 1, LAV, admitindo-se que as partes designem as regras de Direito a aplicar pelos árbitros ao mérito da causa[725].

A amplitude com que está redigida esta regra permite concluir que as partes podem escolher, para regular o litígio, as regras de um ou mais do

[725] DÁRIO MOURA VICENTE ET AL., *Lei da Arbitragem Voluntária Anotada*, art. 52.º, DÁRIO MOURA VICENTE, cit., pág. 184. Em sentido semelhante, *vide* o art. 28.º, n.º 1, da Lei-Modelo. Veja-se também, *v.g.*, o art. 1511, primeira parte, do *Code de procédure civile;* o art. 187, n.º 1, da *Loi fédérale sur le droit international prive* suíça.

que um ordenamento jurídico, admitindo-se o seu fracionamento[726]. Mais resulta que não se exige que a lei escolhida pelas partes apresente uma ligação com o litígio. Na verdade, em arbitragens internacionais, as partes, para garantir a igualdade, escolhem frequentemente uma lei que não está relacionada com nenhuma delas[727].

Desta disposição parece também decorrer a possibilidade de as partes escolherem regras que não integram necessariamente um ordenamento jurídico estadual, *v.g.*, a *lex mercatoria*[728]. A redação da lei que se refere a "regras de direito" parece indicar nesse sentido[729]. As partes podem, pois, optar por escolher regras que integrem modelos de regulação como é o caso dos Princípios UNIDROIT sobre os Contratos Comerciais Internacionais[730], dos *Draft Common Frame of Reference*, dos *Incoterms*, que não têm fonte estadual[731]; ou ainda escolher regular a situação aplicando Convenções internacionais que de outro modo não seriam aplicáveis por não estarem em vigor num determinado Estado. A aplicação destas regras não deve, contudo, traduzir-se em desrespeito pelos "princípios gerais de Direito e os «princípios fundamentais» comuns aos sistemas estaduais em presença"[732].

A autonomia dada às partes é, pois, muito ampla.

[726] Mário Esteves de Oliveira et al., *Lei da Arbitragem Voluntária*, cit., pág. 638; Dário Moura Vicente et al., *Lei da Arbitragem Voluntária Anotada*, art. 52.º, Dário Moura Vicente, cit., pág. 185; Catarina Monteiro Pires/Rui Dias, "Arbitragem internacional...", cit., pág. 250.

[727] Mário Esteves de Oliveira et al., *Lei da Arbitragem Voluntária*, cit., págs. 638 ss. Já antes, Dário Moura Vicente, *Da arbitragem comercial internacional*, cit., pág. 124.

[728] Rui de Moura Ramos, "A arbitragem internacional no novo...", cit., pág. 595; Rui de Moura Ramos, "O novo Direito português da arbitragem", cit., págs. 604 ss.; Mário Esteves de Oliveira et al., *Lei da Arbitragem Voluntária*, cit., pág. 637; Catarina Monteiro Pires/Rui Dias, "Arbitragem internacional...", cit., pág. 250. Sobre o conceito de *lex mercatoria*, sublinhando, essencialmente, a sua origem relativa aos usos e práticas que vieram sendo desenvolvidas pelos comerciantes: George A. Bermann, *International Arbitration and Private International Law*, cit., págs. 362 ss.

[729] Maria Helena Brito, "Arbitragem Internacional...", cit., pág. 135.

[730] Concretamente, acerca da relevância que os Princípios UNIDROIT podem ter neste campo, cfr. George A. Bermann, *International Arbitration and Private International Law*, cit., págs. 358 ss.

[731] Mário Esteves de Oliveira et al., *Lei da Arbitragem Voluntária*, cit., pág. 637.

[732] Luís de Lima Pinheiro, *Direito Internacional Privado*, vol. II, cit., pág. 719.

II. A escolha das regras de Direito aplicáveis pode ser feita de forma expressa ou tácita, atendendo-se, neste último caso, *v.g.*, aos contratos que tenham sido anteriormente celebrados pelas partes, ao que tenha resultado das negociações, a termos jurídicos que remetam para determinada lei, etc.[733].

Esta designação da lei aplicável pode resultar do próprio contrato a que o litígio respeita – que inclua uma cláusula de escolha de lei – ou de acordo posterior à celebração do contrato, na convenção de arbitragem[734].

III. Como tradicionalmente resulta em Direito Internacional Privado, nos casos em que as partes escolhem o Direito aplicável ao litígio, não há lugar ao reenvio. Esta consequência resulta do próprio sentido da regra, pois, de outro modo, a lei escolhida podia não ser a efetivamente aplicada. Se as partes determinarem em sentido diverso, o reenvio já poderá ser aceite, pois, nesse caso, estarão já a contar com o que resulta da aplicação das regras de reenvio. Esta é também a orientação que resulta do art. 52.º, n.º 1, *in fine*, LAV[735].

14.2. A equidade

Conforme já acima referido[736], o significado de "equidade" tem suscitado discussão, debatendo-se se se trata de uma equidade em sentido forte ou em sentido fraco. No caso de se tratar de arbitragens internacionais, a questão suscita a dificuldade de, a entender-se que se trata de uma equidade em sentido fraco, definir qual a lei estadual que deve ser atendida.

[733] Mário Esteves de Oliveira et al., *Lei da Arbitragem Voluntária*, cit., pág. 635; Luís de Lima Pinheiro, *Direito Internacional Privado*, vol. II, cit., pág. 710.

[734] Mário Esteves de Oliveira et al., *Lei da Arbitragem Voluntária*, cit., págs. 635 ss.

[735] Dário Moura Vicente et al., *Lei da Arbitragem Voluntária Anotada*, art. 52.º, Dário Moura Vicente, cit., pág. 185; Mário Esteves de Oliveira et al., *Lei da Arbitragem Voluntária*, cit., pág. 632; Luís de Lima Pinheiro, *Direito Internacional Privado*, vol. II, cit., pág. 711; Maria Helena Brito, "As novas regras sobre a arbitragem internacional...", cit., pág. 44. Sublinhando que a remissão para a norma substantiva é a que, por regra, reflete a vontade das partes e permite uma maior previsibilidade na determinação da lei aplicável, cfr. George A. Bermann, *International Arbitration and Private International Law*, cit., págs. 323 ss.

[736] Ponto 8.6. c).

Segundo alguns autores, na arbitragem internacional, os tribunais não ficam submetidos a um específico sistema nacional[737]. Assim, segundo uma orientação possível, a equidade deveria ser aqui entendida em sentido forte. O que não significa, naturalmente, que não sejam atendidos os princípios gerais de Direito que devem estabelecer sempre limites imperativos. Em especial, os princípios de Direito vigentes nos ordenamentos jurídicos dos Estados que apresentem especial conexão com a situação, *maxime,* aqueles onde a decisão arbitral pode ser impugnada, pode vir a ser executada ou reconhecida[738].

De acordo com outra orientação, embora não seja afastada a submissão da arbitragem a um sistema nacional, admite-se que as partes sujeitem o litígio a uma resolução *ex aequo et bono,* decidindo os árbitros de acordo com as noções gerais de justiça, equidade, equilíbrio, embora sem ignorar as disposições legais imperativas relevantes[739].

Uma outra questão que se coloca prende-se com a possibilidade de as partes acordarem que o litígio será resolvido por apelo à composição das partes na base do equilíbrio dos interesses em jogo. Apesar da ausência de referência expressa no art. 52.º LAV, não pode deixar de se entender que essa possibilidade é conferida às partes[740]. Não obstante a controvérsia em torno da concretização deste conceito, uma vez que o legislador português o consagrou no art. 39.º da LAV, para as arbitragens internas, assemelha-se que esta figura se distingue da equidade[741]. Em todo o caso, não há qualquer razão para consagrar em sede de arbitragem internacional uma limitação à liberdade de escolha das partes que não se verifica em arbitragem interna.

[737] Luís de Lima Pinheiro, *Direito Internacional Privado,* vol. II, cit., pág. 709. Dando conta desta orientação, *vide* Emmanuel Gaillard, *Legal Theory of International Arbitration,* cit., págs. 35 ss.

[738] Luís de Lima Pinheiro, *Direito Internacional Privado,* vol. II, cit., pág. 714, embora não se referindo especificamente à equidade, considera que os tribunais arbitrais não poderão reger-se apenas por regras e princípios autónomos. Devem ainda "(...) ter em conta as directrizes sobre a determinação do Direito aplicável dimanadas dos Estados que apresentam laços especialmente significativos com a arbitragem ou em que previsivelmente a decisão possa ter de ser executada". Veja-se, também, a este respeito, Emmanuel Gaillard, *Legal Theory of International Arbitration,* cit., págs. 32 ss.

[739] George A. Bermann, *International Arbitration and Private International Law,* cit., pág. 356.

[740] Maria Helena Brito, "As novas regras sobre a arbitragem internacional...", cit., pág.45.

[741] *Vide supra,* pontos 8.6. c) e d).

Aliás, a autonomia da vontade das partes é, usualmente, mais ampla no plano da arbitragem internacional do que no da interna.

14.3. As regras aplicáveis na falta de escolha pelas partes

I. Apesar da liberdade dada às partes na escolha das regras de Direito aplicáveis, estas podem não proceder a essa escolha. Nesse caso, cabe ao tribunal determinar o Direito aplicável ao mérito da causa. O critério é encontrado no art. 52.º, n.º 2, LAV, aí se determinando a aplicação do Direito do Estado com o qual o objeto do litígio apresente uma conexão mais estreita[742].

Na anterior Lei n.º 31/86, no seu art. 33.º, n.º 2, de modo distinto, determinava-se que, na falta de escolha da lei aplicável, seria aplicado "o Direito mais apropriado ao litígio"[743].

Os critérios de designação da lei aplicável são, pois, nos termos previstos na LAV, manifestamente objetivos. O tribunal apenas pode designar a aplicação da lei de um Estado que apresenta com o litígio a conexão mais estreita. Não pode decidir, *v.g.*, aplicar as regras de Direito de um determinado ordenamento por as considerar mais adequadas a regular o litígio ou regras que não sejam de um ordenamento jurídico estadual, *v.g.*, *lex mercatoria*[744]. Para além disso, a possibilidade de *dépeçage* que é admitida em caso de escolha da lei pelas partes, já não é admissível na situação prevista no art. 52.º, n.º 2, LAV[745].

A impossibilidade de se designar lei diferente da lei de um Estado, *v.g.*, *lex mercatoria*, pode encontrar fundamento no entendimento de que a lei de um Estado é mais completa, bem como de que salvaguarda melhor

[742] Em sentido semelhante, veja-se, *v.g.*, o § 1051, (2), *ZPO* alemã; o art. 187, n.º 1, segunda parte, da *Loi fédérale sur le droit international prive* suíço.

[743] Esta solução ainda hoje é a consagrada no Direito francês, em cujo art. 1511 do *Code de procédure civile* se determina que, na falta de escolha pelas partes, o tribunal decide o litígio por aplicação das regras que considere mais apropriadas. *Vide* a este respeito, THOMAS CLAY, *Code de l'arbitrage commenté*, cit., págs. 195 ss.; JEAN-BAPTISTE RACINE, *Droit de l'arbitrage*, cit., págs. 448 ss. Também consagrando esta solução, cfr. art. 21, n.º 1, do Regulamento da CCI. Sublinhe-se, todavia, que esta é a regra supletiva, em caso de falta de escolha da lei ou de submissão do litígio à *amiable composition* (art. 1512 do *Code de procédure civile*).

[744] LUÍS DE LIMA PINHEIRO, *Direito Internacional Privado*, vol. II, cit., págs. 724 ss.; MARIA HELENA BRITO, "As novas regras sobre a arbitragem internacional...", cit., pág. 46.

[745] MÁRIO ESTEVES DE OLIVEIRA ET AL., *Lei da Arbitragem Voluntária*, cit., págs. 639 ss.

as expectativas das partes ou mesmo a segurança jurídica do comércio internacional[746].

II. A determinação da lei que apresenta com o litígio a conexão mais estreita exige uma apreciação casuística, conferindo ao tribunal alguma margem de discricionariedade. Os critérios de determinação desta conexão prendem-se com elementos diversos a ponderar na decisão – embora nem todos apresentem o mesmo peso –, como é o caso da sede da administração principal das pessoas coletivas ou da residência habitual das pessoas singulares, o lugar onde se situa o centro dos interesses económicos[747], o lugar da execução do contrato, etc.[748].

Atento o critério estabelecido, ponderações que não se prendam com a determinação da conexão mais estreita, *v.g.*, o princípio do *favor negotii*, a proteção da parte mais fraca, não serão tidos em consideração[749].

III. Nesta parte, o legislador português não seguiu a orientação perfilhada no art. 28.º, n.º 2, da Lei-Modelo, em que se determina que, na falta de escolha pelas partes, o tribunal arbitral aplica a lei designada pela norma de conflitos da lei que considerar aplicável. Esta é a outra orientação dominante em matéria de determinação da lei aplicável na falta de escolha: cabe aos árbitros escolher a norma de conflitos aplicável e, por aplicação desta, é determinado o Direito material aplicável[750]. O legislador português seguiu, como se verificou a outra via: a designação do Direito aplicável por via direta[751].

[746] Mário Esteves de Oliveira et al., *Lei da Arbitragem Voluntária*, cit., pág. 640.
[747] Dário Moura Vicente, *Da arbitragem comercial internacional*, cit., pág. 245.
[748] Mário Esteves de Oliveira et al., *Lei da Arbitragem Voluntária*, cit., págs. 642 ss.
[749] Mário Esteves de Oliveira et al., *Lei da Arbitragem Voluntária*, cit., pág. 642.
[750] A solução consagrada no art. 28.º, n.º 2, da Lei-Modelo, pode ser criticada por exigir o recurso a normas de conflitos que podem introduzir um elemento de complexidade na determinação da solução a adotar. Dando conta desta crítica, *vide* Peter Binder, *International Commercial Arbitration and Mediation in UNCITRAL Model Law Jurisdictions,* cit., págs. 400 ss. Todavia, o objetivo visado foi o de garantir previsibilidade na determinação da lei aplicável. Veja-se, esclarecendo esta finalidade, o *International Commercial Arbitration Analytical Commentary on Draft Text of a Model Law on International Commercial Arbitration, Report of the Secretary-General,* A/CN.91264, pág. 62, disponível em https://documents-dds-ny.un.org/doc/UNDOC/GEN/V85/244/18/PDF/V8524418.pdf?OpenElement.
[751] Luís de Lima Pinheiro, *Direito Internacional Privado*, vol. II, cit., pág. 720.

14.4. A relevância das estipulações contratuais das partes e dos usos comerciais

Quer tenha havido, quer não, escolha das regras de Direito aplicáveis, o tribunal deve sempre ter em consideração, na decisão a tomar, as estipulações contratuais das partes e os usos do comércio internacional[752].

As estipulações das partes são relevantes, enquadrando-se no âmbito da sua autonomia da vontade, que, conforme amplamente sublinhado, está subjacente à arbitragem voluntária.

Os usos comerciais[753] relevantes são, desde logo, aqueles a que as partes se tenham referido[754]. São ainda relevantes aqueles que tenham por objeto o litígio que esteja em causa, havendo, pois, que proceder a uma delimitação. *V.g.*, se estiver em causa matéria de créditos documentários, poderá ser relevante o disposto nas "Regras e usos uniformes relativos aos créditos documentários" adotadas pela Câmara de Comércio Internacional[755]. Estes usos poderão ser especialmente relevantes em sede de interpretação e integração de lacunas das regras de Direito aplicáveis ao caso[756], bem como na interpretação e integração dos negócios jurídicos que estão subjacentes ao litígio em causa[757].

O recurso aos usos comerciais pode ser especialmente relevante em litígios plurilocalizados, permitindo a solução do caso com base em considerações que são comuns nesse âmbito[758].

[752] Sublinhando a influência do art. 28.º, n.º 4, da Lei-Modelo da CNUDCI, bem como do art. 35, n.º 3, das Regras de Arbitragem da CNUDCI, *vide* MARIA HELENA BRITO, "As novas regras sobre a arbitragem internacional...", cit., pág. 46.

[753] Acerca do conceito de usos comerciais, com desenvolvimentos, ver ANTÓNIO MENEZES CORDEIRO, *Tratado da Arbitragem*, cit., págs. 510 ss.

[754] DÁRIO MOURA VICENTE ET AL., *Lei da Arbitragem Voluntária Anotada*, art. 52.º, DÁRIO MOURA VICENTE, cit., pág. 186.

[755] DÁRIO MOURA VICENTE ET AL., *Lei da Arbitragem Voluntária Anotada*, art. 52.º, DÁRIO MOURA VICENTE, cit., pág. 186.

[756] MÁRIO ESTEVES DE OLIVEIRA ET AL., *Lei da Arbitragem Voluntária*, cit., págs. 643 ss.; JOSÉ CARLOS FERNÁNDEZ ROZAS/SIXTO A. SÁNCHEZ LORENZO/GONZALO STAMPA, *Principios Generales del Arbitraje*, cit., pág. 381.; DÁRIO MOURA VICENTE, *Da arbitragem comercial internacional*, cit., págs. 161 ss.

[757] LUÍS DE LIMA PINHEIRO, *Direito Internacional Privado*, vol. II, cit., pág. 728.

[758] MÁRIO ESTEVES DE OLIVEIRA ET AL., *Lei da Arbitragem Voluntária*, cit., págs. 643 ss.

15. As regras processuais aplicáveis

O tribunal arbitral na arbitragem internacional apresenta uma maior autonomia no que respeita ao processo arbitral[759].

Na maioria dos sistemas não é usual identificar uma norma que, especificamente, regule a designação da lei aplicável ao processo arbitral[760].

Nos termos do art. 52.º, n.º 1, LAV, admite-se que as partes escolham as regras de Direito aplicáveis ao litígio, não havendo razões de fundo para entender que se está a limitar esta possibilidade de escolha às regras que regulam o mérito da causa[761]. Na verdade, tal como no que respeita à escolha das regras substantivas, também na das regras processuais impera a autonomia da vontade[762]. Acresce que, em todo o caso, mesmo tratando-se de arbitragem internacional, tendo sede em Portugal, por força do seu art. 49.º, n.º 2, são aplicadas as regras da LAV, designadamente, o art. 30.º, n.º 2, que permite o acordo, até à aceitação do primeiro árbitro, sobre as regras do processo a observar na arbitragem, desde que respeitem os princípios fundamentais da igualdade e do contraditório[763].

Sublinhe-se ainda, no sentido da relevância da autonomia da vontade no que respeita às regras processuais, que, nos termos do art. 46.º, n.º 3, al. a), subalínea iv), LAV, o desrespeito pelo acordo das partes relativo a estas regras é fundamento de anulação da decisão arbitral. Embora o desrespeito pelos princípios estabelecidos no art. 30.º, n.º 1, LAV, também o sejam (cfr. art. 46.º, n.º 3, al. a), subalínea ii)[764].

Importa, em todo o caso, ter sempre presente que, na determinação das regras aplicáveis, quer processuais, quer substantivas, para regular uma arbitragem internacional, estando em causa interesses do comércio internacional, a sentença que daí resultar deverá ser, muito provavelmente, reconhecida e executada noutros países. Em especial nos países onde se

[759] MANUEL PEREIRA BARROCAS, *Manual de Arbitragem*, cit., pág. 557.

[760] LUÍS DE LIMA PINHEIRO, "The Confluence of Transnational...", cit., pág. 387.

[761] ANTÓNIO MENEZES CORDEIRO, *Tratado da Arbitragem*, cit., pág. 508.

[762] MARIA HELENA BRITO, "As novas regras sobre a arbitragem internacional...", cit., pág. 40. Segundo GEORGE A. BERMANN, *International Arbitration and Private International Law*, cit., págs. 200 ss., se é dada às partes a possibilidade de escolher a sede da arbitragem, também podem escolher a *lex arbitri*.

[763] MARIA HELENA BRITO, "Arbitragem Internacional...", cit., pág. 129; ANTÓNIO MENEZES CORDEIRO, *Tratado da Arbitragem*, cit., pág. 508.

[764] MARIA HELENA BRITO, "As novas regras sobre a arbitragem internacional...", cit., pág. 41.

encontram os bens da parte que poderá ser executada. Neste sentido, a arbitragem deverá observar não apenas a lei da sede da arbitragem, mas também a dos países onde a sentença arbitral pode ter de ser reconhecida e executada[765].

16. Formas de reação à decisão arbitral internacional

16.1. A recorribilidade da decisão

Já atrás verificámos que, no que respeita à arbitragem doméstica, a regra prevista na LAV, no art. 39.º, n.º 1, é a de que, na falta de convenção em contrário, a decisão sobre o fundo da causa é irrecorrível.

A irrecorribilidade da decisão é especialmente usual na arbitragem internacional. Não surpreende, pois, que, na Lei-Modelo, se determine, no art. 34.º, n.º 1, que "[o] recurso de uma sentença arbitral interposto num tribunal só pode revestir a forma de um pedido de anulação (...)"[766], refletindo a orientação que vem sendo internacionalmente adotada[767]. Subjacente está a independência dos tribunais arbitrais relativamente aos tribunais estaduais que assegura a celeridade e a eficácia que estão associadas à arbitragem. Do outro lado da balança, está, todavia, a necessidade do controlo judicial[768].

765 W. Michael Reisman/W.Lawrence Craig/William W. Park/Jan Paulsson, *International Commercial Arbitration,* cit., págs. 5 ss., 985; *International Commercial Arbitration,* "§ 1 Best practice in international arbitration...", Stephan Balthasar, cit., pág. 5.

766 Esta mesma regra de irrecorribilidade de mérito para os tribunais estaduais é encontrada também em regulamentos de arbitragem – tome-se como exemplo o art. 35, n.º 6, do Regulamento da CCI. Aí se determina que: "[e]very award shall be binding on the parties. By submitting the dispute to arbitration under the Rules, the parties undertake to carry out any award without delay and shall be deemed to have waived their right to any form of recourse insofar as such waiver can validly be made". Também afastando a possibilidade de recurso de mérito na arbitragem internacional, embora admitindo a possibilidade de anulação, *vide* art. 1518 do *Code de procédure civile* francês. Todavia, nos termos do art. 1522 do *Code de procédure civile* determina-se que as partes podem renunciar à anulação. Acerca deste regime, cfr. Jean-Baptiste Racine, *Droit de l'arbitrage,* cit., págs. 571, 578 ss., 612 ss., 621 ss., que sustenta que, com esta solução, fica reforçada a autonomia da arbitragem; Éric Loquin, *L'arbitrage du commerce international,* cit., págs. 412 ss.; Thomas Clay, *Code de l'arbitrage commenté,* cit., págs. 206 ss., 227 ss.

767 Peter Binder, *International Commercial Arbitration and Mediation in UNCITRAL Model Law Jurisdictions,* cit., págs. 446 ss.

768 Peter Binder, *International Commercial Arbitration and Mediation in UNCITRAL Model Law Jurisdictions,* cit., pág. 445.

No âmbito da arbitragem internacional, o legislador português determinou a irrecorribilidade do mérito da decisão arbitral para os tribunais estaduais, admitindo-se, todavia, a possibilidade de recurso para tribunal arbitral de segunda instância, desde que as partes a tenham acordado expressamente e regulado os seus termos (art. 53.º LAV)[769]. Estes termos, que podem ser fixados aquando da convenção de arbitragem ou posteriormente, devem ser acordados atendendo à arbitragem em causa e poderão prender-se com a própria constituição do tribunal, o processo, os poderes de julgamento do tribunal, etc., podendo também remeter para regulamentos de centros de arbitragem ou ser especificamente redigidos para o efeito[770].

A importância económica e os valores envolvidos nos litígios submetidos a arbitragem são, geralmente, muito significativos, e as partes podem sentir-se mais confortáveis com a possibilidade de recorrer da decisão. Neste contexto, tem sido consagrada a possibilidade de as partes acordarem na admissibilidade do recurso[771].

Esta solução visa garantir a manutenção da eficácia da sentença arbitral, bem como assegurar a autonomia da arbitragem perante os tribunais estaduais[772]. Todavia, isto não significa que estas arbitragens fiquem fora do controlo dos tribunais estaduais. Conforme já referido, a arbitragem internacional, tendo sede num Estado, fica sujeita às regras de controlo aí previstas, bem como às dos Estados onde a decisão se pretenda executar ou reconhecer[773].

[769] Solução distinta era a consagrada na LAV de 1986, em cujo art. 34.º se determinava que, em caso de arbitragem internacional, a decisão não era recorrível, exceto se as partes tivessem acordado essa possibilidade de recurso e regulado os seus termos. Não era aí expressamente afastada a possibilidade de recorrer para um tribunal estadual. A atual solução está em consonância com a adotada pela Lei-Modelo, que apenas afasta a possibilidade de recurso de mérito para o tribunal estadual, mas não para um outro tribunal arbitral. Neste sentido, *vide* Peter Binder, *International Commercial Arbitration and Mediation in UNCITRAL Model Law Jurisdictions,* cit., pág. 446. Veja-se também, Rui de Moura Ramos, "O novo Direito português da arbitragem", cit., págs. 605 ss.

[770] Mário Esteves de Oliveira et al., *Lei da Arbitragem Voluntária,* cit., pág. 645.

[771] António Sampaio Caramelo, *A impugnação da sentença arbitral,* cit., págs. 10 ss.

[772] Dário Moura Vicente et al., *Lei da Arbitragem Voluntária Anotada,* art. 53.º, Dário Moura Vicente, 3.ª edição, coord. Dário Moura Vicente, APA, Almedina, 2017, pág. 164.

[773] Mário Esteves de Oliveira et al., *Lei da Arbitragem Voluntária,* cit., pág. 645.

A solução que consiste em afastar a possibilidade de recurso para tribunal estadual não se revela consensual. Segundo António Menezes Cordeiro[774], a possibilidade de controlo público do mérito das decisões arbitrais tranquiliza as partes e os próprios árbitros, cientes de poderem errar.

Reafirma-se, em todo o caso, que esta restrição de recurso para os tribunais estaduais não afasta a possibilidade de estes intervirem no âmbito da arbitragem internacional. Conforme veremos no ponto seguinte, a impugnação da decisão arbitral é admissível, tal como a intervenção de tribunal estadual em casos de parcialidade ou dependência dos árbitros, de medidas coercivas para obtenção de prova, de execução de providências cautelares, de execução da decisão arbitral, etc.[775].

Atenta a liberdade concedida às partes no que respeita à lei aplicável à convenção de arbitragem, coloca-se a questão de saber se as partes poderão acordar, nesta convenção, a possibilidade de recurso do mérito para o Tribunal da Relação. Atenta a generosidade do regime da LAV relativamente à validade da convenção de arbitragem (mesmo que seja validade parcial), segundo António Menezes Cordeiro[776], tal será possível desde que a *lex causae* ou a que lei escolhida pelas partes o admita. E neste sentido, o art. 53.º LAV afigurar-se-ia como indicativo. Todavia, outros autores, ancorados na letra da lei, que parece contrariar a primeira interpretação, sustentam que as partes não podem conferir esta competência aos tribunais estaduais[777].

16.2. A anulação da decisão

I. No âmbito da arbitragem internacional, a consagração da possibilidade de impugnar a decisão arbitral, pedindo a sua anulação, depende da orientação de política legislativa que for assumida por cada Estado. De acordo com uma orientação possível, as decisões arbitrais não poderiam ser impugnadas perante os tribunais do país da arbitragem, apenas podendo ser sujeitas a controlo judicial no caso de o seu reconhecimento ou execução ser pedido num outro país. Uma outra posição revela-se favorável à possibilidade de

[774] António Menezes Cordeiro, *Tratado da Arbitragem*, cit., págs. 524 ss.

[775] António Menezes Cordeiro, *Tratado da Arbitragem*, cit., págs. 524 ss.

[776] Neste sentido, António Menezes Cordeiro, *Tratado da Arbitragem*, cit., pág. 525.

[777] Rui de Moura Ramos, "A arbitragem internacional no novo...", cit., pág. 598.; Maria Helena Brito, "As novas regras sobre a arbitragem internacional...", cit., págs. 47 ss.; Mário Esteves de Oliveira et al., *Lei da Arbitragem Voluntária*, cit., pág. 645.

impugnação, sustentando que a validade da decisão deve poder ser apreciada "(...) definitivamente numa só jurisdição estadual"[778]. De outro modo, a parte que obteve uma decisão favorável, embora de questionável acerto, poderá tentar, repetidamente, que esta seja reconhecida e, ou, executada em diversos Estados, obrigando a parte contrária a responder, sucessivamente, às várias tentativas, com os inerentes custos que lhe estão associados[779].

Atento o princípio da autonomia da vontade que está subjacente à arbitragem, a solução mais consonante conduzirá à atribuição de competência para a apreciação da impugnação aos tribunais do Estado da sede da arbitragem, que terá sido escolhido pelas partes ou, na falta de escolha, sido determinado pelos árbitros[780]. Assim o determina, *v.g.*, a LAV; atente-se, a este respeito, no sentido conjugado dos arts. 61.º, 49.º, n.º 2[781], 54.º e 31.º.

Para além desta opção legislativa (possibilidade ou não de impugnação da decisão arbitral), cabe ainda a cada ordenamento jurídico determinar quais os fundamentos cujo preenchimento pode conduzir à anulação da decisão arbitral, pois não são os mesmos em todos os ordenamentos jurídicos[782].

II. Assim, nos casos em que a sede do tribunal arbitral se localiza em Portugal, qualquer das partes pode impugnar a decisão arbitral, pedindo a sua anulação, nos termos previstos no art. 46.º LAV, sendo esta disposição

[778] Dando conta destas orientações, cfr. Luís de Lima Pinheiro, *Arbitragem Transnacional,* cit., págs. 75 ss.

[779] Luís de Lima Pinheiro, *Arbitragem Transnacional,* cit., pág. 76.

[780] Luís de Lima Pinheiro, *Arbitragem Transnacional,* cit., pág. 76.

[781] Mário Esteves de Oliveira et al., *Lei da Arbitragem Voluntária*, cit., pág. 649.

[782] Tome-se como exemplo o ordenamento jurídico francês, em cujo art. 1520 do *Code de procédure civile* se determinam como fundamentos de anulação o facto de o tribunal arbitral se ter declarado indevidamente competente ou incompetente, se ter constituído irregularmente, ter decidido sem se conformar com a missão que lhe havia sido confiada, o princípio do contraditório não ter sido respeitado ou o reconhecimento ou a execução da sentença ser contrário à ordem pública internacional. Sublinhando-se que estes fundamentos são específicos para a decisão arbitral internacional. Thomas Clay, *Code de l'arbitrage commenté*, cit., págs. 212 ss. Com respeito aos fundamentos específicos para a anulação da decisão no âmbito da arbitragem internacional, *vide* o art. 190, n.º 2, da *Loi fédérale sur le droit international privé,* em vigor na Suíça. Os fundamentos de anulação previstos na LAV também não coincidem exatamente com os previstos na Lei-Modelo, *vide supra* nota 576.

aplicável sem outras considerações nos casos em que a arbitragem, embora internacional, seja regida pela lei material portuguesa.

Na hipótese de o fundo da causa ser regido por lei estrangeira, determina o art. 54.º LAV que a sentença "(...) pode ser anulada com os fundamentos previstos no art. 46.º, e ainda, caso deva ser executada ou produzir outros efeitos em território nacional, se tal conduzir a um resultado manifestamente incompatível com os princípios de ordem pública internacional"[783].

A interpretação desta disposição tem suscitado ampla discussão na doutrina, atendendo a que, sendo o conteúdo da sentença ofensivo dos princípios da ordem pública internacional do Estado português já um dos fundamentos de impugnação da decisão arbitral – nos termos do art. 46.º, n.º 3, al. b), subalínea ii), LAV – , a referência da parte final desta disposição parece redundante[784].

Assim, autores como Luís de Lima Pinheiro[785] e António Sampaio Caramelo[786] sustentam que, na verdade, se está perante um lapso do legislador, uma vez que esta disposição apenas fazia sentido no projeto de lei que a APA apresentou inicialmente, em que não se incluía como fundamento de anulação da decisão arbitral a referida atual subalínea ii). Ou seja, em que a contrariedade da decisão arbitral à ordem pública internacional do ordenamento jurídico português não era um fundamento geral de anulação da decisão arbitral, apenas sendo admitido nos casos em que o fundo da causa tivesse sido regulado por lei estrangeira, se tratasse

[783] Os fundamentos de anulação da decisão previstos no art. 34.º, n.º 2, da Lei-Modelo, são coincidentes com os previstos no art. 36.º, n.º 1, da mesma Lei, que elencam os fundamentos de recusa de reconhecimento da decisão arbitral estrangeira. Na verdade, e uma vez que se trata de uma Lei-Modelo, potencialmente adotada em diversos países, entendeu-se ser a solução mais adequada com vista a reduzir o impacto da localização da sede da arbitragem. *Vide*, PETER BINDER, *International Commercial Arbitration and Mediation in UNCITRAL Model Law Jurisdictions,* cit., págs. 447 ss.

[784] Segundo MARIA HELENA BRITO, "Arbitragem Internacional...", cit., pág. 141, "[n]ão é assim óbvio qual o objetivo prosseguido pela norma do art. 54.º". *Vide* também ANTÓNIO PEDRO PINTO MONTEIRO, "Da ordem pública no processo arbitral", cit., pág. 652.

[785] LUÍS DE LIMA PINHEIRO, "Ordem pública internacional...", cit., pág. 126, nota 10.

[786] ANTÓNIO SAMPAIO CARAMELO, "A sentença arbitral contrária à ordem pública perante a nova LAV", cit., pág. 70. ANTÓNIO SAMPAIO CARAMELO, *A impugnação da sentença arbitral,* 2.ª edição, cit., págs. 127 ss., defende aqui uma interpretação ab-rogante do art. 54.º LAV. Também sobre a evolução que conduziu à aprovação da versão final da lei, cfr. MÁRIO ESTEVES DE OLIVEIRA ET AL., *Lei da Arbitragem Voluntária,* cit., págs. 650 ss.

de arbitragem internacional e houvesse uma conexão significativa com o ordenamento jurídico nacional.

Outros autores sustentam que, no art. 54.º LAV, o que está em causa é a oposição à execução arbitral e não a impugnação da decisão arbitral[787]. Orientação que, entendemos, não encontra fundamento na letra da lei.

Segundo uma outra orientação, sustentada por Dário Moura Vicente, a que se adere, e que visa conferir um sentido útil à disposição, entende-se que o art. 54.º LAV estabelece uma restrição ao disposto no art. 46.º, n.º 3, al. b), subalínea ii), LAV, determinando que apenas será anulada a decisão arbitral que ofender os princípios da ordem pública internacional do Estado português se esta produzir efeitos ou houver que ser executada em território nacional. Na verdade, se a sentença arbitral não for regida pela lei portuguesa nem se destinar a produzir efeitos no ordenamento jurídico português, não se encontram razões para anular a decisão arbitral por contrariedade a princípios da ordem pública internacional do Estado português[788].

Pelas razões invocadas, acompanhamos a orientação seguida por Dário Moura Vicente e afastamo-nos das considerações tecidas por António Menezes Cordeiro[789], que refere a disfuncionalidade de se ter um regime mais permissivo para as arbitragens internacionais do que para as internas.

[787] Assim, José Robin de Andrade, "Balanço de um ano de vigência da nova lei da arbitragem voluntária", *VII Congresso do Centro de Arbitragem Comercial*, Coimbra, 2014, págs. 147-159, pág. 157, sustenta a tese de que "(...) neste caso, que a decisão arbitral, mesmo que já não possa ser anulada, possa ser impedida de ser executada em Portugal com fundamento na violação de ordem pública internacional". Ver também Mário Esteves de Oliveira et al., *Lei da Arbitragem Voluntária*, cit., págs. 651 ss.

[788] Dário Moura Vicente, "A determinação do Direito aplicável...", cit., pág. 50; Dário Moura Vicente, "Impugnação da sentença arbitral e ordem pública", cit., págs. 337 ss. Dário Moura Vicente et al., *Lei da Arbitragem Voluntária Anotada*, art. 54.º, Dário Moura Vicente, cit., págs. 188 ss. Também Rui de Moura Ramos, "O novo Direito português da arbitragem", cit., págs. 606 ss., apesar de considerar ser difícil determinar o exato sentido da segunda parte do art. 54.º LAV, sustenta que "(...) parece claro que, para os efeitos da situação contemplada nesta disposição, apenas a ordem pública internacional, e não a mera ordem pública interna, está em causa, e que se encontra excluída a possibilidade de anulação, em arbitragens internacionais em que não haja sido aplicado o direito português, quando a sentença não deva ser executada ou produzir outros efeitos em Portugal". Rui Moura Ramos, "The new portuguese arbitration act (Law No. 63/2011 of 14 December on voluntary arbitration)", cit., págs. 52 ss.

[789] António Menezes Cordeiro, *Tratado da Arbitragem*, cit., pág. 528.

Na verdade, a interpretação que sustentamos encontra claro esteio na ideia de que o funcionamento da ordem pública internacional pressupõe uma ligação mais ou menos estreita, consoante os princípios que estejam a ser colocados em causa, mas sempre muito significativa, com o ordenamento jurídico do foro[790].

17. A arbitragem de investimento. Breve enquadramento

I. O tema da arbitragem de investimento assume, atualmente, especial relevância atenta a sua expansão e divulgação. Entende-se, assim, que numa unidade curricular de mestrado dedicada à arbitragem voluntária não poderia deixar de ser feita uma referência a esta questão, garantindo-se que os alunos ficam alertados para a mesma. Todavia, atenta também a complexidade e abrangência que assume, não é possível um desenvolvimento aprofundado deste tema que, por si só, seria objeto de uma unidade curricular isolada.

II. Atenta a globalização da economia, é cada vez mais frequente o investimento que pessoas singulares ou coletivas provenientes de um Estado desenvolvem noutros países. Por exemplo, nos casos em que é desenvolvida a exploração de recursos naturais, o investimento feito pode assumir valores muito significativos. E, no entanto, o investidor estrangeiro fica especialmente vulnerável face ao Estado que o acolhe, que pode decidir nacionalizar, expropriar, aumentar exorbitantemente os impostos, fazendo perigar o investimento realizado[791].

Nos litígios que têm um Estado como parte, investidores como parte contrária e investimentos privados feitos por estes nesse Estado, a arbitragem pode ser uma forma especialmente apelativa de resolução de litígios, atenta a

[790] *Vide*, a este respeito, com referências bibliográficas, ELSA DIAS OLIVEIRA, *Da responsabilidade civil extracontratual...*, cit., págs. 623 ss.

[791] SÉRVULO CORREIA, "A resolução dos litígios sobre investimento estrangeiro em Direito arbitral Comparado", *Estudos em Homenagem ao Prof. Doutor Martim de Albuquerque*, Edições FDUL, Coimbra Editora, 2010, págs. 821-841, pág. 823; DÁRIO MOURA VICENTE, "Arbitragem de Investimento: A Convenção ICSID e os Tratados Bilaterais", *ROA*, III, 2011, págs. 751-770, págs. 752 ss.; LUÍS DE LIMA PINHEIRO, "Os acordos de cooperação e de associação: CETA E TTIP. Mecanismos de resolução de litígios com os investidores nos Acordos CETA e TTIP", *União Europeia. Reforma ou declínio*, coord. Eduardo Paz Ferreira, Vega, 2016, págs. 359-375, págs. 359 ss.

isenção e neutralidade que é esperada dos tribunais arbitrais[792]. Na verdade, não se espera que os árbitros decidam a favor de um Estado nem que beneficiem particulares nacionais de outros Estados[793]. Esta isenção poderá ser reforçada se a arbitragem se desenvolver num centro de arbitragem internacional, dotado de um Regulamento específico.

Durante muito tempo, a proteção diplomática desenvolvida pelo Estado do investidor era o principal mecanismo de Direito Internacional que visava assegurar a reparação dos danos causados a este pelo Estado onde o investimento havia sido feito[794]. No entanto, as limitações manifestadas pela proteção diplomática, levaram a que se tentasse encontrar outras soluções[795].

Foi neste contexto que foram sendo desenvolvidos mecanismos com vista à resolução extrajudicial destes diferendos de investimento entre Estados e investidores (*Investor-State Dispute Settlement*) e que vieram reforçar a proteção dos investidores[796].

Designadamente, foi celebrada a já referida Convenção de Washington para a Resolução de Diferendos Relativos a Investimentos entre Estados e Nacionais de outros Estados, de 1965. Esta Convenção, redigida sob a égide do Banco Mundial, veio criar o Centro Internacional para a Resolução de Diferendos Relativos a Investimentos (CIRDI).

Nos termos do art. 1.º, n.º 2, desta Convenção, prevê-se que o objetivo do Centro é proporcionar os meios de conciliação e arbitragem dos diferendos

[792] SÉRVULO CORREIA, "A resolução dos litígios sobre investimento estrangeiro em Direito Arbitral Comparado", *I Congresso do Centro de Arbitragem da Câmara de Comércio e Indústria*, Almedina, Coimbra, 2008, págs. 199-222, págs. 201 ss.; DÁRIO MOURA VICENTE, "Arbitragem de Investimento...", cit., págs. 752 ss.; DÁRIO MOURA VICENTE, "Os mecanismos de resolução de litígios entre Estados e investidores na perspetiva europeia: desenvolvimentos recentes", *ROA*, III/IV, 2014, págs. 695-721, págs. 697 ss.; W. MICHAEL REISMAN/W.LAWRENCE CRAIG/WILLIAM W. PARK/JAN PAULSSON, *International Commercial Arbitration*, cit., págs. 3 ss.; LUÍS DE LIMA PINHEIRO, "Os acordos de cooperação e de associação...", cit., pág. 359.

[793] DÁRIO MOURA VICENTE, *Da Arbitragem Comercial Internacional*, cit., págs. 18 ss.

[794] DÁRIO MOURA VICENTE, "Os mecanismos de resolução de litígios... ", cit., em especial, págs. 696 ss.

[795] DÁRIO MOURA VICENTE, "Os mecanismos de resolução de litígios...", cit., págs. 696 ss., sublinha que, entre as limitações da proteção diplomática, se encontra o facto de, por regra, apenas se poder recorrer a esta depois de esgotados os meios de reparação do Estado de acolhimento, o que pode ser moroso. Para além disso, o seu exercício é discricionário.

[796] DÁRIO MOURA VICENTE, "Os mecanismos de resolução de litígios...", cit., pág. 697.

relativos a investimentos entre Estados Contratantes e nacionais de outros Estados Contratantes, nos termos previstos na Convenção.

Visou-se, com esta Convenção, a criação de um centro internacional e imparcial de resolução dos litígios no campo dos investimentos, que preenchesse a ausência de métodos internacionais especializados para resolução destes litígios[797].

A competência do Centro, nos termos do art. 25 da Convenção, abrange qualquer litígio que decorra diretamente de um investimento entre um Estado contratante e um nacional de outro Estado Contratante, desde que as partes acordem, por escrito, em submeter o litígio à apreciação do referido Centro. Ou seja, não basta o Estado ser parte da Convenção de Washington ou o investidor ser nacional de um Estado Contratante, é ainda necessário que seja convencionado que o litígio será resolvido pelo CIRDI[798]. A competência atribuída ao CIRDI implica a exclusão de recurso a outro meio de resolução de litígio (art. 26.º da Convenção)[799].

Estabelece-se, nos arts. 28.º ss., a tramitação a seguir em caso de se tentar iniciar com um pedido de conciliação.

Já nos termos dos arts. 36.º ss. está prevista a tramitação nos casos em que haja que seguir para arbitragem, incluindo o requerimento para se iniciar o processo de arbitragem, a constituição do tribunal, etc.

O reconhecimento e a execução da sentença arbitral estão previstas nos arts. 53.º a 55.º, sendo o reconhecimento automático[800]. O local da arbitragem está previsto nos arts. 62.º e 63.º.

Relevante, no âmbito da arbitragem que se desenvolve no CIRDI, é também a determinação da lei aplicável para regular a situação. Nos termos

[797] Acerca da Convenção de Washington, *vide* DÁRIO MOURA VICENTE, "Arbitragem de Investimento...", cit., págs. 753 ss.; LUÍS DE LIMA PINHEIRO, *Direito Internacional Privado*, vol. I, cit., págs. 108 ss.; DÁRIO MOURA VICENTE, "Os mecanismos de resolução de litígios...", cit., em especial, págs. 711 ss; LUÍS DE LIMA PINHEIRO, "Os acordos de cooperação e de associação...", cit., págs. 360 ss.; GARY B. BORN, *International Commercial Arbitration*, cit., págs. 120 ss.; NIGEL BLACKABY/J. MARTIN HUNTER/CONSTANTINE PARTASIDES/ALAN REDFERN, *Redfern and Hunter on International Arbitration*, cit., págs. 54 ss.

[798] SÉRVULO CORREIA, "A resolução dos litígios sobre investimento estrangeiro...", cit., págs. 822, 828; DÁRIO MOURA VICENTE, "Arbitragem de Investimento...", cit., págs. 756 ss., fala, a este respeito, de duplo consentimento.

[799] DÁRIO MOURA VICENTE, "Arbitragem de Investimento...", cit., pág. 756.

[800] DÁRIO MOURA VICENTE, "Arbitragem de Investimento...", cit., pág. 758.

do art. 42.º, prevê-se que o tribunal julgará o diferendo em conformidade com as regras de Direito escolhidas pelas partes ou *ex aequo et bono* se as partes assim o tiverem convencionado. Inexistindo esse acordo, aplicar-se-á a lei do Estado Contratante parte no diferendo, incluindo as suas regras de conflitos, bem como os princípios de Direito Internacional aplicáveis[801-802].

III. Ainda no âmbito de investimento, sublinha-se a importância que tem assumido a celebração de acordos bilaterais. Falamos, neste caso de BITs (*Bilateral Investment Treaties*), celebrados, na sua maioria, a partir da década de 90 do século passado[803]. Trata-se, em termos genéricos, de acordos para a promoção e a proteção recíproca de investimento realizados pelos nacionais de cada um dos Estados no outro Estado[804]. São acordos que se encontram, tradicionalmente, divididos em duas partes: uma primeira em que se consagram regras que visam proteger investidores estrangeiros – que se prendem, *v.g.*, com a proibição de expropriações e nacionalizações sem indemnização adequada, direito a tratamento justo e equitativo, proibição de medidas arbitrárias[805]; numa segunda parte, é regulado o modo de resolução

[801] Dário Moura Vicente, "Arbitragem de Investimento...", cit., págs. 757 ss., fala a este respeito de um primado de Direito Internacional sobre o Direito interno. Com referências jurisprudenciais acerca da interpretação desta disposição, *vide ICSID Convention after 50 Years: Unsettled Issues*, Monique Sasson, "Chapter 10: The Applicable Law and the ICSID Convention", ed. Crina Baltag, Kluwer Law International, 2016, págs. 273-300 (disponível em http://www.kluwerarbitration.com), págs. 288 ss.

[802] Atente-se que a referência aos princípios de Direito Internacional assume aqui especial relevância atendendo aos litígios que estão em causa. *V.g.*, a Resolução 626 de 1959 da ONU reflete e é Direito Internacional. Veio aí recomendar-se aos Estados-Membros que, no âmbito da sua soberania, e no exercício do seu direito de livremente usar e explorar os seus recursos naturais, para o seu progresso e desenvolvimento económico, deverão também tomar medidas que garantam o fluxo de capital em condições de segurança, confiança e cooperação económica entre as Nações. Recomendou-se ainda aos Estados-Membros que se abstivessem de tomar medidas que limitassem a soberania de outros Estados sobre os seus recursos naturais.

[803] *Vide, v.g.*, Dário Moura Vicente, "Arbitragem de Investimento...", cit., págs. 759 ss.; Dário Moura Vicente, "Os mecanismos de resolução de litígios...", cit., em especial, págs. 698 ss.; Gary B. Born, *International Commercial Arbitration*, cit., págs. 123 ss.; Nigel Blackaby/J. Martin Hunter/Constantine Partasides/Alan Redfern, *Redfern and Hunter on International Arbitration*, cit., págs. 13 ss., 62 ss.

[804] Dário Moura Vicente, "Arbitragem de Investimento...", cit., págs. 759 ss.

[805] Dário Moura Vicente, "Os mecanismos de resolução de litígios...", cit., em especial, págs. 698 ss.

dos litígios que venham a surgir, incluindo-se, por regra, a possibilidade de recurso à arbitragem internacional[806]. Apesar de a cláusula concreta poder variar na sua redação, por regra, nos BITs, prevê-se que os diferendos entre uma Parte e um investidor de outra Parte, serão, na medida do possível, resolvidos amigavelmente. Se, no prazo de seis meses, não for possível resolver o diferendo amigavelmente, o investidor poderá, à sua escolha, submetê-lo aos tribunais estaduais da Parte em cujo território se situa o investimento ou ao CIRDI ou a um tribunal arbitral *ad hoc* estabelecido por acordo entre as partes ou de acordo com as Regras de Arbitragem da CNUDCI ou ainda a qualquer outra instituição de arbitragem desde que a tal não se oponha o Estado[807].

Ainda no contexto de arbitragem de investimento, é especialmente relevante o Tratado da Carta de Energia, concluído em Lisboa em 17 de dezembro 1994, que entrou em vigor na ordem internacional e em Portugal em 16 de abril de 1998[808]. Este tratado foi subscrito por vários países, essencialmente europeus e asiáticos, bem como pela União Europeia, e visa abrir os mercados da energia dos respetivos Estados membros, com vista

[806] Veja-se, por exemplo, o BIT celebrado entre Portugal e a Albânia, em 11 de setembro de 1998, publicado no D.R. de 12 de maio de 1999, e que entrou em vigor em 10 de junho de 2007, em cujo art. 9.º, n.º 2, se determina que, não sendo os diferendos resolvidos no prazo de seis meses a contar da data em que foram suscitados, qualquer das partes pode submetê-los aos tribunais competentes da Parte Contratante no território da qual se situa o investimento ou ao CIRDI. Noutros BITs, admite-se a possibilidade de se desenvolver a arbitragem internacional noutros termos. Por exemplo, no BIT celebrado entre Portugal e a Argentina, assinado em Lisboa a 6 de outubro de 1995, em vigor desde 3 de maio de 1996, determina-se que, em caso de recurso à arbitragem internacional, o diferendo deve ser submetido, à escolha do investidor, ao CIRDI, quando ambas as Partes Contratantes tenham aderido à Convenção de Washington de 1965. Na falta de preenchimento desta condição, cada parte dá o seu consentimento para que o diferendo seja submetido à arbitragem de acordo com o Regulamento do Mecanismo Complementar do CIRDI, para a administração de procedimentos de conciliação, arbitragem ou de investigação. O investidor pode ainda escolher submeter o diferendo a um tribunal *ad hoc* constituído de acordo com as regras de arbitragem da CNUDCI.

[807] Dário Moura Vicente, "Arbitragem de Investimento...", cit., págs. 762 ss. Em http://investmentpolicyhub.unctad.org/IIA podem ser consultados os BITs celebrados pelos diversos Estados.

[808] O Tratado da Carta de Energia foi aprovado para ratificação pela Resolução da Assembleia da República n.º 36/96, ratificado pelo Decreto do Presidente da República n.º 29/96, publicado no DR I-A, n.º 265, de 15 de novembro de 1996.

a promover o seu funcionamento eficiente. Procura também proteger os investimentos no setor da energia e assegurar condições de igualdade aos concorrentes neste domínio. Nos termos do seu art. 26.º, em caso de litígio entre um investidor de uma parte contratante e um Estado contratante, começa por se tentar resolver a questão por meios amigáveis. Caso não seja possível resolver assim a situação no prazo de três meses, poderá o diferendo, salvas as exceções previstas na mesma disposição, ser apreciado, por decisão do investidor, pelos tribunais estaduais do Estado parte do diferendo, ou, dentro das condições previstas no Tratado, pelo CIRDI, nos termos aí previstos, ou por um árbitro internacional único ou por arbitragem *ad hoc* estabelecido ao abrigo das Regras de Arbitragem da CNUDCI ou ainda por um processo de arbitragem no âmbito do Instituto de Arbitragem da Câmara de Comércio de Estocolmo[809].

IV. Naturalmente, que, no âmbito da arbitragem de investimento, outras soluções, para além das expostas, poderão ser adotadas. Há diversos centros de arbitragem consagrados onde muitas destas arbitragens têm lugar, pense-se, *v.g.*, no Centro de Arbitragem da CCI de Paris, o Tribunal Permanente de Arbitragem da Haia, *Singapore International Arbitration Center*, etc.

Mais recentemente, um aceso debate tem sido suscitado acerca do mecanismo de resolução de litígios com investidores do *Transatlantic Trade and Investment Partnership* (TTIP), tratando-se, no essencial de uma proposta de acordo de comércio que está a ser negociada entre a União Europeia e os EUA[810]. Todavia, em 15 de abril de 2019, o Conselho da União Europeia[811] decidiu considerar que as negociações com vista a este acordo se haviam tornado obsoletas.

Um outro acordo de comércio foi negociado e celebrado entre a União Europeia e o Canadá (CETA – *Comprehensive Economic and Trade Agreement*), tendo sido votado favoravelmente no Parlamento Europeu em 15 de fevereiro de 2017, ratificado pelo Canadá em 16 de maio de 2017, entrou

[809] Veja-se ainda, *v.g.*, a propósito da relevância do Tratado NAFTA (*North American Free Trade Agreement*) celebrado entre os EUA, Canadá e o México, Luís de Lima Pinheiro, "Os acordos de cooperação e de associação...", cit., pág. 361.

[810] *Vide*, a este respeito, Luís de Lima Pinheiro, "Os acordos de cooperação e de associação...", cit., págs. 362 ss.

[811] Bruxelas, 9 abril 2019 (OR. en) 6052/19, disponível em https://www.consilium.europa.eu/media/39180/st06052-en19.pdf.

provisoriamente em vigor em 21 de setembro de 2017, havendo, todavia, de ser aprovado nos respetivos Parlamentos de todos os Estados-Membros para ser plenamente aplicado. Este acordo também prevê mecanismos de resolução de litígios com investidores[812].

[812] *Vide*, a este respeito, LUÍS DE LIMA PINHEIRO, "Os acordos de cooperação e de associação...", cit., págs. 363 ss. Veja-se, acerca das competências da União Europeia em matéria de comércio externo após o Tratado de Lisboa, DÁRIO MOURA VICENTE, "Os mecanismos de resolução de litígios...", cit., em especial, págs. 700 ss.

Capítulo IV

O reconhecimento e a execução de sentenças arbitrais estrangeiras

18. Considerações gerais

I. O reconhecimento e a execução de sentenças arbitrais estrangeiras encontram-se regulados numa pluralidade de fontes, sendo umas de Direito interno e outras de Direito internacional. Naturalmente, estas fontes variam consoante o Estado que está em causa.

No ordenamento jurídico português, identificam-se fontes relevantes de Direito interno e de Direito internacional. Tendo presente o disposto no art. 8.º, n.º 2, CRP, as convenções internacionais que regulem o reconhecimento e a execução de decisões arbitrais estrangeiras prevalecem sobre as normas de Direito interno[813]. De entre as convenções em vigor na ordem jurídica portuguesa, salienta-se, pela sua relevância e ampla adesão dos Estados, a Convenção de Nova Iorque de 1958 sobre o reconhecimento e a execução de sentenças arbitrais estrangeiras[814].

[813] Luís de Lima Pinheiro, *Arbitragem transnacional,* cit., págs. 313 ss., a propósito da relação entre a Convenção de Nova Iorque e o regime interno de reconhecimento de decisões arbitrais; Luís de Lima Pinheiro, *Direito Internacional Privado,* vol. III, 2.ª edição, Almedina, Coimbra, 2012, págs. 563 ss.; António Menezes Cordeiro, *Tratado da Arbitragem,* cit., pág. 532; Dário Moura Vicente et al., *Lei da Arbitragem Voluntária Anotada,* art. 55.º, Dário Moura Vicente, cit., pág. 190.

[814] São, atualmente, 157 os Estados Contratantes desta Convenção, cfr. http://www.newyorkconvention.org/. Para uma perspetiva geral do contexto em que foi celebrada esta

A Convenção Interamericana sobre a arbitragem comercial internacional foi ratificada por Decreto do Presidente da República[815], mas ainda não entrou em vigor no ordenamento jurídico português. Trata-se, em todo o caso, de um diploma com um âmbito de aplicação mais restrito, pois apenas regula arbitragens no âmbito de negócios de natureza mercantil[816].

Portugal celebrou também acordos bilaterais, nesta matéria, com alguns Estados de língua oficial portuguesa. É o caso do Acordo de Cooperação Jurídica e Judiciária entre a República Portuguesa e a República de Angola[817], o Acordo de Cooperação Jurídica e Judiciária entre a República Portuguesa e a República de Cabo Verde[818], o Acordo de Cooperação Jurídica entre a República Portuguesa e a República da Guiné-Bissau[819], o Acordo de Cooperação Jurídica e Judiciária ente a República Portuguesa e a República Popular de Moçambique[820], o Acordo Judiciário entre Portugal e S. Tomé e Príncipe[821].

Ainda no plano internacional, embora sem caráter vinculativo, identificamos regras de *soft law* que, apesar desta característica, influenciam significativamente os Estados. É o caso da Lei-Modelo da CNUDCI que,

Convenção e os seus objetivos, *vide* ANTÓNIO SAMPAIO CARAMELO, *O reconhecimento e a execução...*, cit., págs. 7 ss.

815 Ratificada pelo Decreto do Presidente da República n.º 21/2002, de 4 de abril de 2002, data em que foi também publicada no Diário da República.

816 LUÍS DE LIMA PINHEIRO, *Arbitragem transnacional*, cit., págs. 290 ss. Também acerca desta Convenção, MARIA HELENA BRITO, "Arbitragem Internacional...", cit., pág. 109.

817 Aprovado, para ratificação, pela Resolução da Assembleia da República n.º 11/97, em 11 de outubro de 1996, ratificado pelo Decreto do Presidente da República n.º 9/97, de 4 de março, ambos publicados no Diário da República, 1.ª Série-A, n.º 53, de 4 de março de 1997, e entrou em vigor em 5 de maio de 2006. Atente-se, em especial, nos arts. 12.º ss. deste acordo.

818 O Acordo foi ratificado por Decreto do Presidente da República n.º 10/2005, de 15 de fevereiro, e entrou em vigor em 8 de julho de 2005. Atente-se, em especial, nos arts. 25.º ss.

819 O Acordo foi ratificado por Decreto do Presidente da República n.º 38/89, de 16 de junho, e entrou em vigor em 10 de janeiro de 1994. Atente-se, em especial, nos arts. 13.º ss. deste acordo.

820 O Acordo foi ratificado por Decreto do Presidente da República n.º 8/91, de 14 de fevereiro, e entrou em vigor em 22 de fevereiro de 1996. Atente-se, em especial, nos arts. 13.º ss. deste acordo.

821 Pelo Aviso publicado no Diário da República n.º 213, I Série, de 14 de setembro de 1979, se tornou público que foram trocados em Lisboa, em 20 de abril de 1979, os instrumentos de ratificação deste acordo, data em que entrou em vigor. Atente-se, em especial, nos arts. 8.º ss. deste acordo.

conforme temos vindo a verificar, influenciou de forma muito significativa a redação da LAV e de outras leis de vários Estados.

II. Para além de fontes internacionais, relevam também fontes internas. O reconhecimento e a execução das decisões arbitrais no ordenamento jurídico português encontra o seu regime na LAV, mais especificamente nos arts. 55.º ss.

Estas disposições serão, pois, relevantes, nos casos em que não se apliquem convenções internacionais, regra que expressamente resulta do disposto no art. 55.º LAV.

Sublinhe-se aqui que Portugal fez uma reserva à Convenção de Nova Iorque, admitida nos termos do seu art. I, n.º 3, de acordo com a qual, Portugal declarou, com base na reciprocidade, que apenas aplicará a Convenção ao reconhecimento e à execução das decisões que sejam proferidas no território de outro Estado contratante. Importa, todavia, ter presente que, atendendo a que 159 Estados são contratantes desta Convenção, a probabilidade de que tal aconteça é, cada vez mais reduzida[822].

Em todo o caso, se a decisão for proferida num Estado não contratante, é aplicado o regime do reconhecimento previsto na LAV[823].

Acresce ainda que, nos termos do art. VII, n.º 1, da Convenção de Nova Iorque, é consagrado o princípio do tratamento mais favorável. Significa isto que a aplicabilidade da Convenção não prejudica a invocação pelos interessados de disposições mais favoráveis ao reconhecimento e à execução que estejam previstas no Direito interno dos Estados contratantes[824]. Assim,

[822] Tenha-se presente que o 157.º país foi Angola, que depositou o instrumento de adesão em 6 de março de 2017, entrando a Convenção em vigor neste país em 4 de junho de 2017.

[823] Veja-se, a este respeito, António Sampaio Caramelo, *O reconhecimento e a execução...*, cit., págs. 12 ss.

[824] Esta regra assume especial relevância em Estados como, *v.g.*, França, que têm regras substancialmente mais favoráveis ao reconhecimento do que as previstas na Convenção de Nova Iorque. Na verdade, nos termos do art. 1514 do *Code de procédure civile*, determina-se que as sentenças arbitrais são reconhecidas e executadas em França desde que a sua existência seja provada pela parte interessada e o seu reconhecimento ou execução não seja manifestamente contrário à ordem pública internacional. Todavia, nos termos do art. 1525, último parágrafo, do *Code de procédure civile*, prevê-se que o tribunal, em caso de reação de uma das partes, pode recusar o reconhecimento ou a execução com um dos fundamentos previstos no art. 1520 do *Code de procédure civile*. Cfr. Emmanuel Gaillard, *Legal Theory of International Arbitration*, cit., pág. 137; Thomas Clay, *Code de l'arbitrage commenté*, cit., págs. 200 ss., 213, especifica

as regras que regulam o reconhecimento e a execução que estão previstas na LAV poderão vir a ser aplicadas pelos tribunais portugueses, mesmo se se tratar de uma decisão proferida no âmbito de uma arbitragem localizada num Estado Contratante da Convenção, se se verificar que as regras da LAV são mais favoráveis ao reconhecimento e à execução da decisão do que as regras da Convenção de Nova Iorque[825].

III. De acordo com o disposto no art. 55.º da LAV, são sentenças arbitrais estrangeiras "(...) as sentenças proferidas em arbitragens localizadas no estrangeiro (...)". A redação desta disposição não suscita dúvidas de que, para que uma sentença[826] seja considerada estrangeira, deverá ter sido

que uma das consequências significativas é que uma decisão arbitral que seja ineficaz no país onde foi proferida, pode ser reconhecida e executada em França, mesmo se existir um recurso pendente no país de origem. Cfr. ÉRIC LOQUIN, *L'arbitrage du commerce international*, cit., págs. 401, 404 ss., também com referências de Direito Comparado, sublinha que, por não estar entre os fundamentos do art. 1520 *Code de procédure civile* o facto de a decisão arbitral ter sido anulada ou estar suspensa no país de origem, este não constitui um fundamento de recusa de reconhecimento. Com referências jurisprudenciais, *Recognition and Enforcement of Foreign Arbitral Awards: A Global Commentary on the New York Convention*, Art. V, 1, e), NADIA DARWASEH, coord. Herbert Kronke, Patricia Nacimiento, Dirk Otto, Nicola Christine Port, Wolters Kluwer, 2010 (disponível em http://www.kluwerarbitration.com), págs. 334 ss.; MÁRIO ESTEVES DE OLIVEIRA ET AL., *Lei da Arbitragem Voluntária*, cit., págs. 665 ss.; *International Commercial Arbitration*, "§ 2 International Commercial Arbitration: The New York Convention", DENNIS SOLOMON, editor Stephan Balthasar, C.H.Beck/Hart/Nomos, München, 2016, págs. 45-157, págs. 53 ss.; GEORGE A. BERMANN, *International Arbitration and Private International Law*, cit., págs. 541 ss.

825 DÁRIO MOURA VICENTE ET AL., *Lei da Arbitragem Voluntária Anotada*, art. 55.º, DÁRIO MOURA VICENTE, cit., pág. 190; LUÍS DE LIMA PINHEIRO, *Arbitragem transnacional*, cit., pág. 299; LUÍS DE LIMA PINHEIRO, *Direito Internacional Privado*, vol. III, cit., pág. 564. *Vide* também, MARIA CRISTINA PIMENTA COELHO, "A Convenção de Nova Iorque de 10 de Junho de 1958 relativa ao reconhecimento e execução de sentenças arbitrais estrangeiras", *Revista Jurídica*, n.º 20, novembro 1996, págs. 37-69, pág. 52, que sublinha ainda que a parte interessada será aquela que pretende ver a sentença reconhecida. Ainda acerca do art. VII da Convenção de Nova Iorque, veja-se ANTÓNIO SAMPAIO CARAMELO, *O reconhecimento e a execução...*, cit., págs. 223 ss.

826 Acerca da própria noção de sentença para efeitos da aplicação dos arts. 56.º ss. LAV, bem como da aplicação da Convenção de Nova Iorque, *vide* ANTÓNIO SAMPAIO CARAMELO, *O reconhecimento e a execução...*, cit., págs. 26 ss., que esclarece que a orientação dominante vai no sentido de se considerar que a sentença arbitral é a que decide definitivamente uma questão, concluindo, pois, serem sentenças arbitrais que podem ser reconhecidas as que decidem

proferida numa arbitragem com sede em território estrangeiro, ainda que a mesma tenha sido, por alguma razão, assinada em Portugal[827].

Acima, verificou-se que, nos termos do art. 31.º, n.º 1, da LAV, as partes podem fixar livremente o lugar da arbitragem; na falta de acordo, o lugar da arbitragem é fixado pelo tribunal que tomará em consideração as circunstâncias do caso[828]. E, nos termos do art. 42.º, n.º 4, LAV, a sentença considera-se, para todos os efeitos, proferida no lugar da arbitragem[829]. Estas regras estão apenas em vigor em Portugal, mas refletem uma orientação muito significativa que tem vindo a ser adotada a este respeito.

Já do art. I, n.º 1, da Convenção de Nova Iorque de 1958, resulta que serão sentenças arbitrais estrangeiras as proferidas no território de um Estado que não aquele em que é pedido o reconhecimento[830]. A caracterização de uma sentença arbitral como estrangeira não é pacífica e tem suscitado

sobre o fundo da causa, as que decidem, definitivamente, sobre parte do mérito da causa, as que repartem os custos da arbitragem ou determinam que uma parte reembolse os custos suportados pela outra e ainda as decisões que homologam transações celebradas pelas partes que põem termo ao processo.

827 Dário Moura Vicente et al., *Lei da Arbitragem Voluntária Anotada,* art. 55.º; Dário Moura Vicente, cit., pág. 191. Conforme sublinha Rui de Moura Ramos, "Arbitragem estrangeira e reconhecimento de sentenças arbitrais estrangeiras no novo direito português da arbitragem", *Estudos em Homenagem a António Barbosa de Melo,* Almedina, Coimbra, 2013, págs. 839-859, pág. 851, "[o] lugar da arbitragem (...) aparece assim em toda a sua importância".

828 *Vide* a este propósito, Luís de Lima Pinheiro, *Direito Internacional Privado,* vol. III, cit., pág. 571. Especialmente esclarecedor a este respeito é José Robin de Andrade em Dário Moura Vicente et al., *Lei da Arbitragem Voluntária Anotada,* art. 42.º, José Robin de Andrade, cit., pág. 150, que sustenta, em comentário ao art. 42.º, n.º 4, da NLAV, que "[o] lugar da sentença não é necessariamente o lugar físico em que ocorrer a votação dos árbitros ou mesmo aquele em que historicamente a sentença é assinada: é antes o lugar fixado pelo tribunal como sede de arbitragem, nos termos do art. 31.º. Esta clarificação é importante sobretudo para arbitragens internacionais em que ocorre com frequência que o lugar formal (*seat*) não coincide com o lugar efetivo (*venue*). Se o lugar constante da sentença for diverso do lugar anteriormente fixado como sede da arbitragem, deve considerar-se que o tribunal modificou a sede da arbitragem, o que poderá, ou não, ser legalmente admissível, e em caso negativo, conduzir à invalidade da sentença".

829 António Sampaio Caramelo, *O reconhecimento e a execução...,* cit., pág. 16.

830 Com redação muito similar, veja-se, *v.g.*, na Lei da Arbitragem brasileira, Lei n.º 9.307, de 23 de setembro de 1996, alterada pela Lei n.º 13.129 de 2015, o seu art. 34, parágrafo único, que estabelece que se considera sentença arbitral a que tenha sido proferida fora do território nacional.

discussões na doutrina e divergências jurisprudenciais. Luís de Lima Pinheiro, sublinhando o facto de a decisão arbitral integrar o processo arbitral, sustenta que estas decisões são usualmente proferidas na sede da arbitragem, sendo esta, por regra, o lugar escolhido pelas partes[831]. A orientação dominante parece ir, de facto, no sentido de se conferir relevância à sede da arbitragem, mais do que ao lugar onde, concretamente, a decisão foi redigida ou assinada[832].

Sublinhe-se que, para garantir um âmbito de aplicação mais abrangente, mas respeitando também, parece-nos, os cambiantes da noção de decisão arbitral estrangeira nos vários ordenamentos jurídicos, vem prever-se, na segunda parte do art. I, n.º 1, da Convenção de Nova Iorque, que esta Convenção se aplicará também às sentenças arbitrais que não são consideradas domésticas no Estado onde o seu reconhecimento e execução é solicitado[833].

Saliente-se ainda que, em alguns casos, as decisões arbitrais estão sujeitas a regras específicas de reconhecimento. Assim, *v.g.*, no caso de arbitragens desenvolvidas no CIRDI, determina o art. 54.º, n.º 1, da Convenção de Washington, que cada Estado reconhecerá a obrigatoriedade da sentença

[831] Luís de Lima Pinheiro, *Arbitragem transnacional*, cit., pág. 292. Acerca do regime de reconhecimento de sentenças, então previsto no CPC, António Marques dos Santos, "Revisão e confirmação de sentenças estrangeiras no novo Código de Processo Civil", *Aspectos do Novo Processo Civil*, Lex, Lisboa, 1997, págs. 105-155, pág. 114, considerava que "(...) deve entender-se, a nosso ver, que o que é aqui decisivo não é o lugar onde foi proferida a sentença arbitral, mas sim *o lugar onde decorreu a arbitragem*: se este lugar tiver sido em Portugal, as decisões arbitrais não carecerão de revisão, quer tenham sido proferidas em Portugal quer no estrangeiro, para produzirem efeitos no nosso país; se a arbitragem teve lugar no estrangeiro, ficarão sujeitas ao processo de revisão do artigo 1094.º e seguintes do Código, quer tenham sido proferidas no estrangeiro, quer o hajam sido em Portugal". Acerca do regime de reconhecimento das decisões arbitrais estrangeiras anterior à adoção da LAV, *vide* António Sampaio Caramelo, *O reconhecimento e a execução...*, cit., págs. 11 ss.

[832] Também seguindo esta orientação, veja-se *Recognition and Enforcement of Foreign Arbitral Awards: A Global Commentary on the New York Convention*, Art. I, Hans Bagner, coord. Herbert Kronke, Patricia Nacimiento, Dirk Otto, Nicola Christine Port, Wolters Kluwer, 2010 (disponível em http://www.kluwerarbitration.com), págs. 20 ss., embora admita que a questão é discutível e avançando com referências jurisprudenciais.

[833] Acerca desta questão, *vide* António Sampaio Caramelo, *O reconhecimento e a execução...*, cit., págs. 15 ss., em especial, nota 14, com referência ao Guia do ICCA sobre a interpretação da Convenção de Nova Iorque de 1958, disponível em http://www.arbitration-icca.org/media/1/13890217974630/judges_guide_english_composite_final_jan2014.pdf.

dada em conformidade com a Convenção e assegurará a execução no seu território das obrigações pecuniárias impostas por essa sentença, como se se tratasse de uma decisão final de um tribunal desse Estado.

IV. O reconhecimento, por um tribunal estadual, das decisões arbitrais estrangeiras tem uma função de controlo da decisão arbitral[834]. A este respeito, Luís de Lima Pinheiro sublinha a distinção entre jurisdição primária – a quem compete apreciar a impugnação da decisão – e jurisdição secundária – a quem compete apreciar o reconhecimento e a execução da decisão arbitral[835].

Conforme se verificou acima, na impugnação da decisão arbitral, é feito um controlo formal da decisão arbitral pelo tribunal do Estado da sede da arbitragem. Já no caso do reconhecimento de sentença, está em causa uma decisão de uma arbitragem que teve lugar num país e pretende-se que determinados efeitos que se produzem no país da arbitragem sejam reconhecidos num outro país, *maxime* caso julgado e força executiva[836].

Assim, estes serão os efeitos que a sentença arbitral estrangeira produzirá em Portugal, caso seja reconhecida: caso julgado e constituirá título executivo.

Para que uma decisão arbitral estrangeira produza estes efeitos em Portugal, é necessário que seja reconhecida pelos tribunais portugueses competentes. Ou seja, não se verifica, quer seja aplicada a Convenção de Nova Iorque, quer sejam aplicados os arts. 55.º ss. da LAV, um reconhecimento

[834] Rui de Moura Ramos, "L'arbitrage étranger et la reconnaissance...", cit., pág. 74.

[835] Luís de Lima Pinheiro, *Arbitragem Transnacional*, cit., págs. 74 ss. Também com referência à jurisdição primária e secundária neste sentido, cfr. António Sampaio Caramelo, *O reconhecimento e a execução...*, cit., pág. 70.

[836] António Marques dos Santos, "Revisão e confirmação...", cit., pág. 105; A. Ferrer Correia, *Lições de Direito Internacional Privado I*, cit., pág. 454; Luís de Lima Pinheiro, *Arbitragem transnacional*, cit., págs. 285 ss.; Luís de Lima Pinheiro, *Direito Comercial Internacional*, cit., pág. 569, sublinha ainda outros modos de relevância como "(...) o valor probatório e o valor como mero facto material"; Luís de Lima Pinheiro, *Direito Internacional Privado*, vol. III, cit., págs. 561 ss.; Elsa Dias Oliveira, "Reconhecimento de sentenças arbitrais estrangeiras", *RIAC*, n.º 5, 2012, págs. 73-97, pág. 73; António Sampaio Caramelo, *O reconhecimento e a execução...*, cit., págs. 23 ss.; Dário Moura Vicente et al., *Lei da Arbitragem Voluntária Anotada*, art. 55.º, Dário Moura Vicente, cit., págs. 189 ss.

automático da decisão arbitral proferida no estrangeiro. Assim o determina os arts. III e IV da Convenção de Nova Iorque e o art. 55.º da LAV[837].

19. O tribunal competente e a tramitação do processo

I. Quer seja aplicado o regime da LAV, quer o da Convenção de Nova Iorque, será competente para apreciar o pedido de reconhecimento o Tribunal da Relação do Distrito Judicial do domicílio da pessoa contra quem se pretenda valer sentença, conforme resulta do art. 59.º, n.º 1, al. h), LAV[838].

II. Nos termos do art. 57.º LAV estão regulados os trâmites do processo de reconhecimento. Prevê-se, no seu n.º 1, que a parte que pretenda o reconhecimento de sentença arbitral estrangeira deve fornecer o original da sentença devidamente autenticado ou cópia devidamente certificada. Deve ainda fornecer o original da convenção de arbitragem ou cópia autenticada da mesma. Se estes documentos não estiverem redigidos em língua portuguesa, a parte que requer o reconhecimento, deve fornecer uma tradução certificada. Em sentido muito semelhante determina igualmente o art. IV da Convenção de Nova Iorque.

Prevê-se, nos termos do art. 57.º, n.º 2, NLAV, que a parte contrária é, depois de apresentada a petição de reconhecimento – devidamente acompanhada dos documentos indicados no n.º 1 – , citada para deduzir oposição no prazo de 15 dias.

Finda a fase dos articulados e realizadas as diligências que o relator considere indispensáveis, o exame do processo é facultado, para alegações, às partes e ao Ministério Público, pelo prazo de 15 dias. A submissão do

[837] Em sentido diverso determina o art. 35.º, n.º 1, da Lei-Modelo, nos termos do qual a sentença arbitral será reconhecida como tendo força obrigatória, sem prejuízo de o seu reconhecimento poder vir a ser recusado com um dos fundamentos previstos no art. 36.º da Lei-Modelo. Ou seja, consagra-se o reconhecimento automático da sentença arbitral. Acerca deste regime da Lei-Modelo, cfr. PETER BINDER, *International Commercial Arbitration and Mediation in UNCITRAL Model Law Jurisdictions*, cit., págs. 493 ss. *Vide* também MARIA ÂNGELA BENTO SOARES/RUI MANUEL MOURA RAMOS, *Contratos Internacionais*, cit., págs. 429 ss.; RUI DE MOURA RAMOS, "L'arbitrage étranger et la reconnaissance...", cit., pág. 76.

[838] Já antes da entrada em vigor deste diploma, era também este o Tribunal competente, à data, nos termos do art. 1095.º CPC. *Vide* a este respeito, ELSA DIAS OLIVEIRA, "Reconhecimento de sentenças arbitrais estrangeiras", cit., pág. 78.

processo também ao Ministério Público facilmente se entende atendendo a que podem estar interesses públicos subjacentes ao reconhecimento[839].

Determina-se ainda no n.º 4, do art. 57.º, que o julgamento se fará de acordo com as regras próprias da apelação.

Caso o reconhecimento em causa seja de uma sentença estrangeira sobre litígios de Direito Administrativo, deve aplicar-se o mesmo regime aqui descrito, embora com as necessárias adaptações ao regime processual específico dos Tribunais Administrativos (art. 58.º LAV). Expressamente se prevê, nos termos do art. 59.º, n.º 2, LAV, que, no caso de estar em causa o reconhecimento de uma sentença arbitral no âmbito do Direito Administrativo, será competente o Tribunal Central Administrativo em cuja circunscrição se situe o domicílio da pessoa contra quem se pretende fazer vale a sentença.

II. Esta é a tramitação processual que vale para o reconhecimento de decisões arbitrais estrangeiras, quer seja aplicável a Convenção de Nova Iorque, quer não o seja. Na verdade, importa distinguir entre, por um lado, os fundamentos que podem sustentar a inadmissibilidade do reconhecimento das sentenças arbitrais e, por outro lado, o procedimento a seguir pelos tribunais de cada Estado para decidir acerca desse reconhecimento. Este procedimento fica sujeito ao critério de cada Estado[840], que se encontra, no entanto, vinculado ao leque de fundamentos previstos no art. V, da Convenção de Nova Iorque, caso esta se aplique.

O facto de as decisões arbitrais estrangeiras estarem sujeitas a um processo de reconhecimento e as decisões arbitrais com sede em Portugal não o estarem, não se traduz em qualquer violação ao art. III da Convenção de Nova Iorque. Este artigo determina que não serão aplicadas ao reconhecimento ou execução das decisões arbitrais abrangidas pela Convenção, condições sensivelmente mais rigorosas, nem custas mais elevadas, do que aquelas a que estão submetidas as decisões arbitrais que têm sede em Portugal. Na verdade, estas decisões arbitrais apresentam diferenças relativamente às proferidas no estrangeiro, o que justifica também algumas diferenças de regime. Desde logo, as decisões arbitrais nacionais ficam sujeitas aos fundamentos de anulação previstos no art. 46.º e as estrangeiras não o ficam.

[839] Elsa Dias Oliveira, "Reconhecimento de sentenças arbitrais estrangeiras", cit., pág. 96.

[840] António Sampaio Caramelo, *O reconhecimento e a execução...*", cit., pág. 82.

O reconhecimento destas fica sujeito sim aos fundamentos previstos no art. 56.º LAV ou no art. V da Convenção de Nova Iorque, consoante o caso – estas duas disposições apresentam semelhanças muito significativas. Daí que não exista, no regime do reconhecimento previsto na LAV, qualquer violação do art. III da Convenção de Nova Iorque[841].

20. Fundamentos de recusa do reconhecimento e execução

20.1. Os fundamentos previstos na lei interna e os previstos na Convenção de Nova Iorque

O regime do reconhecimento e da execução das sentenças arbitrais estrangeiras previsto na LAV é muito semelhante ao previsto na Convenção de Nova Iorque. Consequentemente, o regime materialmente aplicável será similar mesmo para decisões relativas a arbitragens que ocorram em países distintos. Na verdade, e uma vez que o que está em causa é o reconhecimento e a execução no ordenamento jurídico português de decisões arbitrais estrangeiras, dificilmente se compreendia a consagração de regimes distintos, consoante a origem da decisão, conforme resultava da anterior legislação em vigor[842].

Os fundamentos de recusa do reconhecimento e da execução de sentença arbitral estrangeira estão previstos de forma taxativa[843] no art. 56.º

[841] ANTÓNIO SAMPAIO CARAMELO, *O reconhecimento e a execução...*, cit., págs. 82 ss. Acerca da segunda parte do art. III da Convenção de Nova Iorque, *Recognition and Enforcement of Foreign Arbitral Awards: A Global Commentary on the New York Convention*, Art. III, ANDREAS BÖRNER, coord. Herbert Kronke, Patricia Nacimiento, Dirk Otto, Nicola Christine Port, Wolters Kluwer, 2010 (disponível em http://www.kluwerarbitration.com), pág. 119.

[842] LUÍS DE LIMA PINHEIRO, *Arbitragem transnacional*, cit., págs. 317 ss., entendia ser despropositada a limitação do âmbito de aplicação da Convenção às decisões proferidas em Estados contratantes, com base numa ideia de reciprocidade. Segundo o autor, se o regime da Convenção de Nova Iorque era considerado adequado, então, não havia razão para que não fosse aplicado ao reconhecimento de todas as decisões arbitrais estrangeiras. Nesta sequência, defendia que Portugal devia retirar a reserva formulada. Após a entrada em vigor da LAV de 2011, Luís de Lima Pinheiro veio considerar que "(...) o novo regime interno, alinhado com o regime da Convenção de Nova Iorque, conduz, em princípio, ao mesmo resultado prático": LUÍS DE LIMA PINHEIRO, *Direito Internacional Privado*, vol. III, cit., pág. 569.

[843] *Recognition and Enforcement of Foreign Arbitral Awards: A Global Commentary on the New York Convention*, Art. V, 1, a), PATRICIA NACIMIENTO, coord. Herbert Kronke, Patricia Nacimiento, Dirk Otto, Nicola Christine Port, Wolters Kluwer, 2010 (disponível em http://www.kluwerarbitration.com), pág. 206; GARY B. BORN, *International Commercial Arbitration*,

da LAV e no art. V Convenção de Nova Iorque, sendo a sua formulação feita pela negativa[844]. Ou seja, indicam-se os fundamentos que, uma vez preenchidos, impedem o reconhecimento. Em ambas as disposições, estes fundamentos de recusa estão divididos em dois grupos. No art. 56.º, n.º 1, al. a), LAV e no art. V, n.º 1, da Convenção de Nova Iorque, estão previstos os fundamentos que impedem o reconhecimento que têm de ser pedidos e provados pela parte contra quem a sentença é invocada. Já no art. 56.º, n.º 1, al. b), LAV e no art. V, n.º 2, da Convenção de Nova Iorque, estão indicados os fundamentos que são de conhecimento oficioso, que o tribunal pode verificar, mesmo que não sejam pedidos nem provados por qualquer parte[845]. A indicação taxativa destes fundamentos reflete uma ideia de favorecimento do reconhecimento das decisões arbitrais estrangeiras que está subjacente à LAV, à Convenção de Nova Iorque e demais textos que regulam esta matéria[846].

De sublinhar ainda, pela óbvia influência, na redação da LAV nesta matéria, é o art. 36.º da Lei-Modelo da CNUDCI.

Atendendo a que os fundamentos de recusa de reconhecimento e execução da decisão são em larguíssima medida coincidentes no teor e na estrutura em ambos os diplomas referidos, no ponto seguinte será feita a sua análise conjunta, salientando-se as diferenças de regime, sempre que estas se verifiquem.

cit., págs. 3425 ss.; Nigel Blackaby/J. Martin Hunter/Constantine Partasides/Alan Redfern, *Redfern and Hunter on International Arbitration*, cit., pág. 622; António Menezes Cordeiro, *Tratado da Arbitragem*, cit., pág. 543; António Sampaio Caramelo, *O reconhecimento e a execução...*, cit., págs. 129 ss.; Dário Moura Vicente et al., *Lei da Arbitragem Voluntária Anotada*, art. 56.º, Dário Moura Vicente, cit., pág. 193.

844 *Vide*, a propósito da Convenção de Nova Iorque, Luís de Lima Pinheiro, *Arbitragem transnacional*, cit., pág. 300; Luís de Lima Pinheiro, *Direito Internacional Privado*, vol. III, cit., pág. 593.

845 *Vide*, acerca desta distinção, a propósito da Convenção de Nova Iorque, Dário Moura Vicente, "Recognition of foreign arbitral awards in Portugal", *The Arbitration and Dispute Resolution Law Journal*, dezembro 2000, págs. 270-277, pág. 275; *Recognition and Enforcement of Foreign Arbitral Awards: A Global Commentary on the New York Convention*, Art. V, 1, a), Patricia Nacimiento, coord. Herbert Kronke, Patricia Nacimiento, Dirk Otto, Nicola Christine Port, Wolters Kluwer, 2010 (disponível em http://www.kluwerarbitration.com), pág. 207; Luís de Lima Pinheiro, *Direito Internacional Privado*, vol. III, cit., pág. 593.

846 António Menezes Cordeiro, *Tratado da Arbitragem*, cit., pág. 543.

20.2. Os fundamentos invocados e provados pelas partes

I. Os fundamentos de recusa do reconhecimento e da execução que devem ser pedidos e provados pelas partes encontram-se previstos, como se referiu, nas diversas subalíneas do art. 56.º, n.º 1, al. a), da LAV, e nas alíneas do art. V, n.º 1, da Convenção de Nova Iorque.

II. No art. 56.º, n.º 1, al. a), subalínea i), da LAV, de modo idêntico ao previsto no art. V, n.º 1, al. a), da Convenção de Nova Iorque e no art. 36.º, n.º 1, al. a), subalínea i), da Lei-Modelo da CNUDCI, determina-se como fundamento de recusa do reconhecimento o facto de uma das partes da convenção de arbitragem estar afetada por uma incapacidade. Esta incapacidade é apreciada no momento em que a convenção é celebrada[847].

A determinação da lei material aplicável para esta apreciação é objeto de divisão doutrinária. Assim, segundo uma corrente doutrinária, serão as normas de conflitos do Estado do lugar da arbitragem e onde, em princípio, é proferida a sentença, que determinarão a lei material reguladora da capacidade das partes[848]. De acordo com uma outra orientação, as normas de conflitos relevantes são as que vigoram no Estado onde é pedido o reconhecimento[849]. Sendo este Estado o português, as normas de conflitos

[847] Veja-se, a propósito do art. V, n.º 1, al. a), da Convenção de Nova Iorque, *Recognition and Enforcement of Foreign Arbitral Awards: A Global Commentary on the New York Convention,* Art. V, 1, a), PATRICIA NACIMIENTO, cit., pág. 217.

[848] MARIA HELENA BRITO, "As novas regras sobre a arbitragem internacional...", cit., pág. 34.

[849] A propósito da Convenção de Nova Iorque, considerando haver que recorrer às regras de conflitos do Estado em que é pedido o reconhecimento, por a Convenção nada determinar a este respeito, cf. MARIA CRISTINA PIMENTA COELHO, "A Convenção de Nova Iorque...", cit., pág. 55. Também LUÍS DE LIMA PINHEIRO, *Arbitragem transnacional,* cit., pág. 300, considera que: "A lei aplicável à capacidade é determinada, em princípio, pelo Direito de Conflitos do Estado de reconhecimento (...)"; LUÍS DE LIMA PINHEIRO, *Direito Comercial Internacional,* cit., pág. 583. LUÍS DE LIMA PINHEIRO, *Direito Internacional Privado,* vol. III, cit., pág. 593; LUÍS DE LIMA PINHEIRO, "O reconhecimento de decisões arbitrais «estrangeiras»", *Arbitragem Comercial, Estudos comemorativos dos 30 anos do Centro de Arbitragem Comercial da Câmara de Comércio e Indústria Portuguesa,* coord. António Menezes Cordeiro, Almedina, Coimbra, 2019, págs. 665-700, pág. 676; ANTÓNIO SAMPAIO CARAMELO, *O reconhecimento e a execução...,* cit., págs. 138 ss., em especial, pág. 141; *Recognition and Enforcement of Foreign Arbitral Awards: A Global Commentary on the New York Convention,* Art. V, 1, a), PATRICIA NACIMIENTO, cit., págs. 218 ss., com referências jurisprudenciais; GEORGE A. BERMANN, *International Arbitration*

relevantes seriam, para as pessoas singulares, o art. 25.º CC conjugado com o art. 31.º, n.º 1, CC[850] ou com o art. 12.º, n.º 1, da Convenção relativa ao estatuto dos apátridas[851]; para as sociedades comerciais, a norma de conflitos relevante seria o art. 3.º, n.º 1, CSC, para as pessoas coletivas internacionais, o art. 34.º CC e para as demais pessoas coletivas, o art. 33.º CC. Esta segunda orientação é, parece-nos, a dominante. E, na verdade, se é no país do reconhecimento que se pretende que a decisão produza efeitos, caberá também a este país definir qual a lei que exige tenha sido observada para apreciar da capacidade das partes.

Em todo o caso, a orientação que determina a aplicação das normas de conflitos do lugar da arbitragem apresenta o grande mérito de permitir uma maior coerência e continuidade das situações jurídicas. Na verdade, se a lei aplicável no lugar da arbitragem considerar que uma ou ambas as partes não têm capacidade para celebrar a convenção de arbitragem, não irá, sequer, admitir a arbitragem. Por isso, o controlo da capacidade por aplicação de uma lei com a qual não se contava, pode ser gerador de insegurança.

Ainda nesta subalínea determina-se que o reconhecimento também poderá ser recusado se a convenção de arbitragem não for válida nos termos da lei escolhida pelas partes para a regular ou, na falta de escolha, da lei do país onde a sentença foi proferida.

Relevam aqui, quer os requisitos de validade substancial, quer os de validade formal[852]. Não surpreende a consagração deste fundamento

and Private International Law, cit., págs. 582 ss. Neste sentido, também parece seguir Dário Moura Vicente et al., *Lei da Arbitragem Voluntária Anotada*, art. 56.º, Dário Moura Vicente, cit., pág. 193; Elsa Dias Oliveira, "Reconhecimento de sentenças arbitrais estrangeiras", cit., págs. 79 ss. *Vide* ainda a este respeito, Manuel Pereira Barrocas, *Manual de Arbitragem*, cit., págs. 705 ss.

[850] Dário Moura Vicente et al., *Lei da Arbitragem Voluntária Anotada*, art. 56.º, Dário Moura Vicente, cit., pág. 193.

[851] Entrou em vigor na ordem internacional em 6 de junho de 1960, foi aprovada para adesão pela Resolução da Assembleia da República n.º 107/2012, de 7 de agosto, ratificada pelo Decreto do Presidente da República n.º 134/2012, de 7 de agosto, em vigor na ordem jurídica portuguesa desde 30 de dezembro de 2012.

[852] A amplitude desta validade – se apenas validade substancial ou se, também, validade formal – é discutível na doutrina no âmbito do art. V, n.º 1, al. a), da Convenção de Nova Iorque. Segundo alguns autores, como Luís de Lima Pinheiro, *Arbitragem transnacional*, cit., pág. 301; Luís de Lima Pinheiro, *Direito Internacional Privado*, vol. III, cit., pág. 594; Gary B.

atendendo a que, conforme foi sobejamente referido, a convenção de arbitragem é a fundação em que assenta a arbitragem e não sendo esta considerada válida, toda a arbitragem que aí se sustenta, desmorona-se. A referência à lei escolhida também é coerente, atendendo a que, quer no art. 51.º, n.º 1, da LAV, quer no art. II da Convenção de Nova Iorque, se admite a possibilidade de escolha pelas partes da lei que rege a convenção de arbitragem[853]. Na falta de escolha, a relevância atribuída ao local da arbitragem facilmente se compreende atendendo a que, de modo mais ou menos apertado, é à lei deste Estado que caberá verificar, em primeira jurisdição (seja, *v.g.*, em incidente de apreciação da competência do tribunal arbitral, seja no âmbito da impugnação da decisão arbitral ou, se admissível, de recurso), se a convenção é ou não válida[854].

Durante o processo que resultou na decisão arbitral, a validade da convenção de arbitragem já terá sido alegada por uma das partes e apreciada pelo tribunal arbitral que proferiu a sentença. Todavia, o tribunal do reconhecimento não fica vinculado à decisão proferida por este tribunal no que respeita a essa validade[855].

BORN, *International Commercial Arbitration*, cit., págs. 3459 ss., fica abrangida quer a validade formal, quer a substancial. Segundo outros autores, como ANTÓNIO SAMPAIO CARAMELO, *O reconhecimento e a execução...*, cit., pág. 146, a validade formal fica excluída desta disposição, uma vez que a validade formal da convenção de arbitragem está especificamente regulada no art. II, n.ºs 1 e 2, da Convenção de Nova Iorque. Caso a lei nacional seja menos exigente quanto à forma, atendendo ao art. VII, seria de atender a esta, na medida em que favoreça o reconhecimento da decisão. Também assim, *Recognition and Enforcement of Foreign Arbitral Awards: A Global Commentary on the New York Convention*, Art. V, 1, a), PATRICIA NACIMIENTO, cit., págs. 226 ss.

853 Neste sentido, a propósito do art. V, n.º 1, al. a), da Convenção de Nova Iorque, *Recognition and Enforcement of Foreign Arbitral Awards: A Global Commentary on the New York Convention*, Art. V, 1, a), PATRICIA NACIMIENTO, cit., pág. 223.

854 Sublinhe-se o que já acima se referiu: atendendo a que os fundamentos de recusa de reconhecimento da decisão arbitral que ora apreciamos são válidos também no âmbito da aplicação da Convenção de Nova Iorque, pode ocorrer que uma decisão arbitral com sede em Portugal e que tem uma convenção de arbitragem válida de acordo com a lei que regula o fundo da causa (art. 51.º, n.º 1, LAV), mas inválida de acordo com a lei escolhida pelas partes para reger a convenção de arbitragem e de acordo com a lei portuguesa, seja considerada válida em Portugal, mas não ser reconhecida nos Estados que apliquem a Convenção de Nova Iorque no reconhecimento dessa decisão.

855 ANTÓNIO SAMPAIO CARAMELO, *O reconhecimento e a execução...*, cit., págs. 148 ss., com referências bibliográficas.

A arbitrabilidade do litígio objeto da convenção de arbitragem, apesar de ser um dos elementos relevantes na determinação da validade desta convenção, encontra-se abrangido especificamente pelo âmbito de aplicação do art. 56.º, n.º 1, al. b), subalínea i), LAV, que deverá ser aplicado perante tal fundamento[856].

III. Prevê-se, no art. 56.º, n.º 1, al. a), subalínea ii), LAV, com redação semelhante à prevista no art. V, n.º 1, al. b), da Convenção de Nova Iorque e no art. 36.º, n.º 1, al. a), subalínea ii), da Lei-Modelo, como fundamento de recusa do reconhecimento o facto de a parte contra quem a sentença é invocada não ter sido devidamente informada da designação de um árbitro ou do processo arbitral ou ainda, por qualquer outro motivo, não lhe ter sido dada a oportunidade de fazer valer os seus direitos.

A referência expressa ao facto de a parte ter ou não sido "devidamente" informada, deixa alguma margem de discricionariedade face ao caso concreto[857].

Na decisão, haverá que atender aos princípios processuais que estão subjacentes à arbitragem, em especial, o do contraditório e o da igualdade das partes. Visa-se garantir que apenas será reconhecida a decisão arbitral que tenha respeitado as regras que garantem a constituição justa do tribunal arbitral, que, conforme acima se verificou, é um aspeto essencial para assegurar o princípio da igualdade das partes, que é considerado estruturante em arbitragem. Também no que respeita ao próprio processo arbitral, o respeito pelo princípio do contraditório, igualmente estruturante, apenas será assegurado se for dado conhecimento às partes de todas as diligências do processo e lhes for facultado o tempo necessário para tomar posição ou comparecer em tribunal. Naturalmente, que se tiver sido dada a possibilidade à parte de fazer valer os seus direitos no processo arbitral e esta

[856] António Sampaio Caramelo, *O reconhecimento e a execução...*, cit., págs. 146 ss., com referências bibliográficas.

[857] Neste sentido, a propósito do art. V, n.º 1, al. b), da Convenção de Nova Iorque, com referências jurisprudenciais, *Recognition and Enforcement of Foreign Arbitral Awards: A Global Commentary on the New York Convention*, art. V, 1, b, Andrés Jana, Angie Armer, Johanna Klein Kranenberg, coord. Herbert Kronke, Patricia Nacimiento, Dirk Otto, Nicola Christine Port, Wolters Kluwer, 2010 (disponível em http://www.kluwerarbitration.com), págs. 242 ss.

nada fizer, não poderá invocar este fundamento de recusa[858-859]. Sublinhe-se, contudo, que este pressuposto não significa, naturalmente, que devam ser observadas as regras processuais previstas no Estado do reconhecimento, apenas que o processo respeitou os requisitos aqui indicados[860].

A inobservância do princípio do contraditório ou do princípio da igualdade das partes pode consubstanciar, no caso concreto, uma contrariedade à reserva de ordem pública internacional do Estado português, pois são entendidos como princípios estruturantes do processo. Assim, neste caso, pode-se justificar a recusa de reconhecimento com fundamento no art. 56.º, n.º 1, al. b), subalínea ii), LAV ou no art. V, n.º 2, al. b), da Convenção de Nova Iorque[861].

[858] ANTÓNIO SAMPAIO CARAMELO, *O reconhecimento e a execução...*, cit., pág. 134, dá conta, com indicações doutrinárias, de uma corrente que sustenta que, se se verificar um fundamento de recusa de reconhecimento durante o processo arbitral e este não tiver sido invocado perante o tribunal arbitral, tal significa que se terá recusado, tacitamente, fazer valer esse fundamento posteriormente. Também assim, acerca do art. V, n.º 1, al. b), da Convenção de Nova Iorque, MARIA CRISTINA PIMENTA COELHO, "A Convenção de Nova Iorque...", cit., pág. 57.

[859] No acórdão do STJ, de 2 de fevereiro de 2006, disponível em www.dgsi.pt, tendo sido invocado como fundamento para recusa de reconhecimento de sentença o art. V, n.º 1, al. b) e o art. V, n.º 2, al. b), ambos da Convenção de Nova Iorque, foi decidido que, tendo sido dado como provado nos autos que a então recorrente tinha tido conhecimento do processo de arbitragem e da designação do árbitro, que "(...) não nomeou árbitro próprio, não comunicou os motivos da sua atuação ao árbitro que lhe foi nomeado, e nem, por fim recorreu da sentença arbitral. Quer isto, de facto, dizer que só não exerceu o seu direito de defesa porque não quis". Mais adiante, acerca da interpretação da expressão "devidamente informada", veio considerar este tribunal que "(...) importa averiguar para este efeito (...) se a parte contra quem a sentença é invocada foi ou não efectivamente colocada em posição de, querendo, poder fazer valer os seus pontos de vista perante os árbitros".

[860] *Vide*, a este respeito, acerca do art. V, n.º 1, al. b), da Convenção de Nova Iorque, com referências jurisprudenciais, *Recognition and Enforcement of Foreign Arbitral Awards: A Global Commentary on the New York Convention*, art. V, 1, b, ANDRÉS JANA, ANGIE ARMER, JOHANNA KLEIN KRANENBERG, cit., pág. 255; LUÍS DE LIMA PINHEIRO, *Arbitragem transnacional*, cit., pág. 301; MARIA CRISTINA PIMENTA COELHO, "A Convenção de Nova Iorque...", cit., pág. 57.

[861] DÁRIO MOURA VICENTE ET AL., *Lei da Arbitragem Voluntária Anotada*, art. 56.º, DÁRIO MOURA VICENTE, cit., pág. 193. Em sentido semelhante, acerca do art. V, n.º 1, al. b) e do art. V, n.º 2, al. b), da Convenção de Nova Iorque, MARIA CRISTINA PIMENTA COELHO, "A Convenção de Nova Iorque...", cit., pág. 57; LUÍS DE LIMA PINHEIRO, *Arbitragem transnacional*, cit., pág. 310; *Recognition and Enforcement of Foreign Arbitral Awards: A Global Commentary on the New York Convention*, art. V, 1, b, ANDRÉS JANA, ANGIE ARMER, JOHANNA KLEIN KRANENBERG, cit., pág. 234. Acerca da delimitação do âmbito de aplicação do art. V, n.º

A invocação do art. 56.º, n.º 1, al. a), subalínea ii), LAV ou do art. 56.º, n.º 1, al. b), subalínea ii), LAV (e em paralelo do art. V, n.º 1, al. b) ou do art. V, n.º 2, al. b), da Convenção de Nova Iorque) não é irrelevante, na medida em que a invocação do primeiro implica a alegação e prova do facto pela parte, enquanto no segundo estão previstos os pressupostos de conhecimento oficioso[862].

IV. Nos termos do art. 56.º, n.º 1, al. a), subalínea iii), da LAV – de modo semelhante ao previsto no art. V, n.º 1, al. c), da Convenção de Nova Iorque, bem como no art. 36.º, n.º 1, al. a), subalínea iii), da Lei-Modelo da CNUDCI – prevê-se como fundamento de recusa do reconhecimento o facto de a sentença se ter pronunciado sobre um litígio que não está abrangido pela convenção de arbitragem ou conter decisões que ultrapassam os termos desta. Está-se, pois, perante uma situação em que a convenção é válida, mas o tribunal é incompetente, pois decidiu acerca de matérias que estão para além do que está consagrado na convenção, *i.e.*, o tribunal arbitral excedeu a sua competência[863]-[864].

1, al. b), face ao art. V, n.º 2, al. b), ambos da Convenção de Nova Iorque, *vide* JOSÉ CARLOS FERNÁNDEZ ROZAS/SIXTO A. SÁNCHEZ LORENZO/GONZALO STAMPA, *Principios Generales del Arbitraje*, cit., págs. 119 ss.

862 Neste sentido, ANTÓNIO SAMPAIO CARAMELO, *O reconhecimento e a execução...*, cit., págs. 156 ss. A propósito da Convenção de Nova Iorque, *vide* LUÍS DE LIMA PINHEIRO, *Arbitragem transnacional*, cit., pág. 310; *Recognition and Enforcement of Foreign Arbitral Awards: A Global Commentary on the New York Convention*, art. V, 1, b, ANDRÉS JANA, ANGIE ARMER, JOHANNA KLEIN KRANENBERG, cit., pág. 234.

863 *Recognition and Enforcement of Foreign Arbitral Awards: A Global Commentary on the New York Convention*, Art. V, 1, c), NICOLA CHRISTINE PORT, SCOTT ETHAN BOWERS, BETHANY DAVIS NOLL, coord. Herbert Kronke, Patricia Nacimiento, Dirk Otto, Nicola Christine Port, Wolters Kluwer, 2010 (disponível em http://www.kluwerarbitration.com), págs. 257, 258.

864 Os limites deste fundamento não são pacíficos na doutrina, assim, DÁRIO MOURA VICENTE ET AL., *Lei da Arbitragem Voluntária Anotada*, art. 56.º, DÁRIO MOURA VICENTE, cit., pág. 193, dá como exemplo de situação que cabe na previsão desta norma a "(...) prolação pelos árbitros de uma sentença segundo a equidade, ou como *amiables compositeurs*, sem que as partes lhes tenham conferido tais poderes". *Vide* também DÁRIO MOURA VICENTE, *Da arbitragem comercial internacional*, cit., págs. 275 ss. Em sentido diverso, embora a propósito do art. V, n.º 1, al. c), da Convenção de Nova Iorque, LUÍS DE LIMA PINHEIRO, *Arbitragem transnacional*, cit., págs. 269 ss., 302, e LUÍS DE LIMA PINHEIRO, *Direito Internacional Privado*, vol. III, cit., pág. 596, sustenta que "[d]eve entender-se que o preceito já não abrange o desrespeito de diretivas contidas na convenção de arbitragem ou no contrato, designadamente as estipulações sobre

É facilmente compreensível a razão pela qual este fundamento não é de conhecimento oficioso. Na verdade, cabendo na disponibilidade das partes – dentro dos limites previstos na lei, *maxime* os respeitantes aos critérios de arbitrabilidade – a celebração de convenções de arbitragem, também se admitirá que, caso na sentença se decida sobre matéria que extravasa o objeto da convenção, e se as partes nada disserem, se verificou uma alteração tácita da convenção de arbitragem, ampliando-a[865].

Esta subalínea (iii) distingue-se da anteriormente analisada (i), na medida em que, nesta, a convenção de arbitragem é totalmente inválida, enquanto naquela se está perante uma convenção válida, mas a matéria decidida extravasa o seu objeto[866].

Na parte final desta disposição prevê-se que, caso as partes da sentença relativas a questões submetidas à arbitragem possam ser dissociadas, poderá ainda reconhecer-se e executar-se aquelas que estavam abrangidas pela convenção de arbitragem[867]. Identifica-se, subjacente a esta disposição, a finalidade de aproveitamento dos atos desenvolvidos e do favorecimento do reconhecimento da sentença.

Sublinhe-se, em todo o caso, que a interpretação do art. V, n.º 1, al. c), da Convenção de Nova Iorque tem suscitado discussão na doutrina, atendendo, em especial, ao facto de as versões nas três línguas oficiais não se apresentarem absolutamente coincidentes. Assim, tem sido discutido se

o Direito aplicável, nem o proferimento de uma decisão segundo a equidade não autorizada pelas partes". Já António Sampaio Caramelo, *O reconhecimento e a execução...*, pág. 176, refere esta situação, mas reconduzindo-a à previsão do art. 56.º, n.º 1, al. a), subalínea iv), LAV.

[865] Veja-se a orientação referida na nota 858.

[866] A propósito do art. V, n.º 1, als. a) e c), da Convenção de Nova Iorque, *Recognition and Enforcement of Foreign Arbitral Awards: A Global Commentary on the New York Convention,* Art. V, 1, c), Nicola Christine Port, Scott Ethan Bowers, Bethany Davis Noll, cit., págs. 259 ss.

[867] Segundo Gary B. Born, *International Commercial Arbitration,* cit., págs. 3433 ss., com referências jurisprudenciais, o reconhecimento parcial das decisões arbitrais pode ser feito não apenas no âmbito desta, mas também de outras alíneas do art. V da Convenção de Nova Iorque, desde que as partes da decisão possam ser separadas. Também *International Commercial Arbitration,* "§ 2 International Commercial Arbitration: The New York Convention", Dennis Solomon, cit., pág. 106, sustenta que o disposto no art. V, n.º 1, al. c), da Convenção de Nova Iorque, é apenas uma manifestação de um princípio geral que permite o reconhecimento parcial nos casos em que a recusa em reconhecer a decisão afete apenas uma parte da mesma e que as suas diferentes partes sejam autonomizáveis.

ficam abrangidos por este fundamento de recusa apenas os casos em que a decisão arbitral ultrapassa os limites previstos na convenção de arbitragem ou também os casos em que são desrespeitados os limites pedidos pelas partes, *maxime* decisões *ultra petita*[868]. O legislador português, ao referir-se, expressamente, no art. 56.º, n.º 1, al. a), subalínea iii), LAV, aos limites da convenção de arbitragem, tomou uma opção pelo sentido mais restrito, apenas se admitindo como fundamento de recusa o facto de não terem sido respeitados na decisão arbitral os limites da convenção de arbitragem e não a violação do princípio do dispositivo por decisão *ultra petita*. Esta questão e a solução apresentada pode ter relevância mesmo nos casos em que se aplique a Convenção de Nova Iorque. Na verdade, suscitando-se dúvidas quanto à interpretação do art. V, n.º 1, al. c), e entendendo-se que o art. 56.º, n.º 1, al. a), subalínea iii), LAV, é mais favorável ao reconhecimento da decisão arbitral, atento o art. VII da Convenção de Nova Iorque, será aplicada a regra conforme está prevista na LAV[869].

V. Nos termos do art. 56.º, n.º 1, al. a), subalínea iv), NLAV – essencialmente semelhante ao art. V, n.º 1, al. d), da Convenção de Nova Iorque, e ao art. 36, n.º 1, al. a), subalínea iv), da Lei-Modelo da CNUDCI –, prevê-se como fundamento de recusa de reconhecimento o facto de a constituição do tribunal ou o processo arbitral terem sido desconformes à convenção das partes ou, na sua falta, à lei do país onde a arbitragem teve lugar.

Conforme acima se referiu, a autonomia da vontade das partes é uma das bases da arbitragem voluntária que se manifesta também aquando da constituição do tribunal e da escolha das regras processuais[870]. Esta escolha pode manifestar-se na designação de regras muito específicas ou

[868] Acerca desta questão, *vide* António Sampaio Caramelo, *O reconhecimento e a execução...*, cit., págs. 167 ss. Defendendo que esta disposição da Convenção de Nova Iorque se aplica em decisões *ultra petita*, Gary B. Born, *International Commercial Arbitration*, cit., págs. 3345.

[869] António Sampaio Caramelo, *O reconhecimento e a execução...*, cit., págs. 169 ss.

[870] Neste sentido, embora a propósito da Convenção de Nova Iorque, cf. *Recognition and Enforcement of Foreign Arbitral Awards: A Global Commentary on the New York Convention*, Art. V, 1, d), Patricia Nacimiento, coord. Herbert Kronke, Patricia Nacimiento, Dirk Otto, Nicola Christine Port, Wolters Kluwer, 2010 (disponível em http://www.kluwerarbitration.com), pág. 281. Também sublinhando a consagração da primazia da autonomia da vontade, Maria Cristina Pimenta Coelho, "A Convenção de Nova Iorque...", cit., pág. 58. Note-se, contudo, que mesmo as escolhas feitas nestes âmbitos estão, geralmente, limitadas por regras imperativas, *v.g.*, na LAV, o art. 30.º, n.º 1.

pela remissão para regulamentos de centros de arbitragem. Caso as partes nada convencionem a este respeito, são aplicadas as regras previstas na lei do lugar da arbitragem, que se assume assegurarem os princípios jurídicos essenciais a este respeito.

A autonomia da vontade que está subjacente à arbitragem voluntária conduz também a que caiba às partes alegar, no decurso do próprio processo arbitral, as situações em que se verificam inobservâncias às regras estabelecidas. Assim, não haverá fundamento de recusa do reconhecimento da sentença se se verificar que, mesmo tacitamente, as partes modificaram as regras de arbitragem ou aceitaram a composição do tribunal[871]. Para além disso, de acordo com uma outra orientação possível, se se verificar que as violações às regras processuais são de pequena importância e não têm relevância na decisão final, poderão estas ser desconsideradas como fundamento de recusa de reconhecimento[872].

O preenchimento deste pressuposto nem sempre é de fácil verificação, uma vez que as partes estão frequentemente de acordo quanto à composição do tribunal e ao processo arbitral e o tribunal arbitral tem também uma significativa liberdade no que respeita à tramitação processual na falta de acordo das partes[873]. Acresce que, como referido, uma vez que muitas destas regras estão dentro da disponibilidade das partes, se as partes não invocarem o que entendam ser violações a estas regras durante o próprio processo perante o tribunal arbitral, assume-se que as aceitaram, renunciando ao direito de vir posteriormente a invocá-las em sede de processo de reconhecimento[874].

[871] *Recognition and Enforcement of Foreign Arbitral Awards: A Global Commentary on the New York Convention,* Art. V, 1, d), Patricia Nacimiento, cit., pág. 289; Manuel Pereira Barrocas, *Manual de Arbitragem,* cit., pág. 711.

[872] Veja-se, acerca desta orientação, com referências doutrinárias, António Sampaio Caramelo, *O reconhecimento e a execução...*, cit., págs. 172 ss.

[873] *Vide,* a propósito da Convenção de Nova Iorque, *Recognition and Enforcement of Foreign Arbitral Awards: A Global Commentary on the New York Convention,* Art. V, 1, d), Patricia Nacimiento, cit., págs. 281 ss, 297. É também aqui referida uma orientação jurisprudencial nos termos da qual a inobservância das regras de composição do tribunal ou de tramitação processual apenas será fundamento de recusa de reconhecimento se aquela tiver tido impacto na decisão efetivamente tomada.

[874] Com referências jurisprudenciais, cfr. Gary B. Born, *International Commercial Arbitration,* cit., pág. 3585, esclarecendo o autor, em todo o caso, que não é exigível que a parte que se

VI. Nos termos do art. 56.º, n.º 1, al. a), subalínea v), LAV, à semelhança do previsto disposto no art. V, n.º 1, al. e), da Convenção de Nova Iorque e do art. 36.º, n.º 1, al. a), subalínea v), da Lei-Modelo da CNUDCI, prevê-se como fundamento de recusa de reconhecimento o facto de a sentença arbitral ainda não se ter tornado obrigatória para as partes ou de ter sido anulada ou suspensa por um tribunal do país no qual, ou ao abrigo de cuja lei, a sentença foi proferida. Em consonância com o que já foi acima referido, a referência ao local onde a sentença foi proferida deve ser entendida como o local da arbitragem[875].

A concretização do conceito de "sentença obrigatória para as partes" tem sido objeto de discussão doutrinária, quer no que respeita à disposição da LAV, quer da Convenção de Nova Iorque[876]. A interpretação autónoma do conceito é uma orientação possível, de acordo com a qual será considerada obrigatória para as partes a decisão de que não seja já possível recorrer do seu mérito para a segunda instância[877]. Uma outra corrente doutrinária sustenta que apenas será considerada obrigatória a decisão que também assim seja entendida no país de origem[878]. A incerteza a que esta segunda

opõe ao reconhecimento tenha pedido a anulação da decisão arbitral, pág. 3584. *Vide* também António Sampaio Caramelo, *O reconhecimento e a execução...*, cit., págs. 176 ss.

875 *Vide* Luís de Lima Pinheiro, *Arbitragem transnacional*, cit., pág. 295, embora a propósito da Convenção de Nova Iorque.

876 Expondo as diversas orientações, cfr. *Recognition and Enforcement of Foreign Arbitral Awards: A Global Commentary on the New York Convention*, Art. V, 1, e), Nadia Darwaseh, coord. Herbert Kronke, Patricia Nacimiento, Dirk Otto, Nicola Christine Port, Wolters Kluwer, 2010 (disponível em http://www.kluwerarbitration.com), págs. 311 ss.; António Sampaio Caramelo, *O reconhecimento e a execução...*, cit., págs. 177 ss.; Luís de Lima Pinheiro, "O reconhecimento de decisões arbitrais «estrangeiras»", cit., págs. 681 ss.

877 Na doutrina portuguesa, esta orientação é sustentada por Maria Cristina Pimenta Coelho, "A Convenção de Nova Iorque...", cit., pág. 60; Luís de Lima Pinheiro, *Arbitragem transnacional*, cit., págs. 305 ss.; Luís de Lima Pinheiro, *Direito Comercial Internacional*, cit., págs. 588 ss.; Luís de Lima Pinheiro, *Direito Internacional Privado*, vol. III, cit., págs. 600 ss.; António Sampaio Caramelo, *O reconhecimento e a execução...*, cit., pág. 179; Luís de Lima Pinheiro, "O reconhecimento de decisões arbitrais «estrangeiras»", cit., págs. 681 ss.

878 Segundo Dário Moura Vicente, o art. 56.º, n.º 1, al. a), subalínea v), da NLAV, deve ser interpretado no sentido de se entender que deverão ser consideradas obrigatórias "(...) as sentenças que possam ser executadas segundo a lei (...)" do país onde foram proferidas: Dário Moura Vicente et al., *Lei da Arbitragem Voluntária Anotada*, art. 56.º, Dário Moura Vicente, cit., pág. 194. Concretiza ainda este autor que "(...) não parece exigível que a sentença, a fim de ser tida como obrigatória, haja sido objeto de *exequatur* no país de origem",

orientação conduz, leva-nos a adotar a primeira posição, considerando que a interpretação a fazer do conceito deve ter uma base de certeza e não ficar em aberto consoante a origem do país da arbitragem.

De acordo com esta subalínea é ainda fundamento de recusa de reconhecimento o facto de a sentença ter sido "(...) anulada ou suspensa por um tribunal do país no qual, ou ao abrigo da lei do qual, a sentença foi proferida". Na verdade, se, conforme acima se referiu, é feita uma distinção entre a jurisdição primária – competente para apreciar a impugnação da decisão – e a jurisdição secundária – competente para apreciar o reconhecimento da decisão arbitral, deverá haver um respeito, pelo Estado do reconhecimento, das decisões tomadas no Estado da sede da arbitragem em matéria de anulação da decisão arbitral. De outro modo, os pedidos de anulação apenas produziriam efeitos territorialmente limitados e, apesar de uma parte ver a decisão anulada, corria o risco de ter de se opor ao reconhecimento de decisões em todos os países do mundo.

Acresce que, se uma decisão arbitral não produzir efeitos no próprio país em que foi proferida, não haverá, verdadeiramente, efeitos a reconhecer[879] e, a admitir-se tal reconhecimento, este conduzirá a situações claudicantes. Ou seja, decisões arbitrais reconhecidas nuns Estados, mas não nos outros.

Todavia, cumpre sublinhar que esta orientação não é uniforme em todos os Estados. Conforme acima se referiu, e para onde se remete[880], *v.g.*, o regime de reconhecimento de decisões arbitrais estrangeiras do ordenamento jurídico francês apresenta-se mais generoso, admitindo o reconhecimento de decisões arbitrais que tenham sido anuladas[881].

sustentando ainda que o requisito da obrigatoriedade pode "(...) considerar-se preenchido ainda que haja sido interposto recurso contra a sentença arbitral, contanto que este tenha carácter meramente devolutivo". Concluindo que deve ser feita, neste caso, uma interpretação com autonomia mitigada. Acerca das duas posições, cfr. George A. Bermann, *International Arbitration and Private International Law*, cit., págs. 604 ss.

[879] Referindo ser este o raciocínio intuitivo, embora, depois refira outras orientações possíveis, cfr. George A. Bermann, *International Arbitration and Private International Law*, cit., págs. 533 ss.

[880] *Vide* a este respeito *supra* nota 824.

[881] Acerca desta orientação e com mais referências de Direito Comparado, Nigel Blackaby/ J. Martin Hunter/Constantine Partasides/Alan Redfern, *Redfern and Hunter on International Arbitration*, cit., págs. 634 ss.; Luís de Lima Pinheiro, "O reconhecimento de decisões arbitrais «estrangeiras»", cit., págs. 683 ss.

Poderá, todavia, a situação apresentar outros contornos: a decisão ter sido proferida num Estado e estar a decorrer, simultaneamente, uma ação de reconhecimento num outro Estado e uma ação de anulação ou de suspensão no Estado onde a decisão foi proferida. Nesta hipótese, determina o art. 56.º, n.º 2, LAV (à semelhança do disposto no art. VI da Convenção de Nova Iorque e no art. 36.º, n.º 2, da Lei-Modelo) que o tribunal do Estado do reconhecimento, no caso o Estado português, pode, se o julgar apropriado – dentro da discricionariedade que lhe cabe –, suspender a instância e, se a parte que pediu o reconhecimento assim o requerer, pode ordenar à parte contrária que preste caução adequada[882].

A suspensão do processo de reconhecimento até ser tomada uma decisão quanto ao pedido de anulação pelo Estado de origem permite evitar, como se referiu, situações claudicantes, garantindo a harmonia internacional de julgados, pois permite que o tribunal do Estado do reconhecimento apenas o admita se, naquele Estado, a decisão produzir efetivamente todos os efeitos.

A possibilidade de, em caso de suspensão, se determinar a prestação de uma caução visa garantir que a parte que pretende o reconhecimento não seja prejudicada por aquela. Para além disso, esta medida também contribui para prevenir pedidos de impugnação ou de suspensão da decisão arbitral nos tribunais do Estado onde foi proferida com intuitos meramente dilatórios, eventualmente reconduzíveis a situações de verdadeira litigância de má fé, com vista a apenas atrasar a produção dos efeitos da decisão no Estado do reconhecimento[883].

[882] O Tribunal da Relação de Lisboa, em acórdão proferido em 30 de junho de 2011, Proc. 2004/08.6TVLSB-A-7, disponível em www.dgsi.pt, tendo presente o art. VI da Convenção de Nova Iorque, veio considerar que "III –A exigência de caução na acção de reconhecimento tanto pode apresentar-se como condição para que seja declarada a suspensão da instância, como pode corresponder a uma reacção do Autor à suspensão da instância anteriormente declarada, com vista a tutelar o direito que emerge da sentença arbitral. IV- Nem a C. N. I., nem a lei portuguesa impõem que o incidente de prestação de caução seja suscitado com a apresentação da resposta ao pedido de suspensão da instância, sendo oportuno enquanto a instância se mantiver suspensa".

[883] ELSA DIAS OLIVEIRA, "Reconhecimento de sentenças arbitrais estrangeiras", cit., pág. 88.

Face ao casuísmo das situações, esta disposição apresenta uma redação que confere ao tribunal a possibilidade de apreciação da situação *sub iudice* e discricionariedade para decidir do modo mais adequado[884-885].

20.3. Os fundamentos de conhecimento oficioso

I. Para além dos fundamentos de recusa de reconhecimento da decisão arbitral que devem ser invocados e provados pelas partes, prevê-se na lei um conjunto de outros fundamentos que são de conhecimento oficioso do tribunal do reconhecimento. Trata-se dos fundamentos previstos no art. 56.º, n.º 1, al. b), LAV, que coincidem, essencialmente, no seu teor, com a previsão do art. V, n.º 2, als. a) e b), da Convenção de Nova Iorque, e do art. 36.º, n.º 1, al. b), subalínea i), da Lei-Modelo da CNUDCI. Sublinhe-se, todavia, que, apesar de estes fundamentos serem de conhecimento oficioso, apenas poderão ser apreciados pelo tribunal do Estado do reconhecimento se uma das partes solicitar esse reconhecimento.

A razão de um regime distinto prende-se com o conteúdo dos fundamentos em si, *maxime* com os interesses de ordem pública que podem estar em

884 Elsa Dias Oliveira, "Reconhecimento de sentenças arbitrais estrangeiras", cit., págs. 88 ss.; António Menezes Cordeiro, *Tratado da Arbitragem*, cit., pág. 547.

885 Na verdade, e para além das situações aqui indicadas, pode ainda dar-se o caso de o tribunal do Estado onde decorre o processo de anulação ter propósitos que nada têm que ver com a integridade da arbitragem e que nem sequer respeitem os mais básicos princípios processuais. Com efeito, poderemos estar perante uma situação em que a anulação da decisão arbitral é, ela própria, contrária à reserva de ordem pública internacional do Estado do reconhecimento. Atenta esta realidade, alguma doutrina vem já defendendo uma "deferência seletiva" das decisões anulatórias. *Vide*, a este respeito, *International Commercial Arbitration*, "§ 2 International Commercial Arbitration: The New York Convention", Dennis Solomon, cit., págs. 135 ss.; António Sampaio Caramelo, *O reconhecimento e a execução...*, cit., págs. 183 ss., a este respeito, refere-se à decisão do Tribunal da Apelação de Amesterdão de 28 de abril de 2009 que reconheceu e admitiu a execução na Holanda de uma decisão arbitral anulada por tribunal russo. Desta decisão recorreram os vencidos para o Supremo Tribunal que, em decisão de 25 de junho de 2010, manteve a decisão. Veja-se ainda quanto a este caso, Albert Jan van den Berg, "Enforcement of Arbitral Awards Annulled in Russia – Case Comment on Dutch Supreme Court of 25 June 2010", *Journal of International Arbitration*, volume 28, n.º 6, 2011, págs. 617-641 (disponível em http://www.kluwerarbitration.com); António Menezes Cordeiro, *Tratado da Arbitragem*, cit., pág. 546. Com extratos da decisão e comentando-a, cfr. Sylvain Bollée, "Décision d'annulation étrangère et droit commun de l'effet des jugements étrangers, note sous Cour d'appel d'Amsterdam, 28 avril 2009", *Revue de l'Arbitrage*, 2009, págs. 557-573 (disponível em http://www.kluwerarbitration.com).

causa nesta alínea b), por contraste com situações que cabem no âmbito da autonomia da vontade das partes, previstas na al. a) do art. 56.º LAV.

II. De acordo com o disposto no art. 56.º, n.º 1, al. b), subalínea i), NLAV, a sentença não será reconhecida se o tribunal verificar que, de acordo com o Direito português, o objeto do litígio não é suscetível de ser decidido mediante arbitragem. No Direito português, a disposição especialmente relevante nesta matéria, em que são definidos os critérios de arbitrabilidade, é o art. 1.º da LAV. De acordo com esta disposição, conforme acima se verificou, a arbitrabilidade resulta da combinação do critério de patrimonialidade dos interesses em causa no litígio (art. 1.º, n.º 1, LAV) com o critério da transigibilidade do direito controvertido (art. 1.º, n.º 2, LAV)[886].

A arbitrabilidade dos litígios é matéria que respeita a interesses nacionais[887], que não se encontram dentro da disponibilidade das partes. Cabendo, pois, a cada Estado definir quais os litígios que admite sejam resolvidos por tribunal arbitral e que, correspondentemente, podem ser afastados dos tribunais estaduais[888].

Pode, todavia, colocar-se a questão de saber se uma decisão proferida no âmbito de uma arbitragem voluntária num Estado estrangeiro pode ser reconhecida pelos tribunais portugueses se estiver em causa matéria que, no Direito português, está sujeita a arbitragem necessária. Na verdade, nos termos do art. 1.º, n.º 1, LAV, determina-se que poderão ser cometidos à decisão dos árbitros, mediante convenção de arbitragem, os litígios respeitantes a interesses patrimoniais que por lei especial não estejam submetidos exclusivamente aos tribunais do Estado ou a arbitragem necessária.

[886] Remetendo, na concretização do art. 56.º, n.º 1, al. b), subalínea i), LAV, para estas disposições, António Sampaio Caramelo, *O reconhecimento e a execução...*, cit., págs. 202 ss.; Dário Moura Vicente et al., *Lei da Arbitragem Voluntária Anotada*, art. 56.º, Dário Moura Vicente, cit., pág. 194.

[887] *Recognition and Enforcement of Foreign Arbitral Awards: A Global Commentary on the New York Convention*, Art. V, 2, Dirk Otto/Omaia Elwan, coord. Herbert Kronke, Patricia Nacimiento, Dirk Otto, Nicola Christine Port, Wolters Kluwer, 2010 (disponível em http://www.kluwerarbitration.com), págs. 345 ss., pág. 347.

[888] A propósito do art. V, n.º 2, al. a), da Convenção de Nova Iorque, cf. Maria Cristina Pimenta Coelho, "A Convenção de Nova Iorque...", cit., pág. 62. A autora considera que esta alínea seria desnecessária, por já estar abrangida pelo âmbito de aplicação do art. V, n.º 2, al. b).

Apesar de as arbitragens necessárias se encontrarem submetidas a regimes específicos, que podem apresentar maiores ou menores particularidades, frequentemente, remete-se, supletivamente, para o regime da LAV e as semelhanças que apresentam são significativas.

Acresce que, nos termos do art. 56.º, n.º 1, al. b), subalínea i), LAV, indica-se como limite ao reconhecimento o facto de se tratar de litígio que não seja suscetível de ser decidido por arbitragem e não arbitragem voluntária. Ou seja, a própria letra da lei indica no sentido de apenas não se admitir o reconhecimento caso o litígio não possa ser apreciado, de acordo com a lei portuguesa, mediante arbitragem voluntária ou necessária.

III. O segundo fundamento de recusa de reconhecimento de caráter oficioso está previsto no art. 56.º, n.º 1, al. b), subalínea i), LAV, que corresponde ao disposto no art. V, n.º 2, al. b), da Convenção de Nova Iorque e no art. 36.º, n.º 1, al. b), subalínea ii), da Lei-Modelo da CNUDCI. Aí se determina a recusa no caso de o reconhecimento conduzir a um resultado manifestamente incompatível com a reserva de ordem pública internacional do Estado português. A reserva de ordem pública internacional portuguesa é constituída pelos valores, princípios e regras estruturantes em que assenta o ordenamento jurídico português[889]. Assim, poderá vir a ser considerado contrário à reserva de ordem pública internacional portuguesa, *v.g.*, a atribuição de *punitive damages*[890], uma vez que têm uma função essencialmente punitiva e, por regra, não são garantidos os meios de defesa que estão associados ao processo penal[891]. Outras situações

[889] *Vide supra* nota 597 e texto correspondente. *Vide* também Luís de Lima Pinheiro, "O reconhecimento de decisões arbitrais «estrangeiras»", cit., págs. 686 ss.

[890] A propósito do art. V, n.º 2, al. b), da Convenção de Nova Iorque, cfr. *Recognition and Enforcement of Foreign Arbitral Awards: A Global Commentary on the New York Convention*, Art. V, 2, Dirk Otto/Omaia Elwan, cit., pág. 402; Kyriaki Noussia, "Punitive Damages in Arbitration: Panacea or Curse?", *Journal of International Arbitration*, vol. 27, n.º 3, 2010, págs. 277-294 (disponível em http://www.kluwerarbitration.com), págs. 286 ss.

[891] Acerca da contrariedade à reserva de ordem pública internacional portuguesa da atribuição de *punitive damages*, com mais referências bibliográficas, *vide* Elsa Dias Oliveira, *Da responsabilidade civil extracontratual...*, cit., págs. 631 ss.; António Menezes Cordeiro, "Decisões arbitrais internacionais e sua revisão", *IV Congresso do Centro de Arbitragem da Câmara de Comércio e Indústria Portuguesa*, Almedina, 2011, págs. 255-277, págs. 275 ss.; António Menezes Cordeiro, "A ordem pública nas arbitragens: as últimas tendências", *VII Congresso*

poderão revelar-se tão óbvias na sua contrariedade à reserva de ordem pública internacional do Estado português que não suscitam verdadeiras dúvidas na aplicação deste fundamento de recusa: é o caso, *v.g.*, de decisões arbitrais em que se admite o tráfico de pessoas humanas[892].

Conforme já foi *supra* referido, no ponto 9, recorda-se que a reserva de ordem pública internacional não deve ser confundida com a ordem pública interna. Esta é integrada pelas regras imperativas de cada ordenamento jurídico, aquelas que não podem ser afastadas por vontade das partes. Já a reserva de ordem pública internacional é mais restritiva, é composta por regras que são consideradas estruturantes pelo ordenamento jurídico português[893].

Tendo sempre subjacentes a noção e os elementos definidores da figura da reserva de ordem pública internacional, sublinha-se que também na aplicação do art. 56.º, n.º 1, al. b), subalínea ii), LAV, não deve ser feita uma análise em abstrato da sentença a reconhecer, nem sequer uma apreciação do seu mérito. O que releva na determinação do preenchimento deste pressuposto de recusa é se do reconhecimento da sentença *sub iudice* resulta um efeito que seja contrário aos princípios estruturantes que integram a reserva de ordem pública internacional portuguesa[894].

A contrariedade à reserva de ordem pública internacional não pressupõe necessariamente a contrariedade a princípios e regras de Direito material,

do Centro de Arbitragem da Câmara de Comércio e Indústria Portuguesa (Centro de Arbitragem Comercial), Almedina, 2014, págs. 73-103, págs. 97 ss.

892 Em termos gerais, Jan Paulsson, *The Idea of Arbitration*, cit., pág. 222.

893 Veja-se, a título ilustrativo, o acórdão do STJ, de 23 de outubro de 2014, Proc. 1036/12.4YRLSB.S1, disponível em www.dgsi.pt, em que foi discutido se o reconhecimento de uma decisão arbitral que, por aplicação de lei material estrageira, negava a indemnização de clientela era contrária à reserva de ordem pública internacional portuguesa, impedindo o seu reconhecimento. O tribunal veio considerar que não havia contrariedade, devendo a decisão ser reconhecida.

894 Embora acerca das regras de reconhecimento então previstas nos arts. 1094.º ss. CPC, *vide* António Marques dos Santos, "Revisão e confirmação de sentenças estrangeiras...", cit., pág. 140; A. Ferrer Correia, *Lições de Direito Internacional Privado I*, cit., pág. 483. A propósito do art. V, n.º 2, al. b), da Convenção de Nova Iorque, cfr. *Recognition and Enforcement of Foreign Arbitral Awards: A Global Commentary on the New York Convention*, Art. V, 2, Dirk Otto/ Omaia Elwan, cit., págs. 364 ss. Já à luz da atual LAV, Mário Esteves de Oliveira et al., *Lei da Arbitragem Voluntária*, cit., pág. 671.

podendo também estar em causa, princípios de Direito processual[895], *v.g.*, o princípio do contraditório[896]. Esta disposição pode, assim, concorrer com os fundamentos previstos no art. 56.º, n.º 1, al. a), subalínea ii) ou na subalínea iv), LAV, que pode também ter subjacente o princípio do contraditório. Assim, se a situação for, concorrentemente, subsumível a subalíneas das alíneas a) e b), ainda que a parte não invoque um dos fundamentos previstos na al. a), uma vez que os previstos na alínea b) são de conhecimento oficioso, poderão estes ser apreciados pelo tribunal[897].

Apesar de o art. 56.º, n.º 1, al. b), subalínea ii), LAV, ser essencialmente decalcado do art. V, n.º 2, al. b), da Convenção de Nova Iorque, identificam-se diferenças entre ambas as redações. Desde logo, na lei portuguesa é referida a contrariedade à ordem pública internacional do Estado português, enquanto na Convenção de Nova Iorque, se prevê a contrariedade à ordem pública do Estado onde é pedido o reconhecimento ou a execução da decisão. Todavia, também esta tem sido entendida como ordem pública internacional[898].

[895] Luís de Lima Pinheiro, *Arbitragem transnacional*, cit., pág. 310; Luís de Lima Pinheiro, *Direito Internacional Privado*, vol. III, cit., pág. 607; António Sampaio Caramelo, *O reconhecimento e a execução...*, cit., págs. 209 ss. Acerca das divergências doutrinárias e jurisprudenciais sobre a falta de fundamentação da sentença como razão justificativa do não reconhecimento da sentença arbitral, no âmbito do art. V, n.º 2, al. b), da Convenção de Nova Iorque, cfr. *Recognition and Enforcement of Foreign Arbitral Awards: A Global Commentary on the New York Convention*, Art. V, 2, Dirk Otto/Omaia Elwan, cit., págs. 374 ss.

[896] *Recognition and Enforcement of Foreign Arbitral Awards: A Global Commentary on the New York Convention*, Art. V, 2, Dirk Otto/Omaia Elwan, cit., págs. 386 ss.

[897] Neste sentido, a propósito da Convenção de Nova Iorque, cf. Luís de Lima Pinheiro, *Arbitragem transnacional*, cit., pág. 310; Maria Cristina Pimenta Coelho, "A Convenção de Nova Iorque...", cit., pág. 57. Ainda acerca do art. V, n.º 2, al. b), da Convenção de Nova Iorque, cfr. *Recognition and Enforcement of Foreign Arbitral Awards: A Global Commentary on the New York Convention*, Art. V, 2, Dirk Otto/Omaia Elwan, cit., págs. 366 ss., esclarece que, segundo uma orientação jurisprudencial que não obtém unanimidade, os fundamentos previstos no art. V, n.º 1 e n.º 2, encontram-se numa relação de especialidade. Segundo esta orientação, a contrariedade à reserva de ordem pública internacional não pode ser invocada se a situação couber na previsão de algum dos fundamentos previstos no art. V, n.º 1.

[898] Paula Costa e Silva, "A execução em Portugal de decisões arbitrais nacionais e estrangeiras", cit., págs. 653 ss. Também neste sentido, *vide Recognition and Enforcement of Foreign Arbitral Awards: A Global Commentary on the New York Convention*, Art. V, 2, Dirk Otto/Omaia Elwan, cit., págs. 366 ss.; Gary B. Born, *International Commercial Arbitration*, cit., págs. 3655 ss.; Nigel Blackaby/J. Martin Hunter/Constantine Partasides/Alan Redfern, *Redfern and Hunter on International Arbitration*, cit., págs. 644 ss., com amplas

Acresce que, na lei portuguesa se exige um "resultado manifestamente incompatível com a ordem pública internacional do Estado português", enquanto na Convenção de Nova Iorque se pressupõe uma contrariedade à ordem pública do país de reconhecimento. A questão, pois, que se coloca prende-se com o significado do advérbio "manifestamente", no sentido de se determinar se se traduz numa exigência acrescida para funcionar a reserva de ordem pública internacional do foro. A relevância da discussão assenta no facto de, no art. VII da Convenção de Nova Iorque, se prever que as regras desta Convenção serão afastadas nos casos em que se verifique que a lei interna do Estado do reconhecimento é mais favorável a este do que o regime da Convenção. Assim, se se entender que o advérbio "manifestamente" previsto no regime material português significa uma maior exigência para o não reconhecimento, esta regra será mais favorável ao reconhecimento do que a prevista na Convenção, o que poderia fazer atuar o seu art. VII[899]. Contudo, uma das características que tradicionalmente é apontada à reserva de ordem pública internacional é a sua excecionalidade[900]. E parece-nos que a inclusão da expressão "manifesta incompatibilidade" visa sublinhar esta caraterística e não incluir um grau de dificuldade extraordinário a este fundamento de recusa de reconhecimento[901].

referências jurisprudenciais; António Sampaio Caramelo, *O reconhecimento e a execução...*, cit., págs. 206 ss.; George A. Bermann, *International Arbitration and Private International Law*, cit., págs. 574 ss.; Luís de Lima Pinheiro, "O reconhecimento de decisões arbitrais «estrangeiras»", cit., pág. 686.

899 Dário Moura Vicente et al., *Lei da Arbitragem Voluntária Anotada*, art. 56.º, Dário Moura Vicente, cit., pág. 194.

900 Luís de Lima Pinheiro, *Direito Internacional Privado*, vol. I, cit., págs. 668 ss.; António Sampaio Caramelo, *O reconhecimento e a execução...*, cit., págs. 207 ss.

901 Milita neste sentido o facto de, na Exposição de Motivos da Proposta de Lei 22-XII, se ter considerado que "[e]m matéria de reconhecimento e execução de sentenças arbitrais proferidas no estrangeiro, incorpora-se no presente diploma o regime da Convenção de Nova Iorque de 1958, sobre o Reconhecimento e Execução de Sentença Arbitrais Estrangeiras, ao mesmo tempo que se atribui aos tribunais de segunda instância a competência para decidir sobre o reconhecimento e a admissão à execução de tais sentenças". Segundo Luís de Lima Pinheiro, *Direito Internacional Privado*, vol. III, cit., pág. 570, o regime previsto na LAV e o presente da Convenção de Nova Iorque, em sede de reserva de ordem pública internacional, não apresentam divergências. Entende o autor que, mesmo no âmbito da Convenção de Nova Iorque, a reserva de ordem pública internacional relevante é a do Estado do reconhecimento da sentença e que esta deve ter sempre uma aplicação excecional. Elsa Dias Oliveira, "Reconhecimento de sentenças arbitrais estrangeiras", cit., págs. 92 ss.

Sublinhe-se ainda que à reserva de ordem pública internacional é também, usualmente, atribuída a característica da atualidade[902]. Ou seja, há que apreciar, em cada momento, quais os valores e princípios que são considerados estruturantes do ordenamento jurídico do Estado do reconhecimento. A verdade é que estes tendem a alterar-se, atendendo à evolução ética, moral, religiosa, política, económica que se verifica em cada sociedade. Daí que haja que determiná-los no momento em que a questão se coloca.

Destaque-se que, conforme resulta expressamente da disposição em causa, apenas a reserva de ordem pública internacional do Estado do reconhecimento pode ser relevante e já não a do Estado do local da arbitragem ou de outro Estado[903].

Questão que também tem sido objeto de discussão é a de saber se, tal como se verificou relativamente ao art. 56.º, n.º 1, al. a), subalínea iii), LAV, é admissível o reconhecimento parcial da sentença arbitral. Ou seja, recusar-se o reconhecimento da decisão arbitral na parte contrária à reserva de ordem pública internacional do Estado de reconhecimento, mas admitir esse reconhecimento na parte remanescente[904]. O princípio do favorecimento do reconhecimento das decisões arbitrais estrangeiras milita neste sentido. Todavia, esta orientação apresenta o perigo de a sentença parcialmente

[902] Luís de Lima Pinheiro, *Direito Internacional Privado*, vol. I, cit., pág. 670, fala, a este respeito, do seu caráter evolutivo. Fernando J. Bronze, "Pessoa, Direito e Estado (algumas reflexões)", *Estudos em Honra do Professor Doutor José de Oliveira Ascensão*, vol. I, Almedina, Coimbra, 2008, págs. 291-318, pág. 308, a propósito do carácter de "atualidade" da ordem pública, entende que "(...) o sentido do direito não pode ser de-finido pelos fundamentos assimilados – tem que re-construir-se permanentemente em vista da historicidade que o anima". Acerca do art. V, n.º 2, al. b), da Convenção de Nova Iorque, cfr. *Recognition and Enforcement of Foreign Arbitral Awards: A Global Commentary on the New York Convention*, Art. V, 2, Dirk Otto/Omaia Elwan, cit., págs. 366 ss.

[903] No mesmo sentido, no âmbito da Convenção de Nova Iorque, *Recognition and Enforcement of Foreign Arbitral Awards: A Global Commentary on the New York Convention*, Art. V, 2, Dirk Otto/Omaia Elwan, cit., pág. 368.

[904] Problematizando esta situação, *vide Recognition and Enforcement of Foreign Arbitral Awards: A Global Commentary on the New York Convention*, Art. V, 2, Dirk Otto/Omaia Elwan, cit., págs. 412 ss.; *Recognition and Enforcement of Foreign Arbitral Awards: A Global Commentary on the New York Convention*, Art. V, 1, c), Nicola Christine Port, Scott Ethan Bowers, Bethany Davis Noll, cit., págs. 276; Luís de Lima Pinheiro, *Arbitragem transnacional*, cit., pág. 302.

reconhecida não refletir o equilíbrio que o tribunal arbitral lhe terá visado imprimir. Neste sentido, embora não nos pareça ser de afastar *ab initio* uma tal solução, o reconhecimento parcial só deverá ser admitido se as partes da sentença afetadas pela contrariedade à reserva de ordem pública internacional puderem ser claramente separáveis das demais partes da sentença sem perda do seu equilíbrio interno[905].

20.4. Apreciação final

I. Da análise, ainda que sucinta, feita aos fundamentos de recusa de reconhecimento da decisão arbitral resulta claramente, parece-nos, que o processo de reconhecimento não implica qualquer revisão de mérito da sentença arbitral. Não é apreciado no processo de reconhecimento se, *v.g.*, na decisão arbitral foram ou não bem aplicadas as regras de Direito ao caso concreto, se houve algum erro, mesmo que manifesto, na apreciação da matéria de Direito ou da matéria de facto. Note-se que, mesmo nos casos em que está em causa a contrariedade à reserva de ordem pública internacional não há uma apreciação do mérito da decisão arbitral[906]; apenas se avalia se do reconhecimento da decisão arbitral resultam efeitos que sejam contrários a essa reserva do Estado do reconhecimento. Na verdade, na decisão, o tribunal arbitral pode ter feito uma correta aplicação do Direito e julgado com rigor a matéria de facto; e, todavia, apesar disso, a decisão pode ser contrária à reserva de ordem pública internacional do Estado de

[905] Veja-se, também, a este respeito, *supra* nota 867 e texto correspondente.

[906] Neste sentido, embora a propósito da Convenção de Nova Iorque, MARIA CRISTINA PIMENTA COELHO, "A Convenção de Nova Iorque...", cit., pág. 55; LUÍS DE LIMA PINHEIRO, *Arbitragem transnacional*, cit., pág. 171; NIGEL BLACKABY/J. MARTIN HUNTER/CONSTANTINE PARTASIDES/ALAN REDFERN, *Redfern and Hunter on International Arbitration*, cit., pág. 622; LUÍS DE LIMA PINHEIRO, "O reconhecimento de decisões arbitrais «estrangeiras»", cit., págs. 691 ss. A propósito da LAV de 1986, PAULA COSTA E SILVA, "A execução em Portugal de decisões arbitrais nacionais e estrangeiras", cit., pág. 654, de modo claríssimo, vem dizer que "(...) a consagração expressa desta causa enquanto eventual impedimento de conhecimento oficioso não transforma a revisão, por esta razão, numa revisão de mérito já que o tribunal do reconhecimento não pode sindicar a aplicação do direito ou reapreciar a matéria de facto, mas limitar-se a declarar a impossibilidade de reconhecimento com fundamento em contrariedade da decisão aos seus princípios fundamentais". A propósito da LAV de 2011, MÁRIO ESTEVES DE OLIVEIRA ET AL., *Lei da Arbitragem Voluntária*, cit., pág. 671. Em sentido divergente, ANTÓNIO SAMPAIO CARAMELO, *O reconhecimento e a execução...*, cit., págs. 128 ss.

reconhecimento. Por todo o exposto se conclui que estamos perante um sistema de reconhecimento formal[907].

II. A autonomia da vontade, apesar de ser estruturante na arbitragem, encontra, necessariamente, limites definidos pela lei. Estes limites podem ser, desde logo, fixados pela lei do lugar da arbitragem, com os quais a constituição do tribunal, o processo arbitral e a decisão arbitral têm de se conformar. Para além destes limites, a arbitragem deve também respeitar aqueles que estão fixados nas leis que regulam o reconhecimento e execução das decisões arbitrais estrangeiras dos Estados onde se pretende vir a solicitar esse reconhecimento e execução.

Atendendo a que, atualmente, 160 Estados já têm em vigor nos seus ordenamentos jurídicos a Convenção de Nova Iorque e que mesmo os Estados que a não têm em vigor fizeram inspirar as suas leis que regulam o reconhecimento e a execução das decisões arbitrais estrangeiras nesta Convenção ou na Lei-Modelo da CNUDCI, facilmente se consegue definir as regras que devem ser respeitadas.

III. Uma das questões que tem sido discutida, já no âmbito da Convenção de Nova Iorque, prende-se com a obrigatoriedade, ou não, de os tribunais estaduais recusarem o reconhecimento ou execução da decisão arbitral estrangeira sempre que estiver preenchido algum fundamento previsto no seu art. V.

Verifica-se que os fundamentos de recusa indicados na lei não são em si fechados, permitindo alguma margem de discricionariedade ao juiz que decide o reconhecimento. Em todo o caso, sublinha-se também que esta discricionariedade não pode conduzir a insegurança jurídica, pelo que, não deve aquela ser sobrevalorizada[908].

[907] Dário Moura Vicente et al., *Lei da Arbitragem Voluntária Anotada*, art. 56.º, Dário Moura Vicente, cit., pág. 193. A propósito da Convenção de Nova Iorque, cf. Maria Cristina Pimenta Coelho, "A Convenção de Nova Iorque...", cit., pág. 55; Dário Moura Vicente, "Recognition of foreign arbitral awards in Portugal", *The Arbitration and Dispute Resolution Law Journal*, dezembro 2000, págs. 270-277, pág. 275; Luís de Lima Pinheiro, *Arbitragem transnacional*, cit., pág. 311; Luís de Lima Pinheiro, *Direito Internacional Privado*, vol. III, cit., pág. 610; *International Commercial Arbitration*, "§ 2 International Commercial Arbitration: The New York Convention", Dennis Solomon, cit., págs. 100 ss.

[908] António Sampaio Caramelo, *O reconhecimento e a execução...*, cit., págs. 132 ss.

Acresce ainda que, conforme acima se referiu, o princípio do *favor recognitionis* é claro no espírito da Convenção de Nova Iorque, pelo que, na dúvida, a orientação deverá ser no sentido do reconhecimento, embora, naturalmente, dentro dos termos da uniformidade de interpretação desejável estando em causa uma convenção internacional[909].

[909] Veja-se, contudo, a este respeito, as considerações de ANTÓNIO SAMPAIO CARAMELO, *O reconhecimento e a execução...*, cit., págs. 130, 155 ss., que se revela cauteloso quanto à orientação que propõe uma interpretação restritiva dos fundamentos de recusa de reconhecimento.

BIBLIOGRAFIA

Abreu, Miguel Cancella de/Clara Moreira Campos, "LAV e os novos desafios à mediação", *Estudos de Direito da Arbitragem em Homenagem a Mário Raposo*, Universidade Católica Editora, Lisboa, 2015, págs. 161-171.

Alexandre, Isabel, "O tribunal estadual competente, segundo a Lei da Arbitragem Voluntária", *RDC*, n.º 1, 2016, págs. 117-139.

Almeida, António Ferreira de, "A anulação das decisões arbitrais", *Arbitragem Comercial, Estudos comemorativos dos 30 anos do Centro de Arbitragem Comercial da Câmara de Comércio e Indústria Portuguesa*, coord. António Menezes Cordeiro, Almedina, Coimbra, 2019, págs. 67-79.

Almeida, Carlos Ferreira de, "Convenção de arbitragem: conteúdo e efeitos", *I Congresso do Centro de Arbitragem da Câmara de Comércio e Indústria*, Almedina, Coimbra, 2008, págs. 81-95.

Almeida, Carlos Ferreira de, *Contratos* IV, Almedina, Coimbra, 2014.

Almeida, Carlos Ferreira de, "Sentença arbitral: preparação e conteúdo", *Arbitragem Comercial, Estudos comemorativos dos 30 anos do Centro de Arbitragem Comercial da Câmara de Comércio e Indústria Portuguesa*, coord. António Menezes Cordeiro, Almedina, Coimbra, 2019, págs. 197-210.

Almeida, Daniela Vicente de, *O dever de revelação como problema de independência e imparcialidade dos árbitros*, Almedina, Coimbra, 2018.

Andrade, José Robin de, "Balanço de um ano de vigência da nova lei da arbitragem voluntária", *VII Congresso do Centro de Arbitragem Comercial*, Coimbra, 2014, págs. 147-159.

Arbitration in Germany: The Model Law in Practice, ed. Karl-Heinz Böckstiegel/Stefan Michael Kröll/ Patricia Nacimiento, 2.ª edição, Kluwer Law International, 2015 (disponível em http://www.kluwerarbitration.com).

Barrocas, Manuel Pereira, *Manual de Arbitragem*, 2.ª edição, Almedina, Coimbra, 2013.

Barrocas, Manuel Pereira, "A razão por que não são aplicáveis à arbitragem nem os princípios nem o regime legal do processo civil", *ROA*, III/IV, 2015, págs. 625-630.

BARROCAS, MANUEL PEREIRA, "Poderes do árbitro. Extensão e limites", *Estudos de Direito da Arbitragem em Homenagem a Mário Raposo*, Universidade Católica Editora, Lisboa, 2015, págs. 145-160.

BARROCAS, MANUEL PEREIRA, *Estudos de Direito e Prática Arbitral*, Almedina, Coimbra, 2017.

BARROCAS, MANUEL PEREIRA, *Lei de Arbitragem Comentada*, 2.ª edição, Almedina, Coimbra, 2018.

Basler Kommentar, Schweizerische Zivilprozessordnung, 3.ª edição, org. Karl Spühler/Luca Tenchio/ Dominik Infanger, Helbing Lichtenhahn Verlag, Basel, 2017.

Basler Kommentar, Internationales Privatrecht, 3ª edição, org. Heinrich Honsell/Nedim Peter Vogt/Anton K, Schnyder/Stephen V. Berti, Helbing Lichtenhahn Verlag, Basel, 2013.

BELOHLÁVEK, ALEXANDER J., "West Tankers as a Trojan Horse with Respect to the Autonomy of Arbitration Proceedings and the New York Convention 1958", *ASA Bulletin*, vol. 27, 4/2009, págs. 646 – 670.

BERG, ALBERT JAN VAN DEN, "Enforcement of Arbitral Awards Annulled in Russia – Case Comment on Dutch Supreme Court of 25 June 2010", *Journal of International Arbitration*, vol. 28, n.º 6, 2011, págs. 617-641 (disponível em http://www.kluwerarbitration.com).

BERMANN, GEORGE A., *International Arbitration and Private International Law*, The Hague Academy of International Law, Brill/Nijhoff, 2017.

BINDER, PETER, *International Commercial Arbitration and Mediation in UNCITRAL Model Law Jurisdictions*, 4.ª edição, Kluwer Law International, 2019 (disponível em http://www.kluwerarbitration.com).

BLACKABY, NIGEL/J. MARTIN HUNTER/CONSTANTINE PARTASIDES/ALAN REDFERN, *Redfern and Hunter on International Arbitration*, 6.ª edição, Kluwer Law International, Oxford University Press, 2015 (disponível em http://www.kluwerarbitration.com).

BOLLÉE, SYLVAIN, "Décision d'annulation étrangère et droit commun de l'effet des jugements étrangers, note sous Cour d'appel d'Amsterdam, 28 avril 2009", *Revue de l'Arbitrage*, 2009, págs. 557-573.

BORGES, CARLA GONÇALVES/RICARDO NETO GALVÃO, "A extensão da convenção de arbitragem a não signatários", *VI Congresso de Arbitragem da Câmara de Comércio e Indústria*, ACL, Almedina, Coimbra, 2013, págs. 119-135.

BORN, GARY B., *International Commercial Arbitration*, 2.ª edição, Kluwer Law International, 2014 (disponível em http://www.kluwerarbitration.com).

BORN, GARY B., *International Arbitration: Cases and Materials*, 2.ª edição, Kluwer Law International, 2015 (disponível em http://www.kluwerarbitration.com).

BRITO, MARIA HELENA, "Arbitragem Internacional. A propósito da Nova Lei da Arbitragem Voluntária", *Themis*, ano XII, n.ºs 22/23, 2012, págs. 103-143.

BRITO, MARIA HELENA, "As novas regras sobre a arbitragem internacional. Primeiras reflexões", *Estudos em Homenagem a Miguel Galvão Teles*, vol. II, Almedina, Coimbra, 2012, págs. 27-49.

BRONZE, FERNANDO J., "Pessoa, Direito e Estado (algumas reflexões)", *Estudos em Honra do Professor Doutor José de Oliveira Ascensão*, vol. I, Almedina, Coimbra, 2008, págs. 291-318.

CAPELO, MARIA JOSÉ, "La Médiation, une Autre Voie de Justice au Portugal?", *New*

Developments in Civil and Commercial Mediation, Global Comparative Perspectives, ed. Carlos Esplugues/Louis Marquis, Academie Internationale de Droit Compare, Springer, 2015, págs. 547-556.

Caramelo, António Sampaio, "Critérios de arbitrabilidade dos litígios. Revisitando o tema", *IV Congresso do Centro de Arbitragem da Câmara de Comércio e Indústria*, Almedina, Coimbra, 2011, págs. 13-44.

Caramelo, António Sampaio, "A sentença arbitral contrária à ordem pública perante a nova LAV", *Estudos em Homenagem a Miguel Galvão Teles*, vol. II, Almedina, Coimbra, 2012, págs. 51-72.

Caramelo, António Sampaio, "A «autonomia» da cláusula compromissória e a competência da competência do tribunal arbitral", *Temas de Direito da Arbitragem*, Coimbra Editora, Coimbra, 2013, págs. 105-131.

Caramelo, António Sampaio, "Arbitragem de litígios societários", *Temas de Direito da Arbitragem*, Coimbra Editora, Coimbra, 2013, págs. 339-398.

Caramelo, António Sampaio, "Da condução do processo arbitral. Comentário aos arts. 30.º a 38.º da Lei da Arbitragem Voluntária", *ROA*, II/III, 2013, págs. 669-742.

Caramelo, António Sampaio, *A impugnação da sentença arbitral, Comentário aos artigos 46.º, 51.º e 54.º da Lei da Arbitragem Voluntária*, Coimbra Editora, Coimbra, 2014.

Caramelo, António Sampaio, *O reconhecimento e a execução de sentenças arbitrais estrangeiras*, Almedina, Coimbra, 2016.

Caramelo, António Sampaio, "A competência da competência e a autonomia do tribunal arbitral", *Direito da Arbitragem. Ensaios*, Almedina, Coimbra, 2017, págs. 45-85.

Caramelo, António Sampaio, "O estatuto dos árbitros e a constituição do tribunal arbitral na Lei da Arbitragem Voluntária", *Direito da Arbitragem. Ensaios*, Almedina, Coimbra, 2017, págs. 87-147.

Caramelo, António Sampaio, *A impugnação da sentença arbitral*, 2.ª edição, Almedina, Coimbra, 2018.

Carvalho, Filipa Cansado, "A organização do processo arbitral", *VI Congresso do Centro de Arbitragem Comercial*, ACL, Almedina, Coimbra, 2013, págs. 33-39.

Carvalho, Jorge Morais de/Mariana França Gouveia, "Arbitragens complexas: questões materiais e processuais", *RIAC*, 2011, págs. 111-161.

Carvalho, Jorge Morais de, "O critério da disponibilidade na arbitragem, na mediação e noutros negócios jurídicos processuais", *Estudos em Homenagem ao Prof. Doutor José Lebre de Freitas*, vol. II, Coimbra Editora, 2013, págs. 831-860.

Carvalho, Jorge Morais de/João Pedro Pinto-Ferreira/Joana Campos Carvalho, *Manual de resolução alternativa de litígios de consumo*, Almedina, Coimbra.

Chern, Cyril, *The Commercial Mediator's Handbook*, Informa law from Routledge, 2015.

Clay, Thomas, *Code de l'arbitrage commenté*, LexisNexis, Paris, 2015.

Coelho, Maria Cristina Pimenta, "A Convenção de Nova Iorque de 10 de Junho de 1958 relativa ao reconhecimento e execução de sentenças arbitrais estrangeiras", *Revista Jurídica*, n.º 20, 1996, págs. 37-69.

COLLAÇO, ISABEL DE MAGALHÃES, "L'arbitrage international dans la recente loi portugaise sur l'arbitrage volontaire", *Droit International et Droit Communautaire, Actes du Colloque, Fondation Calouste Gulbenkian,* Centre Culturel de Paris, Paris, 1991, págs. 55-66.

CORDEIRO, ANTÓNIO MENEZES, *Direito das Sociedades I,* 3.ª edição, Almedina, 2011.

CORDEIRO, ANTÓNIO MENEZES, "Decisões arbitrais internacionais e sua revisão", *IV Congresso do Centro de Arbitragem da Câmara de Comércio e Indústria Portuguesa,* Almedina, 2011, págs. 255-277.

CORDEIRO, ANTÓNIO MENEZES, "A ordem pública nas arbitragens: as últimas tendências", *VII Congresso do Centro de Arbitragem da Câmara de Comércio e Indústria Portuguesa (Centro de Arbitragem Comercial),* Almedina, 2014, págs. 73-103.

CORDEIRO, ANTÓNIO MENEZES, "Da competência-competência em arbitragem", *RDC,* n.º 0, 2015, págs. 23-60.

CORDEIRO, ANTÓNIO MENEZES, *Tratado da Arbitragem,* Almedina, Coimbra, 2015.

CORDEIRO, ANTÓNIO MENEZES, "As regras de Praga nas arbitragens internas", *Arbitragem Comercial, Estudos comemorativos dos 30 anos do Centro de Arbitragem Comercial da Câmara de Comércio e Indústria Portuguesa,* coord. António Menezes Cordeiro, Almedina, Coimbra, 2019, págs. 47-65.

CORREIA, A. FERRER, *Lições de Direito Internacional Privado I,* Almedina, Coimbra, 2000.

CORREIA, JOSÉ SÉRVULO, "A resolução dos litígios sobre investimento estrangeiro em Direito Arbitral Comparado", *I Congresso do Centro de Arbitragem da Câmara de Comércio e Indústria,* Almedina, Coimbra, 2008, págs. 199-222.

CORREIA, JOSÉ SÉRVULO, "A resolução dos litígios sobre investimento estrangeiro em Direito arbitral Comparado", *Estudos em Homenagem ao Prof. Doutor Martim de Albuquerque,* Edições FDUL, Coimbra Editora, 2010, págs. 821- 841.

CORREIA, JOSÉ SÉRVULO, "Arbitragem internacional com Estados na nova Lei da Arbitragem Voluntária", *RIAC,* n.º 5, 2012, págs. 99-120.

CORTEZ, FRANCISCO, "A arbitragem voluntária em Portugal: dos «ricos homens» aos tribunais privados (conclusão)", *O Direito,* Ano 124, vol. 4, 7/1992, págs. 365-404, e 10/1992, págs. 541-587.

DAVID, RENÉ, *L'arbitrage dans le commerce international,* Economica, Paris, 1981.

DIAMVUTU, LINO, "O Princípio da Competência-Competência na Arbitragem Voluntária", *RIAC,* 2010, págs. 63-103.

DUTOIT, BERNARD, *Droit international privé suisse, Commentaire de la loi fédérale du 18 décembre 1987,* 5ª edição, Helbing & Lichtenhahn, Bâle, 2016.

ESPLUGUES, CARLOS, "General Report: New Developments in Civil and Commercial Mediation – Global Comparative Perspectives", *New Developments in Civil and Commercial Mediation, Global Comparative Perspectives,* ed. Carlos Esplugues/Louis Marquis, Academie Internationale de Droit Compare, Springer, 2015, págs. 1-88.

FERNÁNDEZ ROZAS, JOSÉ CARLOS/SIXTO A. SÁNCHEZ LORENZO/GONZALO STAMPA, *Principios Generales del Arbitraje,* tirant lo blanch, CIMA, Valencia, 2018.

FERRARIO, PIETRO, "The Group of Companies Doctrine in International Commercial Arbitration: Is there any reason for this doctrine to exist?", *Journal of International*

Arbitration, vol. 26, n.º 5, 2009, págs. 647-673 (disponível em http://www.kluwerarbitration.com).

Fouchard Gaillard Goldman on International Commercial Arbitration, ed. Emmanuel Gaillard/John Savage, Kluwer Law International, 1999 (disponível em http://www.kluwerarbitration.com).

Freitas, José Lebre de, "Algumas implicações da natureza da convenção de arbitragem", *Estudos em Homenagem à Professora Doutora Isabel de Magalhães Collaço*, vol. II, Almedina, Coimbra, 2002, págs. 625-641.

Freitas, José Lebre de, "Competência do Tribunal de Execução para a liquidação da obrigação no caso de sentença genérica arbitral", *ROA*, I, 2006, págs. 119-130.

Freitas, José Lebre de, *A Ação Executiva*, 7.ª edição, Gestlegal, Coimbra, 2017.

Gaillard, Emmanuel, "Anti-suit Injunctions Issued by Arbitrators", *International Arbitration 2006: Back to Basics?*, ed. Albert Jan Van den Berg, Kluwer Law International, 2007, págs. 235-266.

Gaillard, Emmanuel, *Legal Theory of International Arbitration*, Martinus Nijhoff Publishers, Leiden, Boston, 2010.

Gailard, Emmanuel, "Actualité de l'effet négatif de la compétence-compétence", *Le droit à l'épreuve des siécles et des fronteires, Mélanges en l'honneur du Professor Bertrand Ancel*, LGDJ, Ipr lex, Paris, Madrid, 2018, págs. 679-707.

Gonçalves, Diogo Costa, "A vinculação de terceiros à convenção de arbitragem. Algumas reflexões", *Arbitragem Comercial, Estudos comemorativos dos 30 anos do Centro de Arbitragem Comercial da Câmara de Comércio e Indústria Portuguesa*, coord. António Menezes Cordeiro, Almedina, Coimbra, 2019, págs. 273-284.

Gonçalves, Marco Carvalho, *Lições de Processo Civil Executivo*, Almedina, Coimbra, 2016.

Gouveia, Mariana França, "A competência cautelar do tribunal arbitral, em especial as providências executivas e as *anti-suit injunctions*", *Estudos em Homenagem ao Prof. Doutor José Lebre de Freitas*, vol. II, Coimbra Editora, 2013, págs. 861-892.

Gouveia, Mariana França, *Curso de resolução alternativa de litígios*, 3.ª edição, Almedina, Coimbra, 2014.

Grierson, Jacob/Mirreille Taok, "Dallah: Conflicting Judgments from the U.K. Supreme Court and the Paris Cour d'Appel", *Journal of International Arbitration*, vol. 28, n.º 4, 2011, págs. 407-422 (disponível em http://www.kluwerarbitration.com).

Hanotiau, Bernard, *Complex Arbitrations: Multiparty, Multicontract, Multi-Issue and Class Actions*, Kluwer Law International, 2006 (disponível em http://www.kluwerarbitration.com).

Henriques, Duarte Gorjão, "A extensão da convenção de arbitragem no quadro dos grupos de empresas e da assunção de dívidas: um vislumbre de conectividade?", *ROA*, I, 2014, págs. 143-181.

ICSID Convention after 50 Years: Unsettled Issues, ed. Crina Baltag, Kluwer Law International, 2016 (disponível em http://www.kluwerarbitration.com).

International Commercial Arbitration, ed. Stephan Balthasar, C.H.Beck/Hart/Nomos, München, 2016.

JARROSSON, CHARLES, *La notion d'arbitrage*, L.G.D.J., Paris, 1987.

JÚNIOR, EDUARDO DOS SANTOS, "Âmbito espacial de regulação e controlo estadual da arbitragem", *RIAC*, n.º 5, 2012, págs. 51-71.

JÚNIOR, EDUARDO DOS SANTOS, *Especialização e mobilidade temática do Direito Comercial Internacional como disciplina de mestrado. Uma aplicação: Os contratos internacionais de engenharia global*, Almedina, Coimbra, 2009.

JUSTO, A. SANTOS, "A arbitragem no direito romano – breve referência ao direito português", *Estudos em Homenagem ao Prof. Doutor José Lebre de Freitas*, vol. II, Coimbra Editora, 2013, págs. 675-701.

KENNEDY-GRANT, TÓMAS, "Interim Measures Under the UNCITRAL Model Law on International Commercial Arbitration: The Impact of the 2006 Amendments", *Asian International Arbitration Journal*, vol. 10, n.º 1, 2014, págs. 17-46 (disponível em http://www.kluwerarbitration.com).

KIDANE, WON L., *The Culture of International Arbitration*, Oxford University Press, New York, 2017.

KIRBY, JENNIFER, "With Arbitrators, Less Can be More: Why the Conventional Wisdom on the Benefits of having Three Arbitrators may be Overrated", *Journal of International Arbitration*, vol. 26, n.º 3, 2009, págs. 337-355 (disponível em http://www.kluwerarbitration.com).

KREINDLER, RICHARD/REINMAR WOLFF/MARKUS S. RIEDER, *Commercial Arbitration in Germany*, Oxford University Press, Oxford, 2016.

JÚDICE, JOSÉ MIGUEL, "As providências cautelares e a arbitragem: em que estamos?", *Estudos em Homenagem ao Professor Doutor Carlos Ferreira de Almeida*, vol. III, Almedina, Coimbra, 2011, págs. 657-679.

LEWIS, DEAN, *The Interpretation and Uniformity of the UNCITRAL Model Law on International Commercial Arbitration, Focusing on Australia, Hong Kong and Singapore*, Wolters Kluwer, The Netherlands, 2016.

LIMA, TELMA PIRES DE, "Anotação ao caso *Dallah Real Estate and Tourism Holding Company v The Ministry of Religious Affairs, Government of Pakistan*", *100 Anos de Arbitragem*, Coimbra Editora, Coimbra, 2016, págs. 291-315.

LOQUIN, ÉRIC, *L'amiable composition en droit comparé et international*, Librairies Techniques Paris, 1980.

LOQUIN, ÉRIC, *L'arbitrage du commerce international*, Joly éditions, lextenso éditions, Issy-les-Moulineaux, 2015.

LOURENÇO, NUNO MIGUEL, "Anotação ao caso *Dutco Consortium Construction Company, Ltd. v. Siemens AG* e *BKMI Industrieanlagen GmbH*", *100 Anos de Arbitragem*, Coimbra Editora, Coimbra, 2016 págs. 139-152.

MACEDO, JOAQUIM SHEARMAN DE, "Sanção pecuniária compulsória e arbitragem. Algumas considerações", *Estudos em Homenagem ao Prof. Doutor José Lebre de Freitas*, vol. II, Coimbra Editora, 2013, págs. 811-829.

MACEDO, JOAQUIM SHEARMAN DE, "Caução e medida cautelar arbitral", *Arbitragem Comercial, Estudos comemorativos dos 30 anos do Centro de Arbitragem Comercial da Câmara de Comércio e Indústria Portuguesa*, coord. António Menezes Cordeiro, Almedina, Coimbra, 2019, págs. 525-536.

MACHADO, JOSÉ CARLOS SOARES, "Cláusulas arbitrais *escalonadas*. Reflexões sobre a sua redação", *Estudos de Direito da Arbitragem em Homenagem a Mário Raposo*, Universidade Católica Editora, Lisboa, 2015, págs. 89-108.

MACHADO, JOSÉ CARLOS SOARES/RITA LYNCE DE FARIA, "A definitividade das decisões arbitrais", *Arbitragem Comercial, Estudos comemorativos dos 30 anos do Centro de Arbitragem Comercial da Câmara de Comércio e Indústria Portuguesa*, coord. António Menezes Cordeiro, Almedina, Coimbra, 2019, págs. 583-604.

MARQUES, JOÃO PAULO REMÉDIO, "A (densidade da) falta de fundamentação da matéria de facto", *Arbitragem Comercial, Estudos comemorativos dos 30 anos do Centro de Arbitragem Comercial da Câmara de Comércio e Indústria Portuguesa*, coord. António Menezes Cordeiro, Almedina, Coimbra, 2019, págs. 485-524.

MARTINEZ, PEDRO ROMANO, "Soluções alternativas de resolução de conflitos, em especial a arbitragem", *Estudos em Memória do Prof. Doutor J. L. Saldanha Sanches*, Coimbra Editora, 2011, págs. 859-897.

MARTINEZ, PEDRO ROMANO, "Constituição do tribunal arbitral e estatuto do árbitro", *RIAC*, n.º 5, 2012, págs. 221-228.

MARTINEZ, PEDRO ROMANO, "Mediação e Arbitragem em Direito Laboral", *RDES*, 4/2015, págs. 7-28.

MEDEIROS, RUI, "Arbitragem necessária e Constituição", *Estudos em Memória do Conselheiro Artur Maurício*, Coimbra Editora, 2016, págs. 1301-1330.

MENDES, ARMINDO RIBEIRO, "Equidade e composição amigável na Nova Lei de Arbitragem Voluntária", *Estudos em Homenagem a Miguel Galvão Teles*, vol. II, Almedina, Coimbra, 2012, págs. 165-188.

MENDES, ARMINDO RIBEIRO, "A nova Lei da Arbitragem Voluntária e as formas de impugnação das decisões arbitrais", *Estudos em Homenagem ao Prof. Doutor José Lebre de Freitas*, vol. II, Coimbra Editora, 2013, págs. 703-757.

MIRANDA, JORGE/RUI MEDEIROS, *Constituição Portuguesa anotada*, tomo III, Coimbra Editora, Coimbra, 2007.

MONTEIRO, ANTÓNIO PEDRO PINTO, "Da ordem pública no processo arbitral", *Estudos em Homenagem ao Prof. Doutor José Lebre de Freitas*, vol. II, Coimbra Editora, 2013, págs. 589-673.

MONTEIRO, ANTÓNIO PEDRO PINTO, *O princípio da igualdade e a pluralidade de partes na arbitragem*, Almedina, Coimbra, 2017.

MONTEIRO, ANTÓNIO PEDRO PINTO/ARTUR FLAMÍNIO DA SILVA/DANIELA MIRANTE, *Manual de Arbitragem*, Almedina, Coimbra, 2019.

MünchKomm-ZPO, MÜNCH, 5.ª edição, Verlag C.H.Beck, München, 2017 (disponível em https://beck-online.beck.de).

NÁPOLES, PEDRO METELLO, "As novas regras da IBA sobre a produção de prova em arbitragem internacional", *RIAC*, 2010, págs. 105-116.

NÁPOLES, PEDRO METELLO DE/CARLA GÓIS COELHO, "A arbitragem e os tribunais estaduais – alguns aspetos práticos", *RIAC*, n.º 5, 2012, págs. 195-219.

NOGUEIRA, JOSÉ DUARTE, "A Arbitragem na História do Direito Português (subsídios)", *Revista Jurídica*, n.º 20, 1996, págs. 9-35.

NOUSSIA, KYRIAKI, "Antisuit Injunctions and Arbitration Proceedings: What Does the Future Hold?", *Journal of International Arbitration*, vol. 26, n.º 3, 2009, págs. 311-336 (disponível em http://www.kluwerarbitration.com).

NOUSSIA, KYRIAKI, "Punitive Damages in Arbitration: Panacea or Curse?", *Journal of International Arbitration*, vol. 27, n.º 3, 2010, págs. 277-294 (disponível em http://www.kluwerarbitration.com).

NUNES, PEDRO CAETANO, "Arbitragem e medidas cautelares", *VI Congresso do Centro de Arbitragem Comercial*, ACL, Almedina, 2013, págs. 99-118.

OLIVEIRA, ANA PERESTRELO DE, *Arbitragem de litígios com entes públicos*, 2.ª edição, Almedina, 2015.

OLIVEIRA, ELSA DIAS, *Da responsabilidade civil extracontratual por violação dos direitos de personalidade em Direito Internacional Privado*, Almedina, Coimbra, 2012.

OLIVEIRA, ELSA DIAS, "Reconhecimento de sentenças arbitrais estrangeiras", *RIAC*, n.º 5, 2012, págs. 73-97.

OLIVEIRA, MÁRIO ESTEVES DE, ET AL., *Lei da Arbitragem Voluntária. Comentada*. coord. Mário Esteves de Oliveira, Almedina, Coimbra, 2014.

OPPETIT, BRUNO, "Sur le concept d'arbitrage", *Le droit des relations économiques internationales, Études ofertes à Berhold Goldman*, Litec, Paris, 1987, págs. 229-239.

PAULSSON, JAN, *The Idea of Arbitration*, Oxford University Press, 2013.

PAULSSON, JAN/GEORGIOS PETROCHILOS, *UNCITRAL Arbitration*, Kluwer Law International, 2017 (disponível em http://www.kluwerarbitration.com).

PEREIRA, FREDERICO GONÇALVES, "Natureza jurídica do vínculo entre as partes e os árbitros em arbitragem voluntária *ad hoc*", *Estudos de advocacia em homenagem a Vasco Vieira de Almeida*, Almedina, VdA, 2017, págs. 613-627.

PINHEIRO, LUÍS DE LIMA, *Arbitragem Transnacional. A determinação do estatuto da arbitragem*, Almedina, Coimbra, 2005.

PINHEIRO, LUÍS DE LIMA, *Direito Comercial Internacional*, Almedina, Coimbra, 2005.

PINHEIRO, LUÍS DE LIMA, *Direito Comercial Internacional – O Direito Privado da globalização económica*, *RFDUL*, Suplemento, 2006.

PINHEIRO, LUÍS DE LIMA, "Arbitragem CIRDI e o regime dos contratos de Estado", *RIAC*, 2008, págs. 77-105.

PINHEIRO, LUÍS DE LIMA, "Recurso e anulação da decisão arbitral: admissibilidade, fundamentos e consequências", *I Congresso do Centro de Arbitragem da Câmara de Comércio e Indústria*, Almedina, Coimbra, 2008, págs. 181-195.

PINHEIRO, LUÍS DE LIMA, "Ordem pública internacional, ordem pública transnacional e normas imperativas que reclamam aplicação ao mérito da causa", *RIAC*, n.º 5, 2012, págs. 121-148.

PINHEIRO, LUÍS DE LIMA, *Direito Internacional Privado*, vol. III, 2.ª edição, Almedina, Coimbra, 2012.

PINHEIRO, LUÍS DE LIMA, *Direito Internacional Privado*, vol. I, 3.ª edição, Almedina, Coimbra, 2014.

PINHEIRO, LUÍS DE LIMA, *Direito Internacional Privado*, vol. II, 4.ª edição, Almedina, Coimbra, 2015.

PINHEIRO, LUÍS DE LIMA, "The Confluence of Transnational Rules and National Directives as the Legal Framework of Transnational Arbitration", *Towards a Universal Justice? Putting International Courts and Jurisdictions into Perspective*, ed. Dário Moura Vicente, Brill Nijhoff, Leiden/Boston, 2016, págs. 383-431.

PINHEIRO, LUÍS DE LIMA, "Os acordos de cooperação e de associação: CETA E TTIP. Mecanismos de resolução de litígios com os investidores nos Acordos CETA e TTIP", *União Europeia. Reforma ou declínio*, coord. Eduardo Paz Ferreira, Vega, 2016, págs. 359-375.

PINHEIRO, LUÍS DE LIMA, "O reconhecimento de decisões arbitrais «estrangeiras»", *Arbitragem Comercial, Estudos comemorativos dos 30 anos do Centro de Arbitragem Comercial da Câmara de Comércio e Indústria Portuguesa*, coord. António Menezes Cordeiro, Almedina, Coimbra, 2019, págs. 665-700.

PINTO, PAULO MOTA, "Transmissão da convenção de arbitragem", *Arbitragem Comercial, Estudos comemorativos dos 30 anos do Centro de Arbitragem Comercial da Câmara de Comércio e Indústria Portuguesa*, coord. António Menezes Cordeiro, Almedina, Coimbra, 2019, págs. 865-895.

PINTO, RUI, *Manual da execução e despejo*, Coimbra Editora, 2013.

PINTO-FERREIRA, JOÃO PEDRO, "A alegação oportuna da incompetência e da irregularidade na constituição do tribunal arbitral na jurisprudência", *Estudos em Homenagem ao Prof. Doutor José Lebre de Freitas*, vol. II, Coimbra Editora, 2013, págs. 759-809.

PIRES, CATARINA MONTEIRO/RUI DIAS, "Arbitragem internacional e autonomia privada: primeiras reflexões", *Arbitragem Comercial, Estudos comemorativos dos 30 anos do Centro de Arbitragem Comercial da Câmara de Comércio e Indústria Portuguesa*, coord. António Menezes Cordeiro, Almedina, Coimbra, 2019, págs. 233-252.

PIRES, MIGUEL LUCAS, "Publicidade das decisões arbitrais", *Arbitragem Comercial, Estudos comemorativos dos 30 anos do Centro de Arbitragem Comercial da Câmara de Comércio e Indústria Portuguesa*, coord. António Menezes Cordeiro, Almedina, Coimbra, 2019, págs. 745-775.

POLOVETS, IRYNA/MATTHEW SMITH/BRADLEY TERRY, "GAFTA Arbitration As The Most Appropriate Forum for Disputes Resolution in Grain Trade", *Arizona Journal of International & Comparative Law*, vol. 30, n.º 3, 2013, págs. 559-603.

PRÜTTING/GEHRLEIN, *Zivilprozessordnung Kommentar*, 11.ª edição, Luchterhand Verlag, 2019.

RACINE, JEAN-BAPTISTE, *Droit de l'arbitrage*, puf, Paris, 2016.

RAPOSO, MÁRIO, "Art. 35 da LAV ("composição amigável"): O grande equívoco", *ROA*, II, 2011, págs. 371-390.

RAPOSO, MÁRIO, "Os árbitros", *Estudos em Homenagem ao Prof. Doutor José Lebre de Freitas*, vol. II, Coimbra Editora, 2013, págs. 893-917.

RAMOS, JOSÉ LUÍS BONIFÁCIO, "Descoberta de prova na Arbitragem: em especial, a prova testemunhal, pericial e documental", *RDES*, 4/2015, págs. 29-67.

RAMOS, RUI MOURA, "The new portuguese arbitration act (Law No. 63/2011 of 14 December on voluntary arbitration)", *Yearbook of Private International Law*, vol. 16, 2014/2015, págs. 25-56.

RAMOS, RUI DE MOURA, "O novo Direito português da arbitragem" *Boletim da Faculdade de Direito,* tomo II, 2014, págs. 567-612.

RAMOS, RUI DE MOURA, "Arbitrage nécessaire, «juridiction nationale» au titre de l'art. 267 du TFUE et durée maximale de l'exclusivité accordée dans l'Union Européenne à la suite de l'autorisation de mise sur le marché d'un médicament", *Arbitraje,* vol. VII, n.º 2, 2014, págs. 499-508.

RAMOS, RUI DE MOURA, "L'arbitrage étranger et la reconnaissance des sentences arbitrales étrangères dans le noveau Droit portugais de l'arbitrage", *Arbitraje,* vol. VII, n.º 1, 2014, págs. 61-80.

RAMOS, RUI DE MOURA, "A arbitragem internacional no novo Direito português da arbitragem", *Boletim da Faculdade de Direito,* tomo II, 2012, págs. 583-604.

RAMOS, RUI DE MOURA, "Arbitragem estrangeira e reconhecimento de sentenças arbitrais estrangeiras no novo direito português da arbitragem", *Estudos em Homenagem a António Barbosa de Melo,* Almedina, Coimbra, 2013, págs. 839-859.

Recognition and Enforcement of Foreign Arbitral Awards: A Global Commentary on the New York Convention, coord. Herbert Kronke, Patricia Nacimiento, Dirk Otto, Nicola Christine Port, Wolters Kluwer, 2010 (disponível em http://www.kluwerarbitration.com).

REIS, BERNARDO, "Reflexões práticas sobre a ética na arbitragem: perspetiva de árbitro", *VI Congresso do Centro de Arbitragem Comercial,* ACL, Almedina, Coimbra, 2013, págs. 75-97.

REIS, BERNARDO, "As regras de Praga em perspetiva: comparação e relevância no universo dos instrumentos de *soft law* em arbitragem", *Arbitragem Comercial, Estudos comemorativos dos 30 anos do Centro de Arbitragem Comercial da Câmara de Comércio e Indústria Portuguesa,* coord. António Menezes Cordeiro, Almedina, Coimbra, 2019, págs. 143-171.

REIS, JOÃO LUÍS LOPES DOS, "A excepção da preterição do tribunal arbitral (voluntário)", *ROA,* III, 1998, págs. 1115-1132.

REIS, JOÃO LUÍS LOPES DOS, "Questões de arbitragem *ad hoc*", *ROA,* I, 1998, págs. 467--513.

REISMAN, W. MICHAEL/W.LAWRENCE CRAIG/WILLIAM W. PARK/JAN PAULSSON, *International Commercial Arbitration. Cases, materials, and notes on the resolution of international business disputes,* 2.ª edição, Foundation Press, St. Paul, MN, 2015.

RIBEIRO, VIRGÍNIO DA COSTA/SÉRGIO REBELO, *A ação executiva. Anotada e comentada,* 2.ª edição, Almedina, Coimbra, 2016.

SANTOS, ANTÓNIO MARQUES DOS, "Revisão e confirmação de sentenças estrangeiras no novo Código de Processo Civil", *Aspectos do Novo Processo Civil,* Lex, Lisboa, 1997, págs. 105-155.

SCHLOSSER, PETER F., "German Arbitration Law and the UNCITRAL Model Law", *RIAC,* 2010, págs. 117-136.

SILVA, JOÃO CALVÃO DA, "Tribunal arbitral e providências cautelares", *I Congresso do Centro de Arbitragem da Câmara de Comércio e Indústria,* Almedina, Coimbra, 2008, págs. 99-107.

SILVA, MANUEL BOTELHO DA, "Pluralidade de partes em arbitragem voluntária", *Estudos em Homenagem à Professora Doutora Isabel de Magalhães Collaço,* vol. II, Almedina, Coimbra, 2002, págs. 499-538.

SILVA, PAULA COSTA E, "Anulação e recursos da decisão arbitral", *ROA*, III, 1992, págs. 893-1018.

SILVA, PAULA COSTA E, "Os meios de impugnação de decisões proferidas em arbitragem voluntária no Direito interno português", *ROA*, I, 1996, págs. 179-207.

SILVA, PAULA COSTA E, *Acto e processo*, Coimbra Editora, Coimbra, 2003.

SILVA, PAULA COSTA E, "A arbitrabilidade de medidas cautelares", *ROA*, I/II, 2003, págs. 211-235.

SILVA, PAULA COSTA E, "A execução em Portugal de decisões arbitrais nacionais e estrangeiras", *ROA*, II, 2007, págs. 629-682.

SILVA, PAULA COSTA E, *A nova face da justiça. Os meios extrajudiciais de resolução de controvérsias*, Coimbra Editora, Lisboa, 2009.

SILVA, PAULA COSTA E/NUNO TRIGO DOS REIS, "A natureza do procedimento judicial de nomeação de árbitro", *Estudos em Homenagem ao Prof. Doutor José Lebre de Freitas*, vol. II, Coimbra Editora, 2013, págs. 951-1004.

SOARES, MARIA ÂNGELA BENTO/RUI MANUEL MOURA RAMOS, *Contratos Internacionais*, Livraria Almedina, Coimbra, (reimpressão) 1995.

SOUSA, MIGUEL TEIXEIRA DE, *Estudos sobre o novo Processo Civil*, 2.ª edição, Lex, Lisboa, 1997.

SOUSA, MIGUEL TEIXEIRA DE, "A intervenção de terceiros no processo arbitral", *RIAC*, n.º 5, 2012, págs. 149-177.

SOUSA, MIGUEL TEIXEIRA DE, *Introdução ao Direito*, Almedina, Coimbra, 2016.

TELES, MIGUEL GALVÃO, "Recurso para o Tribunal Constitucional das decisões dos tribunais arbitrais", *Estudos em Homenagem do Prof. Doutor Sérvulo Correia*, vol. I, Faculdade de Direito da Universidade de Lisboa, Coimbra Editora, 2010, págs. 637-655.

TELES, MIGUEL GALVÃO, "Addition of Parties: A Vacuum Left by the Model Law in Need of International Approved Rules", *RIAC*, 2010, págs. 45-62.

TELES, MIGUEL GALVÃO, "A independência e imparcialidade dos árbitros como imposição constitucional", *Estudos em Homenagem ao Professor Doutor Carlos Ferreira de Almeida*, vol. III, Almedina, Coimbra, 2011, págs. 251-283.

VETULLI, EZEQUIEL H./EMMANUEL E. KAUFMAN, "The Arbitration Agreement and Arbitrability, Deciding who decides: Issues arising out of the Failure to fulfil Pre-Arbitration Requirements", *Austrian Yearbook on International Arbitration*, ed. Christian Klausegger, Peter Klein, Christian Klausegger, Peter Klein, Florian Kremslehner, Alexandre Petsche, Nikolaus Pitkowitz, Jenny Power, Irene Welser, Gerold Zeiler, vol. 2017, Manz'sche Verlags- und Universitätsbuchhandlung, págs. 59-74 (disponível em http://www.kluwerarbitration.com).

VENTURA, RAÚL, "Convenção de arbitragem", *ROA*, II, 1986, págs. 289-413.

VICENTE, DÁRIO MOURA, *Da arbitragem comercial internacional, Direito aplicável ao mérito da causa*, Coimbra Editora, Coimbra, 1990.

VICENTE, DÁRIO MOURA, "Recognition of foreign arbitral awards in Portugal", *The Arbitration and Dispute Resolution Law Journal*, dezembro 2000, págs. 270-277.

VICENTE, DÁRIO MOURA, "Meios extrajudiciais de composição de litígios emergentes do comércio electrónico", *Direito da Sociedade da Informação*, vol. V, Coimbra Editora, 2004, págs. 145-183.

VICENTE, DÁRIO MOURA, *Problemática Internacional da Sociedade da Informação*, Almedina, Coimbra, 2005.

VICENTE, DÁRIO MOURA, "Direito aplicável aos contratos públicos internacionais", *Estudos em Homenagem ao Professor Doutor Marcello Caetano, no centenário do seu nascimento*, Lisboa, 2006, vol. I, págs. 289-311.

VICENTE, DÁRIO MOURA, "Portugal e as convenções internacionais em matéria de arbitragem", *I Congresso do Centro de Arbitragem da Câmara de Comércio e Indústria*, Almedina, Coimbra, 2008, págs. 71-80.

VICENTE, DÁRIO MOURA, "Arbitragem petrolífera", *RIAC*, n.º 4, 2011, págs. 111-161.

VICENTE, DÁRIO MOURA, "A execução de decisões arbitrais em Portugal", *Estudos em Homenagem ao Professor Doutor Carlos Ferreira de Almeida*, vol. III, Coimbra, 2011, págs. 741-749.

VICENTE, DÁRIO MOURA, "Arbitragem de Investimento: A Convenção ICSID e os Tratados Bilaterais", *ROA*, III, 2011, págs. 751-770.

VICENTE, DÁRIO MOURA, "A determinação do Direito aplicável ao mérito da causa na arbitragem internacional à luz da nova portuguesa Lei da Arbitragem Voluntária", *RIAC*, n.º 5, 2012, págs. 37-50.

VICENTE, DÁRIO MOURA, "Impugnação da sentença arbitral e ordem pública", *Estudos em Homenagem a Miguel Galvão Teles*, vol. II, Almedina, Coimbra, 2012, págs. 327-338.

VICENTE, DÁRIO MOURA, "Os mecanismos de resolução de litígios entre Estados e investidores na perspetiva europeia: desenvolvimentos recentes", *ROA*, III/IV, 2014, págs. 695-721 (disponível em http://www.oa.pt).

VICENTE, DÁRIO MOURA, "Convenção de arbitragem: problemas atuais", *O Direito*, 147, II/2015, págs. 303-320.

VICENTE, DÁRIO MOURA, "Arbitrability of intelectual property disputes: a comparative survey", *Arbitration International*, vol. 31, 2015, págs. 151-162.

VICENTE, DÁRIO MOURA, ET AL., *Lei da Arbitragem Voluntária Anotada*, 4.ª edição, coord. Dário Moura Vicente, com a colaboração de António Júdice Moreira e Carla Gonçalves Borges, APA, Almedina, 2019.

VICENTE, DÁRIO MOURA, "A sentença arbitral", *XII Congresso do Centro de Arbitragem Comercial*, Almedina, Coimbra, 2019, págs. 117-136.

VICENTE, DÁRIO MOURA, "O novo regime da arbitragem em matéria de patentes", *Arbitragem Comercial, Estudos comemorativos dos 30 anos do Centro de Arbitragem Comercial da Câmara de Comércio e Indústria Portuguesa*, coord. António Menezes Cordeiro, Almedina, Coimbra, 2019, págs. 273-284.

VIEIRA, PEDRO SIZA, "A execução de decisões arbitrais proferidas em arbitragens domésticas", *Estudos de Direito da Arbitragem em Homenagem a Mário Raposo*, Universidade Católica Editora, Lisboa, 2015, págs. 223-234.

WAINCYMER, JEFFREY, *Procedure and Evidence in International Arbitration*, Kluwer Law International, 2012 (disponível em http://www.kluwerarbitration.com).

Zivilprozessordnung, Handkommentar, ed. Ingo Saenger, 8.ª edição, Nomos, 2019.

PRINCIPAIS ABREVIATURAS UTILIZADAS

AAA – *American Arbitration Association*
Anot. – anotação
APA – Associação Portuguesa de Arbitragem
art. – artigo
arts. – artigos
ASA – Association Suisse de l'Arbitrage
ed. – editado/editor
CC – Código Civil
CIRDI – Centro Internacional para a Resolução de Diferendos Relativos a Investimentos
CNUDCI – Comissão das Nações Unidas para o Direito do Comércio Internacional
CPC – Código de Processo Civil
CPTA – Código de Processo nos Tribunais Administrativos
CSC – Código das Sociedades Comerciais
D.R. – Diário da República
GAFTA – *Grain and Feed Trade Association*
IBA – *International Bar Association*
ICCA – *International Council for Commercial Arbitration*
INPI – Instituto Nacional de Propriedade Industrial
LAV – Lei da Arbitragem Voluntária
LCIA – *London Court of International Arbitration*
MünchKomm-ZPO – *Münchener Kommentar zur Zivilprozessordnung*
pág. – página

RDC – Revista de Direito Civil
RDES – Revista de Direito e de Estudos Sociais
RFDUL – Revista da Faculdade de Direito da Universidade de Lisboa
RIAC – Revista Internacional de Arbitragem e Conciliação
ROA – Revista da Ordem dos Advogados
SIAC – *Singapure International Arbitration Center*
STJ – Supremo Tribunal de Justiça
TC – Tribunal Constitucional
TJUE – Tribunal de Justiça da União Europeia
TRC – Tribunal da Relação de Coimbra
TRL – Tribunal da Relação de Lisboa
TRG – Tribunal da Relação de Guimarães
TRP – Tribunal da Relação do Porto
UNCITRAL – *United Nations Commission on International Trade Law*
v.g. – *verbi gratia*
vol. – volume
ZPO – *Zivilprozessordnung*

ÍNDICE